Siegfried Zepf:
Gefühle, Sprache und Erleben

Gefühle haben sowohl in der Psychologie als auch in der Psychoanalyse einen zentralen Stellenwert. Gleichwohl ist es bisher weder in der einen noch in der anderen Wissenschaft gelungen, diesen Stellenwert theoretisch abzubilden. Diese theoretische Lücke wird mit der vorliegenden Arbeit geschlossen.

Aus einer psychoanalytischen Perspektive setzt sie sich kritisch mit den vielfältigen Befunden der psychologischen Emotionsforschung, der Säuglingsbeobachtung und mit psychoanalytischen Konzepten Freuds auseinander und systematisiert sie in der These, daß Gefühle wie Begriffe strukturiert und wie eine Sprache zu untersuchen sind.

In dieser semiotischen Untersuchung werden die Grundzüge einer psychoanalytischen Affekt- und Emotionstheorie profiliert, die über den bisherigen Kenntnisstand in beiden Wissenschaften hinausreicht. In ihrem Rahmen werden die Entwicklung der kindlichen Innenwelt, die Beziehungen zwischen Gefühlen und den psychoanalytischen Begriffen des Triebes, des Narzißmus und der Abwehr sowie die prinzipiellen Bedingungen, die zu einer Beschädigung des kindlichen Seelenlebens führen, dargestellt.

Reihe »FORSCHUNG PSYCHOSOZIAL«

Siegfried Zepf

Gefühle, Sprache und Erleben

Psychologische Befunde –
Psychoanalytische Einsichten

Psychosozial-Verlag

Die Deutsche Bibliothek – CIP-Einheitsaufnahme
Zepf, Siegfried:
Gefühle, Sprache und Erleben: psychologische Befunde – psychoanalytische Einsichten/
Siegfried Zepf. – Giessen: Psychosozial-Verlag, 1997
(Reihe „Forschung psychosozial")
ISBN 3-932133-14-5

© 1997 Psychosozial-Verlag
Friedrichstr. 35, 35392 Gießen
Alle Rechte, insbesondere das des auszugsweisen Abdrucks
und das der fotomechanischen Wiedergabe, vorbehalten.
Umschlagabbildung: Unica Zürn, ohne Titel, 1965
Umschlaggestaltung nach einem Reihenentwurf des Ateliers Warminski, Büdingen
Printed in Germany
ISBN 3-932133-14-5

Inhalt

1. Problemlage 7

2. Allgemeine Voraussetzungen des Bewußtseins 15

3. Gefühle und Bewußtsein 29

4. Die Symbolstruktur der Gefühle 33
   - 4.1 Körperprozesse und Gefühle 41
   - 4.2 Die Prädikatorenfunktion der Körperprozesse 45
   - 4.3 Die Abbildfunktion der Gefühle 55

5. Die Entwicklung des vorsprachlichen Erleben 61
   - 5.1 Halluzinatorische Wunscherfüllung 68
   - 5.2 Trennung von Innen und Außen 76
   - 5.3 Differenzierung der Außenwelt 82
   - 5.4 Differenzierung des Selbst und der Objektwelt 92

6. Gefühle und die Einführung von Sprache 103
   - 6.1 Affekte und Emotionen 104
   - 6.2 Emotionssymbole und Sprache 107

7. Das psychoanalytische Trieb- und
   Narzißmuskonzept 115
   - 7.1 Das Triebverständnis Freuds 115
   - 7.2 Die Narzißmuskonzepte 118
   - 7.3 Die Beziehungen zwischen triebhafter und
     narzißtischer Bedürftigkeit 121

8. Abwehr, Ersatzbildung und Affekte ... 127
8.1 Die Abwehr von Interaktionsformen ... 128
8.2 Die Abwehr von Emotionssymbolen ... 147
8.3 Die Abwehr von Affektsymbolen ... 156
8.4 Sprache und Störungen der Affektsymbole ... 169

9. Gefühle und mimischer Gefühlsausdruck ... 175
9.1 Die Positionen von Mandler und Izard ... 176
9.2 Mimisches Verhalten als Zeichenexemplare ... 188

10. Ergebnisse und Perspektiven ... 199

11. Literatur ... 211

1. Problemlage[1]

> Emotion is one of the most complex phenomena known to psychology. It is complex because it involves so much of the organism at so many levels of [...] integration. Perhaps therein lies the uniqueness, and possibly the major significance, of emotion.
>
> D. B. Lindsley 1951, S.473

> Das Bewußtsein des konkreten Individuums ist *die Einheit von Erleben und Wissen.* [...] Jedes Erlebnis unterscheidet sich von anderen und läßt sich als eben dieses Erlebnis bestimmen dank des Umstandes, daß es [...] ein Erleben *von etwas,* [...] das heißt auch ein Wissen von etwas [...] ist.
>
> S. L. Rubinstein 1946, S.19, S.21

Seit es eine Psychologie gibt, waren die Gefühle für sie eine wissenschaftliche Herausforderung. Bereits ihre wissenschaftlichen Väter - wie James und Wundt - haben den Gefühlen einen breiten Raum in ihren Theoriegebäuden eingeräumt. Wie ein Blick auf die Geschichte ihrer Erforschung zeigt, wurde

---

[1] Mit den Vorarbeiten zu dieser Untersuchung wurde bereits 1990 begonnen. Eine Reihe äußerer (und innerer) Ereignisse ließen jedoch ein kontinuierliches Arbeiten nicht zu. Auch wurde mir im Verlauf der Untersuchung zunehmend klar, daß die Problemlage intensivere Exkursionen auf neurophysiologischem, erkenntnistheoretischem und vor allem auf sprachwissenschaftlichem Gebiet erforderlich macht, als ich es mir anfangs vorgestellt habe. Die Arbeit auf diesen Gebieten findet sich nicht in ausführlichen Zitaten, sondern als eine Art verschwiegene »Nebenrechnung« im Ergebnis der Untersuchung wieder. Einige Anregungen habe ich den Diskussionen entnommen, die ich mit R. Bastine, P. Fiedler, Ch. Mundt, F. Resch, G. Rudolf (Universität Heidelberg), R. Krause (Universität Saarbrücken), J. M. Haviland (Rutgers University, New Brunswick), K. R. Scherer (Universität Genf), G. Stemmler (Universität Marburg) und einigen Kollegiaten im Rahmen des von der Deutschen Forschungsgemeinschaft geförderten Graduiertenkollegs »Klinische Emotionsforschung« geführt habe. Neben ihnen habe ich insbesondere S. Hartmann, D. Michaelis, S. Nagel und B. Ullrich zu danken, die sich auf die verschiedenen Durchgangsstadien meiner Überlegungen immer wieder einließen und deren Kommentare und kritische Anmerkungen bei der Lösung der vielfältigen Probleme hilfreich waren und zu genauen Formulierungen zwangen.

von ganz unterschiedlichen Grundpositionen aus versucht, die Gefühle auf den wissenschaftlichen Begriff zu bringen. James (1884a) war der Ansicht, daß in den Gefühlen verschiedene körperliche Substrate erlebt werden, für Schachter u. Singer (1962) und für Mandler (1975) waren sie Folge kognitiver Attribuierungsprozesse eines unspezifischen physiologischen Erregungszustandes, für Lazarus (1968) ging die Kognition der Emotion, für Zayonc (1980) die Emotion der Kognition voraus, und Izard (1977) sah in den Gefühlen das Resultat der Reafferenzen differenter Innervationen der mimischen Muskulatur. Die verschiedenen theoretischen Fassungen dominierten die Forschung zu verschiedenen Zeiten und zogen jeweils vielfältige empirischen Prüfungen nach sich.

Auch wenn das Schicksal der Erforschung der Gefühle in der Psychologie wechselhaft war (Frijda 1986), sind die Gefühle inzwischen zu einem Phänomen geworden, auf das sich das Interesse der psychologischen Forschung bevorzugt richtet. Die immensen Forschungsbemühungen der letzten Jahre haben im Urteil ihrer Fachvertreter (z. B. Scherer 1990, S.2) das gesicherte Wissens allerdings nicht wesentlich über den Kenntnisstand hinausführen können, der schon vor über 130 Jahren bestand. Nahlowsky (1862, S.1, Kursivierung aufgehoben, S. Z.) faßte die damalige Situation so zusammen:

»In der That giebt es kaum ein Gebiet psychischer Erscheinungen, welches der Untersuchung grössere Schwierigkeiten entgegenstellte, als [...] die Region der Gefühle. Durchlaufen wir die Psychologien älterer und neuester Zeit, nirgends herrscht soviel Abweichung, ja soviel Widerstreit der Ansichten und Erklärungen, wie hier [...]«.

Die Ergebnisse der empirischen Prüfungen einzelner Theorien waren widersprüchlich und führten dazu, daß das interessante Phänomen noch umstrittener wurde, als es schon zu Zeiten Nahlowskys war. Der geringe wissenschaftliche Ertrag resultiert in der Auffassung von Traxel (1983, S.11) nicht so sehr aus den besonderen methodischen Schwierigkeiten, die der Emotionsforschung inhärent sind. Immer wieder würden diese Schwierigkeiten fälschlicherweise für den relativ geringen Erkenntniszugewinn verantwortlich gemacht. Die »gravierendsten Probleme der Emotionspsychologie«, urteilt Traxel (1983, S.11), sind aber »primär [...] nicht methodischer, sondern eher konzeptueller Art«. Die gleiche Kritik an der psychologischen Emotionsforschung wurde schon 27 Jahre vorher von Gruhle (1956) geübt, der die definitorischen Probleme in ihrer geschichtlichen Entwicklung darstellte. Die Auffassungen, was Gefühle eigentlich sind, liegen auch heute noch weit auseinander. Allein bei der Durchsicht der englischsprachigen Literatur fanden Kleinginna u. Kleinginna (1981) 92(!) verschiedene Emotionsdefinitionen, wovon etwa ein Drittel der Definitionen aus der Zeit vor und zwei Drittel aus der Zeit nach 1970 stammt. Nimmt man die Literatur anders

sprechender Länder und die Affekte, Leidenschaften, Stimmungen und das Temperament hinzu, welche den Gefühlsbereich differenzieren, dann findet man sich in einer Art babylonischen Sprachverwirrung wieder. Aus den vielfältigen Untersuchungen kristallisierte sich wenig mehr als die Einsicht heraus, daß Gefühle aus verschiedenen Komponenten bestehen (Lit. s. Scherer 1990). Zu diesen Komponenten zählen:
1. Die *kognitive* Komponente. Sie bezieht sich darauf, daß Gefühle durch die kognitive Bewertung von Umweltereignissen entstehen (z. B. Arnold 1960; Lazarus 1968; Pekrun 1988), und daß sie die kognitiven Prozesse beeinflussen (z. B. Zajonc 1980).
2. Die *körperliche* Komponente. Sie verweist auf die sichtbaren und nichtsichtbaren vegetativen und muskulären Prozesse, die mit den Gefühlen einhergehen. Mit den sichtbaren Körperprozessen ist die Ausdruckskomponente der Gefühle gemeint. Sie besagt, daß sich Gefühle bevorzugt averbal äußern, so in der Mimik, Körperhaltung, Gestik, Qualität der Stimme und anhand der sichtbaren Aspekte physiologischer Erregung wie Erröten, Blässe oder Zittern.
3. Die *Wahrnehmung* körperlicher Prozesse (z. B. Erdmann 1983a; Izard 1977; Krause 1983; Mandler 1975; Pekrun 1988; Valins 1966).
4. Die *motivationale* Komponente (z. B. Frijda 1986; Plutchik 1980; Tomkins 1962; 1963).
5. Das *Erleben* der Gefühle, das die wahrgenommene Befindlichkeit des Subjekts umfaßt. Charakterisiert ist dieses Erleben durch eine Selbstbetroffenheit. Wenn man von etwas nicht betroffen ist, hat man keine Gefühle (Ulich 1982, S.31-38). Ulich (1982) sieht darin das hinreichende Bestimmungsmerkmal der Gefühle, das Heller (1981, S.19) so formulierte: »*Fühlen* heißt, *in etwas involviert zu sein*«.

Obwohl es für einige Forscher fraglich ist, ob diese 5 Komponenten bei allen Gefühlen vorhanden sein müssen, sind sich die meisten darüber einig, daß sie zu den integralen und unverzichtbaren Bestandteilen der Gefühle gehören. Strittig blieben ihr relativer Stellenwert, den sie im Erleben der Gefühle einnehmen. Bis heute ist es nicht gelungen, eine der psychologischen Theorien, in denen versucht wurde, das Zusammenwirken dieser verschiedenen Komponenten auf den Status eines begriffenen Zusammenhanges anzuheben, ausreichend zu validieren.

Wie nicht selten in der psychologischen Forschung, scheint auch »[i]m Research« der Gefühle »der Geist der Welt mit sich selber« so zu spielen, »wie Kinder Konduktuer spielen, in dem sie Billette verkaufen, die nirgendwohin führen« (Adorno 1980, S.296)[2]. Während aber in der Psychologie noch nachgedacht wird, hat es den Anschein, als ob unter den heutigen Psychoanalytikern ein systematisches Nachdenken über die Gefühle eher in Mißkredit geraten ist. Dort jedenfalls, wo die Psychologie verschiedene und sich widersprechende, aber doch ziemlich elaborierte Theorien vorweisen kann - Namen wie Arnold, Izard, Lazarus, Mandler, Plutchik, Scherer, Tomkins, Zajonc stehen dafür -, findet sich in der Psychoanalyse eine Leerstelle. Auf sie trifft noch immer die Feststellung von Rapaport (1953) und Jacobson (1953, S.38) von vor über 40 Jahren zu, daß es eine, mit anderen psychoanalytischen Konzepten konsistente Gefühls- bzw. Affekttheorie nicht gibt. Trotz dieses Mangels blieb die Psychoanalyse gegenüber den Theorien und Untersuchungsbefunden der Psychologie weitgehend abstinent. In kaum einer Arbeit wurden sie aufgenommen und darauf befragt, welchen Erkenntnisgewinn sich aus ihnen für eine psychoanalytische Theorie der Gefühle destillieren läßt. Dies verwundert um so mehr, als in der psychoanalytischen Entwicklungstheorie und Therapie Gefühle einen zentraler Stellenwert besitzen. Für ihre Entwicklungstheorie ist das Lust-Unlustprinzip, d. h. die Ansicht zentral, daß die Entwicklung angetrieben wird vom Ziel, Lust zu erreichen und Unlust möglichst zu verhindern, und für ihre Therapie gilt, daß nur emotionale Einsichten eine Veränderung der psychischen Struktur des Analysanden bewirken können. Die Struktur des therapeutischen Prozesses, in dem die Psychoanalyse zugleich ihre Erkenntnisse gewinnt, ist von dieser Auffassung getragen. Der Analysand soll sein unbewußtes kindliches Drama auf den Analytiker übertragen, mit ihm reinszenieren, soll seine damaligen Gefühle sozusagen am falschen Objekt wieder erleben, und sie über »Wie damals«-Deutungen (Peto 1960/61) den Szenen zuordnen, in denen sie entstanden sind. Seit Rapaports und Jacobsons Feststellung, die einige Jahre spater Benjamin (1961) und Lewin (1965, S.23) wiederholten, wurden verschiedene Panel zu diesem Thema eingerichtet (Castelnuovo-Tedesco 1974; Jaffe u. Naiman 1978; Lester 1982; Löfgren 1968). Das »Chaos« in der psychoanalytischen Affekttheorie, wie Sandler u. Sandler 1978 (S.285) bemerk-

---

2 In der Auffassung von Feyman (1987, zit. n. Bischof 1989) trifft das Adorno-Zitat auf die psychologische Forschung überhaupt zu. Unter Verweis auf ein seltsames Ritual, das nach dem 2. Weltkrieg auf Pazifikinseln entdeckt wurde, charakterisiert er die Psychologie als eine »Cargo-Cult-Science«. Nach Abzug der Amerikaner legten die Eingeborenen dieser Inseln im Wald Schneisen an, die an Landebahnen erinnerten, schnitzten sich Zweige zurecht, bis sie wie Antennen aussahen und klemmten sich Muscheln wie Kopfhörer an die Ohren. Das alles hatte sich zu einem regelrechten Kult, eben dem »Cargo-Cult« stilisiert, der geduldig zelebriert wurde, im festen Glauben, daß er die großen Frachtflugzeuge veranlassen könnte, erneut am Himmel zu erscheinen und mit Zigaretten, Coca-Cola und Schokolade zu landen, die seinerzeit von den amerikanischen Soldaten großzügig verteilt wurden.

ten, blieb davon unberührt. Betrachtet man den gegenwärtigen Kenntnisstand, dann persistiert dieses »Chaos« bis auf den heutigen Tag. Jedenfalls liegen die Beziehungen der Gefühle zueinander und zu anderen psychoanalytischen Konzepten noch immer weitgehend im Dunkeln. Durchblättert man die verschiedenen Arbeiten zu diesem Thema, dann scheint sich aber - aus welchen Gründen auch immer - eine Übereinkunft darüber heraus gebildet zu haben, daß Gefühle in Form von Affekten von Anfang an vorhanden sind und zumindest auf vorsprachlichem Entwicklungsstand mit der Wahrnehmung eines veränderten physiologischen Zustandes einhergehen. Bei der Angst etwa »nehmen wir bestimmte[.] körperliche Sensationen wahr«, die sich »am häufigsten und deutlichsten an den Atmungsorganen und am Herzen« abspielen würden (Freud 1926, S.162f.). Ihr Vorbild sei die Geburt, bei der »[g]roße Erregungssummen«, die auf das Neugeborene eindringen, »neuartige Unlustempfindungen« erzeugen würden, wobei durch die »Reizsteigerung und [...] Abfuhr auf bestimmten Bahnen [...] die Unlust der Angst ihren spezifischen Charakter« erhalte (Freud 1926, S.163, S.165). Ferner sollen die Gefühle die Subjekte über ihren Zustand und ihre Einstellungen zu den Objekten informieren (z. B. Engel 1962, S.206), sie könnten selbst abgewehrt werden (z. B. Freud 1913) sowie zu Abwehrprozessen Anlaß geben (z. B. Freud 1915b; 1926). Die Fragen freilich, wie sich in den Gefühlen die Einstellungen zu den Objekten abbilden und wie sie selbst auf sprachlichem wie vorsprachlichem Entwicklungstand einer Abwehr unterliegen und auf die kognitiven Strukturen verpönter Triebregungen so Einfluß nehmen können, daß diese aus dem Bewußtsein ausgeschlossen werden, blieben ebenso unbeantwortet wie die Frage, unter welchen Voraussetzungen die Wahrnehmung körperlicher Veränderungen zum Erleben von Affekten führen kann. In der Psychoanalyse wurde stillschweigend vorausgesetzt, daß das Neugeborene bereits qualitativ differente Gefühle - wie Unlust, Lust und Angst - empfinden könne. Die Bedingungen, welche diese Annahme impliziert, wurden weder kenntlich gemacht, noch wurde geprüft, ob sie vorliegen.

Dies gilt auch für das neuerdings in Mode gekommene psychoanalytisch inspirierte »Baby-watching«. Weder wurden die Bedingungen namhaft gemacht, unter denen der Schluß von einem bestimmten Ausdrucksverhalten auf das Erleben bestimmter Gefühle möglich wird, noch wurden die Voraussetzungen expliziert, unter denen ein kindliches Erleben überhaupt denkbar ist. Eben diese Voraussetzungen sollen im folgenden ein Stück weit aufgeklärt werden. Da ich mit der vorangestellten Auffassung Rubinsteins (1946, S.21) übereinstimme, daß »Erleben« immer ein Erleben »*von etwas*« ist, und dieses »Etwas« von der erlebenden Person nicht bestimmt werden kann, ohne daß sie ein - in welch keimhafter Form auch immer - Bewußtsein von diesem »Etwas« hat, Erleben somit immer ein Bewußtsein impliziert[3], will ich eingangs kurz die allgemeinen Bedingungen erkunden, die aus psychoanalytischer Sicht Bewußtsein ermöglichen. Die Bewußtseinskonzepte anderer Wissenschaften werde ich außer Acht lassen[4] und mich - bis auf eine Ausnahme - auch nicht mit den verschiedenen Konzepten auseinandersetzen, die in den letzten Jahren auf dem psychoanalytischen Theoriemarkt als Neuerungen angeboten wurden. Oft werden in ihnen einzelne Überlegungen Freuds aus dem Kontext genommen, in dem sie stehen, totalisiert und entsprechend dem »Zeitgeist« sprachlich neu verpackt. Weil ich mich nicht mit neuen Verpackungen auseinandersetzen will und Arbeiten nicht nach ihrem Entstehungsdatum, sondern nach ihrem Inhalt beurteile, werden sich meine Überlegungen vorwiegend und kritisch in den Denkfiguren des Altmeisters bewegen, die ob dieser Neuerungen nicht selten in Vergessenheit geraten.

In Auseinandersetzung mit dem Freudschen Konzept der Wortvorstellungen wird sich zeigen, daß die von ihm angeführten Bedingungen Bewußtsein nicht zureichend begründen können. Im Rahmen der »Theorie der Interaktionsformen« (Lorenzer) werden sie zu einem allgemeinen Bedingungsgefüge vervollständigt (Kapitel 2). Diesem Bedingungsgefüge wird im Kapitel 3 die Freudsche Auffassung der Affekte kritisch gegenübergestellt. In Kapitel 4 wird unter Einbeziehung der Ergebnisse der psychologischen Untersuchungen des Zusammenhanges von körperlichen und kognitiven Prozessen und dem Auftreten von Gefühlen die These entwickelt, daß Gefühle eine begriffsanaloge, symbolische Struktur aufweisen. Unter Aussparung der Leidenschaften, Stimmungen und des Temperaments werde ich danach im Lichte dieses Konzepts die vorsprachliche kindliche Entwicklung nachzeichnen (Kapitel 5) und versuchen, das Problem einer Abwehr der Gefühle auf diesem Entwicklungsstand wie nach dem Erwerb von Sprache einer Lösung näher zubringen (Kapitel 6 und 8). Dazwischen geschaltet ist ein Kapitel (7), in dem die Beziehungen diskutiert werden, die zwischen dem entwickelten Gefühlsbegriff und den psychoanalytischen Kategorien

---

3 Nicht nur das Erleben, sondern auch das Bewußtsein ist nicht isoliert, sondern immer in einem gegenständlichen Bezug zu betrachten. Für das Bewußtsein wurde dies u. a. von Pongratz (1971) und Scharfetter (1976) betont. Bewußtsein ist immer eine »kognitive Präsenz von etwas; das heißt, immer handelt es sich bei Bewußtsein um ein mehr oder weniger klares Wissen von etwas hic et nunc« (Pongratz 1971, S.266). Scharfetter (1976, S.25) formulierte gleichlautend: »Bewußtsein als conscientia ist immer ein Wissen um etwas, ist immer bezogen auf etwas«. Beide also das Nämliche bezogen und unterscheiden sich - neben anderem - in ihrer wechselseitigen Abhängigkeit. Während Bewußtsein als Wissen ein Erleben nicht notwendigerweise voraussetzt, setzt dagegen das Erleben immer ein Wissen als notwendige Bedingung voraus.

4 Eine gute Darstellung dieser verschiedenen Konzepte findet sich bei Werth (1983).

des Narzißmus und des Triebes bestehen. Kapitel 8 folgt eine Untersuchung der Beziehung von Gefühl und mimischem Ausdruck, wobei ich insbesondere prüfen werde, inwieweit ein bestimmtes mimisches Ausdrucksverhalten den Rückschluß auf das Erleben eines bestimmten Gefühls erlaubt (Kapitel 9). Den Abschluß bildet eine Zusammenfassung (Kapitel 10), in der ich den Gang meiner Untersuchung und ihre wesentlichen Ergebnisse komprimiert darstellen werde. Für eine schnelle Orientierung kann es vom eiligen Leser auch als Einstieg in die Debatte genutzt werden.

2. Allgemeine Voraussetzungen des Bewußtseins

Vor allem am Problem interessiert, wie psychische Vorgänge Bewußtsein gewinnen können, hat sich Freud in mehreren Aufsätzen mit der Bewußtseinsbildung beschäftigt. Der Sprache wird dabei durchgängig ein zentrale Rolle zugewiesen. Am prägnantesten bringt er seine Überlegungen, die heute noch von den meisten Psychoanalytikern geteilt werden, in folgender Passage zum Ausdruck:

»Was wir die bewußte Objektvorstellung heißen durften, zerlegt sich uns [...] in die *Wortvorstellung* und in die *Sachvorstellung*, die in der Besetzung, wenn nicht der direkten Sacherinnerungsbilder, doch entfernterer und von ihnen abgeleiteter Erinnerungsspuren besteht. Mit einem Male glauben wir nun zu wissen, wodurch sich eine bewußte Vorstellung von einer unbewußten unterscheidet. [...] die bewußte Vorstellung umfaßt die Sachvorstellung plus der zugehörigen Wortvorstellung, die unbewußte ist die Sachvorstellung allein« (Freud 1913, S.300).

Um genau zu sein wird angemerkt, daß allein die Verbindung von Wort- und Sachvorstellungen nicht garantiert, eine Sachvorstellung, die dem System Ubw (des Unbewußten) angehört, ins System Bw (des Bewußten) einzulassen. »[D]ie Verknüpfung mit Wortvorstellungen [fällt] noch nicht mit dem Bewußtwerden zusammen[.], sondern« gibt »bloß die Möglichkeit dazu [...]«. Aufgrund dessen charakterisiert diese Verknüpfung »keine anderes System als das des *Vbw* [des Vorbewußten]« (Freud 1913, S.301). Um bewußt zu werden, muß eine unbewußte Vorstellung nicht nur »mit den ihr entsprechenden Wortvorstellungen überbesetzt« werden (Freud 1913, S.300). Sie bedarf noch einer weiteren »Überbesetzung« (Freud 1913, S.292, Kursivierung aufgehoben, S. Z.)[5] - etwa in Gestalt einer »Aufmerksamkeitsbesetzung« von Seiten des Systems Bw (Freud 1900, S.621; s. auch Arlow u. Brenner 1964, S.28). Für die Verdrängung folgt, daß »der zurückgewiesenen Vorstellung« der ihr »zugehörige« sprachliche Ausdruck, d. h. »[d]ie Übersetzung in Worte [...]« verweigert wird (Freud 1913, S.300).

---

5 Die »Existenz der Zensur zwischen *Vbw* und *Bw*«, schreibt Freud (1913, S.292), »mahnt [uns], das Bewußtwerden sei kein bloßer Wahrnehmungsakt, sondern wahrscheinlich auch eine *Überbesetzung*, ein weiterer Fortschritt der psychischen Organisation«.

Jappe (1971, S.69) macht darauf aufmerksam, daß der »triumphale Duktus«, in dem diese vielzitierte Textstelle von Freud vorgetragen wird, nahelegt, daß hier offensichtlich ein schon länger bestehendes Problem einer Lösung zugeführt wird, das Problem, wie sich bewußte und unbewußte Vorstellungen unterscheiden. Erstmals wird die Erkenntnis formuliert, daß das Bewußtsein eines Ereignisses an seinen sprachlichen Ausdruck gebunden ist und daß das unbewußt Gewordene die Sprache verliert. Die These von den Wort- und Sachvorstellungen fügt sich nahtlos in das topographische Modell ein, knüpft an eine jedermann zugängliche Erfahrung an und »erhält so den Glanz von Anschauungsnähe und Bedeutungstiefe in einem« (Jappe 1971, S.69). Liest man ferner im Terminus Wortvorstellungen Vorstellungen als in Begriffe gefaßte und durch Worte bezeichnete Vorstellungen, dann gewinnt man noch den Eindruck, als stünde die Freudsche These auch in völligem Einklang mit einigen modernen sprachtheoretischen Konzeptionen. Deren Grundthese formuliert das scholastische Diktum »vox significat [rem] mediantibus conceptibus« (Ullmann 1957, S.71)[6]. Danach wird der Zusammenhang von Worten und Dingen immer über das begriffliche Denken hergestellt. Nicht die sinnlichen Vorstellungen, die Erinnerungsbilder von Wahrnehmungen, sondern Begriffe, die als ideelle Abbilder der Wirklichkeit auf der Grundlage dieser Vorstellungen gebildet werden, konstituieren die Bedeutung eines Wortes oder eines Syntagmas, einer Wortgruppe, die nicht schon einen Satz darstellt (Klaus 1962, S.68; Schaff 1961; Ullmann 1957, S.72; Cavell 1993, S.41)[7].

Dieses Verständnis der Wortvorstellungen, das mit der Annahme einer doppelten Registrierung der Wirklichkeit in sinnlichen Vorstellungen und ideellen Begriffen Freuds Auffassung sozusagen sprachtheoretisch lizenzieren würde, wird allerdings durch die Art und Weise problematisiert, in der Freud in der Arbeit, der ich die zitierte Textstelle entnommen habe, zu seinem Urteil kommt. Freud diskutiert zwei Möglichkeiten der Unterscheidung von bewußten und unbewußten Vorstellungen. Die eine sieht er in einer »funktionellen Zustandsänderung« (Freud 1913, S.274, Kursivierung aufgehoben, S. Z.) der Vorstellung. Gemeint ist damit, daß »der Übergang aus dem System *Ubw* in ein nächstes [...] nicht durch eine neue Niederschrift, sondern durch [...] einen Wandel in der Besetzung« geschieht (Freud 1913, S.279). Diese Annahme wird mit dem libidotheoretischen Argument verneint, daß es sich bei der Verdrängung »um einen Ersatz der vorbewußten Besetzung durch eine unbewußte« handelt. Infolgedessen sei nicht ein-

---

6 Zur epistemischen Bedeutung dieses Satzes vgl. Dittrich (1913, S.39), Funke (1936), Gardiner (1960, S.44).

7 Für eine genaue Darstellung der philosophische Debatte der Beziehung zwischen Worten, Begriffen und Referent (Dingen) s. Lyons (1977, S.108ff.).

zusehen, »warum die besetzt gebliebene oder vom *Ubw* her mit Besetzung versehene Vorstellung nicht den Versuch erneuern sollte, kraft ihrer Besetzung in das System *Vbw* einzudringen« (Freud 1913, S.279f.), und damit dem Bewußtsein wieder zugänglich wird. Eine zweite Möglichkeit, welche die eingenommene Lesart der Wortvorstellungen legitimieren würde, sieht Freud (1913, S.274) darin, daß die nämliche Vorstellung eine Niederschrift sowohl im System Bw, dem Bewußtsein, wie im System Ubw, dem Unbewußten, erfahren hat, und damit »gleichzeitig an zwei Stellen des psychischen Apparats vorhanden« ist. Unter Hinweis auf die Ersatzbildungen bei Psychosen, bei denen im Gegensatz zu den Übertragungsneurosen seiner Meinung nach die Objektbesetzungen aufgelöst und ins Ich zurückgezogen werden, und deren Untersuchung ihn letztlich zu seinem Urteil führte, wird auch diese Möglichkeit verworfen. U. a. wird ein Beispiel angeführt, das zugleich genauer darüber aufklärt, was Freud mit dem Begriff der Wortvorstellungen meint. Freud (1913, S.298) schildert einen Patienten, der unter grosser Befriedigung Mitesser aus seiner Gesichtshaut ausdrückte, weil dabei etwas herausspritzte. Dann begann dieser Patienten zu glauben, daß das Beseitigen der Mitesser jedesmal eine tiefe Grube hinterlassen habe, und machte sich deswegen heftige Vorwürfe. Freud (1913, S.298) deutet dieses Verhalten dahingehend, daß »das Auspressen des Inhaltes der Mitesser ein Ersatz für die Onanie ist«, und daß die »Grube, die darauf durch seine Schuld entsteht, [...] das weibliche Genitale, d. h. die Erfüllung der durch die Onanie provozierten Kastrationsdrohung [...]« darstellt. Für die Entwicklung dieser Ersatzbildung macht Freud nicht eine sachliche Ähnlichkeit von Ejakulation und Ausdrücken der Mitesser bzw. Hautporen und Vagina verantwortlich. Im Gegenteil, Freud (1913, S.299) betont ausdrücklich, daß »[z]wischen dem Ausdrücken eines Mitesser und der Ejakulation aus dem Penis [...] ein recht geringe Sachähnlichkeit« ebenso besteht wie »zwischen den unzählig seichten Hautporen und der Vagina«. Die Verschiebung komme durch die »Gleichheit des sprachlichen Ausdrucks« und »nicht [durch] Ähnlichkeit der bezeichneten Dinge« zustande: »[I]m ersten Fall spritzt beidemale etwas heraus, und für den zweiten Fall gilt wörtlich der zynische Satz: Loch ist Loch« (Freud 1913, S.299). Wenn die Verschiebung nicht durch die Ähnlichkeit der Sachvorstellungen zustande kommt, welche durch die Worte »Loch« und »spritzen« bezeichnet werden, sondern durch die Ähnlichkeit der Worte fundiert ist - Freud (1913, S.299) nennt diese Ähnlichkeitsbeziehung im Unterschied zur »Sachbeziehung« eine »Wortbeziehung« -, dann ist die Grundlage der Verschiebung nurmehr eine formale. Sie gründet in der Klangähnlichkeit der beidemal verwendeten Wortvorstellungen »spritzen« und »Loch«.

Bei den Wortvorstellungen Freuds handelt es sich nicht um eine in Worte gefaßte begriffliche Niederschrift der Sachvorstellungen, sondern um die Vorstellungen von Worten[8]. Diese Auffassung liegt auch seiner Betrachtung der sog. Übertragungsneurosen zugrunde. Während bei den Psychosen die Wortvorstellungen von den Sachvorstellungen abgetrennt, dem Primärvorgang unterworfen werden und im Unbewußten eine Verschiebung auf der Grundlage ihrer Ähnlichkeit stattfindet, unterliegen bei den Übertragungsneurosen die Sachvorstellungen dem Primärvorgang und werden im Unbewußten aufgrund ihrer sachlichen Ähnlichkeit verschoben. Das Produkt der Verschiebung wird wieder mit Wortvorstellungen verbunden und gewinnt in Form einer Ersatzbildung Bewußtsein. Auch hier handelt es sich nicht um eine Doppelregistrierung einer Vorstellung. Vorstellung und Ersatzvorstellung liegen im Unbewußten, wobei die eine durch ihre Verbindung mit Worten ins Bewußtsein eingelassen wird. Generell »bleibt uns in der Psychoanalyse«, schreibt Freud [1913, S.270], »gar nichts anderes übrig, als die seelischen Vorgänge für an sich unbewußt zu erklären und ihre Wahrnehmung durch das Bewußtsein mit der Wahrnehmung der Außenwelt durch die Sinnesorgane zu vergleichen«. Die Wortvorstellungen sind in der Auffassung Freuds nicht die Existenzform von Begriffen, sondern ein funktionales Mittel, das den Übergang von unbewußten in bewußte Sachvorstellungen ermöglicht, indem sie mit ihnen äußerlich verbunden werden. Die Doppelregistrierung einer Vorstellung in unterschiedlichen Medien, im Unbewußten und im Bewußtsein, wird auch ausdrücklich in der oben zitierten Textstelle verneint. Ich habe diese Verneinung im Zitat als Leerstelle ausgespart. Unbewußte und bewußte Sachvorstellungen, schreibt Freud (1913, S.300, Kursivierung, S. Z.), »sind *nicht*, wie wir gemeint haben, verschiedene Niederschriften desselben Inhaltes an verschiedenen Orten, auch nicht verschiedene funktionelle Bewegungszustände an demselben Orte«.

Diese formal-dingliche Auffassung der Sprache als funktionales Mittel, welches seelischen Vorgängen Bewußtsein verleiht, durchzieht sämtliche vorangehenden Arbeiten Freuds, die sich in systematischer Weise mit dem Problem befassen, wie psychische Prozesse bewußt werden. Schon 22 Jahre früher entwirft er in seiner Arbeit »Zur Auffassung der Aphasien«, in der er vor allem die damals herrschenden hirnanatomisch-physiologischen Vorstellungen über die Sprachfunktion kritisch diskutiert, ein psychologisches Modell der Funktionsweise des Sprachapparates. Dabei ist ihm für »die Psychologie [...] die Einheit der Sprachfunktion das ›Wort‹, eine komplexe Vorstellung, die sich als zusammengesetzt aus akustischen, visuellen und kinästhetischen Elementen erweist« (Freud 1891, S.75). Diese sensorischen Elemente sind Produkte der Wahrnehmung und werden beim Sprechenlernen mit der motorischen »Sprachbewegungsvorstellung« in einem »Asso-

---

8 Zu Freuds Begriff der »Wortvorstellungen« s. auch Wollheim (1972, S.169ff.).

ziationskomplex« zusammengefaßt (Freud 1891, S.76). Dieser Komplex verknüpft sich mit einer »Objektvorstellung«, die ebenso als ein »Assoziationskomplex« betrachtet wird, der aus visuellen, akustischen, taktilen, kinästhetischen u. a. Elementen besteht (Freud 1891, S.78f.). Seine Ausführungen illustriert Freud (1891, S.79, Kursivierung, S. Z.) mit dem berühmt gewordene »Psychologische[n] Schema der Wortvorstellungen«, das er folgendermaßen erläutert: »Die Wortvorstellung erscheint als ein abgeschlossener Vorstellungskomplex, die Objektvorstellung hingegen als ein offener. Die Wortvorstellung ist nicht von allen ihren Bestandteilen [Lesebild, Schriftbild, Bewegungsbild und Klangbild], *sondern bloß vom Klangbild her mit den Objektvorstellungen verknüpft.* Unter den Objektassoziationen sind es die visuellen, welche das Objekt in ähnlicher Weise vertreten, wie das Klangbild das Wort vertritt«.

Auch im »Entwurf einer Psychologie« spielt die Sprache ein zentrale Rolle. Entsprechend seiner damaligen neurophysiologischen Orientierung ist nicht von »Objektvorstellungen«, sondern von »Abfuhrnachrichten [und] Bewegungsbilder[n]« die Rede (Freud 1895, S.364). Das Problem stellt sich ihm so: »Das Bewußtsein gibt uns, was man Qualitäten heißt, Empfindungen, die in großer Mannigfaltigkeit anders sind und deren Anderssein nach Beziehungen zur Außenwelt unterschieden wird«, und Freud (1895, S.317, Kursivierung aufgehoben, S. Z.) stellt sich die Frage, »wie entstehen die Qualitäten und wo entstehen die Qualitäten«. Die psychischen Vorgänge werden auch in dieser Arbeit solange als qualitäts- und d. h bewußtlos aufgefaßt, bis durch sie motorische Neuronen besetzt werden. Dies sind vor allem die Neurone, »welche den Klangvorstellungen dienen und die selbst die engste Assoziation mit motorischen Sprachbildern haben« (Freud 1895, S.364). Durch die Verbindungen mit den »Sprachabfuhrzeichen« werden »die Denkvorgänge den Wahrnehmungsvorgängen gleich[gestellt, sie] verleihen ihnen eine Realität und ermöglichen deren Gedächtnis« (Freud 1895, S.364f.). Vier Jahre später, in der »Traumdeutung«, vermittelt sich das Bewußtsein psychischer Vorgänge über Sprache, weil sie dadurch eine Qualität erhalten. Das Bewußtsein ist ihm sowohl Sinnesorgan zur Wahrnehmung der äußeren Realität, und als auch ein »Sinnesorgan zur Wahrnehmung psychischer Qualitäten« (Freud 1900, S.620, Kursivierung aufgehoben, S. Z.), wobei die psychischen »Vorgänge« solange »jeder psychischen Qualität« entbehren, bis sie »mit dem nicht qualitätslosen Erinnerungssystem der Sprachzeichen« verknüpft werden (Freud 1900, S.580): »Durch die Qualitäten dieses Systems wird jetzt das Bewußtsein, das vordem nur Sinnesorgan für die Wahrnehmungen war, auch zum Sinnesorgan für einen Teil unserer Denkvorgänge« (Freud 1900, S.580).

Die früheren Ausführungen Freuds lassen keinen Zweifel daran, daß er nicht nur im eingangs vorgestellten Zitat, sondern - wenn auch mit unterschiedlichen Nuancierungen - durchgängig die Verknüpfung von Wort- und Sachvorstellung als bloß äußerliche Verbindung sinnlich wahrgenommener Worte mit den Vorstellungen von Sachen begreift, und die Funktion der Wortvorstellungen, ein Bewußtsein der Sachvorstellungen zu ermöglichen, damit begründet, daß die »Wortreste [...] wesentlich von akustischen Wahrnehmungen ab[stammen]«, die »Wortvorstellungen [...] Erinnerungsreste« sind, die »einmal Wahrnehmungen« waren (Freud 1923b, S.246ff.), und »alle Wahrnehmungen, die von außen herankommen (Sinneswahrnehmungen) [...] [v]on vornherein« bewußt sind. Auch im Eingangszitat besteht zwischen den Sach- und Wortvorstellungen nur ein instrumenteller, sich über das »*Klangbild*« vermittelnder, und kein innerer, begrifflich aufgearbeiteter Zusammenhang. Ich will nicht fragen, wie es möglich ist, daß sich disparate Sinneseindrücke zu einem Objekt vereinen, warum sich gerade das Klangbild eines Wortes mit einer bestimmten Objektvorstellung assoziiert (vgl. dazu Jappe 1971, S.76), oder warum die Sachähnlichkeit zwischen der Vagina und einem »Schacht[.]«, einer »Dose[.], einer »Schachtel[.]«, einem einer »Flasche[.]«, einem »Hufeisene«, einem »Schiff«, einer »Schnecke«, einem »Pantoffel« oder einem »Herd«, die Freud (1916/17, S.156ff., S.165f., Kursivierung aufgehoben, S. Z) aufgrund der Tatsache, daß sie »einen Hohlraum« umschließen, als »Symboldarstellung[en]« des weiblichen Geschlechtsorgans erkennt, größer sein soll als die zwischen ihr und einer kleinen Grube. Hinzuweisen ist aber darauf, daß mit dieser Auffassung die Freudsche Formulierung im Eingangszitat in sprachtheoretischer Hinsicht problematisch wird. Genau besehen rekurriert Freud mit seinem Sprachverständnis ausschließlich auf den sigmatischen Aspekt der Sprache, auf die Beziehung, die zwischen den sprachlichen Zeichen und den abgebildeten Objekten oder Sachverhalten besteht. Ihre wichtigste und Bewußtsein ermöglichende Funktion, die sowohl der sigmatischen als auch der pragmatischen und syntaktischen Funktion der Sprache zugrunde liegt, ihre Darstellungs- oder Symbolfunktion (Klaus 1962, S.58ff.), bleibt außerhalb der Freudschen Überlegungen. Die Darstellungs- oder Symbolfunktion bezieht sich darauf, daß die Sprache die Existenzform der Gedanken, Begriffe, Aussagen etc. ist, welche die Wirklichkeit ideell abbilden. Dadurch ermöglicht die Sprache Erkenntnisse der Wirklichkeit, welche über ihre bloß sinnliche Wahrnehmung hinausreichen (Klaus 1962, S.18). Bei Freud hingegen bedeuten Worte nicht begrifflich verarbeitete Vorstellungen, die sich aus der Wahrnehmung von Objekten bilden. Worte werden den Vorstellungen bloß hinzuaddiert und bezeichnen sie nur. In seiner Sprachkonzeption kann über ein Wort die ihm zugehörige Vorstellung evoziert werden. Über die Gegebenheit, die sich in der Vorstellung darstellt, kann jedoch nicht mehr sprachlich-begrifflich, sondern nurmehr bildhaft in sinnlichen Vorstellungen nachgedacht werden.

Ferner wird in seiner Konzeption zur Frage, warum menschliches Bewußtsein überhaupt der Sprache bedarf. Zum einen gewinnen mit einer bloß energetischen Argumentation die Wortvorstellungen nur jenen Signalcharakter, der etwa der Vorstellung »rote Lampe« als Resultat ihrer Wahrnehmung für die Vorstellung »Nahrung« beim Pawlowschen Hund zukommt, sodaß damit allein die Notwendigkeit von Sprache für das menschliche Bewußtsein nicht begründet werden kann. Zum anderen eröffnet die These, daß Wortvorstellungen den Objektvorstellungen zum Bewußtsein verhelfen, weil sie das Resultat von Wahrnehmungen sind, ein Problem, dem sich auch Freud gegenüber sieht, nämlich »warum die Objektvorstellungen nicht mittels ihrer eigenen Wahrnehmungsreste bewußt werden können«, wenn »Wortvorstellungen [...] der Sinneswahrnehmung in der gleichen Weise wie die Objektvorstellungen« entstammen (Freud 1913, S.301)[9], und zugleich gelten soll, daß »alle Wahrnehmungen, die von außen herankommen (Sinneswahrnehmungen)« von »vornherein« bewußt sind (Freud 1923b, S.246). Freud (1913, S.301) versucht, diese Frage mit zwei Annahmen zu beantworten. Einmal wird behauptet, daß

»durch die Verknüpfung mit Worten auch solche Besetzungen mit Qualität versehen werden können, die aus den Wahrnehmungen selbst keine Qualität mitbringen konnten, weil sie bloß Relationen zwischen den Objektvorstellungen entsprechen. Solche erst durch Worte faßbar gewordene Relationen sind ein Hauptbestandteil unserer Denkvorgänge« (Freud 1913, S.301).

Dem steht entgegen, daß schon der sprachlose Pawlowsche Hund in der Lage ist, die Beziehung zwischen »roter Lampe« und »Nahrung« wahrzunehmen, und daß die ideelle Abbildung der Beziehungen zwischen den, als Objektvorstellungen im Subjekt existierenden Objekten im Denken nicht im Kopf, sondern mit ihrer sinnlichen Wahrnehmung beginnt. Die Beziehungen zwischen zwei Gegenständen A und B - etwa ihre zeitliche Abfolge, die im Denken als ein kausaler Zusammenhang abgebildet werden kann, wie auch die Tatsache daß A größer, kleiner, runder, eckiger, breiter als B ist - werden wahrgenommen und haben somit eine Wahrnehmungsqualität.

Zum anderen wird als Antwort auf die selbstgestellte Frage angenommen, daß »wahrscheinlich [...] das Denken in Systemen vor sich [geht], die von den ursprünglichen Wahrnehmungsresten [der Objekte] so weit entfernt sind, daß sie von deren Qualitäten nichts mehr erhalten haben und zum Bewußtwerden eine Verstärkung durch neue Qualitäten bedürfen«. Wenn die

---

9 Die Auffassung, daß - wie die Wortvorstellungen - auch die Objektvorstellungen aus visuellen und akustischen Elementen bestehen, findet sich schon 22 Jahre vorher (Freud 1891, S.79), und sie wird 1925 (Freud 1925b, S.14) nochmals mit dem Satz, »daß alle Vorstellungen von Wahrnehmungen stammen«, ausdrücklich bekräftigt.

Wortvorstellungen Erinnerungsreste der akustischen Wahrnehmung von Worten bleiben und die Sachvorstellungen - wie angenommen wird - ihren Status als Wahrnehmungsreste verloren haben, dann können nur noch die Wortvorstellungen auf eine Außenwelt, die bewußten Sachvorstellungen aber nicht mehr auf die Sachen verweisen, die sich dem Bewußtsein als Vorstellungen präsentieren. Begründet man die Bewußtsein generierende Funktion der Wortvorstellungen mit dem Argument, daß sie die Resultate von Wahrnehmungen sind, und sieht man durch die Antwort Freuds das Problem gelöst, dann verschreibt man sich einem radikal konstruktivistischen Standpunkt. Man verpflichtet sich auf die Ansicht, daß die Vorstellungen, die innere, »psychische[.] Realität« (Freud 1900, S.625) Bewußtsein gewinnt, aber nicht die »äußere Realität« (Freud 1916, S.423). Denn wenn man an der Auffassung festhält, daß nicht die innere, sondern die »äußere Realität« Gegenstand des Bewußtseins ist, dann würde die Annahme, daß sich das Bewußtsein der Verbindung von Wort- und Sachvorstellungen verdankt, hinfällig werden. Im Rahmen der Freudschen Überlegungen müßten Sachvorstellungen ohne diese Verbindung Bewußtsein gewinnen können.

Beide Annahmen können das Problem nicht beseitigen und die Bewußtsein bildende Funktion der Sprache nicht begründen. Trotz dieser Widersprüchlichkeiten und offenen Fragen faszinierte die Freudsche These die Psychoanalytiker offensichtlich so sehr, daß der erkenntnis- und sprachtheoretische Gehalt ihrer Formulierung von ihnen kaum in Frage gestellt wurde. Untersucht man sie in einem sprachtheoretischen Rahmen, dann entlarvt sich ihre Evidenz als eine scheinbare. In sprachtheoretischer Auffassung wird Bewußtsein nicht durch die sigmatische Beziehung zwischen abgebildetem Gegenstand und sprachlichem Zeichen, sondern im wesentlichen durch einen Sachverhalt ermöglicht, dem sich, wie etwa Rapaport et al (1968) betonen, eine psychoanalytische Sprachtheorie nicht verschließen kann: nämlich durch die semantische Funktion der Sprache, durch die über Sprache möglich gewordene *Begriffsbildung*. Wie im oben zitierten scholastischen Diktum festgehalten ist der Zusammenhang von Worten und Dingen kein direkter, sondern immer ein über Begriffe vermittelter. Von Ogden u. Richards (1923, S.18) wurde dieser Sachverhalt in dem bekannten semiotischen Dreieck dargestellt Die Sprache ist von Begriffen durchdrungen und jeder Begriff hat eine durch Abstraktion gewonnene intensionale Bestimmung, einen Inhalt, und eine Extension, einen Umfang. Der Begriffsinhalt ist ein Komplex von Merkmalen, die den Gegenständen gemeinsam sind, welche unter diesen Begriff subsumiert werden und die innerhalb seines Umfanges liegen. Aus sprachtheoretischer Sicht gewinnen Gegenstände Bewußtsein in einem Prozeß, indem sie über die extensionalen Bestimmungen ihres Begriffs - über ihre Vorstellungen - identifiziert und über die Intensionen der Begriffe, in deren Umfang die Vorstellungen liegen, als konkrete Fälle bestimmter Abstraktionen ausgewiesen werden[10]. Die Sprache wird nicht durch eine bloße Verbindung von Wort- und Sachvorstellung im Zuge einer Addition von Besetzungsenergien zu einer unabdingbaren Voraussetzung für ein »probeweises Handeln« (Freud 1933, S.96) auf jenem bewußten Niveau, das Freud (1913, S.300) als »Sekundärvorgang« beschreibt. Sie wird dies aufgrund ihrer Symbolfunktion, aufgrund ihrer Begriffe.

Die Notwendigkeit, die Repräsentanzwelt als eine in verschiedene Abstraktionsstufen gegliederte aufzufassen, wurde außer von Rapaport auch von anderen Psychoanalytikern gesehen. Sandler u. Rosenblatt (1962) unterscheiden in der Repräsentanzwelt »Vorstellungen (representations)« und »Bilder[.] (images)«. Unter »Vorstellung« wird ein »Schema« verstanden, das eine »mehr oder weniger dauerhafte Existenz [...] besitzt«, und aus Bildern aufgebaut wird. Etwa:

»Das Kind erlebt viele Bilder seiner Mutter - die stillende, die sprechende, die sitzende, die stehende, die Nahrung zubereitende Mutter usw. -, und auf der Grundlage dieser Bilder erzeugt es allmählich eine Muttervorstellung, die ein ganzes Spektrum von Mutterbildern umfaßt, welche alle das Etikett >Mutter< tragen«.

Obwohl das Schema, die »Muttervorstellung« fraglos das Resultat eine Abstraktionsvorganges aus verschiedenen Mutterbildern darstellt, wird allerdings dieser Aufgliederung keinen systematischen Stellenwert für die Bewußtseinsbildung zugeschrieben. Im Gegenteil, im Einvernehmen mit der ökonomischen Begründung Freuds wird ausdrücklich darauf hingewiesen, daß eine »Wahrnehmung Bewußtseinsqualität« aufweist, wenn »sie eine zusätzliche Besetzung erhält«.

Unter Verzicht auf eine ökonomische Begründung versuchte erstmals Lorenzer (z. B. 1970b; 1972) in seiner psychoanalytischen Theorie des Spracherwerbs die Freudsche sprachgebundene Bewußtseinskonzeption in dieser Richtung fortzuschreiben. Lorenzer (1983) macht deutlich, daß der Begriff der »Sachvorstellung«, der sich bei Freud (1913, S.276) auf die »Vorstellungsrepräsentanz« einer »Triebregung« bezieht[11], nicht haltbar ist. Geht man von diesem Begriff aus, dann setzt der Spracherwerb voraus, daß das Kind bereits auf vorsprachlicher Ebene in der Lage ist, die Welt in verschiedene, sich in »Sachvorstellungen« darstellende Objekte zu differenzieren und sich selbst von ihnen abzugrenzen. Diese Annahme wird konterka-

---

10 Ohne über den Inhalt des Begriffs »Buch«, ohne über dessen abstrahierte Intension zu verfügen, könnte ein bestimmtes wahrgenommenes und in Gestalt einer Vorstellung sinnlich repräsentiertes Ding nicht als Buch bewußt werden.

11 »Ein Trieb kann nie Objekt des Bewußtseins werden, nur die Vorstellung, die ihn repräsentiert. Er kann aber auch im Unbewußten nicht anders als durch die Vorstellung repräsentiert sein« (Freud 1913, S.275f.).

riert durch die Freudsche (1926, S.161) Einsicht, daß die Mutter »als Objekt dem durchaus narzißtischen Fötus unbekannt ist«, und daß »die Brust [...] anfangs gewiß nicht vom eigenen Körper unterschieden« wird (Freud 1938b, S.115). Es kann somit nicht davon ausgegangen werden, daß das Kind bereits auf vorsprachlicher Ebene die Objekte als in sich differenzierte, distinkte und voneinander abgrenzbare Einheiten und sich selbst von ihnen getrennt erfährt. Wird Sprache erworben, dann können die ersten Worte weder das Subjekt noch die Objekte, sondern nur das innere Abbild dessen bezeichnen, was geschieht - das Abbild einer Interaktion, in der das Subjekt und seine Objekte noch ungetrennt aufeinander bezogen sind. Die Auftrennung dieser Einheit in ein Subjekt und in eine in sich differenzierte Objektwelt wird erst durch Sprache besorgt. Durch sie lassen sich verschiedene Interaktionen jeweils als »eine bestimmte, mir zugehörige und auf ein bestimmtes Objekt gerichtete oder von ihm ausgelöste« ausweisen.

Lorenzer (1983) löst demzufolge die Freudsche »Sachvorstellungen« in »Interaktionsformen« auf, die sich als Resultate realen Interagierens in das Individuum eintragen. Über Interaktionsformen gewinnt die Lebenspraxis des Subjekts Bewußtsein in einem Prozeß der Sprachvermittlung, der sich über das Vorsprechen der ersten Beziehungspersonen realisiert. Auch für Lorenzer gilt, daß »die Wortvorstellung [...] der Erinnerungsrest des gehörten Wortes« ist (Freud 1920, S.248). Der Sprachaufbau, schreibt Lorenzer (1974, S.120f.), ist

»ein Prozeß, der in der Ontogenese des Einzelnen sich in folgender Weise vollzieht: 1. Ein Wort, z. B. >Mama<, wird von einer bestimmten Person dem Kind vorgesprochen. 2. Die >spracheinführende Person< zeigt [...] dabei auf einen Gegenstand, der nun freilich kein für sich stehendes Objekt ist (Objekte werden ja erst von der Sprache gebildet), sondern als die aktuelle, bestimmt-geformte Interaktionsfigur die gegenwärtige Interaktion zwischen beiden Partnern der Spracheinführung ausmacht. Die *bestimmte Interaktionsform erhält einen Namen.* 3. Der Sprachaufbau gründet so auf der Pragmatik des Zeigens-auf, der Semantik der Verbindung von Wort (im Rahmen der gegebenen Sprache) und bestimmter Interaktionsform (im Rahmen der hergestellten Interaktionsstruktur). [...] Als benannte, also >prädizierte bestimmte Interaktionsform< wird diese zur >*symbolischen Interaktionsform*<, wird sie zur Grundeinheit des semantischen Gefüges der Sprache. Die das kindliche Verhalten ausmachende >bestimmte Interaktionsform< wird als >symbolische Interaktionsform< zur Grundfigur des Bewußtseins«.

Wie sich im Subjekt Sprache und Interaktionsformen in der Bildung von Bewußtsein verbinden, versucht Lorenzer (1972, S.79) mit den Begriffen der »Prädikation« und »Regulation« zu klären. Prädikation bezieht sich auf den Vorgang, in dem ein Prädikator, ein gesprochenes Wort, einer Interaktionsform zugeordnet wird, Regulation kennzeichnet das sprachliche Grundvermögen, welches erlaubt, bestimmten Interaktionsformen zugesprochene Prädikatoren anderen Interaktionsformen abzusprechen. Wird einer Interaktionsform der Prädikator »lieb« und einer zweiten der Prädikator »böse« zugesprochen, dann wird im Vorgang der Regulation der ersten Interaktionsform der Prädikator »böse« und der zweiten der Prädikator »lieb« abgesprochen. Die Folge ist eine sprachliche Aufgliederung der Interaktionsformen.

Beim ersten Hinsehen scheint es, als könnte diese Konzeption die durch die Sprache ermöglichte Symbolbildung ausreichend einsichtig machen. Schaut man genauer hin, dann offenbart sich eine zentrale Leerstelle. Wenn nämlich die Interaktionsformen bloß durch Namen unterschieden werden - und nur diese Unterscheidung erlauben die Vorgänge der Prädikation und Regulation -, dann hätten sich nur die Extensionen der künftigen Symbole formiert, nicht jedoch schon deren Intension, das Invariante und Allgemeine und im Verschiedenen Identische, das den im entsprechenden Umfang des Symbols enthaltenen Objekten und Beziehungen gemeinsam ist. Wie in der Freudschen energetischen Argumentation stehen bei Lorenzer Sprache und Praxis in einem bedingt-reflektorischen, und nicht in einem sinnhaft-signifikanten Zusammenhang.

Als sprachliche Differenzierungsschritte sind die Vorgänge der Prädikation und Regulation eine notwendige Voraussetzung der Symbolbildung. Sie können jedoch keine Auskunft darüber geben, wie sich die Intension der Symbole bildet. Damit bleibt offen, wie sich im Lorenzerschen Konzept über die Symbole Bewußtsein herstellen kann. Ich bin dieser Frage in einigen Arbeiten detailliert nachgegangen (z. B. Zepf 1985a, S.69ff.; 1993, S.78ff.; 1997a, S.28ff.) und habe die begrifflichen Intensionen als das analytische Produkt ausgewiesen, welches aus einem Vergleich verschiedener Interaktionsformen resultiert. In diesem Vergleich werden die Gemeinsamkeiten und Unterschiede verschiedener und mit verschiedenen Namen prädizierten Interaktionsformen ermittelt, indem sie einander gegenüber gestellt werden. Das durch die Analyse ermittelte Gemeinsame wird abstrahiert und subsumiert bestimmte Interaktionsformen, die das Gemeinsame in unterschiedlichen Formen aufweisen, unter der Intension bestimmter Begriffe. Die Elemente, in denen Interaktionsformen einander abstrakt identisch sind, werden in den sprachlichen Prädikatoren in vollem Wortsinn »auf den Begriff« gebracht. Hergestellt wird damit eine »abstrakte Identitätsrelation« (Kröber 1964, S.503), die es ermöglicht, einen allgemeinen Sachverhalt in seinen verschiedenen Erscheinungsformen wiederzuerkennen. Da sich Identisches immer nur in Polarität zu Verschiedenem bestimmen läßt, sind diese analytischen Abstraktionen notwendig an synthetische Konkretionen gebunden. Die Abstraktion eines identischen Elements aus verschiedenen Interaktionsformen setzt voraus, daß in einem dazu gegenläufigen Prozeß die Verschiedenheit des identischen Elements - die Verschiedenheit der Interaktionsformen, in denen das identische Element vorhanden ist - als besondere Exemplare, als Konkretionen, als Fälle anderer Abstraktionen ausgewiesen werden können.

Ich habe diese komplexe Sachlage am Beispiel der Intensionsbildung des »Mama«-Symbols dargestellt (Zepf 1997a, S.29ff.), das ich zur Erläuterung wiederholen will.. Mit der Einführung des Prädikators »Mama« werden im Laufe der Zeit verschiedene Interaktionsformen bezeichnet, in denen das Mama-Objekt für das Kind konkret existiert. Damit »Mama« als das Identische dieser verschiedenen - etwa lieben, warm-befriedigenden und bösen, kalt-frustrierenden - Interaktionsformen abstrahiert werden kann, müssen bereits eine Reihe von Abstraktionen vorliegen, z. B. die Abstraktionen »lieb«, »böse« und »Papa«. Die Verschiedenheit der Erscheinungsformen von »Mama«, die Nicht-Identität von warm-befriedigenden und kalt-frustrierenden Interaktionsformen, könnte sonst nicht bewußt erfaßt, und ohne die »Papa«-Abstraktion könnte sie nicht von dem Papa-Objekt bewußt abgegrenzt und auf ein einheitliches Mama-Objekt bezogen werden. Die Einlösung dieser Bedingung für die »Mama«-Abstraktion setzt voraus, daß »lieb« und »böse« nicht nur in verschiedenen Interaktionsformen interagiert wurden. Ihre Verschiedenheit muß auch erkannt werden können - etwa als lieb (bzw. böse)-in Beziehung-zu-Mama und als lieb (bzw. böse)-in Beziehungzu-Papa. Auch lieb und böse müssen als besondere »Fälle« anderer Abstraktionen auszumachen sein. Ihr Abstraktionsprozeß setzt andere Abstraktionen voraus, die wiederum weitere Abstraktionen als Bedingung benötigen.

Die für die Bildung symbolischer Interaktionsformen notwendigen Prozesse der Abstraktion und Konkretion setzen sich wechselseitig voraus. Durch diese Prozesse werden verschiedene Interaktionsformen zu den Extensionen von Begriffen, in denen die Merkmale, hinsichtlich der sie abstrakt identisch sind, als Intensionen zum Vorschein gebracht werden. Über die Intensionen der verschiedenen Begriffe kann die jeweilige Besonderheit einer Interaktionsform als synthetisches Gedankenkonkretum reproduziert werden.

Die Intension eines Sprachsymbols liegt in dem Moment, in dem verschiedene Interaktionsformen abstrakt identisch sind, seine Extension bezieht sich auf die Interaktionsformen, in denen dieses abstrakte Moment konkret enthalten ist. In dieser symbolischen, begriffstheoretischen Fassung des Bewußtseins bezieht sich das »Latente, das nur deskriptiv unbewußt ist« und welches Freud (1923b, S.241) als »vorbewßt« klassifiziert, auf die vielfältigen Extensionen eines Begriffs, auf Interaktionsformen, die im Moment nicht bewußt, aber prinzipiell »›bewußtseinsfähig‹« (Freud 1937b, S.202) sind, weil sie im Umfang begrifflicher Symbole liegen und zu anderen Zeitpunkten problemlos ins Bewußtsein gerufen werden können.

Die Interaktionsformen, die auf Begriffe gebracht werden können, konstituieren die »konnotativen« Bedeutungen der sprachlichen Zeichen eines Subjekts. Das semantische System der Sprache eines Subjekts bildet sich aber nicht nur über dessen Lebenspraxis. Die erworbene Sprache verfügt bereits über ein semantisches System, in dem die Erkenntnisse, die Handlungsanweisungen und Handlungsnormen als Resultate der gesellschaftlichen Erkenntnistätigkeit festgehalten sind. Sie verweisen auf die objektiven Zusammenhänge, in denen die durch Worte bezeichneten Gegenstände stehen und konstituieren die sog.»denotativen« Bedeutungen der Sprache. Das Wort »Axt« bspw. verweist nicht nur auf bestimmte figurale Eigenschaften der Axt. Es ist vielmehr die Existenzform einer komplexen Bedeutungseinheit, die aus dem praktischen, gesellschaftlichen Umgang mit der Axt entstanden ist und in die u. a. eingeht, daß die Axt zum Holzspalten da ist, daß sie von Menschen gemacht wurde, daß ihre Herstellung soviel kostet, daß man vorsichtig mit ihr umgehen muß etc. (z. B. Holzkamp 1973, S.25f.). Denotative Bedeutungen sind Verallgemeinerungen der Wirklichkeit, die in Begriffen kristallisiert und fixiert sind. Sie sind

»die ideelle, geistige Form, in der die gesellschaftliche Erfahrung, die gesellschaftliche Praxis der Menschheit enthalten ist. Die Vorstellungswelt, die Wissenschaft, die Sprache einer gegebenen Gesellschaft existieren als Systeme bestimmter Bedeutungen. Die Bedeutungen gehören damit zum Bereich der objektiven historischen Erscheinungen [...]. [Die] Bedeutung wird im Gegenstand oder in der Erscheinung, d. h. in einem System gegebener Beziehungen und Zusammenhänge objektiv erschlossen. Sie wird in der Sprache widergespiegelt und fixiert und erlangt dadurch ihre Beständigkeit« (Leontjew 1959, S.180f.).

Als Bewußtseinsfiguren des Individuums behalten die Sprachfiguren ihre allgemeine denotative Bedeutung. Sie erhalten jedoch entsprechend der je individuellen Lebenspraxis ihre besonderen Konnotationen, welche die Erfahrungen des Subjekts wiedergeben, die im Umgang mit den Gegenständen gemacht wurden. Die allgemeinen, jedermann prinzipiell zugänglichen Bedeutungen existieren in einer Einheit mit den besonderen, die sich der Lebensgeschichte des Subjekts verdanken. Die Sprache erlaubt dem Subjekt, diese Einheit aufzulösen. Sprachsymbole versetzen das Subjekt in die Lage, von sich selbst und seinen, ihrem konnotativen Bedeutungsraum angehörigen Objektbeziehungen zu abstrahieren, die Objekte in ihren objektiven, denotativen Gegenstandsbedeutungen zu erfassen und sich selbst in eine bewußte Beziehung zu ihnen zu setzen. »Im selben Augenblick«, heißt es bei Langer (1942, S.79), »in dem der Begriff uns im Symbol vermittelt ist, verwandelt unsere Einbildungskraft ihn in eine persönliche Vorstellung, die wir von dem mittelbaren, allgemein zugänglichen Begriff nur durch einen Abstraktionsprozeß unterscheiden können«.

Ich will vorwegnehmen und später noch genauer darauf zu sprechen kommen, daß diese subjektive Verfügung über die eigene Lebensgeschichte - und die dadurch mögliche Auftrennung konnotativer und denotativer Bedeutungen - uneingeschränkt nur für den utopisch-idealen Fall gilt, daß sich in der kindlichen Sozialisationspraxis die Beziehungssituationen nicht antagonistisch aufeinander bezogen und in Konflikte führten, der bewußt nicht durchgehalten werden konnten. In der Auffassung Lorenzers wird in diesem Fall die inhaltliche Verbindung von Sprache und Praxis, welche die Praxis in Gestalt von »symbolischen Interaktionsformen« reflexiv verfügbar machte, durch eine »Desymbolisierung« aufgelöst. Formal ist dieser Vorgang der Freudschen sprachtheoretischen Fassung der Verdrängung - sie führt zu einer Disjunktion von Wort- und Sachvorstellungen - nachgebildet. Im neurotischen Konflikt verlieren die Interaktionsformen die ihnen lebensgeschichtlich zugehörigen Sprachfiguren und werden als »Klischee« im Zuge einer semantischen Verschiebung unter falschen Namen wieder in das Symbolsystem eingebracht. Begriffstheoretisch liest sich diese erneute Verbindung der desymbolisierten Interaktionsformen mit Sprachfiguren im Zuge einer bewußtseinsfähigen »Ersatzbildung« (Freud 1915b, S.256) als eine Operation, welche die Intension der begrifflichen Sprachsymbole unverändert läßt, aber deren Extension, den Umfang bestimmter Symbole, um die zu Klischees gewordenen Interaktionsformen erweitert, die aus der Extension der ihnen lebensgeschichtlich zugehörigen Sprachsymbole exkommuniziert wurden. In semantischer Hinsicht heißt dies, daß das eine Sprachsymbol einen bewußt verfügbaren, konnotativen Bedeutungsanteil verliert, der in den Bedeutungshof eines anderen Sprachsymbols als unbewußte Bedeutung eingelagert wird.

3. Gefühle und Bewußtsein

Bewußtsein setzt nicht nur Prädikatoren und vorstellungsmäßige Repräsentanzen, sondern Begriffe voraus. Sie werden durch Abstraktionsprozesse aus den Repräsentanzen gebildet. Begriffe sind an Sprache gebunden, sodaß es scheint, als ob das Erleben qualitativ differenter Gefühle ebenfalls Sprache voraussetzen würde. Trifft dies zu, dann wäre auf vorsprachlichem Entwicklungsstand ein qualitatives Erleben nur möglich, wenn Konzeptualisierungen vorausgesetzt werden können, die - obwohl sprachlos - wie Begriffe strukturiert sind. Das repräsentierte Erleben könnte nur unter dieser Bedingung als »Fall von« ausgewiesen werden und Bewußtsein gewinnen. Ich will zunächst prüfen, wie in der Freudschen Konzeption Gefühle bewußt werden bzw. inwieweit in ihr diese Voraussetzungen eingelöst werden. Ich werde mich ausschließlich auf diesen Aspekt beschränken und nicht die verschiedenen Funktionen in Augenschein nehmen, die Freud im Zuge der Entwicklung seines theoretischen Denkens den Affekten zuschreibt (s. dazu Brenner 1974; Green 1979; Jacobson 1953).

In Freuds Auffassung wird ein bewußtes, qualitativ differentes Erleben über die Verbindung von Wort- und Sachvorstellungen ermöglicht. Am Beispiel der Affekte wird ausgeführt (Freud 1913, S.278), »daß bei der Verdrängung eine Trennung des Affekts von seiner Vorstellung stattfindet, worauf beide ihren gesonderten Schicksalen entgegengehen«. Diese Schicksale sind verschieden. Während die »unbewußte Vorstellung nach der Verdrängung als reale Bildung im System *Ubw* bestehen bleibt, [...] entspricht [...] dem unbewußten Affekt ebendort nur eine *Ansatzmöglichkeit*, die nicht zur Entfaltung kommen durfte« (Freud 1913, S.277, Kursivierung, S. Z.). Wird der Affekt wieder bewußt, dann geschieht dies entweder durch die Verbindung mit der Vorstellung, mit der er früher verbunden war, der ihm zugehörigen »eigentlichen Repräsentanz« (Freud 1913, S.276) - etwa im therapeutischen »Redressement der Verdrängungsarbeit« (Freud 1913, S.277) - oder durch eine andere »bewußte[.] Ersatz[vorstellung]«, deren »Natur« dann »den qualitativen Charakter des Affekts [...] bestimmt« (Freud 1913, S.278). Es gilt jedenfalls, »daß der Affekt solange nicht zustande kommt, bis nicht der Durchbruch zu einer neuen Vertretung im System *Bw* gelungen ist« (Freud 1913, S.279). Affekte können mithin erfahren werden, wenn sie mit einer bewußten, einer in die Sprache eingelassenen »Sachvorstellung« verbunden sind.

Betrachtet man die Verbindung von Wort- und Sachvorstellung begriffstheoretisch, dann wäre die Qualität des affektiven Erlebens inhaltlich von den »symbolischen Interaktionsformen« bestimmt, mit denen es verbunden ist. Die »symbolischen Interaktionsformen« würden dann nicht nur die Interaktionen abbilden, die die Affekte hervorgerufen haben, sondern auch diese Affekte selbst repräsentieren. Die Annahme, daß das Bewußtwerden der Affekte für sie eine begriffsanaloge Struktur voraussetzt, würde entfallen. Diese Konstruktion ist problematisch, denn die Bedingungen, unter denen ein Affekt entsteht, sind nicht schon der Affekt selbst. Eine bewußte Differenzierung ihrer konkreten Bedingungen erlaubt nicht schon, das durch sie hervorgerufene Erleben in bestimmte Affekte zu qualifizieren. Dazu muß die »Zugehörigkeit« des Erlebens bestimmt werden können. Dies setzt begriffliche Strukturen voraus, in denen das Identische der verschiedenen Affekte konzeptualisiert ist, und die erlauben, ein besonderes Erleben als Fall von Etwas zu identifizieren. Dadurch wird das Erleben zu einem Fall »dieses« Affekts, dessen Besonderheit sich über die Erkenntnis des im Identischen Verschiedenen vermittelt. Zu einem besonderen Fall »dieses« Affektes wird das Erleben über eine, durch die »symbolischen Interaktionsformen« mögliche Identifizierung der besonderen Bedingungen, in denen es subjektiv gründet. Sowohl das Erleben, das bei einem Lottogewinn auftritt, als auch das, welches eintritt, wenn ein verschwundenes Kind wiedergefunden wird, wird unter das Gefühl »Freude« subsumiert. Die kognitive Identifizierung der besonderen Bedingungen, unter denen diese Gefühle auftreten, differenziert die Gefühle qualitativ und macht sie zu einem je besonderen.

In sprachtheoretischer Fassung ist die Freudsche Konstruktion, nach der Erleben durch seine Verbindung mit Sach-Wortvorstellungen als Gefühl bewußt wird, nur haltbar, wenn man unterstellt, daß sein Begriff der »Wortvorstellungen« die Gefühlsworte nicht ausschließt und sich nicht nur auf »Objektvorstellungen«, sondern auch auf Vorstellungen von Köperempfindungen bezieht. Wie die Worte, die sich auf Interaktionsformen beziehen, würden dann die Gefühlsworte auf Begriffe verweisen, die intensional durch je bestimmte invariante Körperempfindungen bestimmt sind. Sie würden erlauben, daß Körperempfindungen, die sich im Gefolge von Interaktionen einstellen, zu Gefühlen werden, d. h. als Fall eines Gefühls Bewußtsein gewinnen können.

Bindet man das Erleben von Gefühlen aber ausschließlich an Sprache, dann folgt daraus, daß es bis zur Einführung von Sprache keine Gefühle gibt. Da »Erleben« immer ein Erleben »*von etwas*« ist (Rubinstein 1946, S.21) und dieses »Etwas« ohne Begriffe nicht identifiziert werden kann, würde diese Auffassung als Konsequenz nach sich ziehen, daß auf vorsprachlicher Ebene nur qualitätslose Empfindungen vorliegen. Man müßte sich also von der psychoanalytischen Lehre der frühkindlichen, vorsprachlichen Entwicklung verabschieden. Und zwar in Gänze, denn ihre zentrale Annahme, auf der ihr ganzes Gebäude ruht, ist, daß das noch sprachlose Neugeborene bereits Lust- und Unlustaffekte erleben kann.

Das psychoanalytische Entwicklungskonzept impliziert, daß Gefühle auch ohne Sprache erlebt werden können. Diese Annahme wird von Freud geteilt. Die sprachlichen »Verbindungsglieder«, schreibt Freud (1923b, S.250), welche »für die *ubw* Vorstellung erst [...] geschaffen werden müssen, um sie zum *Bw* zu bringen«, entfallen »für die Empfindungen«, da diese »sich direkt fortleiten« würden. Für Gefühlsempfindungen habe »die Unterscheidung von *Bw* und *Vbw* [...] keinen Sinn, das *Vbw* fällt hier aus, Empfindungen sind entweder bewußt oder unbewußt«. Ausdrücklich wird festgehalten: »Auch wenn sie an Wortvorstellungen gebunden werden, danken sie nicht diesen ihr Bewußtwerden, sondern sie werden es direkt« (Freud 1923b, S.250). Dies würde insbesondere für die Angst gelten, gegen welche die mit einer verdrängten Triebregung einhergehenden »Affekte [solange] eingetauscht werden, [...] bis sie eine Ersatzvorstellung im System *Bw* gefunden hat« (Freud 1913, S.278).

Wenn das sprachlose Bewußtwerden der Gefühle deren Konzeptualisierung in einer begriffslosen, aber doch wie Begriffe strukturierten Form voraussetzt, dann wird zur Frage, wie diese Form, wie die Struktur der Gefühlssymbole beschaffen ist und welchen Status die körperlichen Empfindungen darin einnehmen. An diese Frage schließt sich eine weitere an. Begriffliche Symbole sind aus der Lebenspraxis geborene, selbstproduzierte Erkenntnismittel der Praxis. Dies gilt sowohl für die Wahrnehmung der »Realität der Außenwelt« (Freud 1937b, S.181) wie auch der inneren, »psychischen Realität« (Freud 1900, S.625). Im Falle der Selbstwahrnehmung sind hier »Gedankenkonkretum und Erkenntnisprozeß [...] von den Resultaten der Bildung individueller psychophysischer Wirklichkeit zu unterscheiden« (Lorenzer 1977, S.141)[12]. Es wird also auch zu klären sein, was in den Gefühlssymbolen symbolisiert wird.

---

12 Traumbilder z. B. gehören auf die zuerst genannte Seite. Im Traum drängen »die bewußten und unbewußten Persönlichkeitsmomente [...] zu einer Darstellung, die vom wahrnehmenden Individuum in Form von Traumbildern erfaßt werden kann. Diese Wahrnehmung kann - wie jede andere auch - nur mittels der Erkenntnisinstrumente, der ›Produktionsmittel‹ der ›Erkenntnisproduktion‹, die in diesem ›Produktionsprozeß‹ zur Verfügung stehen, erfolgen: der Symbole« (Lorenzer 1977, S.141).

4. Die Symbolstruktur der Gefühle

Es scheint mir sinnvoll, zunächst im Zusammenhang die Begriffe zu definieren, die in meiner Argumentation einen zentralen Stellenwert besitzen. Dies ist deshalb notwendig, weil Begriffe wie »Symbol«, »Zeichen«, »Bedeutung« etc. eine lange Tradition haben und von verschiedenen Autoren in ganz unterschiedlicher Weise benutzt wurden und werden. Ich will nicht in eine detaillierte und kritische begriffsgeschichtliche Debatte eintreten, sondern in negativer Abgrenzung von der eigenen einige differente Positionen benennen. Die Psychoanalyse reservierte (und reserviert) den Symbolbegriff mehrheitlich für die mystifizierte Darstellung unbewußter Inhalte im Bewußtsein. Entsprechend der Feststellung von Jones (1919), daß »[n]ur das, was verdrängt ist, [...] der symbolischen Darstellung« bedarf, wäre nicht nur der manifeste Trauminhalt ein Symbol des latenten, sondern auch ein Pferd wäre ein Symbol, wenn sich in ihm - wie bei der Pferdephobie des kleinen Hans - eine unbewußt gewordene Beziehung (hier zum Vater) bewußtseinskonform zur Darstellung bringt. Cassirer (1953, S.5) dagegen betrachtet das Symbol generell als Resultat menschlicher Erkenntnistätigkeit. Er versteht »[u]nter einer symbolischen Form« jede Aktivität »des Geistes [...], durch welche[,] ein geistiger Bedeutungsgehalt an ein konkretes sinnliches Zeichen geknüpft und diesem Zeichen innerlich zugeeignet wird« (Cassirer 1965, S.175). Desgleichen Langer (1942, S.49): »Die Bildung von Symbolen ist eine ebenso ursprüngliche Tätigkeit des Menschen wie Essen, Schauen und Sichbewegen. Sie ist der fundamentale, niemals stillstehende Prozeß des Geistes«. Ogden u. Richards (1923, S.32) verstehen unter Symbol »jene Zeichen, die die Menschen benutzen, um miteinander in Kommunikation zu treten«, und für Peirce (1940, S.104) und Miller (1951, S.5) wird ein Zeichen zum Symbol aufgrund der konventionellen Natur seiner Beziehung zum Bezeichneten. Für Morris (1946, S.23ff.) wiederum ist »ein Symbol ein Zeichen [...], das als Ersatz für irgendein anderes Zeichen, mit dem es synonym ist, fungiert«, und »alle Zeichen, die keine Symbole sind«, werden als »Signale« angesehen, für Bühler (1934, S.28) ist das »Sprachzeichen [...] ein Symbol kraft seiner Zuordnung zu Gegenständen und Sachverhalten«, die Äußerung ist ein »Symptom« für die »Innerlichkeit« des Sprechers, ein »Symbol« des gemeinten Sachverhaltes und ein »Signal« für den Hörer, während bei Werner u. Kaplan (1963, S.15/16) das Wort ein Symbol ist, das den Begriff des Gegenstandes, auf den es sich bezieht, symbolisiert.

Keine dieser Definition deckt sich vollständig mit den Begriffen, wie ich sie verwenden werde. Dies gilt vor allem für den Symbolbegriff. Er hat eine gemeinsame Schnittmenge mit dem Lorenzerschen Symbolverständnis, ist damit aber nicht identisch. Bei Lorenzer (1972, S.105f.) gründet das Symbol in der Verbindung von Worten und Interaktionsformen, dessen neurophysiologische »Grundlage [...] die engrammatisch fixierte Beziehungsstruktur [von] Lautengramm« und den »sensorischen Engramme[n] der Interaktionsformen« ist. Ich unterstelle diese »engrammatisch fixierte Beziehungsstruktur«, verstehe aber das Symbol allgemein als ein Gebilde, das sich in Zeichen und in eine Struktur gliedert, die das Resultat eines Abstraktionsprozesses ist und eine Intension und eine Extension aufweist. Handelt es sich um sprachliche Zeichen, dann ist diese Struktur ein Begriff, in dessen Umfang die Interaktionsformen und die Vorstellungen der phantasierten oder der realen Objekte der gegenständlichen Außenwelt und ihre Eigenschaften liegen. Das Zeichen bedeutet den Begriff und die Verbindung beider, das Symbol, bedeutet die Gegebenheiten, die im Begriff ideell abgebildet sind.

Der Begriff der »Bedeutung« wird in dreifacher Weise verwendet: Zum einen als *Bedeutung der Zeichen* für die Beziehung zwischen Zeichen und begrifflicher Struktur. Ullmann (1957, S.64f., Kursivierung aufgehoben, S. Z.), der das Saussuresche »signifiant« »Name« und die begriffliche Vorstellung »Sinn« nennt, verwendet den Bedeutungsbegriff in derselben Weise. In dieser Beziehung wird zwischen konnotativer und denotativer Bedeutung eines Zeichens unterschieden. »Konnotation« und »Denotation« sind Termini, die von J. S. Mill (1843) eingeführt wurden. Bei Mill denotiert ein Wort wie z. B. »weiß« alle weißen Dinge und konnotiert das Weißsein dieser Dinge. Ich verwende beide Begriffe für die Beziehung zwischen sprachlichem Zeichen und Vorstellungen. Die Vorstellungen der Objekte Hund, Tisch oder Haus etwa, die im Umfang ihrer Begriffe liegen, konstituieren die denotativen Bedeutungen der sprachlichen Zeichen »Hund«, »Tisch« und »Haus«, während die vorgestellten Beziehungen, die Interaktionsformen eines Subjekts mit diesen Objekten, die ebenfalls dem Umfang dieser Begriffe angehören, deren konnotative Bedeutung ausmachen. Die extensionalen Bestimmungen eines Begriffs gliedern sich in konnotative und denotative, wobei der konnotative Bedeutungsraum sprachlicher Zeichen ein Teil ihres denotativen ist.

Unterschieden wird zwischen Denotation und Konnotation einerseits und Referent andererseits. Diese Unterscheidung ist wichtig, weil es sprachliche Zeichen - wie etwa das Wort »Einhorn« - gibt, die einen Begriff mit einem Konnotations- und Denotationsraum bedeuten - es gibt Vorstellungen von Einhörnern und man kann mit ihnen in der Phantasie interagieren -, aber selbst auf keinen Gegenstand verweisen. Während Denotation und Konnotation die Extensionen eines Begriffs in der Beziehung zum sprachlichen Zeichen differenzieren - die Extensionen sind dessen Konnotate bzw. Denotate -,. werden die Objekte als »Referenten« bezeichnet, auf die sich die sprachlichen Zeichen über den Begriff vermittelt beziehen. Referenten werden in den Begriffen abgebildet. Sie liegen außerhalb der Begriffe, die sie abbilden. Die sigmatische Beziehung zwischen sprachlichem Zeichen und Referent wird »referieren« genannt. Teilweise stimmt dies mit den Auffassungen von Ogden u. Richards (1923) und Searle (1969, S.77) überein, wonach »alles, worauf man referiert, existieren muß«. Während aber Ogden u. Richards (1923, S.19) den Terminus »Referent« nur für ein Objekt oder einen Sachverhalt in der äußeren Welt reservieren, wird dieser Terminus auch für mentale Erzeugnisse verwendet.

Zum zweiten wird »Bedeutung« als *Bedeutung des Begriffs* für die Beziehung Begriff und Referent, für die Beziehung Symbol und Symbolisiertes, und zum dritten für die Beziehung verwendet, in der das Symbolisierte zum Subjekt steht, d. h. für die *Bedeutung des Referenten* eines Zeichens für das Subjekt. In diesem Zusammenhang wird der Bedeutungsbegriff im Sinne der sog. »*emotiven*« oder »*affektiven*« Bedeutung von Ogden u. Richards (1923, S.233, Kursivierung, S. Z.) benutzt. Dieser Gebrauch ist identisch mit einer von Morris (1964, S.VIII) vorgeschlagenen Verwendung des Bedeutungsbegriff, die sich auf den »Wert« oder das »Bedeutendsein« des Gegenstandes für das Subjekt bezieht, der sprachlich bezeichnet wird[13] Ich fasse die drei Relationen, in denen ich den Bedeutungsbegriff verwende, in einem Schema (1):

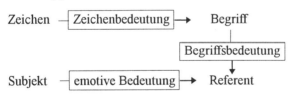

Schema 1: Verwendung des Begriffs der »Bedeutung«.

Die Begriffe »Prädikator« und »Zeichen« werden synonym benutzt und in »Zeichen(Prädikator)gestalt« und »Zeichen(Prädikator)exemplar« differenziert. Als »type« und »token« wurde diese Unterscheidung von Peirce (1931-58, 4.532, 2.245) in die Semantik eingeführt. Eine Zeichengestalt

---

13 Morris (1964, S.VII) wendet den Bedeutungsbegriff auch noch auf die Beziehung Zeichen und Bezeichnetes an, wobei allerdings in seiner Konzeption das Bezeichnete kein Begriff, sondern ein Gegenstand ist

ist generell eine Abstraktionsklasse und die Zeichenexemplare sind die Elemente dieser Abstraktionsklasse. Insofern weist die Beziehung zwischen Zeichengestalt und Zeichenexemplar eine gewisse Parallele zu der auf, die zwischen den Objekten und ihren begrifflichen Abbildern besteht. Auch das begriffliche Abbild erfaßt eine Klasse äquivalenter Objekte, es ist eine Abstraktionsklasse der abgebildeten Objekte, und es ist - wie die Zeichengestalt - kein materielles, sondern ein ideelles Gebilde. Die Beziehung zwischen Objekt und begrifflichem Abbild ist wie die zwischen Zeichengestalt und Zeichenexemplar ein Subsumieren eines Elements unter eine Klasse (Klaus 1962, S.59).

Als ein Schema, in dem sich die Struktur äquivalenter Zeichenexemplare darstellt, erlaubt die Zeichengestalt, einzelne Zeichenexemplare als bedeutungsvolle Informationsträger zu erkennen und zu produzieren. Im Falle der Sprache figurieren die Wortvorstellungen als Zeichengestalten. Ihre materielle Grundlage sind die »Lautengramme« (Lorenzer 1972, S.105), die zentralnervösen Zusammenschaltungen der sensomotorischen Impulse der gehörten, gesprochenen und geschriebenen Worte. Da die Beziehung zwischen den Lautengrammen und den sensorischen Engrammen (als Resultat der Wahrnehmung der Objekte und Interaktionsformen) ebenfalls engrammatisch fixiert ist, erlauben die sprachlichen Zeichen und die Begriffe sich gegenseitig hervorzurufen. Diese Auffassung wird von Ullmann (1957, S.65) geteilt: »Wenn der Namen ›Tisch‹ fällt, denkt man auch an einen Tisch; wenn man an einen Tisch denkt, wird man, wenn nötig, auch den Namen aussprechen«. Die geschriebenen, gesprochenen, gehörten oder gelesenen Worte werden als Zeichenexemplare, als verschiedene Realisationen ihrer jeweiligen Zeichengestalt verstanden. Auch die Zeichenexemplare bedeuten den Begriff des Gegenstandes, auf den sie sich beziehen, und symbolisieren gemeinsam mit dem Begriff diesen Gegenstand.

Zeichen werden als »Repräsentationszeichen« und nicht als »Anzeichen«, als Signale verstanden. Diese Unterscheidung wird von Klaus (1962, S.87ff.) und Peirce (1940, S.104) favorisiert. Im Unterschied zu deren Auffassungen wird der Signalbegriff nur auf subhumane Lebensformen bezogen, bei denen sich das Leben in bedingt-reflektorischen Zusammenhängen bewegt. Zwischen Repräsentationszeichen und Signalen bestehen Gemeinsamkeiten. Signale und Repräsentationszeichen gliedern sich in Gestalten und Exemplare, und Signal- wie Repräsentationszeichenexemplare sind materielle Gebilde, die auf etwas verweisen, das außerhalb von ihnen liegt. Ihre Verschiedenheit liegt darin, daß Signale in einer bedingt-reflektorischen Beziehung zu dem stehen, was sie signalisieren, während die Repräsentationszeichen in keiner bedingt-reflektorischen oder »kausalen« Beziehung zu dem Objekt stehen, auf das sie sich in sigmatischer Hinsicht beziehen. Ich kann mir einen Hut vorstellen, wenn ich ein anderes Wort als

»Hut« - etwa »chapeau« - benutze, und die Buchstabenfolge »H«, »u« und »t«, das Zeichen »Hut«, wird ebensowenig durch den Gegenstand Hut hervorgebracht, wie das französische Zeichen »chapeau«. Die sprachlichen Zeichen sind im Hinblick auf den Gegenstand, den sie bezeichnen, arbiträr. Repräsentationszeichen haben im Objekt nur die Quelle ihrer Bedeutung. Signale lösen ferner Verhalten aus, ohne daß das, worauf sie verweisen, bewußt wird. Während Signale keine Bedeutung haben, sondern unbedingte Reflexe auslösen, läuft das Verhalten, welches durch Repräsentationszeichenexemplare ausgelöst wird, immer über deren Bedeutung, über das begriffliche Abbild, das mit ihnen im Empfänger des Exemplars verbunden ist. Ein gesprochenes Wort hat nicht - wie etwa bei Bühler (1934, S.28) und Lyons (1977, S.49ff.) - den Status eines Signals; es wird ausschließlich als materielles Exemplar einer Zeichengestalt betrachtet. Außerdem lassen sich Exemplare von Repräsentationszeichen vom Subjekt willkürlich herstellen, wenn das, was sie in sigmatischer Hinsicht bezeichnen, nicht vorliegt. Für Signale gilt das nicht.

Die Begriffe »Syntax«, »Pragmatik«, »Sigmatik« und »Semantik«, die Disziplinen der Semiotik bezeichnen, werden in den Klausschen (1962) Bestimmungen verwendet (s. auch Carnap 1942, S.9). In der vorliegenden Untersuchung nehmen sie auf folgende Relationen Bezug: Die Syntax bezeichnet und untersucht die Beziehung der Zeichen untereinander, die Pragmatik bezeichnet und untersucht die Beziehung zwischen den Zeichen und ihren Benutzern (Gesellschaft, Menschen), die Sigmatik bezeichnet und untersucht die Beziehung zwischen Zeichen und den Objekten (Gegenstände, Eigenschaften, Beziehungen), und die Semantik bezeichnet und untersucht die Beziehung zwischen den Zeichen und den begrifflichen Abbildern der Objekte. Klaus (1962, S.57) stellt die Relationen, in denen die Sprache von den Disziplinen der Semiotik untersucht werden, in einem übersichtlichen Schema dar, das ich in geringfügig modizierter Weise übernehme:

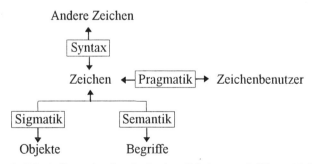

Schema 2: Disziplinen der Semiotik (modifiziert nach Klaus 1962, S.57).

Unter Einbeziehung einer Analyse der Relation zwischen Objekten und ihrer begrifflichen Abbildung, die nicht in den Bereich der Semiotik, sondern in den der Erkenntnistheorie fällt, werden im Folgenden die Zeichensysteme im wesentlichen in semantischer und pragmatischer Hinsicht betrachtet. Aus bestimmten Gründen, die später deutlich werden, ist es mir noch wichtig, darauf hinzuweisen, daß bei einer Analyse der Sprache in syntaktischer, semantischer etc. Hinsicht die untersuchte Sprache und die Sprache, mit der die Untersuchung durchgeführt wird, auf zwei verschiedenen semantischen Stufen liegen. Die untersuchte Sprache ist die »Objektsprache« und die Sprache, in der die Objektsprache abgebildet wird, ist die »Metasprache« (Klaus 1962, S.44ff.; Lyons 1977, S.24ff.; Quine 1940, S.23ff.). Der Satz »Saarbrücken ist die Hauptstadt des Saarlandes« ist ein objektsprachlicher Satz, der über eine Eigenschaft des mit »Saarbrücken« bezeichneten Ortes Auskunft gibt. Der Satz »>Saarbrücken< ist dreisilbig« hingegen ist ein metasprachlicher, der über eine Eigenschaft des objektsprachlichen Wortes >Saarbrücken< informiert. Referenten metasprachlicher Zeichen sind die Elemente der Objektsprache. Ich werde im Gang der Untersuchung noch ausführlicher auf diese Theorie zu sprechen kommen. Zu erwähnen ist in diesem Zusammenhang, daß semantische Stufen nicht mit Abstraktionsstufen gleichzusetzen sind. Der Begriff der »Abstraktionsstufen« wird im Hinblick auf die Gegenstände verwendet, die in den Begriffen abgebildet werden und auf die sich die Begriffe beziehen. In der Beziehung zum realen Apfel befinden sich die Begriffe des »Apfels« und der »Frucht« auf unterschiedlichen Abstraktionsstufen, während der Apfel- und der Fruchtbegriff im Hinblick auf den Begriff des »Begriffs« auf der gleichen semantischen Stufe liegen.

Nach diesen kurzen Begriffserläuterungen will ich die Struktur der Gefühlssymbole in Augenschein nehmen. Die Idee, daß Gefühle symbolischen Charakter haben, ist in der Psychologie nicht neu. In den bisherigen Überlegungen wird allerdings nicht den Gefühlen, sondern mehrheitlich nur ihrem Ausdruck ein symbolischer Status zugewiesen. Scherer (1988; 1977) überträgt bspw. das Bühlersche (1934, S.28) Organonmodell kommunikativer sprachlicher Zeichen auf nonverbale, emotionale Ausdruckszeichen, wie etwa ein bestimmter emotionaler, stimmlicher oder Gesichtsausdruck, und postuliert,

»daß jede (möglicherweise >syntaktisch< strukturierte) Folge von Ausdruckszeichen 1) eine semantische Funktion ausübt, in dem sie [kognitiv repräsentierte, s. Scherer 1988] Gegenstände, Sachverhalte oder Ereignisse [...] als Symbol darstellt, 2) im Rahmen einer pragmatischen Funktion als Symptom wirkt (z. B. Zustandsform, Reaktion und Verhaltensintention des Senders ausdrückt), und schließlich 3) im Sinne einer dialogischen Appellfunktion als Signal einer Veränderung der Beziehung zum Empfänger dient oder ein bestimmtes Verhalten des Empfängers herausfordert« (Scherer u. Wallbott 1990, S.353).

Für Scherer (1988) haben die »Ausdruckszeichen« generell den Charakter eines Symbols. Sie haben eine Bedeutung, wenn sie dem Rezipienten ermöglichen, aufgrund des Ausdrucks »not only the nature of the emotional state of the speaker« - im Beispiel war es der »fear state of the animal«, sondern auch »the patterns of cognitive appraisals which have produced the respective emotional states [...] and [...] the approximate nature of the emotion producing event or situation« zu erfassen und darauf zu reagieren.

Problematisch an der Schererschen (1988) Übertragung ist, daß die Analogisierung von sprachlichen und körperlichen Ausdruckszeichen nicht mit einer semiotischen, sondern nur mit einer kommunikationstheoretischen, pragmatischen Analyse beider begründet wird. Während in einer semiotischen Analyse von Zeichensystemen die Teildisziplinen die Besonderheit der Beziehungen untersuchen, in denen die Zeichen stehen, ergibt sich in der Schererschen Betrachtung die Symptom-, Symbol- und Signalfunktion der »Ausdruckszeichen« aus den Gegenständen, auf welche die Zeichen verweisen. Die Beziehungen zu ihnen sind formal gleichartig. In allen Fällen gründet die Beziehung darin, daß die somatischen »Ausdruckszeichen« durch die Wahrnehmung einer bestimmten Situation und der Reaktion darauf ausgelöst werden, dieser Situation und dem durch sie hervorgerufenen Gefühlszustand parallelisiert sind, mit beiden in eine bedingt-reflektorische Verbindung gebracht werden und infolgedessen dem Rezipienten als Signal für beides dienen. Auch in der Beziehung zum inneren Zustand, in der die Zeichen »Symptom« heißen, wie auch zur Situation, in der sie »Symbole« sein sollen, sind sie nichts anderes als Signale. Dies geht aus dem Beispiel hervor, mit dem Scherer (1988) seine Auffassung erläutert. Scherer (1988) diagnostiziert eine semantische Funktion der »Ausdruckszeichen« bereits bei 2 unterschiedlichen Arten der Alarmschreie der Vervet-Affen in Südafrika, die wohl kaum über Begriffe oder begriffsanaloge Strukturen verfügen. Die Schreie werden einmal durch räuberische Vögel und zum anderen durch Bodentiere ausgelöst und führen zu unterschiedlichen Reaktionen der Affen. Bei dem einen Schrei suchen sie Schutz unter Büschen und machen sich bewegungslos, der andere aktiviert sie und läßt sie auf einen Baum fliehen. Wenn dieses Beispiel, wie Scherer (1988) meint, für seine Auffassung paradigmatisch ist, dann handelt es sich bei der Beziehung von »Ausdruckszeichen« und dem, was sie bezeichnen, um bedingt-reflektorische, unter dem Druck der Lebenspraxis entstandene Zusammenschaltungen unterschiedlicher - im Beispiel der Vervet-Affen objektiv gefahrvoller - Reizkonfigurationen mit bestimmten somatischen Ausdrucksformen, die für die anderen zum Signal einer je besonderen Reizkonfiguration werden, auf die besonders geantwortet werden muß, wenn man mit dem Leben davon kommen will.

In der hier verwendeten Begrifflichkeit haben die somatischen »Ausdruckszeichen« von Scherer u. Wallbott (1990) den Charakter bloßer »Anzeichen«, den Status von Signalen, welche - wie der Rauch durch das Feuer - von bestimmten Situationen »kausal« produziert, mit ihnen einhergehen und in eine bedingt-reflektorische Verbindung mit ihren Wahrnehmungen und den daraus resultierenden Vorstellungen gebracht werden. Die Beziehung zwischen ihnen und dem, was sie darstellen sollen, ist derjenigen analog, die zwischen den Freudschen (1913, S.300) »*Wortvorstellung*[en]« und »Sachvorstellung[en]« besteht. Wie die Freudschen Wortvorstellungen, stehen die somatischen »Ausdruckszeichen« Scherers nur in einer sigmatischen, sich über bloße Vorstellungen vermittelnden Beziehung zu den Sachverhalten, die sie bezeichnen. Da sich diese Beziehung nicht mehr über Begriffe oder begriffsanaloge, Bewußtsein generierende Strukturen vermittelt, können die »Ausdruckszeichen« nur noch auf Zustände ohne Bewußtsein und damit nur auf eine bewußtlose Kommunikationspraxis Bezug nehmen. Mit der ausschließlich pragmatischen, kommunikationstheoretischen Begründung des Symbolbegriffs wird die qualitative Differenz von Signal und Symbol aufgehoben. Die differentia specifica der Kommunikation von humanen und subhumanen Lebensformen wird eingeebnet und jene werden unter diese subsumiert.

Der eingeführten Symbolbegriff trägt dieser qualitativen Differenz Rechnung. Liest man auf seiner Grundlage die Scherersche These, daß ein nonverbaler Gefühlsausdruck nicht nur ein Symptom oder Signal sein, sondern auch etwas bedeuten soll, dann gilt dies nicht nur für den Empfänger. Dem Sender muß der Ausdruck ebenfalls etwas bedeuten. Dies setzt voraus, daß im Sender diese Bedeutung - die repräsentierten »Gegenstände, Sachverhalte oder Ereignisse« - auch im Gefühl abgebildet sein muß, das er ausdrückt. Geht man davon aus, daß der Ausdruck als »Symptom« eines Gefühls etwas symbolisiert, dann impliziert diese Annahme, daß sich in den Gefühlen etwas darstellt, was ihnen äußerlich ist, daß die Gefühle selbst Symbole sind. Weil im Schererschen Verständnis der Begriff des Symbols nicht durch die Art der Beziehung, sondern durch den Gegenstand bestimmt ist, mit dem die Ausdruckszeichen in Beziehung stehen, stellt sich für ihn nicht die Aufgabe, zu klären, was sich in den Gefühlen symbolisiert und welche Bedingungen einzulösen sind, wenn man den Gefühlen einen symbolischen Status zuweist.

Stellt man die Gefühle in eine Reihe mit den sprachlich-begrifflichen Symbolen, dann werden zwei Bedingungen kenntlich, die ihre Existenz als Symbole voraussetzt. Wie bei den sprachlichen Symbolen, wo begriffsspezifische Prädikatoren - Worte - vorliegen, müssen gefühlsspezifische Prädikatoren vorhanden sein, und wie sich die Begriffe von dem unterscheiden, was durch sie symbolisiert wird, müssen sich die Gefühle von dem unterscheiden, was sich in ihnen darstellt.

4.1 Körperprozesse und Gefühle

Viele Forscher waren der Überzeugung, in der Theorie von James, welche die Erforschung der Gefühle lange Zeit bestimmte, würde die Auffassung vertreten, daß körperlichen Veränderungen in den Gefühlen symbolisiert werden. James (1909, S.376) hatte behauptet,

»daß die körperlichen Veränderungen direkt auf die Wahrnehmung der erregenden Tatsache folgen und daß das Bewußtsein vom Eintritt eben dieser Veränderungen die Gemütsbewegung ist. [...] Die hier vertretene Hypothese [...] behauptet, [...] wir sind traurig, weil wir weinen, zornig, weil wir zuschlagen, erschrocken, weil wir zittern, und daß wir nicht weinen, zuschlagen oder zittern, weil wir traurig, zornig oder erschrocken sind«[14].

Da James (1884a) schrieb, daß »[u]nser Fühlen der [körperlichen] Änderungen [...] die Emotion« ist, wurden Gefühle mit dem Bewußtwerden der körperlichen Veränderungen gleichgesetzt, die durch einen äußeren Reiz hervorgerufen werden[15]. Es wurde angenommen, daß ihre inhaltliche Besonderheit in der Verschiedenheit der körperlichen Veränderungen und ihrer Wahrnehmung gründe. Stemmler (1996, S.7) macht darauf aufmerksam, daß in dieser Interpretation die Erläuterungen nicht berücksichtigt wurden, die James (1894b) seiner Theorie beifügte. James glaubte nämlich, daß Emotionen nicht eindeutig mit bestimmten körperlichen Reaktionsmustern verknüpft sind. Verschiedene Personen würden ganz unterschiedliche emotionale Erfahrungen und wahrgenommene Körperreaktionen mit dem gleichen Emotionswort bezeichnen, und verschiedene Personen würden unter identischen Auslösebedingungen verschiedenartige emotionale Reaktionen aufweisen können, weil Erfahrung, Erregbarkeit, Vorstellungsfähigkeit und kulturelle Einflüsse die Reaktionen mitbestimmten.

Trotz dieser Erläuterungen und obwohl James die willkürliche Tätigkeit der quergestreiften Muskeln in sein Konzept der körperlichen Verän-

---

14 Die Jamessche These hatte einen Vorläufer in Malebranche (1672), der schon vor über 300 Jahren behauptet hatte, daß die Wahrnehmung körperlicher Veränderungen den Gefühlen vorausgehe.
15 Eine ähnliche Ansicht hatte Lange (1887) entwickelt. In seiner Auffassung werden die Gefühle (Emotionen und Affekte) durch den Zustand der Innervation und die Weite der Blutgefäße bestimmt, die mit ihnen einhergehen.

derungen mit einbezog - nach der Beschreibung bestimmter viszeraler und glandulärer Reaktionen, die an den Emotionen beteiligt sind, schrieb James (1884a):
> »Und was gleichermaßen auffallend ist, [...] ist die kontinuierliche Zusammenarbeit der willkürlichen Muskeln in unseren Gefühlszuständen. Selbst wenn keine Veränderung der äußeren Haltung herbeigeführt wird, verändert sich ihre innere Spannung entsprechend jeder variierenden Stimmung und wird als Unterschied in Tonus oder Spannung empfunden«

- verpflichtete sich die nachfolgende Forschung vor allem darauf, die besonderen Muster vegetativer Abläufe zu finden, die mit bestimmten Gefühlen verbunden waren.

Obgleich dies in vielfältigen Untersuchungen versucht wurde, blieb die Befundlage bis heute strittig. Es liegen einerseits Untersuchungen vor, in denen unterschiedliche Muster vor allem vegetativer Impulse bei verschiedenen Gefühlen berichtet werden. Ax (1953) und Funkenstein (1955) schilderten für Angst und Ärger Unterschiede in der Muskelspannung, im Hautwiderstand, der Atem- und Herzfrequenz, der Herzauswurfleistung und im Verhalten des systolischen Blutdruckes, die sie einer unterschiedlichen Adrenalin- und Noradrenalin-Ausschüttung zurechnen, und Schwartz et al. (1981) teilten mit, daß sich Zustände von Glück, Trauer, Ärger und Angst, die sie durch Vorstellungen induzierten, anhand kardiovaskulärer Meßwerte unterscheiden lassen. Averill (1969) beschrieb bei Traurigkeit und Freude meßbare vegetative Aktivitäten vor allem sympathischer Natur, die sich - wenn auch nur geringfügig - unterschieden. Ebenso berichteten Ekman et al. (1983), daß sich Überraschung, Ekel, Glück, Ärger, Traurigkeit und Angst in der Ausprägung physiologischer Parameter (Herzfrequenz, Hautwiderstand, Temperatur in der Hand, Muskelspannung des Unterarms) unterscheiden lassen. Die Herzfrequenz nahm bei Ärger und Angst stärker zu als bei Glück, und die Temperatur der Hand war bei Ärger höher als bei Glück. Auch innerhalb der negativen Gefühle zeigten sich Unterschiede. Die Herzfrequenz war bei Ärger, Angst und Traurigkeit höher als bei Überraschung, Glück und Ekel. Hinsichtlich der Ausprägung der Muskelspannung fanden sich zwischen den Gefühlen keine Unterschiede (s. auch Arnold 1945; Ekman 1984; Lazarus et al. 1962; Leventhal et al. 1990; Schachter 1957; Weerts u. Roberts 1976; Wolf u. Wolff 1943; weitere Lit. Scherer 1990). Neuere neurophysiologische und hirnanatomische Untersuchungen legen ferner nahe, daß Körperprozesse nicht nur subkortikal, sondern auch auf neokortikaler Ebene eine differenzierte Abbildung erfahren[16]. Machleidt et

---

16 Hess hatte bereits 1968 (S.69) auf der Grundlage eigener und Untersuchungen anderer angenommen, daß vegetative Prozesse zentralnervös registriert werden.

al. (1990) fanden in einer spektralanalytischen Aufbereitung ihrer an Erwachsenen gewonnenen EEG-Daten für bestimmte Emotionen spezifische, gegenüber verschiedenen kognitiven Inhalten invariante und diskriminanzanalytisch unterscheidbare Muster[17], und Davidson u. Fox (1982), Fox u. Davidson (1984, 1986), Leventhal (1988), Leventhal u. Tomarken (1986) sowie Schwartz (1982; weitere Lit. s. Krott et. al. 1990) konnten zeigen, daß nicht nur das vegetative Nervensystem, sondern auch der NeokortexI schon in den ersten Lebensmonaten gefühlsspezifische Aktivitäten aufweist.

Andererseits blieb ungeklärt, ob sich die neokortikalen Aktivitäten und Muster den vegetativen Abläufen oder den kognitiven Prozessen, die mit den Gefühlen verbunden sind, oder beiden verdanken. Ferner bestanden zwischen den vegetativen Mustern, die bei verschiedenen Gefühlen gefunden wurden, nur geringfügige Differenzen, die in nachfolgenden Untersuchungen nicht immer repliziert werden konnten. Chessick et al. (1966) verglichen die durch Angst und Ärger induzierten körperlichen Effekte auf verschiedenen peripher-physiologischer Variablen mit den Effekten von Adrenalin- und Noradrenalin-Infusionen in drei steigenden Dosen. Eine differentielle Zuordnung der durch die Gefühle induzierten Effekte zu den pharmakologisch hervorgerufenen vegetativen Reaktionsprofilen war nicht möglich. Harris et al. (1964) induzierten unter Hypnose bei 9 herzkatheterisierten Probanden Angst und Ärger und fanden unter beiden Bedingungen die nämlichen blutchemischen und hämodynamischen Veränderungen (erhöhter Blutauswurf, Anstieg der Herzfrequenz und des mittleren Blutdrucks, Abnahme des Herzschlagvolumens und des peripheren Widerstandes). Auch in den Untersuchungen von Contrada et al. (1991), Dykman et al. (1963), Levenson et al. (1991) und Levenson et al. (1992) ließen sich Ärger und Angst-Emotionen nicht anhand unterschiedlicher physiologischer Parameter (Puls- und Atemfrequenz, Hautleitfähigkeit, Herzminutenvolumen, peripherer Widerstand, Fingertemperatur, Fingerpulsvolumen, Atemtiefe, systolischer und diastolischer Blutdruck) differenzieren. Levi (1965) stellte fest, daß sich bei Aggressionen und Amüsement nicht nur die Adrenalin- und Noradrenalin-Ausscheidung in gleicher Weise steigerte, sondern daß auch ihre Relation die gleiche blieb. Unter Angst war die Ausscheidung beider Substanzen höher als bei den anderen Gefühlen. Ihre Relation blieb unverändert. Außerdem waren die Unterschiede der vegetativen Muster, die bei Gefühlen unterschiedlicher hedonistischer Qualität wie Freude und Traurig-

---

17 Bei den Gefühlen, die sich anhand spezifischer EEG-Spektralmuster unterscheiden ließen, handelte es sich um Intention, Aggression (Wut), Angst, Freude und Trauer, und die Autoren folgern, daß »[d]ie emotionelle Modulation der EEG-Aktivität [...] den Schluß zu[läßt], daß die Gefühlssysteme unmittelbar an der Kortexoberfläche neuronal repräsentiert sind und darüber hinaus, wie bekannt, subkortikal und peripher« (Machleidt et al. 1990, S.203).

keit gefunden wurden, nicht größer als die, welche zwischen ähnlichen »negativen« Gefühlen - wie bspw. Ärger und Angst - festgestellt wurden. In einer sehr sorgfältigen Untersuchung, in der die körperlichen Reaktionen bei verschiedenen Emotionen anhand von 34 physiologischen Parametern verglichen wurden, waren selbst Ärger und Freude nicht voneinander zu unterscheiden (Stemmler 1984). Die Arbeitsgruppen um Frankenhaeuser (1971; 1974; 1975; Frankenhaeuser u. Patkai 1965; Frankenhaeuser et al. 1965) und Levi (1972) berichten darüber hinaus, daß Adrenalin und Noradrenalin nicht nur bei Angst und Ärger, sondern auch bei anderen emotionalen Zuständen erhöht sein können. Auch zeigten andere Untersuchungen, daß im selben Individuum das gleiche Gefühl mit verschiedenen physiologischen Abläufen und daß verschiedene Gefühle mit dem nämlichen physiologischen Muster einhergehen können (Lacey et al. 1953; Lang et al. 1972; Martin u. Grosz 1964). Nach der Analyse von Fahrenberg (1968) klären die individualspezifischen Reaktionsmuster bis zu 40% der Varianz physiologischer Meßwerte auf. Die vegetativen Muster ließen sich ferner durch einfache Reize wie Lärm und Licht (z. B. Engel 1960; Engel u. Bickford 1961) und durch Medikamente erzeugen, riefen dann aber keine wirklichen, sondern bestenfalls »Als-ob«-Gefühle hervor. Die bekannteste Untersuchung dieser Art ist die von Marañon (1924, repliziert von Basowitz et al. 1956; Cantril u. Hunt 1932; Frankenhaeuser et al. 1961; Landis u. Hunt 1932; Pollin u. Goldin 1961; Richter 1940). Marañon (1924) injizierte 210 Personen Adrenalin und fragte sie, wie sie sich fühlen. 71% der Versuchspersonen berichteten nur ihre körperlichen Symptome, 29% schilderten Emotionen in einer Weise, die Marañon (1924) als »kalt«[18] oder als »als-ob«-Gefühle bezeichnete. Sie machten Äußerungen wie »ich fühle mich, als ob ich ängstlich wäre«, oder »als ob ich ein großes Glück erwarten würde« (s. auch Davies et al. 1955; Dykman et al. 1959; Schachter u. Singer 1962; Venables 1960). Der gleiche Effekt stellte sich nach der Injektion von Noradrenalin ein (Hawkins et al. 1960; Swan 1952).

Auch erwies sich die Latenz, die zwischen dem Auftreten äußerer Reize und den Reaktionen des vegetativen Nervensystem liegt (sie liegt in der Größenordnung von 1-2 Sekunden), länger als die Zeitspanne, die zwischen diesem Reiz und dem Auftreten von Gefühlen verstreicht (Cannon 1927)[19], und Melzack (1973) konnte zeigen, daß situative Reize wesentlich

---

18 Die durch Epinephrin bewirkten körperlichen Veränderungen wurden manchmal isoliert oder »quelque fois comme simple perception subjective de certains troubles somatiques qui font naitre chez la sujet une sensation émotive indéfinie, mais percue >en froid<, sans émotion proprement dite« (Marañon 1924).

19 Ruckmick (1936, S.185) faßte Cannon's Einwände gegen die Jamessche Theorie folgendermaßen zusammen: »1. Eine totale Trennung der Eingeweide vom ZNS verändert das emotionale Verhalten nicht; 2. die gleichen viszeralen Verän-

schneller in den Neokortex - und damit in die Repräsentanzwelt - als in das vegetative Nervensystem gelangen. In keiner Untersuchung ließ sich nachweisen, daß vegetative Prozesse dem Auftreten von Gefühlen zeitlich vorhergehen.

4.2 Die Prädikatorenfunktion der Körperprozesse

Wenn die Befundlage auch widersprüchlich ist, sie zeigt übereinstimmend, daß es nicht die physiologischen Prozesse sein können, welche die Gefühle inhaltlich kontrollieren. Die Annahme, daß sich in den Gefühlen die physiologischen Prozesse symbolisch darstellen, wird damit hinfällig. Wäre dem so, dann müßten bei verschiedenen Gefühlen nicht nur geringfügig verschiedene und neokortikal registrierte Muster körperlicher Prozesse vorliegen. Sie müßten ausreichend differenzierbar sein und den Gefühlen vorausgehen. Gleichwohl kann aus den Befunden nicht gefolgert werden, daß körperliche Prozesse für die Gefühle irrelevant sind. Alle Untersuchungen zeigen, daß es ohne sie keine Gefühle gibt (Übersicht bei Scherer 1990). Als Frage eröffnete sich damit, warum Gefühle notwendigerweise an Körperprozesse gebunden sind bzw. aufgrund welcher Funktion diesen Prozesse im Erleben der Gefühle der Status einer notwendigen Bedingung zuzuschreiben ist. Diese Leerstelle im Begründungszusammenhang läßt sich im dargelegten Kontext mit folgender Überlegung schließen. Damit das Symbolisierte bewußt werden kann, bedarf es einer Doppelregistrierung in unterschiedlichen Medien, die beide neokortikal vorliegen müssen. Hält man im Einvernehmen mit Freud daran fest, daß Gefühle bereits vorsprachlich vorhanden sind, dann liegt nahe, eben die als unverzichtbar geltenden *körperlichen Prozesse als Prädikatoren der Gefühle*, als zweites Medium in Anspruch zu nehmen, in denen die zu Gefühlen führenden Vorgänge auch registriert werden.

Dieses Verständnis der körperlichen Prozesse ist nicht voraussetzungslos. Wenn man sie als Prädikatoren der Gefühlssymbole begreifen will, muß zum einen unterstellt werden können, daß - analog der Wortvorstellungen, die aus der Wahrnehmung der gehörten oder gelesenen Worte entstehen

---

derungen finden bei sehr verschiedenen Gefühlszuständen und bei nicht gefühlsbestimmten Zuständen statt; 3. die Eingeweide sind relativ insensitive Struturen; 4. viszerale Veränderungen gehen zu langsam vor sich, als daß sie die Quelle von Gefühlsempfindungen sein könnten, und 5. die künstliche Induktion der viszeralen Veränderungen, die für starke Gefühle typisch sind, ruft diese nicht hervor« (Übersetzung, S. Z.).

– auch die Wahrnehmung der von den Körperprozessen ausgehenden Empfindungen zu Vorstellungen des Empfundenen führt. Und zum anderen muß vorausgesetzt werden können, daß – wie die sprachlichen Prädikatoren verschiedener Begriffe – die körperlichen Empfindungen bei verschiedenen Gefühlen in irgendeiner Weise subjektiv unterscheidbar sind, obwohl sich die mit verschiedenen Gefühlen einhergehenden vegetativen Prozesse nicht oder doch nur geringfügig voneinander unterscheiden. In einer Durchsicht der vorliegenden Befunde ist also zu prüfen, ob – und wenn ja, inwieweit – diese Voraussetzungen als eingelöst gelten können.

Ein erster Hinweis, daß bestimmte körperliche Erscheinungen bestimmten Affekten zugeordnet werden, läßt sich der Arbeit von Fahrenberg (1965) entnehmen. Er ließ 214 Psychologiestudenten 21 Körpersymptome vier Affekten (Schreck, Angst, Freude, Wut) zuordnen. Einerseits fand sich auf der Ebene introspektiver Berichte über Körperempfindungen eine hohe »physiologische« Individualität. Andrerseits lagen in der Symptomhierarchie für die vier Affekte Herzklopfen, Herzjagen, Zittern immer unter den ersten sieben, die berichtet wurden. Herzklopfen war fast immer auf dem ersten Platz. Dieser Befund wurde im wesentlichen von Schmidt-Atzert et al. (1983) dupliziert. Sie gingen von der Annahme aus, daß unter der Bedingung, daß Körpersymptome einen wesentlichen Bestandteil des konzeptuellen Wissens über einzelne Emotionen ausmachen, die als ähnlich beurteilten Emotionen mit einer spezifischen Ähnlichkeit der Körpersymptom-Muster dieser Emotionen in Beziehung stehen müssen. Anhand der Profile von 7 Symptomen gelang es, die 12 von ihnen untersuchten Emotionen in 5 Gruppen einzuteilen. Zuneigung, Liebe, Begeisterung und Hochstimmung gingen mit dem dominanten Symptom Herzklopfen, Gereiztheit und Ärger mit den Symptomen Herzklopfen und Magenbeschwerden, Scham und Verlegenheit mit dem Symptom Erröten, Angst und Panik mit den Symptomen Schwitzen, Herzklopfen, Zittern und Engegefühl einher. Das Engegefühl fand sich ebenso bei Niedergeschlagenheit und Traurigkeit als dominantes Symptom. Borkovec (1976) ging in seiner Untersuchung den von Fahrenberg (1965) gefundenen individuellen Unterschieden in den berichteten Körpersymptomen bei der Einschätzung einer Emotion nach. Er benutzte den von Mandler et al. (1958) zur Wahrnehmung der viszeralen Aktivität entwickelten »Autonomic Perception Questionnaire«, und analysierte bei fast 500 Frauen und 400 Männern für das Erleben von Angst die Scores dieses Fragebogens faktorenanalytisch auf der Item-Ebene. Es fanden sich 3 Gruppen, die sich im Muster der berichteten Körpersymptome unterschieden. Die drei Muster waren für Substichproben replizierbar und für die Geschlechter unterschiedlich. Z. B. zeigte das erste ermittelte Profil für Frauen eine Wahrnehmung von Magenbeschwerden und Perspiration, das zweite Profil eine Wahrnehmung von Herzschlag und Muskelverspannungen an. Für die Männer wies das erste Profil auf eine Wahrnehmung hin, die sich ausschließlich auf den Herzschlag bezog.

Otto (1986, S.133) wandte gegen diese Untersuchungen ein, daß die physiologische Meßebene nicht berücksichtigt wurde und daß bei der impliziten und expliziten Instruktion, sich an Emotionen zu erinnern, die zu den Ergebnissen von Fahrenberg (1965), Borkovec (1976) und Schmidt-Atzert et al. (1983) führte, nicht nur die erlebten und erinnerten Körpersymptome, sondern auch allgemeine Ansichten über den Gegenstand in dessen Beurteilung einfließen. Die physiologische Ebene wurde von Pennebaker et al. (1982) in einer ersten Untersuchung mitberücksichtigt. An 30 Versuchspersonen wurden 5 physiologische Indikatoren (systolischer und diastolischer Blutdruck, Herzfrequenz, Hautwiderstand, Fingerpulsvolumen) und 7 entsprechende, kognitiv-verbal artikulierte Körpersymptome während 20 kleiner Aufgaben von ein bis zwei minütiger Dauer und 20 kurzer Ruhezeiten gemessen. Die Daten, insgesamt 40 Messungen pro Person, wurden intraindividuell ausgewertet. 23 der 30 Versuchspersonen wiesen mindestens eine signifikante positive Korrelation zwischen der Höhe des systolischen Blutdrucks und einen der berichteten Körpersymptome auf. Die intraindividuellen Korrelationsmuster variierten von Person zu Person. Bei allen war aber die Korrelation zwischen dem systolischen Blutdruck und den geschilderten Symptomen Atmung, Herzschlag und Puls deutlich ausgeprägt. Auch war die Korrelation zwischen den berichteten Körpersymptomen und dem systolischen Blutdruck wesentlich enger als mit ihrem physiologischen Pendant. Bspw. korrelierte das Körpersymptom »warme Hände« enger mit dem systolischen Blutdruck als mit dem Fingerpulsvolumen.

Der Frage, welche Rolle allgemeine Ansichten für die Körperwahrnehmungen spielen, gingen Pennebaker u. Epstein (1983) in einer zweiten Arbeit nach. Untersucht wurde einmal die individualspezifischen physiologischen Veränderungen jeder Person unter und nach einer Aufgabenreihe, die der in ihrer ersten Untersuchung ähnlich war. Zum anderen wurden an den Probanden einer Simulationsgruppe, die nur eine Beschreibung der Aufgabenreihe erhielten, ermittelt, welche Symptome sie in diesen Situationen bei den einzelnen Meßzeitpunkten erwarten. Untersucht wurden Herzfrequenz, Fingertemperatur und Atemfrequenz im ersten Experiment, und Herzfrequenz, Fingerpulsamplitude und Hautwiderstand in einem zweiten Experiment. Die Ergebnisse zeigten, daß sowohl die physiologischen Reaktionen als auch die allgemeinen Überzeugungen die Schilderung der Körpersymptome beeinflussen. Wurden die allgemeinen Überzeugungen berücksichtigt, dann erhöhte sich (bei multipler Regression) die aufgeklärte Varianz der Übereinstimmung zwischen der berichteten Körperwahrnehmung und den spezifischen physiologischen Reaktionen.

Daß im Erleben von Gefühlen physiologische und psychologische Parameter inhaltlich relativ unabhängig voneinander sind, zeigt insbesondere die Untersuchung von Myrtek (1980). Zur Überprüfung spezieller physiologischer Konzepte - insbesondere der sog. Vagotonie-Sympathikotonie-Lehre von Eppinger u. Hess (1910) - wurden in einer systematischen Untersuchung physiologische, biochemische und psychologische Variablen an großen Stichproben von Patienten und Studenten erhoben. Als zentrale Befunde berichtet Myrtek (1980) fehlende Beziehungen von morphologischen, physiologischen und biochemischen Variablen zu psychologischen Daten, die mit standardisierten Persönlichkeitsfragebögen, Befindens- und Stimmungsskalen und Beschwerdelisten gewonnen wurden. Nicht einmal die Indikatoren solch globaler Konzepte wie ein Überwiegen der Vago- oder Sympathikotonie waren mit psychologischen Variablen korreliert.

Aufgrund der referierten Untersuchungen ist davon auszugehen, daß zwischen vegetativen Mustern und der Art, wie sie empfunden und verbal artikuliert werden, keine Eins-zu-eins Beziehung besteht. Cannon (1927) hatte darauf schon in seiner Auseinandersetzung mit der Theorie von James aufmerksam gemacht. Nach der gegenwärtigen Befundlage werden sie aber gleichwohl wahrgenommen, womit sie als Vorstellungen vorliegen müssen. Für das Vorliegen von in Vorstellungen gefaßten Körperempfindungen sprechen einmal die Ergebnisse der Arbeit von Hohmann (1966; s. auch Jasnos u. Hakmiller 1975) und der Untersuchungen über die Auswirkungen von Beta-Rezeptoren-Blockern auf das Gefühlserleben. Hohmann (1966) bat 25 männliche Patienten, die funktionell totale Rückenmarksläsionen auf unterschiedlichen Ebenen (zervikal, oberer und unterer Thorax, lumbal und sakral) aufwiesen, die Intensität ihrer Gefühle vor und nach ihrer Verletzung zu vergleichen. Die Intensität des Ärgers, der Angst und der sexuelle Erregung war um so geringer, je höher die Läsion am Rückenmark lag. Es zeigte sich auch, daß die Patienten im Vergleich mit früher in unterschiedlichem Ausmaß, aber doch durchgängig vor allem die körperlichen Sensationen vermißten. Dieses Vermissen wiederum ist nur möglich, wenn Vorstellungen der körperlichen Sensationen vorliegen. Ein Patient etwa sagte: »I say I am afraid, [...] but I don't really feel afraid, not all tense and shaky, with that hollow feeling in my stomach«. Ein anderer beschrieb seinen Ärger im Vergleich zu früher so: »Now, I don't get a feeling of physical animation, it's a sort of cold anger [...], it just doesn't have the heat to it that it used to. It's an mental kind of anger«.

Auch der Effekt von Beta-Blocker auf das Emotionserleben, der vor allem bei experimentell induzierten Angstzuständen untersucht wurde, legt diese Annahme nahe (Cleghorn et al. 1970; Gottschalk et al. 1974; Granville-Grossman u. Turner 1966; Lader u. Tyrer 1975; Pinter et al. 1967; Tyrer 1976). Obwohl sich im Vergleich mit Placebo-Kontrollgruppen in allen

Untersuchungen der körperliche Erregungszustand reduzieren ließ, konnte keine Verminderung der berichteten Ängste festgestellt werden. Das nämliche Ergebnis fand sich ebenso bei experimentell hervorgerufenem Ärger (Erdmann u. van Lindern 1980). Nur bei Patienten, deren Angstinhalte sich direkt auf körperliche Prozesse bezogen, verminderte sich unter Beta-Blockern die Intensität ihrer Ängste (Besterman u. Friedländer 1965; Lader u. Tyrer 1975; Tyrer u. Lader 1973).

Die Existenz von Vorstellungen des vegetativen Inputs ist auch den Untersuchungsergebnissen von Maslach (1979) und Valins (1966) implizit. Maslach (1979) gelang es unter Hypnose, allein durch die Suggestion einer vegetativen Erregung diese zu erzeugen, und sie im posthypnotischen Zustand nachzuweisen. Valins (1966) zeigte, daß schon ein simuliertes Feedback der Herzfrequenz die emotionale Bewertung von Reizen ändert. Männliche Versuchspersonen waren aufgefordert, Dias weiblicher Halbakte zu betrachten und ihre Attraktivität auf einer Rating-Skala einzuschätzen. Sie wurden (falsch) instruiert, daß ein Meßgerät ihnen ihre Herztöne wiedergeben würde, die sie nicht beachten sollten. In Wirklichkeit wurden ihnen vorher aufgezeichnete Herztöne vorgespielt. Bei manchen Dias ließ Valins die rückgemeldete Herzfrequenz deutlich ansteigen, bei anderen ließ er sie abfallen, und bei den übrigen hielt er sie konstant. Die Versuchspersonen stuften die Bilder als besonders attraktiv ein, bei denen sich die rückgemeldete Herzfrequenz änderte. Wenn es allein mit einem falschen Feedback der Herzfrequenz gelingt, die Intensität der Gefühle zu beeinflussen, dann müssen Vorstellungen des vegetativen Inputs vorliegen.

Valins' Experiment wurde in mehreren Varianten repliziert. Kerres (1984) ging mit der »false feedback technique« der Genauigkeit der Körperwahrnehmung in einem Vergleich von Personen mit einem hohen und niedrigen Angst-Score auf einem Trait-Angstinventar nach. Während sie einem falschen oder richtigen Feedback ihres Hautwiderstandes ausgesetzt wurden, schätzten die Versuchungspersonen ihr Aktivierungsniveau kontinuierlich ein. Er erwartete, daß bei einer geringen Wahrnehmungsgenauigkeit die Einschätzungen durch eine falsche Rückmeldung mehr beeinflußt und verfälschbar sein würden, während sie bei einer großen Genauigkeit weniger von außen manipulierbar sein sollten. Es konnten jedoch keine Unterschiede in der Wahrnehmungsgenauigkeit der physiologischen Veränderungen des Hautwiderstandes gefunden werden. Falsch überhöhtes Feedback führte in beiden Gruppen zu einer höheren Aktivitätseinschätzung. Ebenso informierte Wilkins (1971) seine Probanden falsch über die Höhe ihres Hautwiderstandes. Er gab ihnen vor, daß dieser ein Maß für die Höhe ihrer körperlichen Erregung wäre. Ihre Aufgabe bestand darin, den Inhalt eines ihnen kurz vorgespielten und nicht unmittelbar verstehbaren Textes anzugeben. Ihre Angaben wurden von 21 Ratern entlang einer 10-stufigen Skala, die zwischen »no emotional content« und »very emotional content« ausgelegt war, eingeschätzt. Es zeigte sich, daß die Probanden, denen ein hoher Hautwiderstand rückgemeldet wurde, in signifikantem Ausmaß emotionalere Angaben machten als jene, die über ihren richtigen Hautwiderstand informiert wurden oder denen ein niederer Hautwiderstand vorsimuliert wurde (s. auch Barefoot u. Straub 1971; Bloemkolk et al. 1971; Liebhardt 1979; Taylor 1975; Valins u. Ray 1967; weit. Lit. s. Hirschman u. Clark 1983).

Auch wenn ich mich weder mit der allgemeinen methodisch-methodologischen Problematik, der sich keine hypothesenprüfenden experimentalpsychologischen Untersuchung entziehen kann (s. Zepf 1994c), noch mit den besonderen methodischen Schwierigkeiten auseinandersetzen will, die den referierten Untersuchungen innewohnen (s. Stemmler 1996), ist angesichts des sog. »Versuchsleitereffekts« (Rosenthal 1963) doch darauf hinzuweisen, daß weder Valins' Untersuchung noch ihre Replikationen zur Prüfung der Hypothese durchgeführt wurden, ob Vorstellungen des vegetativen Inputs vorliegen oder nicht vorliegen, und daß das mögliche Argument, der Valins-Effekt sei dadurch zustande gekommen, daß das falsche Feedback zu einem erhöhten realen Feedback an vegetativen Impulsen führte, durch verschiedene Untersuchungen entkräftet werden konnte (z. B. Borkovec et al. 1974; Cohen et al. 1974; Decaria et al. 1974; Gatschel et al. 1977; Goldstein et al. 1972; Hendrick et al. 1975; Hirschman 1975; Holmes u. Frost 1976; Liebhardt 1977; Rosen et al. 1972; Stern et al. 1972). Es ist davon auszugehen, daß es den Valins-Effekt tatsächlich gibt und daß er relativ stabil ist. Welchen Spezifitätsgrad die Vorstellungen der interozeptiv wahrgenommen vegetativen Prozesse aufweisen, kann beim gegenwärtigen Kenntnisstand nicht sicher entschieden werden. Die anatomischen Verhältnisse lassen vermuten, daß sie eher unspezifisch sind. Topografisch ist bekannt, daß afferente Informationen aus jedem Organsystem den Kortex erreichen (z. B. Adam 1967; Chernigovskiy 1967, zit. n. Vaitl 1995). Im Vergleich zu der hohen Zahl an propriozeptiven Afferenzen aus den Gelenken, Sehnen und Muskeln und der Afferenzen, die für die Exterozeption (z. B. Hören, Sehen) zur Verfügung stehen, ist jedoch die Zahl der viszeralen Afferenzen äußerst gering. An der Katze konnte Jaenig (1959) zeigen, daß nur 2% der afferenten Neurone und weniger als 5,5% der gesamten Afferenzen eindeutig als viszerale zu klassifizieren sind. Dazu kommt, daß ein Großteil dieser viszeralen Afferenzen normalerweise schweigt und nur unter ganz bestimmten Bedingungen zu »feuern« beginnen (z. B. bei einer Blasenentzündung) und ihre Aktivität sofort einstellen, sobald der Entzündungsprozeß abgeklungen ist.

Die Annahme, daß interozeptiv wahrgenommene Körperreize zu qualitativ undifferenzierten Vorstellungen führen, wird von den Ergebnissen der meisten empirischen Untersuchungen unterstützt. Patkai (1971) prüfte, ob das Ausmaß der Adrenalinausschüttung eher ein Indikator für eine allgemeine Aktivierung des vegetativen Nervensystems oder für spezifische emotionale Reaktion ist. Sie fand, daß die Freisetzung von Adrenalin im Zusammenhang mit dem Niveau der Wahrnehmung einer allgemeinen Aktivierung, aber nicht mit einer spezifischen emotionalen Reaktion steht. In der Untersuchung von Stern u. Higgins (1969), die mit einem Fragebogen für 10 Symptome die Beziehung zwischen wahrgenommenen und tatsächlichen physiologischen Veränderungen unter Streß untersuchten, zeigte sich, daß die Selbstberichte der Besonderheit der gemessenen physiologischen Prozesse nicht entsprechen. Mandler et al. (1958) suchten mit einem »Autonomic Perception Questionnaire« (APQ), den sie zur Erfassung der Häufigkeit und Intensität autonom vermittelter Körperwahrnehmung entwickelten, die Beziehung zwischen autonomen Reaktionen und ihrer Beschreibung zu ermitteln. Sie untersuchten zwei Gruppen von Personen, die sich hinsichtlich des Ausmaßes an selbstwahrgenommenen physiologischen Veränderungen unterschieden. Aus 166 Versuchspersonen wurden 19 mit den höchsten und 13 mit den niedrigsten Werten im APQ ausgewählt und einer Stressituation, einem Intelligenztest, unterzogen. In die weitere Analyse, in der die berichtete und tatsächliche autonome Reaktivität, deren Höhe die gemessenen Werte der Herz- und Atemfrequenz, des Hautwiderstandes, der Temperatur und des Blutvolumens zugrunde lagen, miteinander verglichen wurde, wurden die Probanden einbezogen, die im nachfolgenden Interview die höchsten und niedrigsten Werte erreichten. Es zeigte sich, daß Personen mit hohen APQ-Werten eine größere tatsächliche autonome Reaktivität aufwiesen. Eine Beziehung zwischen spezifischen physiologischen Meßwerten und den im APQ ermittelten ließ sich nicht sichern. Diese Befunde ließen sich in einer nachfolgenden Studie an unselektierten Versuchspersonen replizieren (Mandler u. Kremen 1958; s. auch Mandler et al. 1961).

Aus der Untersuchung von Thayer (1967) geht ferner hervor, daß vegetative Erregungen zwar quantitativ, aber nicht qualitativ differenziert werden. Er entwickelte zunächst an einer Stichprobe von 211 männlichen und weiblichen Studenten aus vorgegebenen, non-direkiven Adjektiven, mit denen sie ihren augenblicklichen Zustand beschreiben sollten, eine sog. »Activation-Deactivation Adjective Check List« (AD-ACL). Faktorenanalytisch ließen sich 4 Faktoren gewinnen: Hohe Aktiviertheit (»high activation«), generelle Aktiviertheit (»general activation«), generelle Deaktiviertheit (»general deactivation«) und Deaktiviertheit-Schlaf (»deactivation-sleep«). Auf dieser Liste schätzten in 3 Untersuchungen (19 Studenten, 18 Studenten und 23 Studentinnen) während des Experiments, in dem die Probanden zunächst in Ruhe waren und dann eine Rechenaufgabe unter Zeitdruck (im 1. und 3. Experiment) und unter der Androhung von milden Elektroschocks (im 2. Experiment) zu lösen hatten, ihre Befindlichkeit nach der Ruhe- und nach der Aufgabenphase ein. Zugleich wurde ihre Herzfrequenz und ihr Hautwiderstand gemessen. Im 1. und 2. Experiment fand sich die höchste Korrelation zwischen »genereller Aktiviertheit« und »genereller Deaktiviertheit« und einem Parameter, der sich aus Herzfrequenz und Hautwiderstand zusammensetzte. Im 3. Experiment zeigte sich noch eine signifikante Korrelation zwischen dieser Verbindung und »hoher Aktiviertheit«. Herzfrequenz und Hautwiderstand korrelierten nur 1. Experiment. Ausgehend von physiologischen Befunden, nach denen sich die körperliche Aktiviertheit im Tagesverlauf in ∩-förmiger Weise verändert, wurde in einer weiteren Untersuchung der von 38 Studenten zu unterschiedlichen Tageszeiten (9^h, 12.30^h, 17^h, 23^h) ausgefüllte AD-ACL ausgewertet. An den entsprechenden Punkten im Tagesablauf fanden sich die 4 Faktoren des AD-ACL, die sich diskriminanzanalytisch signifikant unterschieden. Thayer (1967) folgert, daß die Personen nicht die besondere Qualität vegetativer Erregungen, wohl aber ihre Quantität differenziert wahrnehmen können (s. auch Thayer 1970).

Eine quantitative Differenzierung der vegetativen Erregungen im Erleben der Gefühle legen ebenso die Arbeiten von Speisman et al. (1964) und Frankenhaeuser et al. (1965) nahe. Speisman et al. (1964) konnten drei unterschiedlich emotional belastende Abschnitte eines Beschneidungsfilms anhand der skalierten Angst- und Erregungsintensität und Veränderung der Herzfrequenz und des Hautwiderstandes gleichermaßen voneinander differenzieren, und bei aversiven elektrischen Reizen, die in der experimentellen Emotionsforschung am häufigsten zur Induktion von Angst verwendet werden, wurden von Frankhaeuser et al. (1965) im Mittel monotone Anstiege der Urinexkretion von Adrenalin in Abhängigkeit von Variationen der Reizintensität in vier Stufen berichtet, die mit entsprechenden Anstiegen der subjektiv skalierten Angst- und Erregungsintensität kovariierten (s. auch Erdmann 1983b; Traxel 1960).

Mandler (1975, S.169) resümiert die Ergebnisse der Untersuchungen dahingehend, daß aus ihnen nicht hervorgeht, daß die gefundenen »unterschiedlichen physiologischen Muster [auch] psychologisch funktional sind«. Nichts spräche dafür, »daß Menschen geringe Unterschiede in den Mustern autonomer Responses wahrnehmen können«. Selbst wenn der vegetative Input nicht zu qualitativ differenzierten Vorstellungen führt, aufgrund der Befundlage muß davon ausgegangen werden, daß Vorstellungen von ihm existieren. Mandler (1975) nimmt darauf mit dem Konzept des sog. »autonomen Imagery« Bezug, dem er einen zentralen Status für das Erleben von Gefühlen zuspricht. Mandler (1975, S.133) entwickelte dieses Konzept in Auseinandersetzung mit dem Cannonschen, gegen die Gefühlstheorie von James vorgebrachten Argument, daß selbst in Zuständen nach Sympathektomie und Vagotomie noch emotionale Zustände beobachtet werden können, allerdings nur dann, wenn die Gefühle vorher erlebt wurden. Wynne u. Solomon (1955) zeigen, daß Hunde, die über Angst ein Vermeidungsverhalten lernten, sich nach einer Sympathektomie im Verhalten nicht von gesunden Hunden unterschieden (s. auch Black 1959; Mandler 1975, S.131; Massermann 1941; Mineka 1979; Schachter 1964; Solomon u. Wynne 1954). Auf der Grundlage dieser und der erwähnten eigenen Untersuchungen wird von Mandler (1975, S.133) festgehalten,

»daß sich nach ausgedehnter Erfahrung autonomer Entladung (und ihrer Wahrnehmung) autonome Imagery entwickeln kann. Es gibt keinen Grund dafür, das Phänomen der Imagery auf die visuellen oder auditiven Systeme zu beschränken. So wie ausgedehnte Erfahrungen in diesen Bereichen zu der Wahrnehmung von Objekten und Ereignissen in Abwesenheit externer Stimulation führen kann, so kann zurückliegende Erfahrung zu der Wahrnehmung autonomer Entladung in Abwesenheit aktueller Entladung führen«[20].

Mandler (1975, S.134) nimmt in Übereinstimmung mit den vorliegenden Untersuchungsergebnissen an, daß sich die »[v]iszeralen Änderungen [...] nicht von Emotion zu Emotion [...] unterscheiden« und daß eine spezifische »Emotion [...] nicht [mit der] Wahrnehmung eines bestimmten Musters autonomer Entladung« verbunden ist. U. a. begründet Mandler (1975, S.151) dies damit, daß das autonome Nervensystem im Unterschied zum somatischen auf ein Stimulieren nicht partiell, sondern in einer mehr oder weniger ganzheitlichen Weise reagiere, sodaß sein Output weniger differenziert sei als der des somatischen Systems.

Es scheint also, daß die erste, aber nicht die zweite Voraussetzung empirisch zu substantiieren ist. Jedenfalls spricht mehr für als gegen die Annahme, daß Vorstellungen des vegetativen Inputs, der bei Gefühlen auftritt, vorliegen, diese Vorstellungen aber nicht qualitativ, sondern nur quantitativ, ihrer Intensität nach subjektiv differenzierbar sind. In den meisten der oben erwähnten Untersuchungen, die sich mit dem Zusammenhang von vegetativen Prozessen und ihrer Wahrnehmung befaßten, kovariierte eine unterschiedliche Intensität vegetativer Prozesse mit einer ebenso unterschiedlichen Intensität der Empfindungen. Weist man den »autonomen Imageries« in den Gefühlssymbolen die Funktion der Prädikatoren zu, dann kann auf dem bisherigen Diskussionsstand die zweite Voraussetzung nur durch die Annahme eingelöst werden, daß diese Funktion in der wahrgenommenen unterschiedlichen Intensität der vegetativen Impulse gründet, die mit bestimmten Gefühlen einhergehen.

Allerdings habe ich bisher außer Acht gelassen, daß Gefühle nicht nur mit vegetativen, sondern immer auch mit propriozeptiven Afferenzen

---

20 »Wahrnehmung autonomer Entladung in Abwesenheit aktueller Entladung« bezieht sich nicht auf die Wahrnehmung faktischer autonomer Entladung, sondern auf die (innere) Wahrnehmung des »autonomen Imagery«.

verbunden sind. Schon für James (1884a) war nicht nur der vegetative, sondern auch der Input für die »Gefühlszustände[.]« von Wichtigkeit, der aus der Tätigkeit der »willkürlichen Muskeln« entsteht. Als einer der ersten hat Allport (1924) diesen Gedanken aufgegriffen. Für ihn war nicht die interozeptive Wahrnehmung vegetativer, sondern die propriozeptive Rückkoppelung muskulärer Aktivitäten für die Spezifität der Emotionen verantwortlich. Allport (1924, S.91f.) vertrat die Auffassung,

»daß der differenzierende Faktor der Stimulation der Propriozeptoren in den Muskeln, Sehnen und Gelenken des animalen Teils des Organismus entspringt und daß afferente Impulse von diesen animalen Reaktionsmustern dem vegetativen Kern von Affektivität die charakteristischen sensorischen Komplexe hinzufügen, durch die eine Emotion sich von einer anderen derselben affektiven Klasse unterscheidet«.

Neuere Untersuchungen gehen nicht mit der Allportschen These konform, daß die Gefühlszustände durch die Aktivitäten der willkürlichen Muskulatur inhaltlich kontrolliert werden. Sie bestätigen aber, daß Gefühle meistens mit einem Ausdrucksverhalten verbunden sind, und zeigen gemeinsam, daß nahezu alle Ausdrucksbewegungen mittelbar oder unmittelbar von den differentiellen Innervationen der quergestreiften Muskulatur erzeugt werden (Übersicht bei Scherer u. Wallbott 1990). Dies gilt nicht nur für ihren Ausdruck in der gesamten Körperhaltung, sondern ebenso für den stimmlichen und den Gesichtsausdruck, von dem z. B. Izard (1977) annimmt, daß er für bestimmte Emotionen spezifisch sei[21]. Die motorischen Effektoren des Ausdrucks sind beim mimischen Verhalten die Gesichtsmuskeln sowie die Hals- und Nackenmuskulatur, beim vokalen Ausdruck sind es die Muskeln, die am Kehlkopf wirken, die an der Atmung beteiligt sind und die das Ansatzrohr verändern können, und bei den Körperhaltungen sind es die Haltemuskulatur sowie die Ab und Adduktoren der einzelnen Gliedmaßen. Es ist ferner unstreitig, daß die Afferenzen, welche durch die muskulären Aktivitäten bewirkt sind, zentralnervös registriert werden. Die Afferenzen der mimischen Muskulatur projizieren in die Steuerungsareale des cerebralen Kortex und melden das Resultat der efferenten Impulse zurück (z. B. Rinn 1984). Auch daß sich die propriozeptiven Afferenzen in Gestalt von Vorstellungen repräsentieren, kann als erwiesen gelten. Die Existenz von Vorstellungen muß zwingend angenommen werden, wenn Blindgeborene in der Lage sind, sich die Positionen ihres Körpers im Raum zu vergegenwärtigen und auf Aufforderung affektive Ausdrucksmuster zu zeigen (z. B. Charlesworth 1970; Eibl-Eibesfeldt 1973; Fraiberg 1979; Freedman 1964; Goodenough 1932; Mistschenka 1933; Thompson 1941). Auch die Befunde von Gidro-Frank u. Bull (1950) sowie Bull u. Gidro-Frank (1950) stützen diese Annahme. Die von

---

21 Ich werde mich mit der Theorie Izards noch ausführlich auseinandersetzen.

ihnen in Hypnose versetzten Personen, die auf ein Gefühlswort 6 unterschiedliche Gefühle nacherleben sollten, nahmen spontan jeweils spezifische Körperhaltungen ein (s. auch Asendorf 1984).

Obgleich manches dafür spricht, daß die Vorstellungen, zu denen die propriozeptive Rückkoppelung der verschiedenen, mit verschiedenen Gefühlen einhergehenden motorischer Efferenzen führt, schon sehr frühzeitig qualitativ voneinander unterscheidbar sind, will ich im folgenden davon ausgehen, daß diese Vorstellungen nur durch die unterschiedlichen Intensitäten der eintreffenden propriozeptiven Impulse subjektiv voneinander zu differenzieren sind. Ich lege meiner Argumentation das Prinzip der »sparsamsten Erklärung« zugrunde, wie es von Morgan (1894, S.53, Kursivierung aufgehoben, S. Z.) als »principle of parsimony«[22] für die komparative Psychologie, Tierpsychologie und Ethologie formuliert wurde: »In no case we may interpret an action as the outcome of the exercise of a higher psychical faculty, if it can be interpreted as the outcome of the exercise of one which stands lower in the psychological scale«. Dieses Prinzip ist kein Garant für »wahre« Erkenntnisse, diszipliniert aber die gezogenen Schlüsse. Deswegen ziehe ich es beim gegenwärtigen Kenntnisstand vor, konservativ zu argumentieren und nur anzunehmen, daß die »autonomen Imageries« subjektiv durch eine je unterschiedliche Intensität vegetativer und propriozeptiver Empfindungen unterscheidbar sind. Analog einer differenzierten Begriffswelt, die verschiedene Prädikatoren voraussetzt, werden für eine begrenzte Zahl bestimmter Gefühle verschiedene »autonome Imageries« postuliert. Diese zentralnervös eingetragenen »autonomen Imageries« sind nicht die Gefühle. Wie die sprachlichen Prädikatoren haben sie eine Bedeutung. Dort sind die Bedeutungen die symbolischen, die begriffenen Interaktionsformen, hier sind es die Gefühle, und während die sprachlichen Zeichen die Existenzformen der Begriffe sind, sind die »autonomen Imageries« als die körperlichen Formen anzusehen, in denen die Gefühle existieren.

4.3 Die Abbildfunktion der Gefühle

Bevor ich die Gemeinsamkeiten und Unterschiede der sprachlichen und körperlichen Prädikatoren weiter untersuche, will ich in einer Analyse des aktuellen Zustandes, über den die Gefühle das Subjekt informieren sollen, genauer erkunden, was sich in den Gefühlen abbildet. Aus psychoanalytischer

---

22 Eine sorgfältige und kritische Erörterung des »principle of parsimony«, das auch als »Morgans' canon« beschrieben wird, findet sich bei Wozniak (1993, S.VIII-XIX).

Sicht resultiert dieser Zustand aus einem bestimmten Zusammenspiel seelischer Repräsentanzen, welches sich in den Auseinandersetzungen mit der Realität einstellt. Repräsentanzen sind als subjektiver Niederschlag der Objektbeziehungen, als Interaktionsformen zu lesen und Interaktionsformen geben die Elemente ab, aus denen sich die Persönlichkeitsstruktur aufbaut. Was sich also in den Gefühlen abbildet, ist das aktuelle System der Beziehungen, in dem das Insgesamt der Interaktionsformen bei einer intendierten oder durchgeführten Interaktion steht. Erläutert am Beispiel der Angst, die man haben kann, wenn man alleine durch den Wald geht: Die realisierte Interaktionsform »Allein durch den Wald gehen« kann Aspekte bewußter Interaktionsformen aktualisieren, die innerhalb der Extension der Begriffe »Wald«, »Gehen« und »Alleinsein« liegen - etwa »Überfallenwerden«, »Wehrlosigkeit« etc. - wie unbewußt gewordene - etwa »Von der Mutter verlassen werden« zu einer Zeit, als man sie zur Befriedigung der Triebwünsche benötigte -, sowie jene, mit denen man mit zweifelhaftem Erfolg versuchte, das Alleinsein zu bewältigen. Die allgemeine Beziehung, die sich aus dem Zusammenspiel verschiedener Interaktionsformen abstrahieren läßt, ist die zwischen den Bedingungen einer Gefahr und dem Zweifel, ob man sie bewältigen kann. Die Intension des Gefühlsymbols »Angst« wird durch sie gebildet, und seine Extension umschließt die besonderen Interaktionsformen, in deren Beziehung diese allgemeine Beziehung in besonderer Weise erscheint. Die Gefühle geben mittelbar Auskunft über das Verhältnis, in dem eine aktualisierte oder realisierte aktive, auf Objekte gerichtete, bzw. von ihnen ausgehende und passiv erfahrene Interaktionsform zur Persönlichkeitsstruktur steht. Im Beispiel ist »Alleine durch den Wald gehen« die Bedingung, welche die Interaktionsformen in eine Beziehung setzt, die als Angst erlebt wird, sodaß sich in der Angst die Beziehung zwischen ihren äußeren - der realisierten Interaktionsform - und inneren Bedingungen, der durch sie hervorgerufenen inneren Beziehungsstruktur der restlichen Interaktionsformen, mittelbar zur Darstellung bringt.

Zwischen den begrifflich gefaßten symbolischen Interaktionsformen und Gefühlsymbolen bestehen mithin folgende Gemeinsamkeiten und Unterschiede. Beide sind »>Produkt< des Sozialisationsprozesses« und zugleich »>Produktionsmittel< im Prozeß der Erkenntnisbildung und des bewußten Handelns« (Lorenzer 1977, S.145f.). Während durch die symbolischen Interaktionsformen die realen Interaktionsprozesse erkannt werden, gewinnen durch die Gefühlsymbole die Beziehungen Bewußtsein, in denen die aktiv intendierten oder passiv erfahrenen Interaktionsprozesse zum Subjekt stehen. Interaktionsformen werden durch ihre Verbindung mit sprachlichen Prädikatoren zu symbolischen und begrifflich verfügbaren, Gefühlsymbole entstehen durch eine Verbindung der körperlichen Prädikatoren mit den Beziehungen zwischen den Interaktionsformen, welche durch Interaktionsprozesse hervorgerufen werden. In den symbolischen Interaktionsformen stellt sich die Praxis eines Menschen dar, in den Gefühlssymbolen präsentiert sich die emotive Bedeutung (Ogden u. Richards 1923, S.233), welche diese Praxis für ein Menschen hat. Sprachliche und Gefühlssymbole sind mit dem, was sie bedeuten, nicht identisch, und die Prädikatoren beider, die sprachlichen wie die körperlichen, gliedern sich in Zeichengestalten und Zeichenexemplare. Während bei der Sprache die Wortvorstellungen als Zeichengestalten und die geschriebenen, gesprochenen, gehörten oder gelesenen Worte als Zeichenexemplare fungieren, sind bei den körperlichen Prädikatoren die »autonomen Imageries« als Zeichengestalten und die real auftretenden Körperimpulse als deren Exemplare anzusehen. Das materielle Substrat dieser körperlichen Zeichengestalten bilden die zentralnervösen Muster, in denen sich die Intensitäten der vegetativen und propriozeptiven Impulse neokortikal abbilden. In beiden Zeichensystemen wird das Verhalten nicht durch die Zeichen, sondern durch ihre Bedeutung bestimmt.

Beide Systeme unterscheiden sich darin, daß bei der Sprache die Zeichenexemplare und das, was sie bedeuten, vom Subjekt hergestellt werden können, wenn der Gegenstand, den sie in sigmatischer Hinsicht bezeichnen, nicht vorhanden ist. Exemplare von körperlichen Prädikatoren lassen sich dagegen nicht unmittelbar, sondern nur mittelbar über die Praxis herstellen, wobei freilich das, was sie bedeuten, über die Zeichengestalten antizipiert werden kann[23]. Ihre Differenz besteht darin, daß die körperlichen Zeichenexemplare und das, was sie bedeuten, von den nämlichen Bedingungen verursacht sind. Im Falle der Gefühle ruft die Interaktion bestimmte körperliche und seelische Zustandsveränderungen hervor, wobei die körperliche Zustandsveränderung die seelische Veränderung bedeutet und beide gemeinsam als Gefühlssymbole deren Bedingungen bedeuten. Sprachliche Zeichen werden dagegen nicht von dem Objekt verursacht, das in ihren Bedeutungen ideell abgebildet wird.

Eine weitere und - wie sich noch zeigen wird - folgenschwere Differenz von Gefühlssymbolen und begrifflich-symbolischen Interaktionsformen wird sichtbar, wenn man beide im Lichte der »Theorie der Abstraktionsstufen« und der »Theorie der semantischen Stufen« betrachtet. Ich wiederhole kurz ihre wesentlichen Bestimmungsmomente. Beide Theorien gehen davon aus, daß es in der Außenwelt Dinge, Eigenschaften, Beziehungen usw. gibt, die selbst keine sprachlichen Zeichen sind. Diese Objekte der Außenwelt

---

23 In diesem Kontext erschließen sich die sog. »Als-ob«-Gefühle, die von Schachter u. Singer (1962) und insbesondere von Marañon (1924) nach der Applikation von Adrenalin beobachtet wurden, als Erinnerungen an Gefühle, die durch die medikamentöse Aktivierung entsprechender »autonomer Imageries« hervorgerufen werden können.

bilden die sogenannte »Nullstufe«. Die Begriffe der ersten semantischen Stufe sind die Erkenntnismittel für die Objekte der Nullstufe. Begriffe und Sätze der ersten Stufe geben Sachverhalte der Nullstufe wider. Die »Theorie der Abstraktionsstufen« bezieht sich darauf, daß diese Begriffe auf unterschiedlichen Abstraktionsstufen liegen können. Begriffstheoretisch heißt das, daß die verschiedenen intensionalen Bestimmungen der Begriffe, die auf der niederen Abstraktionsstufe liegen, die extensionalen Bestimmungen des nächst höheren Begriffs konstituieren, und daß ihre abstrakte Identität zur Intension des Begriffs auf der nächsten Abstraktionsstufe wird. Voraussetzungen dieser Abstraktionsprozesse sind eine große Anzahl verschiedener sprachlicher Zeichen und die Fähigkeit, die intensionalen Bestimmungen der Begriffe miteinander zu vergleichen und in diesem Vergleich ihre Verschiedenheit und ihre Identität zu erfassen. In der »Theorie der semantischen Stufen« dagegen wird die Sprache in »Objektsprache« und »Metasprache« unterteilt. Werden die Begriffe und Sätze verschiedener Abstraktionsstufen zum Untersuchungsgegenstand gemacht, dann ist die Sprache, in der sie formuliert sind, die Objektsprache, über die in einer Metasprache, der Sprache einer zweiten semantischen Stufe, nachgedacht wird. In den Begriffen und Sätzen der Metasprache werden Aussagen über die Objektsprache gemacht. Über die Sprache der zweiten Stufe wiederum kann in einer Sprache der dritten Stufe, über die dritte in einer vierten Stufe usw. nachgedacht und geredet werden, wobei die Begriffe der nächst höheren Stufe die Erkenntnismittel für die Sprache bilden, welche auf tieferer Stufe angesiedelt ist (s. Klaus 1962, S.44).

Die Sprache erlaubt damit, nicht nur Gegenstände, sondern auch sich selbst zum Untersuchungsgegenstand zu machen. Die Individuen können die sprachlichen Zeichen und deren Bedeutung voneinander abstrahieren und - etwa in einer linguistischen, syntaktischen oder semantischen Analyse der Sprache - getrennt in Augenschein nehmen, ihre Unterschiede erkennen und auf unterschiedlichen Abstraktionsstufen metasprachlich darstellen. Bei Gefühlssymbolen eines sprachlosen Subjekts hingegen ist weder eine Darstellung des Erlebten auf unterschiedlichen Abstraktionsstufen, noch eine Abbildung der Gefühlssymbole auf einer Metaebene möglich. Einmal mangelt es an einer ausreichenden Anzahl verschiedener körperlicher Prädikatoren, welche Gefühle auf unterschiedlichen Abstraktionsstufen verschieden bezeichnen könnten, und die Verschiedenheit und Identität der intensionalen Bestimmungen verschiedener Gefühle kann nicht erfaßt und somit nicht abstrahiert werden. Zum anderen lassen sich weder die körperlichen Prädikatoren von dem, was sie bedeuten abstrahieren, noch können Gefühle zum Gegenstand von Gefühlen werden. Über Gefühle läßt sich nicht »nachfühlen«. Für das System der Gefühlssymbole entfällt jene semantische Stufenbildung, welche in der Sprache möglich ist.

Das System der vorsprachlichen Gefühlssymbole ist vergleichbar mit einem Sprachsystem, das nur über eine semantische und eine Abstraktionsstufe verfügt. Die bspw. unter den Worten »Haus«, »Auto« und »Apfel« gefaßten Begriffe erlauben dann die bewußte Erkenntnis und Unterscheidung der Objekte Haus, Auto und Apfel, welche auf der Nullstufe liegen, wahrgenommenen werden und als Vorstellungen vorhandenen sind. Weil eine zweite semantische Stufe und damit die Erkenntnismittel für die Worte und Begriffe fehlen, können weder die Worte als verschiedene »Worte« bewußt und unterschieden, noch können die Begriffe »Haus«, »Auto« und »Apfel« als »Begriffe« bewußt und damit nicht als »verschiedene Begriffe« voneinander differenziert werden. Worte und Begriffe sind subjektiv unterscheidbar nur durch das, was sich in den Begriffen abbildet und was durch sie bewußt wird. Übertragen auf das System der Gefühlssymbole heißt das, daß sie - wie die Sprachsymbole der ersten semantischen Stufe - als Erkenntnismittel für die Objekte der Nullstufe fungieren. Während bei den Sprachsymbolen die Erkenntnismittel der zweiten Stufe selbst wieder erkannt werden können, ist innerhalb des Systems der Gefühlssymbole eine Erkenntnis der Erkenntnismittel nicht möglich. In dieser eindimensionalen Organisation der Gefühlssymbole liegen keine Erkenntnismittel für die Gefühle vor. Die in ihrer Intensität verschiedenen körperlichen Prädikatoren können nicht von dem, was sie bedeuten, abstrahiert und subjektiv nicht isoliert von ihrer Bedeutung differenziert werden, und durch die Gefühle können die Beziehungen zwischen realisierten Interaktionen und dem vorhandenen System der Interaktionsformen, jedoch nicht die Gefühle selbst als »Gefühle« bewußt werden. Operiert man ausschließlich innerhalb dieser Organisation, dann *hat* man verschiedene Gefühle, aber man kann *nicht wissen*, daß man verschiedene »Gefühle« hat. Ihre Verschiedenheit gründet in den wahrgenommen und abstrahierten Beziehungen der Interaktionsformen, die durch Interaktionen hervorgerufen werden.

Im Folgenden will ich versuchen, die vorgetragenen Überlegungen unter der Frage zu präzisieren, wie sich in der vorsprachlichen kindlichen Entwicklung die Gefühlssymbole bilden und zu welchen Gefühlen die Abstraktionsprozesse führen können.

5. Die Entwicklung des vorsprachlichen Erleben

Innerhalb der Theorie der Interaktionsformen versucht Lorenzer das vorsprachliche Erleben mit dem Begriff der »sinnlich-symbolische[n] Interaktionsformen« zu fassen. Auch er geht davon aus, daß das vorsprachliche Erleben an die Existenz von Symbolen gebunden ist, deren Bildung und Funktion Lorenzer (1981, S.155) mit einem Spiel erläutert, das Freud (1920, S.12) von seinem 1½ Jahre alten Enkel berichtet, welches dieser in Abwesenheit seiner Mutter spielt:

>»Das Kind hatte eine Holzspule, die mit einem Bindfaden umwickelt war. Es fiel ihm nie ein, sie zum Beispiel am Boden hinter sich herzuziehen, also Wagen mit ihr zu spielen, sondern es warf die am Faden gehaltene Spule mit großem Geschick über den Rand seines verhängten Bettchens, sodaß sie darin verschwand, sagte dazu sein bedeutungsvolles o-o-o-o und zog dann die Spule am Faden wieder aus dem Bettchen heraus, begrüßte aber deren Erscheinen jetzt mit einem freudigen >Da<«.

Freuds (1920, S.13) Deutung ist, daß das Kind das »Verschwinden und Wiederkommen [der Mutter] mit den ihm erreichbaren Gegenständen selbst in Szene setzte« und das Verschwinden der Mutter rückgängig macht, indem es sie in Gestalt der Garnrolle wieder herbeizitiert.

>Lorenzer (1981, S.159f.) ist der Ansicht, daß Freud mit diesem Spiel exemplarisch den Vorgang der Bildung sinnlich-symbolischer Interaktionsformen trifft. Im Spiel mit der Garnrolle würde »eine sinnlich-unmittelbare Interaktion [...]« - die Mutter geht weg und kommt zurück - »durch eine andere sinnlich-unmittelbare Interaktion ersetzt«, welche die Szene mit der Mutter sinnlich symbolisieren würde: »Das Kind symbolisiert das Fortgehen und Wiederkommen der Mutter mit Hilfe der an einem Faden gebundenen Garnrolle als sinnlich greifbare Inszenierung«. Aufgrund der strukturellen Identität der passiv erfahrenden und der aktiv gestalteten Szene erscheint diese Auffassung unmittelbar evident. Gleichwohl ist sie aus mehreren Gründen problematisch. Einmal bleibt offen, was der Prädikator des Symbols ist. Man könnte meinen, daß Lorenzer hierfür die Garnrolle in Anspruch nimmt. So heißt es: »Indem das Kind mit der Garnrolle spielt, [...] verleiht es dem Holzgegenstand eine Bedeutung: [...] die Bedeutung >Abschiedssituation< und >Situation des Wiederkommens< des dyadischen Partners« (Lorenzer 1981, S.159), und wie die »Sprachzeichen >draußen<« die

sprachsymbolischen Interaktionsformen als Bedeutung tragen, sind für die sinnlich-symbolischen Interaktionsformen die Gegenstände »›draußen‹« deren Bedeutungsträger (Lorenzer 1981, S.159f.). Aber zugleich gilt, daß weder die Garnrolle noch die Mutter auf dieser Stufe isoliert, abgegrenzt von anderen Gegenständen erfahren werden können. Im Lorenzerschen Modell wird das Interaktionsspiel von Mutter und Kind erst auf dem Niveau symbolischer Interaktionsformen über inhaltlich ausgewiesene und extensional eingegrenzte sprachliche Gebilde in ein kindliches Subjekt und in eine Welt distinkter Objekte auseinandergelegt. Die Vorstellung der Garnrolle kann somit nicht als Prädikator des Symbols fungieren. Wenn ferner Symbole wie Begriffe strukturiert sind und die sinnlich-symbolischen Interaktionsformen »Resultate eines Erkenntnisprozesses« (Lorenzer 1970a, S.52) sein sollen, dann wäre das »Spiel mit der Garnrolle« als Intension und das »Weggehen und Wiederkommen der Mutter« als Extension des Symbols anzusehen. Es müßte demnach ein Abstraktionsprozeß vorausgegangen sein, der erlauben würde, im Spiel mit der Garnrolle das Weggehen und Wiederkommen der Mutter zu erleben. Wie dieser Prozeß sich in der Bildung sinnlich-symbolischer Interaktionsformen vollziehen soll, bleibt ungeklärt. Da »Symbole [...] nicht Stellvertretung ihrer Gegenstände, sondern Vehikel für die *Vorstellung* von Gegenständen« sind (Langer 1942, S.69, Kursivierung, S. Z.), müßte der Enkel Freuds ferner in der Lage sein, Symbol und Symbolisiertes voneinander zu unterscheiden. Sonst wäre es ihm nicht möglich, im Spiel mit der Garnrolle nicht das Spiel mit der Garnrolle, sondern das Weggehen und Wiederkommen der Mutter zu erleben. Ob aber das noch weitgehend sprachlose Kind fähig ist, Interaktionsformen voneinander zu unterscheiden, ist mehr als fraglich. Auf vorsprachlichem Entwicklungsstand unterliegen die seelischen Operationen ausschließlich dem »Primärvorgang« (Freud 1913, S.285). Mit diesem Begriff kennzeichnet Freud (1938b, S.86) die »Gesetze in ihrer Gesamtheit«, denen unbewußte und d. h. vorsprachliche Vorgänge unterliegen[24]. Im Primärvorgang herrscht »Widerspruchslosigkeit [...] Zeitlosigkeit und Ersetzung der äußeren Realität durch die psychische [...]« (Freud 1913, S.286), und »die entscheidenden Regeln der Logik« haben dort »keine Geltung [...]. Dem steht nahe, daß Gegensätze nicht auseinandergehalten, sondern wie identisch behandelt werden« (Freud 1938b, S.91. Das heißt nichts anderes, als daß auf dem Operationsniveau des Pri-

---

24 Ich will nicht unterschlagen, daß Freud (1900, S.609) in der »Traumdeutung« einen psychischen Apparat, der ausschließlich nach dem Primärvorgang operiert, als eine »theoretische Fiktion« bezeichnet und eine Antwort auf die Frage, ob das Neugeborene auch in Wirklichkeit auf dieser Funktionsebene operiert, offen läßt. Später jedoch heißt es dezidiert: »Die Primärvorgänge sind auch die zeitlich früheren, zu Anfang des Seelenlebens gibt es keine anderen« (Freud 1920, S.68).

märvorganges alle unterschiedlichen Interaktionsformen vom Neugeborenen »wie identisch behandelt werden«. Hält man also wie Lorenzer am Primärvorgang fest, dann ist dem Enkel Freuds eine Unterscheidung der Spielszene mit der Garnrolle und dem Weggehen und Wiederkommen der Mutter nicht möglich. Vorsprachliches Erleben kann mit dem Begriff der sinnlich-symbolischen Interaktionsformen nicht zureichend ausgeleuchtet werden.

Nun scheint es, als könne den Freudschen Überlegungen ein Kriterium entnommen werden, anhand dessen sich die Interaktionsformen subjektiv unterscheiden lassen. Jedenfalls erlauben seine Überlegungen die Annahme, daß auf vorsprachlichem Entwicklungsstand nicht alle Interaktionsformen einander gleichgestellt sind. Im Primärvorgang dominiere die »Lust-Unlustregulierung« (Freud 1913, S.286), und die Denkvorgänge würden, wie Rapaport (zit. n. Gill 1967, S.317) schreibt, nicht durch das Realitätsprinzip, sondern durch die Lust-Unlustentbindung reguliert. Trifft dies zu, dann würde daraus folgen, daß die Interaktionsformen, die als Erinnerungsspuren einer Triebbefriedigung eingetragen wurden, unter zwei Aspekten subjektiv identisch und voneinander unterscheidbar sind: Unter dem Aspekt lustvoller und unlustvoller Erfahrungen. Aber auch diese Kriterien versagen. Sie sind affektiver Natur, sodaß ihre Bildung bereits eine Unterscheidung der Interaktionsformen voraussetzt. Bevor sie in Anspruch genommen werden können, ist zu klären, wie es dem sich bildenden Subjekt möglich ist, Beziehungen zwischen seinen Interaktionsformen zu abstrahieren, obwohl es sie nicht voneinander unterscheiden kann, und ihre Beziehungen in körperlichen Prädikatoren »auf Gefühle« zu bringen.

Ich will unter dieser Frage die Freudsche Sicht auf die pränatale Situation betrachten. Seine Auffassung, was bei der Geburt empfunden wird, ist widersprüchlich. Im Geburtsvorgang würden »große Erregungssummen« auf das Neugeborene eindringen und »neuartige Unlustempfindungen« erzeugen (Freud 1926, S.165) Zugleich aber ist es Freud (1926, S.166) »nicht glaubhaft, daß das Kind andere als taktile und Allgemeinsensationen vom Geburtsvorgang bewahrt hat«. Die Annahme »neuartige[r] Unlustempfindungen« verbietet sich nicht nur im dargelegten Kontext, sie steht auch quer zu neurophysiologischen Erkenntnissen. Sie setzt Information auf neokorticaler Ebene voraus (z. B. Melzack 1973), die bei der Geburt aus Gründen einer noch mangelhaften Myelinisation (Stirnimann 1973) noch nicht so funktionsfähig ist, daß Daten auf ihr in begriffsanalogen Formationen strukturiert abgebildet werden könnten. Unlustvolle Empfindungen ließen sich ferner nur in Abgrenzung von anderen bestimmen, sodaß diese Annahme impliziert, daß sich der intrauterine Zustand auf psychischer Ebene in irgendeinem positiven Gefühl abgebildet hat. Es müßte demnach bereits intrauterin ein Kriterium vorliegen, dessen Veränderung dem Neugeborenen anzeigen könnte, daß der intrauterine Zustand mit einem positiven Gefühl einhergeht und der Prozeß, der im Geburtsakt eintritt, unlustvoll ist. Auch dafür wäre eine funktionsfähige Großhirnrinde notwendig. Ihre Myelinisation, die bei der Geburt noch unzureichend ausgebildet ist, müßte intrauterin bereits vorhanden sein. Aus der Sicht des Neugeborenen betrachtet ist jedenfalls der Satz Freuds (1926, S.165) »Die Gefahr der Geburt hat noch keinen psychischen Inhalt«, der sich explizit nur darauf bezieht, daß die Geburt subjektiv nicht als Trennung von der Mutter erlebt wird, in einer Weise radikal zu nehmen, die Spitz (1965, S.24) zum Ausdruck bringt: Der Organismus des Neugeborenen »hat noch [...] keine psychischen Funktionen, seien sie bewußt oder unbewußt«.

Der Geburtsvorgang kann sich im Neugeborenen nicht szenisch als ein psychischer Inhalt abbilden. Natürlich folgt daraus nicht, daß alles, was intrauterin und im Geburtsvorgang passiert, am kindlichen Organismus spurlos vorbeiläuft. Indem sich im Geburtsvorgang die mütterliche Herzfrequenz erhöht, die Fruchtblase springt, der Uterus sich zusammenzieht und das Kind durch das Becken ans Tageslicht gebracht wird, verändern sich die intero-, proprio- und exterozeptiven Impulse qualitativ und gewinnen - im Vergleich zur Ausgangslage - eine ungeheure Intensität. Angesichts der Tatsache, daß das Gehirn eines Embryos bereits ab der 7. Woche in der Lage ist, Impulse auszusenden und über den Hirnstamm (als Eins-zu-eins-Reaktionen) und das limbische System (als komplexere Programme) die Tätigkeit anderer Organe zu koordinieren (Flanagan 1974, S.50), spricht jedenfalls nichts gegen die Annahme, daß die im Geburtsakt auftretenden Reize aus dem Körperinnern und der Außenwelt - etwa in Gestalt visueller, auditiver und taktiler Reize - registriert und in Form eines Engrammes körperlich eingeschrieben werden und - trotz noch nicht vollständig myelinisierter Großhirnrinde - mehr oder weniger diffus neokortikal abgebildet werden können. Die Neugeborenen, halt Flanagan (1974, S.97) fest, registrieren nicht nur qualitätslose Reize, sondern Geräusche - etwa das Schreien -, Kälte - die Außentemperatur liegt weit unterhalb der 31°C, die in der Gebärmutter herrschten -, und »wenn die Augen noch nicht scharf sehen können, so nehmen sie doch das Licht schon wahr«.

Auch wenn sich der Geburtsvorgang als »Erinnerungsspur[.]« (Freud 1933, S.82; 1900, S.543) in den Subjekten wiederfindet, folgt daraus nicht, daß sie sich an ihre Geburt - wie etwa in der sog. »Primärtherapie« behauptet wird - erinnern können. Die Erinnerung ist eine besondere Form der Reproduktion, in der das reproduzierte Bild, das aus der Vergangenheit auftaucht, auf die Vergangenheit bezogen werden kann. Sie setzt das voraus, was bei der Geburt noch nicht vorlag: Bewußtsein (Rubinstein 1946, S.387). Möglich ist aber, daß diese Erinnerungsspur durch eine Zunahme bestimmter situativer Reize wieder evoziert und die allgemeinen Sensationen des Geburtsvorganges wenn auch nicht in der ursprünglichen, so doch in einer anderen Form nochmals erlebt werden können. So steht bei den sog. »primärthera-

peutischen« Verfahren am Beginn eine Reizsteigerung. In der Methode des
»Rebirthing« nach Orr (1977) werden die Probanden zunächst in Hyperventilationszustände versetzt oder Reizen mit einer bestimmten Frequenz
ausgesetzt[25]. Die aktualisierte Erinnerungsspur, der Schaltkreis von äußeren
Reizen und körperlichen Reaktionen, trifft auf ein sprachsymbolisches System, das sich später gebildet hat, und wird mit den darin enthaltenen begrifflichen Erkenntnismittel ins Bewußtsein eingelassen. Zu diesen Erkenntnismitteln gehört auch ein allgemeines Wissen über den Geburtsvorgang, sodaß die Geburt nun in Begriffen erlebt wird, die ihr lebensgeschichtlich nicht zugehören (s. Zepf 1994b). Nimmt man hinzu, daß die
verfügbare Begrifflichkeit immer eine neurotisch verzerrte ist, dann werden
in den Schilderungen der Patienten nicht das Erleben ihrer Geburt, sondern
im Gewande ihrer Schilderung immer auch Teile ihrer unbewußt gewordenen, subjektiv erlebten Lebensgeschichte mystifiziert zur Darstellung gebracht.

Der engrammatisch registrierte körperliche Aktivierungszustand, der mit
noch undifferenzierten Sinneseindrücken verbunden ist, wird durch die einsetzenden Interaktionen zugleich differenziert und rückgängig gemacht.
Nach abgeschlossener Interaktion fällt das Neugeborene in den Schlaf zurück. Die senso-motorischen Abläufe, die in bestimmten Interaktionen auftreten, werden in sog. »Interaktionsengrammen« zusammengeschaltet, in
denen die realen Interaktionen als Abfolge bestimmter sensorischer Reize
(visuelle, auditive, taktile, olfaktorische etc.) und motorische Impulse als
weitere »Erinnerungsspuren« (Freud 1933, S.82; 1900, S.543) neuronal gespeichert werden[26]. »Neuronal gespeichert« heißt, daß die durch äußere Reize bewirkten Zustandsveränderungen der Distanz- und Kontaktsensoren
über Aktionspotentiale der Nervenfasern in das ZNS transportiert werden,
und dort durch eine Veränderung der chemischen und/oder elektrischen Eigenschaften der Synapsen, den Verbindungsstellen zwischen den Neuronen,
eine physikalische Spur hinterlassen.

Die sensorischen Reize und motorischen Impulse, die in einer neurophysiologischen Spur zusammengeschaltet werden und mit dem Geburtsen-

---

25 Janov (zit. n. Orban 1980) benutzte dazu eine Stroboskop, welches mit 2 Hertz (2 Blitzen/Sek.) arbeitet. Dieser Takt führt zum Auftreten der Delta-Welle im EEG, die man üblicherweise nur bei Kleinstkindern oder bei Erwachsenen im Tiefschlaf (Stadium 4) findet.

26 Es handelt sich hier um Reize aus der Außenwelt. Sie werden durch Sensoren registriert, die sich auf der Oberfläche des Körpers befinden. Diese Sensoren können in Kontakt- und Distanzsensoren unterteilt werden. Unter Kontaktsensoren versteht man diejenigen sensorischen Apparate, die bei unmittelbarer Berührung mit dem Reiz Empfindungen ergeben. Dazu gehören Tastsinn und Geschmack. Distanzsensoren sind diejenigen, die auf Reize reagieren, die von entfernten Gegenständen ausgehen. Distanzsensoren sind Gesicht, Gehör und Geruch.

gramm in einen systematischen Zusammenhang geraten, sind nicht beliebige. Es sind jene, die für das Wiedererreichen der homöostatischen Ausgangslage, die gestört war, d. h. von einem bestimmten Soll-Wert abwich, wesentlich wurden. Interaktionsengramme entstehen in einem aktiven Findungsprozeß aus verschiedenen »hypothetischen« Modellen, in denen versuchsweise verschiedene situativ vorhandene Reize zusammengeschaltet werden. Unter Kontrolle der Lebenspraxis, der »Reafferenz« (Holst u. Mittelstaedt 1950) der damit erzielten Effekte, wird dann zunehmend jene Verbindung herausgearbeitet, in der die Informationen gespeichert sind, welche für einen bestimmten Effekt, dem Wiedererreichen der körperlichen Homöostase, unabdingbar wurden (vgl. Klaus 1972, S.31ff., S.145; Rubinstein 1957, S.67f., S.124f.).

Die Interaktionsengramme sind zu verstehen als bedingt-reflektorische Zusammenschaltungen bestimmter afferenter Reize mit bestimmten efferenten Impulsen, die sich aus der Vielfalt situativer Reize und möglicher Impulse herauskristallisieren, weil sie bei einem bestimmten Interagieren notwendig zu berücksichtigen sind. Entstanden aus realem, vergangenem Interagieren stellen sie ein inneres, neurophysiologisches Modell des künftigen Interagierens dar, welches immer wieder durch praktische, am Erfolg und Mißerfolg orientierte Erfahrungen korrigiert wird (z. B. Anochin 1967, S.95).

Vom Säugling werden die Informationen, die in den Reizen, die aus den Sensoren stammen, kodiert und in Interaktionsengrammen zusammengeschaltet sind, in Bildung »sinnlicher Vorstellungen« (Leontjew 1959, S.146)[27] in bestimmter Weise dekodiert. Beim noch sprachlosen Säugling führt diese Dekodierung jedoch nicht zu einer Abbildung der Gegenstände als selbständige Entitäten. Sie werden in funktionaler, d. h. in der Hinsicht abgebildet, in der sie zum Säugling, zu seiner aktuellen Bedürfnislage stehen[28]. Was sich durch die Dekodierung verschiedener Interaktionsengramme

---

27 Menschliche Neugeborene reagieren nicht auf Reize. Sie nehmen gegenständlich wahr und bilden Vorstellungen. Dies zeigen u. a. die Untersuchungen zur sog. »Kreuzmodalen Wahrnehmung«. Gemeint ist damit ein Prozeß, in dem verschiedene Sinnesmodalitäten (Sehen, Hören, Fühlen) miteinander koordiniert werden. Auf diese Weise nehmen wir, wenn wir sehen und tasten, einheitliche und nicht verschiedene Objekte wahr. Diese innersensorische Koordination funktioniert bereits wenige Tage nach der Geburt. Gibt man etwa 20 Tage alten Säuglingen einen Schnuller mit Noppen zum Saugen und zeigt ihnen hinterher die Bilder von zwei Schnullern - der eine mit Noppen, der andere ohne -, so blicken sie länger den genoppten Schnuller an. Sie stellen eine Verbindung her zwischen dem, was sie im Mund gespürt haben, und dem, was sie sehen. Natürlich ist sichergestellt, daß der Schnuller, an dem sie gesaugt haben, von ihnen nicht gesehen wurde (Meltzoff u. Borton 1979).

28 Eines der bestuntersuchten Phänomene der Säuglingspsychologie - der sog. A-B-Irrtum - zeigt, daß sich die Vorstellungen nicht auf isolierte Objekte, sondern auf

- der aktualisierten Erinnerungsspuren - bildet, sind seelische Repräsentanzen der verschiedenen Interaktionen, sind Vorstellungen von Handlungsvollzügen mit einem Objekt, sind verschiedene Interaktionsformen[29]. Deren materielle Substrate - die verschiedenen Interaktionsengramme - stehen in Beziehung zu bestimmten innerorganischen Reizabläufen, die sich in je bestimmten Interaktionen herstellten und über die Intero- und Propriozeption zentralnervös eingetragen wurden. Da die Interaktionen das Zusammenspiel der körperlichen Abläufe strukturieren, liegen entsprechend der Verschiedenheit der Interaktionsengramme und der Interaktionsformen differente Körperengramme vor. Damit scheinen die Bedingungen eingelöst, die erlauben, über Abstraktionsprozesse die Beziehungen zwischen verschiedenen Interaktionsformen »aufs Gefühl« zu bringen. Zwei Gründe sprechen gegen die Möglichkeit solcher Abstraktionsprozesse. Sie implizieren zum einen, daß im Säugling nicht nur verschiedene Interaktionsformen vorliegen, sondern daß er in seinem Erleben auch um die Besonderheiten seiner verschiedenen Interaktionsformen weiß. Genau diese Annahme verbietet sich für das noch sprachlose Subjekt. Der Säugling *hat* verschiedene Vorstellungen, verschiedene Interaktionsformen, aber er kann *nicht erkennen*, daß sie verschieden sind. Zum anderen ist aufgrund der Befundlage davon

---

Handlungsvollzüge beziehen. Dieses Phänomen wurde zuerst von Piaget (1937, S.57) an der 10 Monate alten Jacqueline beobachtet und ist inzwischen in vielfältigen Variationen untersucht worden (z. B. Butterworth 1977; Willatts 1979; Überblick bei Harris 1987). Nach neueren Untersuchungen tritt dieses Phänomen schon ab dem 5. Monat auf (Baillargeon 1987). Jacqueline hielt einen Spielzeugpapagei, Piaget nahm ihn ihr weg und versteckte ihn zunächst zweimal nacheinander unter einer Matratze zur Linken des Kindes an einer Stelle A. Beide Male suchte das Mädchen sofort danach und zog ihn hervor. Bei dritten Mal führte Piaget den Papagei langsam vor den Augen des Mädchens vorbei und versteckte ihn rechts unter der Matratze an einer Stelle B. Das Kind sah aufmerksam zu, und in dem Moment, wo der Papagei rechts (bei B) verschwand, drehte es sich nach links und sucht bei A. Dieser Irrtum belegt, daß sich die Objektvorstellung nicht auf ein isoliertes, sondern auf ein Objekt als Teil eines Handlungsvollzuges bezieht. Sieht das Kind das Objekt nicht mehr, dann sucht es nach ihm dort, wo die Suchhandlung beim letzten Mal erfolgreich war. Selbst die visuelle Wahrnehmung, daß das Objekt rechts verschwunden ist, kann dagegen nicht ausrichten. Dies ändert sich erst zwischen dem 12. und 18. Monat, d. h. nach dem Spracherwerb. Jetzt sucht das Kind gleich dort, wo es den Gegenstand zuletzt verschwinden sieht, und nicht mehr dort, wo es ihn beim ersten Mal gefunden hat. »Der Gegenstand«, schreiben Ginsburg u. Opper (1969, S.84), »ist nicht mehr an eine praktische Situation gebunden [...], sondern hat eine Permanenz gewonnen«.

29 »Die Gegenstände«, notiert Rubinstein (1946, S.488), »die in der unmittelbaren Erfahrung des Kindes dieselbe Funktion in Bezug auf seine Bedürfnisse erfüllen und die gleiche Verwendung gestatten, haben für das Kind ein- und dieselbe Bedeutung« Deshalb werden auch die ersten Begriffe »vorwiegend durch die äußeren funktionellen Merkmale des Gegenstandes bestimmt [...]« (Rubinstein 1946, S.488).

auszugehen, daß die subjektiven Empfindungen, die durch die Dekodierung der mit den Interaktionen verbundenen körperlichen Impulse entstehen, weniger differenziert sind als diese Impulse selbst. Die nämlichen Empfindungen können durch ganz unterschiedliche somatische Prozesse und damit durch die Realisierung verschiedener Interaktionsformen hervorgerufen werden. Im »autonomen Imagery«, in dem sich die Empfindungen darstellen, löst sich mit der Besonderheiten der Interaktionsformen die Besonderheiten ihrer Beziehungen im Allgemeinen auf.

Dies gilt um so mehr für die frühkindliche Entwicklung. Wenn in der Herstellung der ersten Interaktionsengramme dem Neugeborenen beim Auftreten einer körperlichen Aktivierung in relativ gleichartigen Situationen mehrfach die mütterliche Brust angeboten wird - das Kind wird dabei aus dem Bettchen, auf den Arm genommen, berührt, an die Brust gelegt, es saugt und fällt danach in den Schlafzustand zurück -, dann werden in den verschiedenen Situationen, in denen dieses Interagieren realisiert wird, solche situativen Elemente wesentlich, die sich für das Wiedererreichen der homöostatischen Ausgangslage als unabdingbar erweisen. Dies bedeutet, daß bspw. die dabei realisierten Hautkontakte oder motorischen Abläufe nicht engrammatisch registriert werden. Sie sind verschiedenen Situationen allgemein. Um den gewünschten Effekt zu erzielen, müssen diese situativen Elemente jedoch nicht notwendig berücksichtigt werden. Die neurophysiologischen Modelle des Interagierens und die damit verbundenen körperlichen Reizabläufe werden relativ undifferenziert ausfallen, sodaß die Empfindungen, die durch sie hervorgerufen werden, gegenüber den bestimmten Interaktionsformen relativ unspezifisch sind.

5.1 Halluzinatorische Wunscherfüllung

Betrachtet man das kindliche Innenleben, dann liegt folgende Situation vor. Durch die postnatal einsetzenden Interaktionen wird ein abstrakter Körper*bedarf* über befriedigende Interaktionen inhaltlich in objektiv, aber noch nicht in *subjektiv* bestimmte Interaktionsformen, in *Bedürfnisse* qualifiziert und rückgängig gemacht. Auf Seiten des Kindes tritt von nun an ein körperlicher Spannungszustand in Gestalt eines allgemeinen Bedürfnisses auf, das sich in der Aktualisierung einer objektiv-bestimmten, mit einem allgemeinen »autonomen Imagery« einhergehenden Interaktionsform psychisch repräsentiert. Wir haben einen Bedürfniszustand, in dem eine bestimmte Interaktionsform, die in vorhergegangenen Interaktionen hergestellt wurde, *aktualisiert* ist ($[IF]_{akt}$), einen Prozeß, in dem bei - objektiv - formgerechter mütterlicher Antwort die bestimmte Interaktionsform über Interaktionsprozesse *entaktualisiert* wird ($[IF]_{ent}$), und einen Endzustand, in dem die Repräsentanz dieser Interaktion, die bestimmte Interaktionsform *verschwunden* ist ($\varnothing[IF]$). Da das Neugeborene verschiedene Interaktionsformen nicht voneinander unterscheiden kann, existiert jeweils das ganze Kind, seine ganze Repräsentanzwelt in der jeweils aktualisierten Interaktionsform.

Diese subjektive Existenzform einer objektiven Bedürfnisbefriedigung beschreibt Freud (1900, S.571) unter dem Titel einer inneren »Wahrnehmungsidentität« im Zuge einer »halluzinatorischen Wunscherfüllung«. Unter der Bedingung, daß die Mutter zeit- und formgerecht entsprechend der aktualisierten Interaktionsform antwortet, wird subjektiv das bloße Bild, die innerpsychische Wiederholung »jener Wahrnehmung, welche mit der Bedürfnisbefriedigung verknüpft war«, als Bedürfnisbefriedigung gelesen. Auf diesem Entwicklungsstand entzieht sich dem Neugeborenen der Unterschied von Interaktionsform, der Vorstellung, und der Interaktion, dem praktischen Handeln. Die Elemente, welche die Besonderheit einer aktualisierten Interaktionsform konstituieren, sind ihm ebensowenig zugänglich wie die Unterschiede zwischen verschiedenen Interaktionsformen. Wahrnehmbar wird dem Kind jedoch ein Zustand, in dem eine - gleich welche - subjektiv undifferenzierte Interaktionsform *aktualisiert* ist, ein Prozeß, in dem sie *entaktualisiert* wird, und ein Zustand, in dem sie *verschwunden* ist.

Es ist mithin die subjektiv verfügbare von der vorhandenen Repräsentanzwelt zu unterscheiden. Ich fasse die subjektiv wahrgenommene Repräsentanzwelt, welche den objektiven Unterschied der registrierten verschiedenen Interaktionsformen ebenso vernachlässigt wie die Differenz von Vorstellung und praktischer Interaktion, in einem Schema zusammen:

$$[IF]_{akt} \rightarrow [IF]_{ent} \rightarrow \varnothing[IF]$$

Schema 3: Subjektive Repräsentanzwelt bei halluzinatorischer Wunscherfüllung.

Antwortet die mütterliche Figur nicht zeit- bzw. formgerecht entsprechend der aktualisierten Interaktionsform, dann findet ein Prozeß statt, in dem die aktualisierte Interaktionsform *zerbricht* ($[IF]_{zer}$), der - unter weiterer Steigerung der Körperspannung - mit ihrer *Vernichtung* ($[IF]_{ver}$), mit dem Wiederauftreten jenes Zustandes endet, der bei der Geburt vorlag. Die Vernichtung einer Interaktionsform geht mit der Reproduktion der Wahrnehmungen diffuser visueller, auditiver etc. Reize einher, die anläßlich der Geburt aufgetreten sind. Ich stelle diesen Ablauf in einem weiteren Schema (4) dar:

$$[IF]_{akt} \rightarrow [IF]_{zer} \rightarrow [IF]_{ver}$$

Schema 4: Subjektive Repräsentanzwelt bei Versagung.

Fügt man Schemata (3) und (4) zusammen, dann ergibt sich Schema (5):

$$[IF]_{ver} \leftarrow [IF]_{zer} \leftarrow [IF]_{akt} \rightarrow [IF]_{ent} \rightarrow \varnothing[IF]$$

Schema 5: Subjektive Repräsentanzwelt bei Befriedigung und Versagung.

Mit dieser subjektiv wahrnehmbaren allgemeinen Veränderung verschiedener Interaktionsformen bei ihrer Befriedigung bzw. Frustration verändert sich das mit ihnen verbundene allgemeine »autonome Imagery« in ebenso typischer und unterscheidbarer Weise. Bei der Aktualisierung einer Interaktionsform ($[IF]_{akt}$) sind Reize angestiegen ($[R+]$), das Zerstören einer Interaktionsform ($[IF]_{zer}$) geht mit einer weiteren Steigerung angestiegener Reize ($[R+\uparrow]$) und ihr Vernichtetsein ($[IF]_{ver}$) mit einem Zustand der Reizüberflutung ($[R-\text{ÜF}]$) einher. Der Prozeß, in dem sie verschwindet ($[IF]_{ent}$), ist mit einer Minderung der angestiegenen Reize ($[R+\downarrow]$) verbunden, und wenn die Interaktionsform verschwunden ist ($\varnothing[IF]$), liegen Reize vor ($[R]$), deren Intensität geringer ist als dies bei $[IF]_{akt}$ der Fall war. Schema (6) veranschaulicht den Zusammenhang von Reizintensitäten und Repräsentanzen:

$$[R-\text{ÜF}] \leftarrow [R+\uparrow] \leftarrow [R+] \rightarrow [R+\downarrow] \rightarrow [R]$$
$$\updownarrow \qquad \updownarrow \qquad \updownarrow \qquad \updownarrow \qquad \updownarrow$$
$$[IF]_{ver} \leftarrow [IF]_{zer} \leftarrow [IF]_{akt} \rightarrow [IF]_{ent} \rightarrow \varnothing[IF]$$

Schema 6: Subjektive Repräsentanzwelt und wahrgenommene Reizintensitäten.

Damit sind alle Bedingungen gegeben, die es dem Neugeborenen ermöglichen, im Verschiedenen das Identische zu abstrahieren. In wechselseitiger Opposition zueinander lassen sich die Zustände, in denen eine Interaktionsform aktualisiert ($[IF]_{akt}$), verschwunden ($\varnothing[IF]$) oder vernichtet ist ($[IF]_{ver}$), und die Prozesse, in denen sie verschwindet ($[IF]_{ent}$) oder zerstört ($[IF]_{zer}$) wird, aus den Zusammenhängen abstrahieren, in denen sie stehen.

$[IF]_{akt}$ und $\varnothing[IF]$ sind darin identisch, daß sie in Beziehung zueinander stehen und diese Beziehung - $[IF]_{ent}$- wird abstrahiert. Damit dies möglich ist, muß natürlich zugleich die Verschiedenheit des Identischen, müssen die unterschiedlichen Positionen, die $[IF]_{akt}$ und $\varnothing[IF]$ in dieser Beziehung einnehmen, erfahren werden können. D. h., ihre unterschiedliche Position muß abstrahiert worden sein. In Polarität zueinander werden $[IF]_{akt}$ und $\varnothing[IF]$ als das Identische aus ihren Stellungen zu $[IF]_{ent}$ und $\varnothing[IF]$ bzw. zu $[IF]_{ent}$ und $[IF]_{akt}$ abstrahiert und damit subjektiv zur Bedingung von $[IF]_{ent} \rightarrow \varnothing[IF]$, bzw. zum Resultat von $[IF]_{akt} \rightarrow [IF]_{ent}$. Das Nämliche gilt für den Ablauf, in dem eine aktualisierte Interaktionsform zerstört und vernichtet wird. Da Abstraktionen immer auf das verweisen, woraus sie abstrahiert wurden, bildet das, wovon abstrahiert wurden, die extensionale Bestimmung der abstrahierten Intensionen. Zum Umfang von $[IF]_{ent}$ gehören die Beziehungen $[IF]_{akt} \rightarrow [IF]_{ent}$ und $[IF]_{akt} \rightarrow \varnothing[IF]$ - sie weisen $[IF]_{ent}$ als Folge von $[IF]_{akt}$ und als Bedingung für ⌀[IF] aus, zum Umfang von ⌀[IF] die Beziehungen [IF]$_{ent}$ → ⌀[IF] und [IF]$_{akt}$ → ⌀[IF] - sie weisen ⌀[IF] als Folge von [IF]$_{akt}$ und [IF]$_{ent}$ aus, zum Umfang von [IF]$_{zer}$ die Beziehungen [IF]$_{akt}$ → [IF]$_{zer}$ und [IF]$_{zer}$ → [IF]$_{ver}$ - sie weisen [IF]$_{zer}$ als Folge von [IF]$_{akt}$ und als Bedingung für [IF]$_{ver}$ aus, und zum Umfang von [IF]$_{ver}$ gehören die Beziehungen [IF]$_{akt}$ → [IF]$_{ver}$ und [IF]$_{zer}$ → [IF]$_{ver}$ - sie weisen [IF]$_{ver}$ als Folge von [IF]$_{akt}$ und [IF]$_{zer}$ aus. Zum Umfang von [IF]$_{akt}$ wiederum gehören die Beziehungen [IF]$_{akt}$ → [IF]$_{ent}$ und [IF]$_{akt}$ → ⌀[IF] sowie [IF]$_{akt}$ → [IF]$_{zer}$ und [IF]$_{akt}$ → [IF]$_{ver}$, die [IF]$_{akt}$ als Bedingung sowohl für [IF]$_{ent}$ → ⌀[IF] als auch für [IF]$_{zer}$ → [IF]$_{ver}$ ausweisen.

Wie auf der 1. semantischen Stufe der Sprache, wo die Extensionen der Begriffe auf der Ebene der wahrnehmbaren Vorstellungen (als Resultat der wahrgenommenen Objekte) liegen, sind auch die extensionalen Bestimmungen der Gefühlssymbole auf Ebene der wahrgenommenen Repräsentanzen angesiedelt. Als ihr Identisches werden ihre Beziehungen in den Prädikatoren - den wahrgenommenen und in differenten »autonomen Imageries« gefaßten unterschiedlichen Reizintensitäten - aufs »Gefühl« gebracht. Als begriffsanaloge Strukturen lassen sich diese ersten Gefühlssymbole schematisch so darstellen:

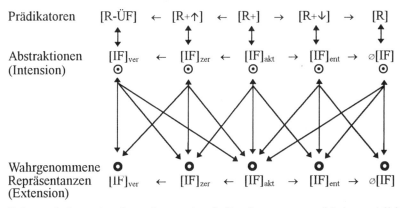

Schema 7: Intensionale und extensionale Bestimmung verschiedener Affektsymbole.

Betrachtet man diese begriffsanalogen Strukturen im Rahmen der Schurschen (1966) Präzisierung und - berechtigen (s. Zepf 1997a, S.97ff., 1997b) - kritischen Erläuterungen des Freudschen »Lust-Unlust-Prinzips«[30] und

---

30 Freud (1916/17, S.369) versteht unter diesem Prinzip, »daß unsere gesamte Seelentätigkeit darauf gerichtet ist, Lust zu erwerben und Unlust zu vermeiden«. Lust generiere sich dabei, wie Freud durchgängig festhält (z. B. 1900, S.604; 1905a, S.110; 1915a, S.214; 1923b, S.249), aus der Abfuhr unlustvoller Körperspannungen, sodaß jedwede Lust aus der Aufhebung dieser unlustvollen Körperspannungen resultieren würde. In seiner sorgfältigen Analyse der Freudschen

nimmt man die Überlegungen von Sandler u. Joffe (1967a) hinzu[31], dann ist die erlebnismäßige Qualität der Struktur, die mit dem Prozeß der Triebbefriedigung einhergeht, als *Lust* zu identifizieren. Dieer Prozeß führt in einen Zustand, der sich erlebnismäßig als *Wohlbehagen* darstellt. Der Triebbefriedigung gegenüber gestellt ist die Triebfrustration. Auch hier ist der Prozeß - die Triebfrustration - von dem Zustand zu unterscheiden, der ihm folgt, sodaß es nahe liegt, die erlebnismäßige Qualität des Prozesses als *Unlust* und die des Zustandes als *Mißbehagen* zu begreifen.

Diese Differenzierung in Prozeß- und Zustandsgefühle und die damit verbundenen Erlebnisqualitäten finden sich im obigen Schema (6). Das Vernichtetsein einer Interaktionsform ($[IF]_{ver}$) kann als intensionale Bestimmung des *Mißbehagens* gelesen werden, der Prozeß, in dem sie zerstört ($[IF]_{zer}$) wird, als die der *Unlust*, der Prozeß ihrer Entaktualisierung ($[IF]_{ent}$) als die der *Lust*, ihr Verschwundensein ($\varnothing[IF]$) als die des *Wohlbehagens* und ihre Aktualisierung ($[IF]_{akt}$) als das Gefühl eines *Bedürfnisses*. Während innerhalb der Sprachsymbole ihre sprachlichen Prädikatoren ihre Begriffe bedeuten, bedeuten bei den Affektsymbolen die Variationen der Reizintensitäten diese begriffsanalogen Strukturen. Wie die sprachlichen, haben die körperlichen Prädikatoren ($[R\text{-}ÜF]$, $[R+\uparrow]$, $[R+]$, $[R+\downarrow]$ und $[R]$) den Status von Zeichengestalten, welche die konkret auftretenden Reizintensitäten als Zeichenexemplare ausweisen lassen.

Und wie bei Begriffen, wo die Vorstellungen der Objekte, die im Umfang eines Begriffs liegen, durch die Verwendung der intensionalen Bestimmungen anderer Begriffe erkannt werden können - im Satz etwa »Der

---

Auffassungen kommt Schur (1966, S.165) allerdings zu dem Schluß, daß das »Lust- und Unlustprinzip« kein ein einheitliches Prinzip, sondern »zwei getrennte Regulationsprinzipien« darstellt, und daß »zwischen den Begriffen Lust- und Unlustprinzip und den Affekten Lust und Unlust zu unterscheiden« ist (Schur 1966, S.117). Schur (1966, S.139, Kursivierung aufgehoben, S. Z.) ist der Ansicht, daß die »Begriffe Lustprinzip und Unlustprinzip« von Freud als ökonomische Kategorien entwickelt wurden. Beide Prinzipien könnten aber die »Auslösung beziehungsweise Vermeidung der Affekte Lust und Unlust nicht garantieren«. Als Affekte werden Lust bei Triebbefriedigungen und Unlust bei Triebfrustrationen erfahren (vgl. Eidelberg 1962), wobei die dabei erfahrene »erogene Lust« sich inhaltlich nicht in der Bewältigung oder Abwesenheit von Unlust erschöpft. (s. Loch 1972, S.71-77).

31 Joffe u. Sandler (1967a) zeigen ferner, daß Freud im erlebnismäßigen Aspekt des Lust-Unlust-Prinzips nicht zwischen der Lust, die mit der Triebhandlung verbunden ist, und dem Zustand der Befriedigung, der ihr folgt, unterschieden hat. Der Befriedigungszustand sei »ein Zustand körperlichen Wohlbefindens [...], in dem das Kind sich dann befindet, wenn seine Triebbedürfnisse befriedigt sind (im Unterschied zur Lustempfindung während der Befriedigung). [...] Wir müssen das Kind in seinen ersten Lebensjahren (und später den erwachsenen Menschen) als ein Wesen ansehen, das sowohl nach Wohlbefinden als auch nach Lustempfindung trachtet« (Joffe u. Sandler 1967b).

Apfel wächst an Bäumen« werden extensionale Bestimmungen des »Apfel«-Begriffs durch die Begriffe »wachsen« und »Baum« erkannt -, werden bei einem Gefühl andere Gefühle für die Erkenntnis der Repräsentanzen benutzt, die innerhalb seines Umfanges liegen. Im Falle der Lust sind Wohlbehagen und das Bedürfnis Erkenntnismittel der extensionalen Bestimmungen dieses Gefühls, der Konnotate - $[IF]_{akt}$ und $\varnothing[IF]$ - seines körperlichen Prädikators. Subjektiv ist die Lust Folge des Bedürfnisses und führt in Wohlbehagen. Was auf diesem Entwicklungsstand in einem Gefühl erlebt wird, ist die Beziehung zwischen anderen Gefühlen.

Tritt nun eine Interaktionsform auf, dann ist sie ein Fall des Bedürfnisses, in dem sie als Bedingung sowohl ihres Verschwindens, der Lust, wie auch ihrer Zerstörung, der Unlust, erlebt wird. Da das Bedürfnis ($[IF]_{akt}$) auch zur Extension von Lust ($[IF]_{ent}$) und Wohlbehagen ($\varnothing[IF]$) gehört, kann ihr Verschwinden - der Ablauf $[IF]_{akt} \to \varnothing[IF]$ - über die Abstraktion $[IF]_{ent}$, d. h. Lust, und ihr Verschwundensein - der Ablauf $[IF]_{akt} \to [IF]_{ent}$ - über die Abstraktion $\varnothing[IF]$, d. h. Wohlbehagen, antizipiert werden. Dasselbe gilt natürlich auch für den Prozeß, in dem die Interaktionsform zerstört und vernichtet wird. Antizipiert werden mithin Lust und Wohlbehagen bzw. Unlust und Mißbehagen. Wird die Interaktionsform entaktualisiert, dann wird diese Beziehung als Fall von $[IF]_{ent}$, d. h. als Lust erlebt. Ist die Interaktionsform verschwunden, dann ist dies ein Fall von $\varnothing[IF]$, von Wohlbehagen, in dem das Resultat des Ablaufes Bedürfnisgefühl $\to$ Lust ($[IF]_{akt} \to [IF]_{ent}$) seinen erlebnismäßigen Ausdruck findet[32]. Wird dagegen die Interaktionsform zerstört, dann wird diese Beziehung als Fall von $[IF]_{zer}$, d. h. als Unlust erlebt. Ist die Interaktionsform vernichtet, dann ist dies ein Fall von $[IF]_{ver}$, von Mißbehagen, in dem das Resultat des Ablaufes Bedürfnis $\to$ Unlust ($[IF]_{akt} \to [IF]_{zer}$) erlebt wird.

Von welcher Art diese Gefühle sind wird klar, wenn man ihre Struktur im Rahmen der Begrifflichkeit der Gefühlstheorie von Heller (1981) betrachtet. Heller unterteilt die Gefühle terminologisch u. a. in »Affekte« und »Emotionen«. Ihr Affektbegriff ist dabei von einem Zuschnitt, der genau die Bedingungen benennt, unter denen im noch nicht sprachfähigen Kind, das auf der Ebene des »Primärvorgangs« (Freud 1913, S.285f.) operiert, Gefühle

---

32 Zur Klärung will ich dieses Erleben, in dem sich das Bedürfnis über Lust in Wohlbehagen wandelt, an einem Beispiel auf begrifflicher Ebene darstellen, der Reifung einer befruchteten Eizelle in einen Embryo. Der Begriff »Reifung« enthält als extensionale Bestimmungen die Vorstellungen der befruchteten Eizelle und des Embryos und drückt deren Beziehung aus, der Begriff »Embryo« ist extensional durch die befruchtete Eizelle und deren Reifung bestimmt und artikuliert deren Beziehung, d. h. die Position des Embryos in Relation zur Reifung, während Reifung und Embryo den Begriff der »befruchteten Eizelle« extensional bestimmen, in welcher ihre Beziehung erkannt wird.

auftreten (s. Zepf u. Hartmann 1989, S.101ff.). Affekte bedürfen für ihre Auslösung der realen Anwesenheit eines Reizes. Dieser Reiz ist insofern relativ unspezifisch, als bestimmte Affekte nicht nur durch einen bestimmten Reiz, sondern durch bestimmte Reizklassen hervorgerufen werden. Ein bestimmter Affekt wird nicht durch eine bestimmte konkrete Situation, sondern durch die bestimmte Struktur ausgelöst, die verschiedenen Situationen gemeinsam ist. Im Gegensatz zu der relativen Unabhängigkeit der Affekte von der konkreten Situation, in der sie auftreten, sind Emotionen inhaltlich immer an die spezifische Situation gebunden, in der sie entstehen.

Folgt man der Terminologie von Heller (1981), dann haben die auftretenden Gefühle den Status von Affekten, weil sie sich subjektiv nicht auf eine bestimmte Interaktionsform, sondern auf Klassen von Interaktionsformen beziehen. Sie sind gegenüber dem Ablauf objektiv verschiedener, »bestimmter« Interaktionsformen indifferent, denn eine bestimmte Interaktionsform kann vom Kind noch nicht als »bestimmte«, sondern nur als »Interaktionsform überhaupt« gelesen werden.

In einem Affektsymbol wird jeweils die Beziehung zwischen anderen Affekten erlebt. Dabei sind zwei Affektarten zu unterscheiden. Es gibt Affekte, welche die Veränderung einer Interaktionsform begleiten - die Affekte der Lust und Unlust -, und es gibt Affekte, die am Beginn und am Ende dieser Veränderung stehen - das Bedürfnis und die Affekte des Wohlbehagens bzw. Mißbehagens. Ergänzt um die erlebten affektiven Qualitäten wiederhole ich Schema (7):

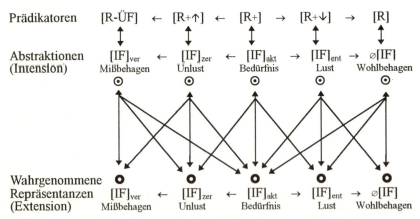

Schema 7a: Intensionale und extensionale Bestimmung verschiedener Affektsymbole.

Zur Vermeidung von Mißverständnissen will ich noch auf dreierlei hinweisen. Sowohl für die Bildung der sprachlichen wie auch für die Gefühlssymbole gilt, daß eine wahrnehmbare Verschiedenheit der Prädikatoren Voraussetzung der Abstraktionsprozesse ist. Bei der Sprachbildung ist es die Verschiedenheit der sprachlichen Laute, bei der Bildung der Gefühle ist auf diesem Entwicklungsstand die wahrnehmbare Differenz der Intensität der körperlichen Reize Voraussetzung der Abstraktionsprozesse. Während durch das metasprachliche Gefüge der Sprache die Wortvorstellungen in ihrer Verschiedenheit subjektiv verfügbar werden, bleibt im Falle der Bildung der Gefühlssymbole die Verschiedenheit der »autonomen Imageries« außerhalb des Erlebens. Eingang in das Erleben finden die differenten Intensitäten nur gemeinsam mit dem, was sie bedeuten. Wie bei einer Sprache, die sich nur auf der ersten semantischen Stufe bewegt, das Subjekt Wort und Vorstellung nicht voneinander abstrahieren und getrennt betrachten kann, gilt auch hier, daß weder unterschiedliche Reizintensitäten, noch Veränderungen der aktualisierten Interaktionsform getrennt voneinander erlebt werden. Nicht die einzelnen Aspekte, die das Erleben der Gefühle konstituieren, dringen ins Bewußtsein ein. Was erlebt wird, ist ihre Verbindung, sind die Gefühle.

Zum zweiten geht das Zerbrechen einer aktualisierten Interaktionsform nicht unmittelbar mit einer Auflösung ihrer Erinnerungsspur einher. Interaktionsform und Erinnerungsspur sind strikt auseinander zu halten. Ich erinnere an die Freudsche (1913, S.300) Formulierung, daß »die *Sachvorstellung*«, die Lorenzer als Interaktionsform erläutert hat, »in der Besetzung [...] nicht der direkten Sacherinnerungsbilder«, sondern der »von ihnen abgeleitete[n] Erinnerungsspuren besteht«, die schon Freud als neuronale Bahnungen verstand (vgl. auch Freuds (1925a) »Notiz über den ›Wunderblock‹«). Eine Interaktionsform entsteht durch die Dekodierung einer aktualisierten Erinnerungsspur, in der ihr neurophysiologisches Substrat - das Interaktionsengramm - gespeichert ist. So wie die Bildung dieser Spur ein mehrfaches und relativ gleichartiges, erfolgreiches Interagieren über die Zeit hinweg voraussetzt, ist die Auflösung dieser Spur an ein mehrfach mißlungenes Interagieren gebunden.

Zum dritten will ich nochmals betonen, daß die halluzinatorische Wunscherfüllung nicht die objektive, sondern die subjektive Lage bei realer, zeit- und formgerechter Befriedigung kennzeichnet. Auch bei Freud (1911b, S.231; s. auch 1911a, S.232) setzt die halluzinatorische Befriedigung die faktische voraus, hat doch gerade das »Ausbleiben« der faktischen »Befriedigung [...] zur Folge, daß dieser Versuch der Befriedigung auf halluzinatorischem Wege aufgegeben« wird.

5.2 Trennung von Innen und Außen

Weil sich die Halluzination, die bloße Vorstellung der Interaktion, als »untüchtig [erweist], die mit der Befriedigung verbundene Lust herbeizuführen« (Freud 1900, S.604), muß »sich der psychische Apparat entschließen, die realen Verhältnisse der Außenwelt vorzustellen, und die realen Veränderungen anzustreben« (Freud 1911a, S.231f.). Mit der Vorstellung der »realen Verhältnisse der Außenwelt«, fährt Freud (1911a, S.232) fort, wird

»ein neues Prinzip der seelischen Tätigkeit eingeführt. Es wurde nicht mehr vorgestellt was angenehm, sondern was real war, auch wenn es unangenehm sein sollte. Diese Einsetzung des Realitätsprinzips erwies sich als ein folgenschwerer Schritt«.

Diese These birgt das Problem, klären zu müssen, welche Kriterien in seinem Innenleben das kindliche Subjekt in die Lage versetzen, seine »psychische Realität« (Freud 1900, S.625, Kursivierung aufgehoben, S. Z.) von der »Realität der Außenwelt« (Freud 1937b, S.181) zu unterscheiden. Bis auf den »Entwurf einer Psychologie« (Freud 1895) hat sich Freud dazu nicht weiter systematisch geäußert, und die darin vorgetragenen Überlegungen sind nicht haltbar (s. Zepf 1997a, S.60ff.; Zepf u. Hartmann 1989). Entsprechend der damaligen Orientierung Freuds wird das Problem als ein neurophysiologisches verfolgt. Neurophysiologische Abläufe sind aber nur das materielle Substrat und nicht die Quelle psychischer Prozesse, sodaß die Frage, wie sich die äußere Realität in der subjektiven Repräsentanzwelt als »äußere« Realität darstellt, neurophysiologisch nicht beantwortet werden kann. Das Problem ist ferner kein ausschließlich psychologisches, sondern ein erkenntnistheoretisch zu lösendes. Die subjektive Trennung von Innen und Außen setzt jedenfalls Abstraktionen voraus.

Diese Trennung ist eine Leistung des Kindes und muß aus der Sicht des Kindes notwendig werden. Sie wird notwendig, weil auf dem Stadium der halluzinatorischen Wunscherfüllung Unlust nicht vermieden werden kann. Wenn die kindliche Entwicklung subjektiv angetrieben wird vom Ziel, Lust zu gewinnen und Unlust möglichst zu vermeiden, dann wird das kindliche Subjekt versuchen, die Bedingungen, unter denen es in seiner Sicht Lust erfährt, zu erhalten und jene Bedingungen zu suspendieren, die zum Erleben von Unlust führen. Da auf dem Stadium der halluzinatorischen Wunscherfüllung unlustvolle Erfahrungen im Bedeutungsraum des Bedürfnisses liegen, das Bedürfnis damit Bedingung der Unlust ist, muß es abgeschafft werden. Würde es jedoch abgeschafft, dann würde auch das Bedürfnis als Bedingung lustvoller Erfahrungen suspendiert, die sich ebenfalls in seinem Bedeutungsraum finden. Das Bedürfnis muß also zugleich abgeschafft und aufrechterhalten werden. Die einzige Möglichkeit, die dem Neugeboren zur Lösung dieser widersprüchlichen Anforderungen offen steht, liegt darin, daß das Bedürfnis zugleich erhalten bleibt und ein anderes wird. Dies läßt sich durch eine Veränderung seiner intesionalen Bestimmung erreichen.

Am Beginn dieser Veränderung steht die Realisierung der motorischen Eigenaktivitäten, die in einer Interaktionsform registriert sind. Sie laufen auch ab, wenn das Objekt nicht vorhanden ist. Die unlustvolle Spannungssteigerung, die mit der Zerstörung der aktualisierten Interaktionsform einhergeht, wird dadurch nicht verhindert, aber verlangsamt. Ihr Auftreten wird die Aufmerksamkeit eines sich bildenden Subjekts auf sich zwingen, das Unlust vermeiden möchte. Resultat ist eine subjektive Differenzierung des anfänglich bloßen »Bildes« in Vorstellung und Wahrnehmung. Waren bisher »alle Wahrnehmungen auf das enterozeptive System beschränkt«, schreitet das Kind nun - bedingt durch die lebenspraktische Problematisierung der »halluzinatorischen Wunscherfüllung - »von der inneren (enterozeptiven) Rezeption der Erfahrung zur Wahrnehmung äußerer Reize fort« (Spitz 1954, S.21, S.31)[33]. Aber wie die Vorstellung ist natürlich auch die Wahrnehmung des Außen noch keine besondere, sondern eine allgemeine. Das Neugeborene nimmt subjektiv keine motorischen Aktivitäten, sondern in Gestalt visueller (und auditiver, olfaktorischer, taktiler etc.) Reize lediglich etwas war, das der Vorstellung äußerlich ist. In Gestalt eines »Aussen« ($[A]$) werden die sensorischen Reize, die von den motorischen Abläufen ausgehen, auch dann wahrgenommen, wenn die Mutter entsprechend der aktualisierten Interaktionsform antwortet. Da das Außen nicht differenziert werden kann, sind die wahrgenommenen Reize aus Sicht des Kindes die nämlichen, gleichgültig ob sie zu Unlust und Mißbehagen oder zu Lust und Wohlbehagen führen.

Mit dieser Trennung von Innen und Außen ändern sich die bisherigen intensionalen und extensionalen Bestimmungen der Affekte. Interaktionsformen verweisen nun auf etwas ihnen Äußerliches. $[IF]_{akt}$ wird zu $[IF \succ A]_{akt}$, $[IF]_{ent}$ zu $[IF \succ A]_{ent}$, $\varnothing[IF]$ zu $\varnothing[IF \succ A]$, $[IF]_{zer}$ zu $[IF \succ A]_{zer}$ und $[IF]_{ver}$ zu $[IF \succ A]_{ver}$. Wie sich nun die beiden, in Lust und Unlust führenden Abläufe dem Subjekt präsentieren, ist in Schema (8) dargestellt:

$$\begin{array}{ccccccc}
 & & & [IF \succ A]_{akt} & & & \\
 & & & \text{Bedürfnis} & & & \\
 & & & + & & & \\
[IF \succ A]_{ver} & \leftarrow & [IF \succ A]_{zer} & \leftarrow [A] \rightarrow & [IF \succ A]_{ent} & \rightarrow & \varnothing[IF \succ A] \\
\text{Mißbehagen} & & \text{Unlust} & \text{Außen} & \text{Lust} & & \text{Wohlbehagen}
\end{array}$$

Schema 8: Subjektive Repräsentanzwelt bei wahrgenommenen motorischen Aktivitäten.

---

33 Mit der Beschränkung der Wahrnehmungen auf das enterozeptive System meint Spitz nicht nur die Beschränkung der Wahrnehmung auf Körperprozesse, sondern auch auf die Wahrnehmung von Vorstellungen.

Die Reproduktion sinnlicher Wahrnehmungsbilder führt zum Entstehen der Vorstellungen. Die Vorstellung ist das reproduzierte Gedächtnisbild eines Gegenstandes, das auf vergangener Erfahrung beruht. Das Neugeborene ist damit in der Lage, das sinnliche Wahrnehmungsbild eines bestimmten Gegenstandes, welches sich in ihm aufgrund vorangegangener sensorischer Einwirkungen gebildet hat, als Vorstellung zu reproduzieren, wenn dieser Gegenstand nicht unmittelbar vorhanden ist. Subjektiv erscheint dieser bestimmte Gegenstand als etwas, das sich außerhalb der Vorstellung befindet. Mit der Aktualisierung einer, gleich welcher objektiv bestimmten Interaktionsform kann sich der Neugeborene das Außen vorstellen. Ist das Außen vorhanden, dann wird es als ein Fall von $[IF \succ A]_{akt}$ erlebt, wobei das Außen dadurch, daß aus seinem Auftreten Lust oder Unlust folgt, verschiedene Aspekte aufweist. Da sich das Außen subjektiv in seiner Vorstellung repräsentiert und das vorgestellte Außen ($[IF \succ A]_{akt}$) extensional durch Lust ($[IF \succ A]_{ent}$) und Unlust ($[IF \succ A]_{zer}$) bestimmt ist, bildet sich das Außen subjektiv in einer bestimmten Relation von Lust und Unlust ab. Daß das Außen dem Neugeborenen äußerlich ist, erlebt es mithin anhand einer Differenz, nämlich dadurch, daß die Lust/Unlust-Relation bei der Trennung von Innen und Außen günstiger ist als auf der Ebene der halluzinatorischen Wunscherfüllung.

Verhaltensaspekte des Außen werden im Subjekt in den Beziehungen zwischen Affekten zur Darstellung gebracht. Indem das Bedürfnis auf etwas Äußerliches verweist, kann subjektiv der mögliche Ablauf von Lust → Wohlbehagen und Unlust → Mißbehagen in Abhängigkeit vom Äußeren antizipiert und erlebt werden. Im Vergleich mit Schema (7) haben sich die intensionalen Bestimmungen der Affekte geändert. Die nun erlebten Affekte sind qualitativ andere als jene, die auf dem vorangegangenen Stadium der halluzinatorischen Wunscherfüllung erlebt wurden. Eine Lust und ein Wohlbehagen, die für ihr Erleben etwas Äußerliches bedürfen, sind andere Affekte als diejenigen, die dieses Äußerlichen nicht bedürfen. Geht man davon aus, daß durch das Hinzutreten von [A] der Mangel inhaltlich definiert ist und es dem Neugeborenen willkürlich erscheint, wann der Mangel beseitigt, bzw. nicht beseitigt wird, wann das Außen zu Lust und Wohlbehagen bzw. zu Unlust und Mißbehagen führt, dann kann man vermuten, daß Lust mit einem Glücksgefühl, Unlust mit einem Gefühl des Unglücks einhergeht, aus Wohlbehagen eine Art von Zufriedenheit und aus Mißbehagen ein Art von Unzufriedenheit wird.

Mit dieser Veränderung der intensionalen Bestimmungen werden die Prädikatoren, die Körperengramme andere. Waren die Interaktions- und damit die Körperengramme der ersten Interaktionsformen noch relativ undifferenziert, werden beim Einüben weiterer Interaktionsformen die Engramme des bisherigen Interagierens notwendig problematisiert. Hier ist eine Interaktionsform, der ein bestimmtes Engramm zugrunde liegt, aktualisiert, jedoch bleibt das formgerechte mütterliche Verhalten fürs erste aus. Statt in formgerechter Antwort dem Kind die Brust zu geben, legt die Mutter das Kind bspw. im Einüben neuer Interaktionsformen auf den Rücken, streichelt es und wechselt ihm die Windeln. Die homöostatische Ausgangslage kann nicht mehr unter den Bedingungen erreicht werden, die im Entwurf dieses Interagierens berücksichtigt sind. Zu beachten ist, daß die »streichelnde-Windeln-wechselnde« Antwort natürlich das Interaktionsengramm, das mit der »fütternden« Interaktionsform verbunden ist, ebenso problematisiert, wie umgekehrt eine »fütternde« Antwort bei einer Aktualisierung der »streichelnden-Windeln-wechselnden« Interaktionsform das ihr zugehörige Interaktionsengramm problematisch werden läßt. Die Frustration der jeweils aktualisierten Interaktionsform führt notwendig zu einer Differenzierung ihres Engramms. Wenn über die Realisierung der entsprechenden Interaktion die angestrebte homöostatische Ausgangslage wieder erreicht werden soll, dann sind zwangsläufig mehr situative Elemente als vorher zu berücksichtigen. Abhängig von der Konstanz und Breite des jeweiligen Interaktionsangebots gewinnen nicht nur die einzelnen Interaktionsengramme, sondern auch die Reizkonfigurationen der Körperengramme, welche durch sie hergestellt werden, eine zunehmende innere Differenzierung.

Es ist legitim anzunehmen, daß auf diesem Entwicklungsstand mit der objektiven Differenzierung der Reizkonfigurationen auch die vegetativen und propriozeptiven Reize zunehmend soweit an Spezifität gewinnen, daß die Empfindungen, zu denen sie führen, subjektiv unterschieden werden können (z. B. Gay u. Gellhorn 1949; Gellhorn u. Hyde 1953; Gellhorn 1964; Mountcastle et al. 1952). In die quantitative Differenz der Prädikatoren wird ein qualitative Differenz eingetragen, welche zu folgendem Zusammenhang zwischen körperlichen Reizen und dem, was sie bedeuten, führt: Prädikator des Bedürfnisses ($[IF \succ A]_{akt}$) sind angestiegene vegetative Empfindungen. Die mit $[IF \succ A]_{ver}$ einhergehende Reizüberflutung mit vegetativen und propriozeptiven Empfindungen wird zum Prädikator des Mißbehagens, die mit $[IF \succ A]_{zer}$ verbundenen ansteigenden propriozeptiven und weiter ansteigenden vegetativen Empfindungen prädizieren die Unlust, die mit $[IF \succ A]_{ent}$ zusammenhängenden, abnehmenden vegetativen, ansteigenden und abnehmenden propriozeptiven Empfindungen prädizieren die Lust, und die zu $\emptyset[IF \succ A]$ gehörenden, abgenommenen vegetativen und propriozeptiven Empfindungen werden zum Prädikator von Wohlbehagen.

Auf der subjektiv verfügbaren Repräsentanzebene werden Verhaltensaspekte des Außen in den Beziehungen Bedürfnis → Lust → Wohlbehagen und Bedürfnis → Unlust → Mißbehagen abgebildet. Diese Art der Repräsentanz der Realität der Außenwelt ist exemplarisch für das noch sprachlose Subjekt. Erkenntnisgegenstand ist nicht das Außen, sondern dessen sog.

»emotive Bedeutung« (Ogden u. Richards 1923, S.233), sein »Wert« oder sein »Bedeutendsein« (Morris 1964, S.VII), das in der Form des unmittelbaren Erlebens erfahren werden kann. Die Außenwelt repräsentiert sich dem Subjekt in den Beziehungen zwischen Affekten, die seine Vorstellung von ihr extensional bestimmen - als Bedürfnisaffekt ist seine Vorstellung der Realität der Außenwelt hier durch die Relation der Beziehungen Lust → Wohlbehagen und Unlust → Mißbehagen bestimmt -, und in den Affekten, die durch die Beziehungen zwischen anderen Affekten extensional bestimmt sind - in der Lust wird die Beziehung Bedürfnis → Wohlbehagen und im Wohlbehagen wird die Beziehung Bedürfnis → Lust erlebt (für die Unlust und das Mißbehagen gilt dies entsprechend). Ein Affektsymbol, in dem die Beziehung zwischen anderen Affekten erlebt wird, symbolisiert einen Verhaltensaspekt des Außen. Diese Verhaltensaspekte sind die Referenten der Konnotate der körperlichen Prädikatoren. Im Erleben des Neugeborenen stellt sich das Außen in einer spezifischen Relation dieser Beziehungen, d. h. der Affekte Lust/Wohlbehagen und Unlust/Mißbehagen dar.

Mit der Trennung von Innen und Außen werden die erlebten Affekte subjektiv zu etwas Innerem. Mit dem Außen kann das Innen als das Identische im Verschiedenen aus den qualitativ differenten Affekten abstrahiert werden, die dieses Merkmal gemeinsam aufweisen. Während das Außen mit dem Auftreten propriozeptiver Reize einhergeht, werden die vegetativen Reize zum Prädikator des Innen. Für das Subjekt existiert dieses Innen aber nicht abstrakt, sondern konkret in den Affekten. Während sich also das Außen im Innern in der Relation seiner beiden Aspekte, der lustvollen und unlustvollen Affekte darstellt, wird das Innen in den Affekten erfahren.

Natürlich wird das Außen vom Neugeborenen auch wahrgenommen, wenn kein Bedürfnis aktualisiert ist. Wolff (1959) hat diesen Zustand als »alert inactivity« beschrieben. In diesem Zustand schläft das Kind nicht und befindet sich nicht unter dem Druck einer Bedürfnisspannung, deren Bewältigung ein Wechselspiel mit der Außenwelt verlangen würde. Gleichwohl sucht es nach Sinnesreizen. Dieser »»Reizhunger«< ist nicht, wie etwa Engel (1962, S.46) meinte, biologisch[34], sondern intentional, d. h. darin begründet, daß sich das Außen in lustvollen und unlustvollen Affekten repräsentiert. Mit der Wahrnehmung des Außen tritt seine Vorstellung ([IF>A]) auf, womit diese beiden Erfahrungen als mögliche aktualisiert werden. Beide Erfahrungen führen zu dem, was man als *Neugier* oder *Interesse* bezeichnen kann. Genauer: Die Beziehung dieser beiden Erfahrungen führt zum Auftreten dieses Interesses. Würde die Außenwelt immer nur zur Lust führen,

---

34 Engel (1962, S.46) ist der Ansicht, »daß das Nervensystem selbst als eine für seine Arbeiten und seine Entwicklung notwendige Bedingung Anregung verlangt und sucht«.

dann hätte das Kind keinen Grund gehabt, die halluzinatorische Form der Befriedigung zu verlassen; würde die Außenwelt nur zu Unlust führen, dann würde sich das Kind von ihr abwenden[35].

Nach den Daten von Emde (1980) wird eine Interesse an der Außenwelt von den Eltern bei Kindern im Alter von 2½ Monaten registriert. Es erwächst aus der Frage, ob das Außen zu Lust oder zu Unlust führt und ist angetrieben vom Bestreben, in der Außenwelt Bedingungen zu finden, die das Auftreten von Unlust verhindern oder doch minimieren. Dieses Interesse tritt auf, wenn die Interaktionsformen nicht aus inneren Gründen, sondern durch die Wahrnehmung aktualisiert werden, d. h. wenn kein Bedürfnis vorhanden ist. Tritt A unter dieser Bedingung auf, dann wird es als Fall von [IF≻A] wahrgenommen, als Außen, auf den sich das Interesse richtet.

Weil sich hier eine Einsicht in das Verhältnis von kausal verursachtem, zielgerichtetem Verhalten und intentional begründetem Handeln, das vom Erleben motiviert ist und sich auf ein bestimmtes Erleben richtet, eröffnet, will ich den Gang der Argumentation kurz unterbrechen. Die Unterscheidung von zielgerichtetem Verhalten und zielintentionalem Handeln geht auf v. Wright (1971) zurück. Zielgerichtetes Verhalten ist biologischer Natur, impliziert kein Bewußtsein und wird von einem Ausgangszustand insofern kausal bewirkt, als der Endzustand den vorausgegangenen als notwendige Bedingung voraussetzt. Diese Bestimmungsmomente charakterisieren das Verhalten des Neugeborenen. Die organismischen Aktivitäten, die es entfaltet, sind kausal angetrieben von der, durch die Geburt gestörten biologischen Homöostase und - wie bei jedem anderen Organismus - funktional darauf angelegt, diese Störung zu beheben. Das Ziel ist durch die Ursache bewirkt, und seine Aktivitäten sind insofern zielgerichtet, als sie die Ursache ihres Entstehens zu beseitigen suchen. Dem zielintentionalen Handeln dagegen ist kein kausaler, sondern ein motivationaler Mechanismus inhärent, der bewußte Vorstellungen der Ausgangslage und des angestrebten Endzustandes voraussetzt. Indem durch die organismischen Aktivitäten in Gestalt von Interaktionsformen die Bedingungen gespeichert werden, die zur Wiederherstellung der körperlichen Homöostase führen, schaffen sie zugleich die Bedingungen für die Bildung von Affektsymbolen und damit die Voraussetzungen für zielintentionales Handeln.

Zunächst ist das zielintentionale Handeln nur die Form, in der das kausal bewirkte zielgerichtete Verhalten subjektiv erscheint. Beide haben noch die gleiche Struktur. So wie es ohne eine gestörte Homöostase ihre Wiederherstellung nicht geben würde, ebenso ist das Bedürfnis subjektiv die notwendige Bedingung der Lust und des Wohlbehagens. Ohne ein Bedürfnis

---

35 Diese Begründung des Interesses deckt sich mit einer Vielzahl wahrnehmungspsychologischer Experimente (z. B. Haaf u. Bell 1967).

könnten beide nicht auftreten. Das Bedürfnis ist aber ebenso die notwendige Bedingung der Unlust und des Mißbehagens, die das Neugeborene somit antreiben, diese notwendige Bedingung zu verändern. Unlust und Mißbehagen sind aber keine Ursache, sondern ein Motiv, das die Absicht begründet, die bisherige Bedingung zu spezifizieren, unter der die kausalen Zusammenhänge wirksam wurden. Die Entwicklungsaktivität, als deren Resultat die Interaktionsform auf ein Außen verweist, ist somit nicht kausal verursacht, sondern intentional begründet. Diese Intentionalität resultiert aus den kausalen Zusammenhängen. Sie sind Bedingung für die Intentionalität. Aber mit der Entwicklung ändert sich dieses Verhältnis von Intentionalität und Kausalität. Von dem Moment an, wo es dem Kind gelingt, die Bedingungen für bestimmte kausale Zusammenhänge selbst herzustellen, wird die Kausalität zur Erscheinungsform seiner Intentionalität. Wie bei jeder Form von intentionalem Handeln hat hier das Kind im Rahmen seiner Möglichkeiten ausgewählt, welche kausalen Zusammenhänge von ihm in Anspruch genommen werden.

5.3 Differenzierung der Außenwelt

Ausgehend von den »frühesten Phasen«, die, wie Fenichel (1946a, S.54) zurecht schreibt, nur »als Wechsel von Erregung und Entspannung aufgefaßt werden« können, und nur in biologischen Kategorien zu beschreiben sind, konstituiert sich mit der Bildung der Affektsymbole das menschliche Individuum als ein intentional handelndes Subjekt, das nun in »bestimmteren und differenzierteren«, in psychologischen »Begriffen dargestellt werden« kann. Verfolgt man die Entwicklung weiter, dann wird - wie vordem das Bedürfnis - nun das Außen sowohl zur notwendigen Bedingung der Lust als auch der Unlust. Deshalb sieht sich das Neugeborene vor die Aufgabe gestellt, dieses Außen zugleich aufrechtzuerhalten und abzuschaffen. Auch diese widersprüchlichen Anforderungen werden durch eine Veränderung des Außen gelöst. In das subjektive Außen wird eine Differenzierung von eigenen und objektabhängigen Aktivitäten eingetragen. Die Veränderung des Außen durch seine subjektive Differenzierung kann man sich in folgender Weise vorstellen: Ist ein Bedürfnis aktualisiert, dann werden bei einer Abwesenheit des bedürfnisbefriedigenden Objekts jene Anteile der aktualisierten Interaktionsform realisiert, die objektunabhängig sind ([IF>S]). Resultat ist eine Teilentaktualisierung der Interaktionsform. Die Realisierung dieses Anteils verzögert den Anstieg der Unlust und zwingt aus diesem Grunde die Aufmerksamkeit des Subjekts auf sich. Weil er sich nicht realisieren ließ, bleibt ihr objektbezogener Anteil bestehen. Im Versuch, einen weiteren Anstieg der Unlust zu vermeiden, regrediert das Kind auf die vorhergegangene Entwicklungsstufe der »halluzinatorischen Wunscherfüllung« und versucht, diesen übrig gebliebenen Anteil seiner Vorstellung, seiner in Wirklichkeit auf ein Außen verweisenden Interaktionsform, selbst als Außen zu lesen. Es versucht, die Bedürfnisspannung wegzuhalluzinieren, indem es das Fehlende, das Lust und Wohlbehagen vermittelt, herbeihalluziniert.

Dieses Herbeihalluzinieren erweist sich natürlich als ein untaugliches Mittel der Bewältigung der Unlust. Es macht aber den Objektanteil der aktualisierten Interaktionsform kenntlich und zeigt dem Kind an, daß der Lustgewinn äußerlicher Aktivitäten bedarf und daß Unlust dann auftritt, wenn diese fehlen. Damit differenziert sich die subjektiv verfügbare Repräsentanzwelt. $[IF \succ A]_{akt}$ gliedert sich in $[IF \succ O]_{akt}$ und $[IF \succ S]_{akt}$. Beide müssen realisiert werden, wenn Lust und Wohlbehagen erreicht werden sollen. Etwa: Ein Bedürfnis ($[IF \succ O]_{akt}$) liegt vor, der Säugling schreit und macht Saugbewegungen ([S]), die Mutter kommt und legt ihn an die Brust ([O]). Entspricht die mütterliche Antwort der objektiv bestimmten Interaktionsform, dann ist eine Entaktualisierung des Selbstanteils ($[IF \succ S]_{ent}$ - der Säugling hört auf zu schreien - die Folge, der über eine lustvolle Entaktualisierung des Objektanteils ($[IF \succ O]_{ent}$ - der Säugling nuckelt an der Brust - in einen Zustand des Wohlbehagens führt ($\varnothing[IF \succ O]$). Wird der Selbstanteil realisiert und bleibt das Objekt abwesend, dann zerbricht sowohl der Selbstanteil ($[IF \succ S]_{zer}$) als auch der in $[IF \succ O]_{akt}$ antizipierte Objektanteil ($[IF \succ O]_{zer}$). Seine Vernichtung ($[IF \succ O]_{ver}$) ist die Folge. Beide Abläufe, in denen neue Affekte entstehen und sich die intensionalen und extensionalen Bestimmungen der bisherigen Affekte verändern, werden in Schema (9) veranschaulicht:

$$[IF \succ O]_{akt}$$
$$\text{Bedürfnis}$$
$$\downarrow$$
$$[IF \succ S]_{akt}$$
$$\text{Handlungsimpuls}$$
$$+$$

$[IF \succ S]_{zer}$	←	[S]	→	$[IF \succ S]_{ent}$
Mißlingen				Gelingen
+				+
$[\varnothing O]$	+	$[IF \succ O]_{akt}$	+	[O]
↓		Bedürfnis		↓
$[IF \succ O]_{ver}$ ← $[IF \succ O]_{zer}$				$[IF \succ O]_{ent}$ → $\varnothing[IF \succ O]$
Kummer Schmerz				Lust Wohlbehagen

Schema 9: Subjektive Repräsentanzwelt bei einer sich in einen Objekt- und Selbstanteil gliedernden Interaktionsform.

Schema (9) ist in folgender Weise zu lesen. Das Bedürfnis aktiviert zuerst in Gestalt eines Handlungsimpulses den Selbstanteil ($[IF{>}S]_{akt}$), in dem die Handlung antizipiert wird. Extensional ist dieser durch die Beziehungen Bedürfnis → Gelingen und Bedürfnis → Mißlingen bestimmt. $[IF{>}S]_{ent}$ wird aus der Beziehung Handlungsimpuls → Lust abstrahiert und zur Intension eines *Affekts des Gelingens*. Dadurch, daß in der *Lust* die Beziehung Bedürfnis → Wohlbehagen erlebt wird, ist diese Lust anders als die vorher erfahrene. Die Beziehung Bedürfnis → Wohlbehagen gibt über die Anwesenheit des Objekts Auskunft, sodaß der Affekt des Gelingens anzeigt, daß es gelungen ist, durch eigene Aktivitäten die Anwesenheit des Objekts zu erreichen. Diese Lust könnte vielleicht mit dem Adjektiv »stolz« versehen werden. Das Nämliche gilt für das *Wohlbehagen*, denn in ihm wird die Beziehung Bedürfnis → Lust erlebt. Korrespondierend zum Affekt des Gelingens wird $[IF{>}S]_{zer}$ aus der Beziehung Handlungsimpuls → Unlust abstrahiert und zur Intension eines *Affekts des Mißlingens*. Da in der Unlust die Beziehung Bedürfnis → Mißbehagen erlebt wird, in der sich die Abwesenheit des Objekts zur Darstellung bringt, informiert dieser Affekt darüber, daß es mißlungen ist, die Anwesenheit des Objekts zu erreichen. Im Erleben des Kindes ist die Handlung durch das Bedürfnis bedingt, und sie führt über den Affekt des Gelingens zur Lust, oder über den des Mißlingens zu einem Affekt, in welchem die Unlust in einer, durch die Bedingungen ihres Entstehens spezifizierten Form erlebt wird. Folgt man jedenfalls den Überlegungen Freuds, dann ist das Bedingungsgefüge, unter dem Unlust hier auftritt, strukturell identisch mit jenem, das er für das Auftreten eines psychischen *Schmerzes* reklamiert. Weil der Säugling »das zeitweilige Vermissen und den dauernden Verlust noch nicht unterscheiden« kann, ist für ihn die »Situation, in der er die Mutter vermißt, [...] infolge seines Mißverständnisses keine Gefahrsituation, sondern eine traumatische [...]« (Freud 1926, S.203). Diese traumatische Situation unterscheidet sich von der der Geburt dadurch, daß »[d]amals [...] kein Objekt vorhanden« war, das aber jetzt für den Säugling existiert, und »[a]uf diese Neuerung ist die Reaktion des Schmerzes zu beziehen«, sodaß gilt: »Der Schmerz ist also die eigentliche Reaktion auf den Objektverlust [...]« (Freud 1926, S.203)[36]. Diese Sachlage liegt hier vor. In der Form des *Schmerzes* wird die Unlust aus der Beziehung Bedürfnis → Mißbehagen abstrahiert, sodaß in diesem Affekt die Abwesenheit des Ob-

---

36 Den Grund sieht Freud (1926, S.203ff.) in analogen Besetzungsvorgängen beim körperlichen Schmerz und beim Objektverlust. Beim körperlichen Schmerz »entsteht eine hohe, narzißtisch zu nennende Besetzung der schmerzenden Körperstelle, die immer mehr zunimmt«, beim Objektverlust »haben wiederholte Befriedigungssituationen das Objekt der Mutter geschaffen, das nun im Falle des Bedürfnisses eine intensive >sehnsüchtig< zu nennende Besetzung erfährt«, und welches nun »die Rolle der vom Reizzuwachs besetzten Körperstelle« spielt.

jekts erfahren wird. Weil das Mißbehagen subjektiv in der Abwesenheit des Objekts gründet, verändert es sich ebenfalls qualitativ. Dieses Mißbehagen ist extensional durch die Beziehung Bedürfnis → Schmerz bestimmt und könnte als *Kummer* gelesen werden. Das *Bedürfnis* verweist nun auf die Anwesenheit oder Abwesenheit des Objekts ([O] bzw. [⌀O]), wird aus den Beziehungen Lust → Wohlbehagen bzw. Schmerz → Kummer abstrahiert, und das Objekt stellt sich subjektiv in der Relation dieser Abläufe dar. Die Beziehung zwischen den eigenen und den Aktivitäten des Objekts repräsentiert sich in der Relation der Abläufe Handlungsimpuls → Gelingen → Lust → Wohlbehagen und Handlungsimpuls → Mißlingen → Schmerz → Kummer.

Diese Darstellung ist allerdings unvollständig. Da die Abwesenheit von Schmerz und der Affekt des Gelingens subjektiv an die Anwesenheit des Objekts gebunden sind, wird der Säugling einmal versuchen, beim Auftreten des Affekts des Mißlingens, welcher den drohenden Schmerz signalisiert, in verstärkter Realisierung des Selbstanteils die Anwesenheit des Objekts doch noch zu erreichen. Im Versuch, den Schmerz zu verhindern, wird der Säugling etwa in verstärktem Maße schreien ([S↑]). Durch diese verstärkte Aktivität wird das weitere Zerbrechen von [IF≻S]$_{zer}$ (und [IF≻O]$_{zer}$) - und damit eine Steigerung des Schmerzes - verhindert. Sie zwingt die Aufmerksamkeit des Säuglings auf sich und wird als [IF≻S↑] repräsentiert. Kommt das Objekt, dann wird [IF≻S↑]$_{akt}$ und die vom Zerbrechen bedrohte [IF≻O]$_{akt}$ entaktualisiert. Wird durch die verstärkte Aktivität die Anwesenheit des Objekts nicht erreicht, dann zerbrechen sowohl [IF≻S↑]$_{akt}$ als auch [IF≻O]$_{akt}$. In beiden Abläufen, die in Schema (9a) dargestellt sind, entstehen abermals neue Affekte.

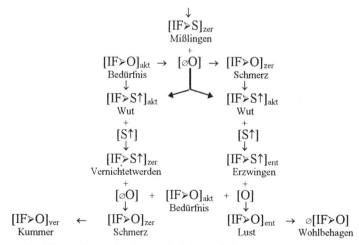

Schema 9a: Verstärkung der Eigenaktivitäten bei momentaner und konstanter Abwesenheit des Objektanteils.

Die verstärkte Handlung ist als Vorstellung ($[IF \succ S\uparrow]_{akt}$) repräsentiert. Extensional ist diese Vorstellung durch die Beziehungen (drohender) Schmerz → Erzwingen bzw. Schmerz → Vernichtetwerden bestimmt und kann als intensionale Bestimmung eines *Wut- oder Ärgeraffekts* begriffen werden. In dieser Wut erlebt das Neugeborene seine verstärkte Aktivität als eine, welche mittelbar durch Mißlingen und unmittelbar durch den drohenden Schmerz hervorgerufen wird und zu den Affekten des Erzwingens bzw. Vernichtetwerdens führen kann. Seinen Aktivitäten lassen sich als eine *aggressiven Handlung* interpretieren. $[IF \succ S\uparrow]_{ent}$ wird zur Intension eines *Affekts des Erzwingens*, der extensional durch die Beziehung Wut → Lust bestimmt ist, und $[IF \succ S\uparrow]_{zer}$ wird zur Intension des *Affekts des Vernichtetwerdens*, in dem die Beziehung Wut → Schmerz erfahren wird. Damit verändern sich die extensionalen Bestimmungen des Mißlingens und der Vorstellung der Objektwelt. Im Mißlingen wird die Beziehung Handlungsimpuls → Schmerz → Wut erfahren und zum Erleben der Beziehung von eigenen und den Aktivitäten des Objekts kommt noch die Beziehungen der Affekte Mißlingen → Wut → Erzwingen → Lust und Mißlingen → Wut → Vernichtetwerden → Schmerz hinzu.

Mit dem Auftreten neuer Affekte gewinnen die Affekte, die bisher vorhanden waren, eine andere Qualität. In jedem Affekt werden dabei die Beziehungen zwischen seinen Bedingungen und seinen Folgen erlebt, wobei die Folgen des einen zu den Bedingungen des nachfolgenden werden. Folge des Bedürfnisses ist ein Handlungsimpuls, dessen Folge ist Handeln, Folge davon sind die Affekte des Gelingens oder des Mißlingens, ihre Folge (und Bedingung) ist entweder die Anwesenheit oder Abwesenheit des Objekts, die Folgen von dessen Anwesenheit und Abwesenheit wiederum sind Lust bzw. Schmerz, aus denen Wohlbehagen bzw. Kummer folgt.

Die Aufdifferenzierung der Außenwelt in einen Selbst- und in einen Objektanteil führt natürlich noch nicht zu einer subjektiven Objektwelt im Sinne distinkter und voneinander abgrenzbarer Objekte. Auf der Ebene der Wahrnehmung bedeutet diese Differenzierung, daß die vormals unstrukturierten Wahrnehmungsperzepte subjektiv eine Struktur gewinnen[37]. Mit die-

---

37 Von Spitz (1954, S.25) wurde dies unter dem Titel der Entwicklung der »Vorstufe des Objekts« beschrieben. Worauf der Säugling reagiert, ist eine spezifische Reizkonfiguration, eine »bevorzugte Gestalt«, die »sich aus Stirn, Nase und Augenpartie zusammen[setzt], die sich in Bewegung befinden«, und »nicht das Gesamt des menschlichen Gesichtes« (Spitz 1954, S.26). Spitz (1954, S.24) nimmt an, daß sich diese Gestalt im Säugling verfestigt, weil jede »Befriedigung eines Bedürfnisses [...] mit der Darbietung des menschlichen Gesichtes verknüpft« ist. Objektiv ist diese Gestalt »ein Teil des mütterlichen Gesichts« und »leitet sich von ihm ab«, bleibt aber zunächst nicht auf das mütterliche Gesicht beschränkt. Die Reaktion des Säuglings auf sie wird generalisiert. Experimentell zeigt sich diese Generalisierung der Augen-Nasen-Konfiguration im sog. »Dreimonats-

ser Differenzierungsprozeß auf der Ebene der Repräsentanzen geht eine weitere Differenzierung der Empfindungen einher, die aus den Körperprozessen resultieren. Es läßt sich beim gegenwärtigen Kenntnisstand nicht sicher entscheiden, auf welcher Grundlage diese Differenzierung erfolgt. Die Annahme, daß diese Differenzierung in einer qualitativen Besonderung der vegetativen (und propriozeptiven) Empfindungen gründet, stünde aber nicht nur in Widerspruch zur gegenwärtigen Befundlage. Sie würde auch Morgan's (1894, S.53) »principle of parsimony« widersprechen[38]. Ich ziehe es deshalb vor, anzunehmen, daß im Vergleich zum vorhergehenden Entwicklungsstand nur die Intensität der vegetativen und propriozeptiven Reize differenzierter wahrgenommen wird. Diese Annahme impliziert in der Tat eine geringere psychische Fähigkeit als die einer qualitativen Differenzierung vegetativer Impulse. D. h., daß eine objektiv unterschiedliche Intensität der vegetativen und propriozeptiven Impulse auch subjektiv differenzierter wahrgenommen und registriert wird. Trifft diese Annahme zu, dann wird das Bedürfnis, die Vorstellung der Objektwelt, durch angestiegene vegetative Impulse prädiziert, der Handlungsimpuls, die Vorstellung des Selbstanteils, durch noch weiter angestiegene vegetative Reize. Bei der Wut haben die vegetativen Reize noch an Intensität zugenommen, und darüber hinaus liegen noch propriozeptive Impulse vor, die durch die Ausdrucksbewegungen hervorgerufen werden. Beim Gelingen liegen die beim Handlungsimpuls angestiegenen vegetativen Reize vor, zu denen ein Anstieg mit nachfolgendem Abfall der propriozeptiven Impulse hinzukommt, beim Erzwingen geht eine Abnahme der bei der Wut angestiegenen vegetativen Impulse mit einer weiteren Zu- und dann Abnahme der propriozeptiven Reize einher, beim Mißlingen gewinnen die vegetativen Reize an Intensität und die propriozeptiven Impulse bleiben bestehen. Im Schmerz steigt die Intensität der vegetativen Reize noch weiter an und auch die Intensität der propriozeptiven Impulse nimmt zu, und beim Kummer liegt eine Überflutung mit vegetativen und propriozeptiven Reizen vor. Die Lust wiederum geht mit einer Abnahme der

---

Lächeln«. Es wird durch die Gesichter verschiedener Erwachsener ausgelöst, sofern sie ihr Gesicht dem Säugling frontal zuwenden und er beide Augen des Partners sehen kann, und selbst »eine Maske aus Papiermaschee« kann dieses Lächeln auslösen (Spitz 1954, S.28).

38 Das »principle of parsimony« liegt auch der Annahme zugrunde, die auf dem vorgängigen Entwicklungsstand eine qualitative differente Empfindung der vegetativen und propriozeptiven Reize postuliert. Weil sich mit der Trennung von Innen und Außen die intensionale Bestimmung der Affekte ändert und sie im Vergleich mit der halluzinatorischen Wunscherfüllung eine andere Erlebnisqualität gewinnen, setzt dies voraus, daß auch ihrer Prädikatoren subjektiv von denjenigen unterschieden werden können, die bei einer halluzinatorischen Wunscherfüllung vorlagen. Die Differenz der Prädikatoren kann nicht mehr nur durch bloße Intensitätsdifferenzen begründet werden.

angestiegenen vegetativen und einer Zu- und Abnahme der propriozeptiven Reize einher. Beim Wohlbehagen liegen noch vegetative Reize vor, deren Intensität aber geringer ist als die, welche das Bedürfnis prädiziert.

In Polarität zur Abstraktion der Objektwelt läßt sich aus dem »Innen«, das unter dem Prädikator »vegetative Reize« firmiert, und dem »äussren« Selbstanteil, der durch vegetative und propriozeptive Reize prädiziert wird, das Selbst als das Identische im Verschiedenen abstrahieren und im Prädikator »vegetative Reize«, der vormals das »Innen« prädizierte, »aufs Gefühl« bringen. Treten mit Vorstellungen vegetative Impulse auf, dann liegen sie im Inneren des Subjekts, kommen proprizeptive Impulse hinzu, dann handelt das Subjekt. Das Allgemeine und Identische, das Selbst, existiert wie vordem das Innen nicht abstrakt, sondern konkret in den Affekten. Die Affekte werden vom Kind als ihm zugehörige und der äußere Selbstanteil wie die Objektwelt werden wiederum in der Beziehung bestimmter, jedoch qualitativ verschiedener Affekte erlebt.

Daß es sich bei den Affekten des Gelingens, Mißlingens, Erzwingens, Vernichtetwerdens und des Schmerzes um Prozeßaffekte, und bei den Affekten des Bedürfnisses, der Wut, des Kummers, des Wohlbehagens und des Interesses um Zustandsaffekte handelt, bedarf keiner besonderen Erwähnung mehr. Zu erwähnen ist aber, daß die Differenzierung des Außen zu einer Differenzierung des Interesses für die Außenwelt in das *Interesse für die Objektwelt* und *für den Selbstanteil* führt. Die Objektwelt wird gesucht, weil sie lustvolle Entspannung garantiert, das Interesse für den Selbstanteil gründet in der Erfahrung, daß durch eigene Aktivitäten unlustvolle Spannungszustände nicht vermieden werden können. Es ist angetrieben vom Ziel, deren Effizienz zu verbessern. Dieses Interesse tritt auf, wenn kein Bedürfnis vorliegt.

Mit der Bildung dieses subjektiv strukturierten exterozeptiven Reizkomplexes entwickelt sich ein weiteres Zustandsgefühl, nämlich der Affekt der *Angst* vor der Abwesenheit des Objekts, genauer: der Objektwelt. Sroufe (zit. n. Izard u. Büchler, 1979, S.454) lokalisiert den Zeitpunkt, um den eine Ängstlichkeit erstmals auftritt, um 3 - 4½ Monate. Spitz (1954, S.50) beschreibt den Sachverhalt so: Nach

»dem dritten Lebensmonat äußert das Kind Unlust, wenn der menschliche Partner es verläßt. Aber genau so, wie das Kind nur dem menschlichen Gesicht zulächelt, während ihm Dinge gleichgültig sind, zeigt es zu diesem Zeitpunkt auch keine Unlust, wenn ihm ein Spielzeug weggenommen wird. Nur wenn sein menschlicher Partner es verläßt, beginnt es zu weinen«.

Obwohl Spitz (1954, S.50ff.) ausdrücklich bestreitet, daß man auf dieser Entwicklungsstufe schon von »Angst im eigentlichen Sinne« reden kann, muß gleichwohl angenommen werden, daß das Kind keine Unlust, sondern

Angst erlebt und äußert. Im dargelegten Kontext entwickelt sich diese Angst aus folgendem Bedingungsgefüge. Das Erleben von Angst setzt Information sowohl der inneren Gefahr, dem »Anwachsen der Erledigung heischenden Reizgrößen« (Freud 1926, S.159), wie der Bedingungen voraus, unter denen die innere Gefahr eintreten kann. Freud (1926, S.203) stellt das Bedingungsgefüge der Angst so dar:

»Die Situation, in der er [der Säugling] die Mutter vermißt, [...] ist eine traumatische, oder richtiger, sie ist eine traumatische, wenn er in diesem Moment ein Bedürfnis verspürt, das die Mutter befriedigen soll; sie wandelt sich zur Gefahrsituation, wenn dieses Bedürfnis nicht aktuell ist«.

Freud nimmt damit auf die erste Gefahrensituation Bezug, in der Säugling Angst erleben kann, Angst vor dem Objektverlust. Die Freudsche Formulierung ist eine objektivistische, denn die im Zitat angesprochene »Mutter« wird vom Säugling nicht als bestimmtes, sondern als allgemeines Objekt, als Objektwelt erlebt. Im eigenen Erleben kommt der Säugling in eine traumatische Lage, wenn bei einem Bedürfnis, einer aktualisierten Interaktionsform, die antizipierte Wahrnehmung des Objekts ausbleibt, denn:

»Die erste Angstbedingung, die das Ich [der Säugling] selbst einführt, ist [...] die des Wahrnehmungsverlustes, die der des Objektverlustes gleichgestellt wird« (Freud 1926, S.203). Der Verlust der Wahrnehmung der spezifischen Reizkonfiguration ist gleichbedeutend mit dem Verlust der Objektwelt. Die traumatische Situation, in der die Person, welche die Objektwelt vertritt, bei einem aktualisierten Bedürfnis abwesend war, hat der Säugling bereits erfahren. Sie war ihm Anlaß, sein bisheriges Befriedigungskriterium zu suspendieren. Durch diese Erfahrung wird für ihn die Abwesenheit des äußeren und spezifischen, objektgebundenen Reizkomplexes zu einer potentiellen Gefahr. In Freuds (1926, S.168) Worten:

»Mit der Erfahrung, daß ein äußeres, durch Wahrnehmung erfaßbares Objekt der an die Geburt mahnenden gefährlichen Situation ein Ende machen kann, verschiebt sich nun der Inhalt der Gefahr von der ökonomischen Situation auf seine Bedingung, den Objektverlust. Das Vermissen der Mutter wird nun die Gefahr, bei deren Eintritt der Säugling das Angstsignal gibt, noch ehe die gefürchtete ökonomische Situation [das Anwachsen der Bedürfnisspannung] eingetreten ist«.

Dies macht die Abwesenheit des Objekts zu einer »Gefahr der Gefahr« (Schur 1955, S.344)[39]. Angst erwächst aus der Erfahrung der Folgen, die bei

---

39 Für den Säugling läßt »[d]ie Abwesenheit der Mutter [...] eventuell auftretenden Hunger zu einer Gefahr werden, ist aber für sich genommen noch keine unmittelbare, sondern nur eine potentielle Gefahr, sozusagen die Gefahr einer Gefahr; erst wenn das Kind in so einer Situation wirklich Hunger bekommt, droht eine reale Gefahr, nämlich die einer traumatischen Situation. Trotzdem wird der Säugling auch auf die potentielle Gefahr, also auf die Abwesenheit der Mutter, so rea-

einem vorhandenen Bedürfnis auftreten, wenn das Objekt - subjektiv die Objektwelt - nicht vorhanden ist.

Diese Voraussetzungen liegen mit der Differenzierung des Außen in einen Selbstanteil und eine Objektwelt vor. Im kindlichen Subjekt finden sich nun drei Arten von Vorstellungen: Eine Vorstellung verweist auf den Selbstanteil, eine andere auf den Objektanteil und eine dritte auf eine Außenwelt ([IF≻A]), in der die Objektwelt fehlt. Die extensionalen Bestimmungen von [IF≻A] sind diejenigen, durch welche die Vorstellung der Objektwelt bestimmt ist, wenn das Objekt ausbleibt. Die Wahrnehmung des Außen aktualisiert die Abfolge Schmerz → Wut → Vernichtetwerden → Schmerz → Kummer, die unter dieser Bedingung der Möglichkeit nach beim Vorliegen eines Bedürfnis entstehen können. Diese unlustvollen Abläufe können durch die Vorstellung der Außenwelt ([IF≻A]) als abhängig von der Außenwelt antizipiert werden. [IF≻A] ist somit als intensionale Bestimmung der Angst anzusehen. Sie tritt auf, wenn die Außenwelt, wenn. das Fehlen der Objektwelt wahrgenommen wird. Während der »Schmerz [...] die eigentliche Reaktion auf den Objektverlust« ist, ist »die Angst«, wie es in Fortführung des Freud-Zitats (1926, S.203f.) heißt, »die auf die Gefahr, welche dieser Verlust mit sich bringt, [...] auf die Gefahr des Objektverlustes [...]«. Prädikator dieser Angst, die unter dieser Bedingung auftritt, ist ein Anstieg vegetativer und propriozeptiver Impulse, die sich den Ausdrucksbewegungen verdanken, und die sich in ihrer Intensität von denen unterscheiden, die bei der Wut auftreten. Gespeichert als »autonomes Imagery« ist dieser Anstieg eine Zeichengestalt, welche die Intension der Angst - das Fehlen der Objektwelt - bedeutet. Mit der Wahrnehmung der Außenwelt gewinnen sie den Status eines Zeichenexemplares.

Mit dem Erleben von Angst wird vermutlich ein weiteres Zustandsgefühl, nämlich das Erleben von *Freude* möglich. Im alltäglichen Sprachgebrauch wird Freude fast immer auf Situationen angewandt, in denen auch das Gegenteil von dem hätte eintreten können, was gewünscht wurde und was eingetreten ist. Etwa: Ich freue mich, daß die Wahrheit gesiegt hat, daß Du mich besuchst, daß Du den Unfall überlebt hast, daß ich das Examen bestanden habe, daß ich das und das geschafft habe, etc. Freude bezeichnet einen Zustand, der erlebt wird, wenn etwas Gewünschtes eingetreten und etwas Befürchtetes nicht eingetreten ist oder nicht mehr eintreten kann. Wenn Freude, wie es scheint, nicht nur ein Überraschungsmoment enthält, sondern erlebt wird, wenn die Angstbedingungen - die Bedingungen, unter denen das Befürchtete eintreten, d. h. Unlust erlebt werden könnte - supendiert sind, weil das Gewünschte eingetreten ist, dann müßte das heranwach-

---

gieren, als stelle diese für sich genommen schon eine reale Gefahr oder gar eine traumatische Situation dar« (Schur 1955, S.344).

sende Kind Freude erleben, wenn es die Objektwelt wahrnimmt. Aus seiner Sicht ist damit seine Angstbedingung, die Abwesenheit der Objektwelt, ausser Kraft gesetzt. Das Entscheidende ist ein Wandel der Außen- in die Objektwelt, ein Wandel, der in der Vorstellung [IF≻A→O] antizipiert werden kann. Tritt dieser Wandel ein, dann wandelt sich das mit der Wahrnehmung des Außen befürchtete Auftreten unlustvoller Affekte in ein mögliches Auftreten von Lust und Wohlbehagen bei der Aktualisierung eines Bedürfnisses. [IF≻A→O] ist als Intension der Freude anzusehen, die bei gleichbleibendem propriozeptivem Input durch eine Abnahme der bei der Angst angestiegenen vegetativen Reize prädiziert wird. Diese Abnahme bedeutet, daß die Objektwelt nicht mehr abwesend, sondern anwesend ist.

Die Freude wäre wie die Angst als ein Signalaffekt anzusehen, der darüber informiert, daß unlustvolle Affekte, welche durch die Angst signalisiert werden, nicht mehr drohen. Nimmt man das »Dreimonatslächeln« als Ausdruck für das Erleben von Freude, dann ist davon auszugehen, daß dieser Signalaffekt nach neueren Untersuchungen bereits etwa um den 2-3 Monat erlebt werden kann (Emde u. Harmon 1972; Izard u. Büchler 1979, S.454; Emde 1980, weit. Lit. s. Dornes 1993, S.116f.). Über das erste Auftreten von Kummer/Traurigkeit und von Schmerz und Wut/Ärger finden sich in der Literatur folgende Angaben: Der Gesichtsausdruck des Kummers findet sich nach Izard u. Dougherty (1982) bereits im ersten Monat, nach Malatesta u. Haviland (1982) und Gaensbauer (1982) im dritten, nach Sullivan u. Lewis (1989) im vierten Monat und nach Sroufe (weariness) (zit. n. Izard u. Büchler, 1979, S.454) mit 4½ Monaten. Izard et al. (1983; 1987) haben das Auftreten von Schmerz und Ärger während Impfungen untersucht. Sie stellten fest, daß der Ausdruck von Ärger oder Wut frühestens mit zwei Monaten auftritt und mit sechs Monaten deutlich zunimmt. Vor zwei Monaten gab es nur Schmerzreaktionen. Malatesta (1985) beobachtete den Ausdruck von Ärger bei drei Monate alten Kindern, wenn die Mutter nach einer kurzen Trennung das Kind nicht hoch nahm. Ebenso stellte Gaensbauer (1982) bei Kindern im Alter von 3½ Monaten den Ausdruck von Ärger fest. Sternberg et al. (1983) wiederum fanden, daß der Ausdruck von Ärger erst bei sieben Monate alten Kindern zuverlässig in bestimmten Situationen (dem Wegnehmen eines Biskuits) auftritt. Dornes (1993, S.120) schließt aus den vorliegenden Untersuchungen, daß Kummer und Ärger vermutlich mit drei bis vier Monaten auftreten. Mit 3½ Monaten können Säuglinge ferner bestimmte Äußerungen wie Schreien instrumentell einsetzen und die Lautstärke regulieren, je nach dem, ob jemand kommt oder nicht (Malatesta u. Haviland 1982, 1985), und ab 3 Monaten kann die Mutter visuell von Fremden unterschieden werden (Barrera u. Maurer 1981).

5.4 Differenzierung des Selbst und der Objektwelt

In Form von Affekten liegen nun folgende Gefühle vor: Bedürfnis, Gelingen, Mißlingen, Wut, Vernichtetwerden, Lust, Schmerz, Wohlbehagen, Kummer, Angst und Freude. Da unlustvolle Affekte auch auf diesem Entwicklungsstand nicht vermieden werden können, sieht sich das Neugeborene erneut vor die Aufgabe gestellt, die Bedingungen, unter denen aus seiner Sicht unlustvolle Affekte auftreten, zu suspendieren. Wie auf der Ebene der »halluzinatorischen Wunscherfüllung« wird es auch hier zuerst versuchen, das Auftreten dieser Affekte zu verhindern, bzw. zumindest ihre Intensität dadurch zu mindern, daß es das Fehlende selbst herstellt. Eine Regression auf diese Entwicklungsstufe scheidet aus, weil sich das bloße »Herbeihalluzinieren« des Fehlenden bereits als untauglich erwiesen hat, unlustvolle Affekte zu verhindern. Aufgrund seiner bisherigen Entwicklung ist dem Kind aber eine andere und praktische Lösung möglich. Ist etwa die objektiv bestimmte Interaktionsform »Nuckeln an der Mutterbrust« aktualisiert, wird das Kind schreien und bei Abwesenheit der Mutter Saugbewegungen durchführen. Findet es einen Gegenstand, an dem sich Saugen läßt - etwa den Daumen oder die Bettdecke -, dann sistiert das Schreien und nach einiger Zeit hören die Saugbewegungen auf. D. h., daß durch diese Aktivität jener, subjektiv der Objektwelt, aber objektiv der eigenen Person angehörende Teil der Interaktionsform entaktualisiert wird, und ein anderer, objektiv dem Objekt zugehörender Teil aber aktualisiert bleibt, der dadurch subjektiv kenntlich wird. Dieser Teil bleibt aktualisiert, weil das Nuckeln am Daumen nicht mit den sensorischen Reizen einhergeht, die mit dem Nuckeln an der Mutterbrust verbunden und in der Interaktionsform gespeichert sind.

Resultat dieser Aktivität ist eine weitere Differenzierung von $[IF \succ O]$. Aus der Objektwelt gliedert sich ein weiterer Selbstanteil heraus, den man als »Triebvollzugshandlung« ($[S_T]$) bezeichnen kann - bspw. das »Nuckeln« -, wodurch sich $[S]$ in $[S_I]$, in instrumentelle Handlungen[40], und in $[S_T]$, in Triebvollzugshandlungen, differenziert. Diese Triebvollzugshandlungen ziehen die Aufmerksamkeit des Subjekts auf sich und werden abstrahiert, weil ihre Realisierung beim Ausbleiben der mütterlichen Antwort die Bedürfnisspannung in der Schwebe hält. Das gleiche gilt für den Teil der Außenwelt ($[A]$), an dem die Triebvollzugshandlung realisiert wird. Seine Wahrnehmung wird als Bedingung für die Realisierung der Triebvollzugshandlung abstrahiert und registriert. Fehlt nun bei einer aktualisierten Inter-

---

40 Der Begriff der »Instrumentalhandlung« stammt vermutlich von Rapaport (1959, S.33). Hartmann (1964, S.13) definiert das (psychoanalytische) »Ich« ebenfalls ausschließlich durch seine Funktionen: Das Ich ist »ein Teilgebiet der Persönlichkeit und durch seine Funktionen bestimmt« (s. Zepf 1985a, S.64f.).

aktionsform die Objektwelt, dann tritt ein Ablauf ein, in dem sich folgende
Affekte bilden (Schema 10):

$$[IF \succ S_T\text{-}O]_{akt}$$
Bedürfnis I
$$\downarrow$$
$$[IF \succ S_I]_{akt}$$
Handlungsimpuls
$$+$$
$$[S_I]$$
$$\downarrow$$
$$[IF \succ S_T]_{\varnothing ent}$$
Versagen
$$+$$

$[IF \succ S_T\text{-}O]_{akt}$ + $[\varnothing O]$ → $[IF \succ A]_{akt}$ → $[IF \succ S_T\text{-}O]_{zer}$
Bedürfnis I)   Angst   Schmerz
$$\downarrow$$
$$[IF \succ S_T\text{-}A]_{akt}$$
Bedürfnis II
$$+$$
$$[S_I]$$
$$\downarrow$$
$$[IF \succ S_I]_{ent}$$
Gelingen
$$+$$

$[IF \succ S_T\text{-}A]_{akt}$ + $[A]$ → $IF \succ S_T\text{-}A]_{ent}$ → $\varnothing[IF \succ S_T\text{-}A][IF \succ O]_{akt}$
Bedürfnis II   Lust   Wohlbehagen
                                                          Kein Schmerz

Schema 10: Kindliche Aktivitäten bei Ausbleiben der Befriedigung.

Der Ablauf beginnt mit einem I. Bedürfnis, das zu einem Handlungsimpuls mit nachfolgender Handlung führt. Resultat ist der *Affekt des Versagens,* in dem sich die Beziehung zwischen Handlungsimpuls und Angst darstellt. Ihm folgt eine *Angst*, die extensional durch die Beziehung Bedürfnis → Schmerz bestimmt ist. Sie resultiert aus dem Versagen. In ihr wird erlebt, daß es mit den eigenen Aktivitäten nicht gelungen ist, die Anwesenheit des befriedigenden Objekts zu erreichen. Die Angst aktiviert ein II. Bedürfnis, ein Bedürfnis nach der Außenwelt, an der sich die Triebvollzugshandlung realisieren läßt. Wird diese Außenwelt gefunden, dann stellt sich der *Affekt des Gelingens* ein, in dem die Beziehung zwischen Angst und Lust erlebt wird. In der nachfolgenden *Lust* wiederum wird die Beziehung zwischen dem II. Bedürfnis und einem Zustand erlebt, in dem der in der Angst antizipierte Schmerz verschwunden, das Objekt aber, auf das sich das ursprüngliche Bedürfnis (I) richtete, gleichwohl noch in der Vorstellung präsent ist. Die Lust, die erlebt wird, unterscheidet sich damit von jener, die bei einer Bedürfnisbefriedigung erfahren wird. Sie wird aus der Angst geboren und endet auch in einem Wohlbehagen, das aber anders ist als jenes, das einer lustvollen Triebbefriedigung folgt. Dieser Zustand des Wohlbehagens ist im wesentlichen negativ, d. h. durch *Abwesenheit von Schmerz* bestimmt.

Auf diese besondere Lust nimmt Freud (1920, S.13f.) in der bereits zitierten Garnrollen-Episode Bezug, in der Freuds Enkel in Abwesenheit seiner Mutter ihr Weggehen und Wiederkommen mit einer, an einem Bindfaden befestigten Garnrolle durchspielt. Weil er dadurch die Angst, die durch das Verschwinden der Mutter bewirkt wurde, nun selbst bewältigt, ist »mit dieser Wiederholung ein *andersartiger*, aber direkter Lustgewinn verbunden«, ein Lustgewinn, den Freud »*andersartig*« nennt, weil sie von demjenigen zu unterscheiden ist, der bei Triebbefriedigungen empfunden wird. Unter dem Titel »»Funktionslust«« fand diese andersartige Lust mit folgenden Charakteristika Eingang in die psychoanalytische Neurosenlehre:

»Sobald das Kind entdeckt, daß es jetzt in der Lage ist, eine Situation ohne Angst zu bewältigen, von der es zuvor mit Angst überwältigt worden wäre, empfindet es eine bestimmte Art von Lust«, eine »Funktionslust«, die »nicht [in] der Befriedigung eines bestimmten Triebbedürfnisses«,

sondern in der Erfahrung gründet, daß sich das Kind fähig erlebt, seine Angst selbständig zu bewältigen (Fenichel 1946a, S.70). Der Affekt des Gelingens bezieht sich mithin darauf, daß es gelungen ist, die Bedingungen für diese Funktionslust, d. h. für eine Minimierung des Schmerzes selbst herzustellen.

Die Differenzierung der Objektwelt ist auch hier das Resultat einer in sich widersprüchlichen Interessenlage. Der Objektanteil der Interaktionsform war Bedingung des Schmerzes und mußte abgeschafft werden. Zugleich war er auch Bedingung der Lust, sodaß andererseits an seiner Existenz festgehalten werden mußte. Dieser Widerspruch wurde gelöst, indem die bestehende Repräsentanz des Objekts durch eine weitere Differenzierung subjektiv abgeschafft und zugleich in Gestalt einer veränderten Repräsentanz aufrechterhalten wurde. Nun macht das Kind aber auch die Erfahrung, daß das Objekt mit ihm interagiert und es trotzdem nicht Lust erfährt - etwa dann, wenn die Mutter das Kind aus dem Bettchen nimmt und es statt an ihre Brust zu legen - dies würde der aktualisierten Interaktionsform entsprechen - auf die Kommode legt und wickelt. Zugleich erfährt das Kind zu anderen Zeiten, daß es von der Mutter aus dem Bettchen und an die Mutterbrust gelegt wird, wie es der antizipierten Interaktionsform entspricht. Diese Erfahrungen führen zu einer weiteren Differenzierung der Objektwelt. Wie das Selbst, gliedert sich auch die Objektwelt in instrumentelle ($[IF \succ O_I]$) und triebbefriedigende Aktivitäten ($[IF \succ O_T]$) auf, und das Bedürfnis ändert sich in $[IF \succ S_T - O_T]$.

Damit verändern sich die extensionalen Bestimmungen des Selbst und der Objektwelt. Subjektiv ist das Selbst extensional durch eine innere, vorstellungsmäßige, eine äußere handlungsbezogene, sich in instrumentelle und Triebvollzugshandlungen differenzierende Seite bestimmt, und die Objektwelt gliedert sich in instrumentelle und triebbefriedigende Aktivitäten. Folgende, in Lust und Wohlbehagen bzw. in Schmerz und Kummer einmündende Abläufe werden damit möglich:

1. Das Kind ist instrumentell aktiv und die Mutter befriedigt das aktualisierte Bedürfnis unmittelbar. Etwa: Der Säugling befindet sich auf dem Schoß der Mutter und das Bedürfnis nach »Nuckeln« ist aktualisiert. Der Säugling schreit [S_I] und die Mutter gibt ihm die Brust in den Mund [O_T]. Die in diesen Ablauf auftretenden Affekte faßt Schema (11):

$$[IF \succ S_T\text{-}O_T]_{akt}$$
$$\text{Bedürfnis}$$
$$\downarrow$$
$$[IF \succ S_I]_{akt}$$
$$\text{Handlungsimpuls}$$
$$+$$
$$[S_I]$$
$$\downarrow$$
$$[IF \succ S_I]_{ent}$$
$$\text{Gelingen}$$
$$+$$

$[IF \succ S_T\text{-}O_T]_{akt}$ + $[O_T] \rightarrow [IF \succ S_T\text{-}O_T]_{ent} \rightarrow \varnothing[IF \succ S_T\text{-}O_T]$
Bedürfnis   Lust   Wohlbehagen

Schema 11: Instrumentelle Aktivität des Kindes und Triebbefriedigung.

Schema (11) besagt, daß das Bedürfnis in Form eines Handlungsimpulses den instrumentellen Selbstanteil aktiviert. Wird dieser realisiert, dann resultiert ein *Affekt des Gelingens*, in dem - wie bereits in den Schemata dargestellt - der Prozeß erlebt wird, in dem es gelingt, die Bedingungen für eine lustvolle Triebbefriedigung selbst herzustellen. *Lust* und *Wohlbehagen* werden als abhängig von der Anwesenheit der Objektwelt und damit vom Gelingen erlebt. Das Bedürfnis richtet sich auf die befriedigenden Aktivitäten des Objekts, und der Handlungsimpuls verweist auf die Affekte Gelingen, Lust und Wohlbehagen. Er geht somit mit der *Überzeugung einher, daß es gelingen wird, die Bedingungen für Lust und Wohlbehagen selbst herzustellen.*

2. Das Kind und die Mutter sind instrumentell aktiv, worauf die Mutter das aktualisierte Bedürfnis befriedigt. Etwa: Das Bedürfnis nach »Nuckeln« ist aktualisiert, das Kind schreit [S_I]. Die Mutter kommt nach einiger Zeit, befriedigt aber das Bedürfnis nicht unmittelbar, sondern nimmt das Kind aus dem Bettchen auf ihren Schoß [O_I] und gibt ihm dann die Brust [O_T]. Diesen Ablauf faßt Schema (12), das mit der Handlung beginnt:

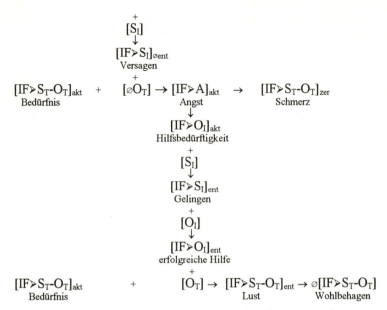

Schema 12: Instrumentelle Aktivitäten von Kind und Mutter und Triebbefriedigung.

Weil das triebbefriedigende Objekt abwesend bleibt ($\varnothing O_T$]), führt die Handlung nicht zu einer Entaktualisierung des Handlungsimpulses. [IF≻S_I]$_{\varnothing ent}$ wird zur Intension des *Affekts des Versagens*, der extensional durch die Beziehung zwischen Handlungsimpuls und Angst bestimmt ist. Er gründet in der Abwesenheit der befriedigenden Objektwelt, die sich in seiner extensionalen Bestimmung darstellt. Erlebt wird in diesem Affekt, daß es nicht gelingt, die Bedingungen für eine lustvolle Befriedigung selbst herzustellen. Er führt zu einer Angst, in der die Beziehung zwischen Bedürfnis und Schmerz erlebt wird, und welche die Vorstellung der instrumentellen Aktivitäten der Objektwelt nach sich zieht. Diese Vorstellung wird zur Intension eines Affekts der *Hilfsbedürftigkeit*, dessen Extension in der Beziehung von Angst und Gelingen liegt. Im Affekt des Gelingens wird die Beziehung zwischen Hilfsbedürftigkeit und einem Affekt erlebt, den man als *erfolgreiche Hilfe* - vielleicht als Dankbarkeit - beschreiben könnte. In ihm wird die Beziehung zwischen Gelingen und Lust, d. h. die Anwesenheit der befriedigenden Objektwelt erfahren. In der *Lust* wiederum wird die Beziehung Bedürfnis → Wohlbehagen und im *Wohlbehagen* wird die Beziehung Bedürfnis → Lust erlebt. Lust und Wohlbehagen sind besondere Affekte insofern, als sie als abhängig von fremder Hilfe erfahren werden. Der Handlungsimpuls verweist hier auf die Affekte Versagen, Angst, Hilfsbedürftigkeit, Gelingen, er-

folgreiche Hilfe, Lust und Wohlbehagen und geht somit mit der *Überzeugung* einher, *daß Hilfe erreichbar sein wird, wenn es mißlingt, die Bedingung für Lust und Wohlbehagen selbst herzustellen.*
3. Das Kind ist instrumentell aktiv und die Mutter hilft weder instrumentell, noch befriedigt sie das aktualisierte Bedürfnis. Bsp.: Das Bedürfnis nach »Nuckeln an der Brust« ist aktualisiert, das Kind schreit ($[S_I]$), die Mutter nimmt es nicht aus dem Bett ($[\varnothing O_I]$) und gibt ihm nicht die Brust ($[\varnothing O_T]$). Auch hier gibt es zunächst den Ablauf Bedürfnis → Handlungsimpuls → Handlung → Versagen → Angst → Hilfsbedürftigkeit, dem nun freilich andere Affekte folgen (Schema (13)):

$$[IF \succ S_T\text{-}O_T]_{akt} \;+\; \overset{+}{[\varnothing O_T]} \;\to\; [IF \succ A]_{akt} \;\to\; [IF \succ S_T\text{-}O_T]_{zer}$$
Bedürfnis   Angst   Schmerz
$$\downarrow$$
$$[IF \succ O_I]_{akt}$$
Hilfsbedürftigkeit
$$\overset{+}{[S_I]}$$
$$\downarrow$$
$$[IF \succ S_I]_{zer}$$
Verzweiflung
$$\overset{+}{[\varnothing O_I]}$$
$$\downarrow$$
$$[IF \succ O_I]_{zer}$$
Hilflosigkeit
$$+$$
$$[IF \succ S_T\text{-}O_T]_{akt} \quad + \quad [\varnothing O_T] \;\to\; [IF \succ S_T\text{-}O_T]_{zer} \to [IF \succ S_T\text{-}O_T]_{ver}$$
Bedürfnis   Schmerz   Kummer

Schema 13: Ausbleiben der instrumentellen Hilfe und der Triebbefriedigung.

Der Handlung, zu der die in der Angst gründende Hilfsbedürftigkeit aufruft, folgt der *Affekt der Verzweiflung*, in dem die Beziehung zwischen der vorgestellten Hilfe, der Hilfsbedürftigkeit und der Hilflosigkeit erfahren wird. In der *Hilflosigkeit* wird die Beziehung zwischen Verzweiflung und Schmerz, d. h. die Abwesenheit der befriedigenden Objektwelt erlebt, und im Erleben des *Schmerzes* stellt sich die Beziehung Bedürfnis → Kummer und im *Kummer* die Beziehung Bedürfnis → Schmerz dar. Hier verweist der Handlungsimpuls auf die Affekte Versagen, Angst, Hilfsbedürftigkeit, Verzweiflung, Hilflosigkeit, Schmerz und Kummer. Er geht mit der *Überzeugung einher, daß es nicht gelingt, die Bedingungen für lustvolle Triebbefriedigung selbst herzustellen und daß hierfür auch keine Hilfe erreicht werden kann.*
4. Das Kind und die Mutter sind instrumentell aktiv, aber die Mutter befriedigt nicht das aktualisierte Bedürfnis. Bspw. ist das Bedürfnis nach Haut-

kontakten aktualisiert, das Kind schreit ([S_I]) und die Mutter kommt, nimmt es aus dem Bettchen, legt es irgendwo hin ([O_I]) und läßt es allein ([⊘O_T]). Bis zum Auftreten der instrumentellen Hilfe entspricht der Ablauf den in Schema (11) dargestellten. Dann aber stellt sich ein neuer Affekt ein, der der *Enttäuschung*. Seine Entwicklung ist in Schema (14) dargestellt:

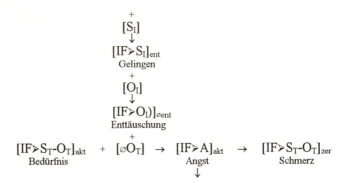

Schema 14: Instrumentelle Hilfe und Ausbleiben der Triebbefriedigung.

Im *Affekt des Gelingens* wird erlebt, daß es mit den eigenen Aktivitäten gelingt, die Objektwelt zu instrumentellen Aktivitäten zu bewegen, wenn es mißlingt, die Bedingungen für lustvolle Entspannung selbst herzustellen, daß aber der instrumentellen Hilfe nicht der Affekt einer erfolgreichen Hilfe folgt, sondern daß die Hilfsbedürftigkeit ([IF≻O_I]_⊘ent) bestehen bleibt. [IF≻O_I]_⊘ent ist somit die Intension eines *Affekts* der erfolglosen Hilfe, den man als *Enttäuschung* beschreiben könnte. In ihm bringt sich in der Beziehung zwischen Gelingen und Angst die Abwesenheit der befriedigenden Objektwelt zur Darstellung. Die Angst aktiviert erneut einen Handlungsimpuls, welcher - wie in Schema (13) dargestellt - zu den Affekten Verzweiflung, Hilflosigkeit, Schmerz und Kummer führt.

Es ist klar, daß in den Abläufen, die in den Schemata 10-13 dargestellt sind, eine aggressive Verstärkung der instrumentellen Aktivitäten - mit dem Affekt der Wut - oder eine Selbstherstellung der vermißten Objektwelt - mit dem Affekt einer funktionellen Lust - eintreten kann. Was genau eintritt, wird abhängig sein von den vorhergegangenen Erfahrungen. Von der Erfahrung wird auch abhängig sein, in welchen Affekten sich die Aspekte der Objektwelt im kindlichen Subjekt widerspiegeln. Ihre instrumentelle Hilfe kann in den Beziehungen Gelingen → erfolgreiche Hilfe, Gelingen → erfolglose Hilfe, Verzweiflung → Hilflosigkeit, und ihre triebbefriedigenden Aktivitäten können in den Beziehungen Gelingen → Lust, erfolgreiche Hilfe → Lust, Versagen → Angst, erfolglose Hilfe → Angst und Hilflosigkeit → Schmerz erlebt werden. Wie dieser Aspekt der Objektwelt im wesentlichen erlebt wird, wird davon abhängig sein, zu welchen Affekten er mehrheitlich führt. Das Nämliche gilt für die instrumentellen und triebbefriedigenden Aktivitäten des Subjekts.

Der Handlungsimpuls ist extensional mehrfach bestimmt. Einmal durch die Überzeugungen, daß es gelingen wird, die Bedingungen für eine lustvolle Triebbefriedigung selbst herzustellen (in Schema 11), daß es gelingen wird, das Objekt zur Hilfe zu bewegen, wenn die eigenen Aktivitäten versagen, die Bedingungen für eine lustvolle Triebbefriedigung selbst herzustellen (in Schema 12), und daß die eigenen instrumentellen Aktivitäten auch in Hinblick auf instrumentelle Hilfe versagen werden (in Schema 13 und 14). Diese extensionalen Bestimmungen sind widersprüchlich und verändern die Überzeugungen in einen *Affekt der Hoffnung*, nämlich daß es entweder selbst gelingt, die Bedingungen für lustvolle Triebbefriedigung herzustellen - oder - so dies mißlingt - daß es gelingt, das Objekt zur Hilfe zu bewegen.

Die Hilfsbedürftigkeit ist extensional durch die Überzeugungen bestimmt, daß es gelingen wird, das instrumentelle Vermögen des Objekts zur Bereitstellung von dessen triebbefriedigenden Aktivitäten nutzen (in Schema 11), daß die benötigte instrumentelle Hilfe des Objekts für seine triebbefriedigenden Aktivitäten ausbleibt (in Schema 12 und 13), und daß die instrumentellen Objektaktivitäten im Hinblick darauf versagen, die Bedingung für lustvolle Entspannung herzustellen (in Schema 13). Auch diese extensionalen Bestimmungen sind widersprüchlich. Sie führen zu einem *Affekt des Vertrauens* bzw. *Mißtrauens*, nämlich daß die instrumentelle Hilfe der Objektwelt - so sie benötigt wird - nicht ausbleibt und daß sie nicht versagt, sondern genügt, um deren triebbefriedigende Aktivitäten bereitzustellen.

Das Bedürfnis ist extensional durch die Abfolgen folgender Affekte bestimmt: Gelingen → Lust → Wohlbehagen (in Schema 11), Versagen → Angst → Hilfsbedürftigkeit → Gelingen → erfolgreiche Hilfe → Lust → Wohlbehagen (in Schema 12), Versagen → Angst → Hilfsbedürftigkeit → Verzweiflung → Hilflosigkeit → Schmerz → Kummer (in Schema 13), und Versagen → Angst → Hilfsbedürftigkeit → Gelingen → erfolglose Hilfe → Angst → Verzweiflung → Hilflosigkeit → Schmerz → Kummer (in Schema 14). Das Bedürfnis geht mithin mit einem *Grad an Sicherheit bzw. Unsicherheit einher, daß das Bedürfnis in lustvolle Triebbefriedigung führt.*

Die bloße Anwesenheit und Interaktion mit der Objektwelt garantiert nun nicht mehr lustvolle Triebbefriedigung und die Vermeidung unlustvoller Affekte. Damit wandelt sich die Angstbedingung vom bloßen Verlust der Objektwelt in *Angst vor dem Verlust der Liebe der befriedigenden Objektwelt.* Die Objektwelt kann anwesend sein und mit dem Kind instrumentell interagieren. Gleichwohl können die Affekte des Mißlingens, der Verzweiflung, des Schmerzes und Kummers auftreten. War die »erste Angstbedingung, die« der Säugling »selbst einführt, [...] die des Wahrnehmungsverlustes, die der des Objektverlustes gleichgestellt wird«, und kam ein »Liebesverlust« damals »noch nicht in Betracht«, so lehrt »später [...] die Erfahrung, daß das Objekt vorhanden bleiben, aber auf das Kind böse geworden sein kann«, ihm seine triebbefriedigenden Funktionen vorenthält, »und nun wird der Verlust der Liebe von seiten des Objekts zur neuen, weit beständigeren Gefahr und Angstbedingung« (Freud 1926, S.203). Die Chance, daß diese unlustvollen Affekte auftreten, ist noch größer, wenn die Objektwelt gänzlich abwesend ist. Diese Abwesenheit ist ebenso ein besonderer Fall des Verlustes der Liebe der Objektwelt wie ihr bloß instrumentelles Interagieren und das Vorenthalten der intendierten lustvollen Triebbefriedigung. Die Angst vor dem Objektverlust ist in der Angst vor dem Verlust der Liebe der Objektwelt dialektisch negiert und aufgehoben und wird zu ihrer Erscheinungsform.

In diesen Zusammenhang gehört die von Spitz (1965) beschriebene »Achtmonatsangst«, die auch Emde (1980) im Alter von 8 Monaten und Emde et. al. (1976) sowie Sroufe (1979, S.480) im Alter von 9 Monaten beobachtete. Unter der Bedingung, daß sich ein Fremder dem Kind im Alter von 6-8 Monaten nähert, beobachtete Spitz (1965, S.167) bei diesem individuell verschiedene Grade von Ängstlichkeit und folgerte daraus, daß die auftretende Angst eine Reaktion ist »auf die Wahrnehmung, daß das Gesicht des Fremden nicht mit den Gedächtnisspuren vom Gesicht der Mutter übereinstimmt«. Ausgelegt wird dieser Sachverhalt dahingehend, daß das Kind »jetzt eine echte Objektbeziehung gebildet hat und daß die Mutter zu seinem libidinösen Objekt, seinem Liebesobjekt, geworden ist«. Dieser Interpretation, die nicht nur eine Selbst-, sondern auch eine aus der Vielzahl der vorhandenen Objekte aus- und eingegrenzte Repräsentanz der Mutter voraussetzen würde, kann nicht gefolgt werden. Die Befunde von Spitz sind im dargelegten Kontext anders zu deuten. Das Kind ist hier in der Lage, die Augen-Nasen-Partie der Mutter als eine spezifische Reizkonfiguration von anderen Konfigurationen zu unterscheiden. Diese spezifische exterozeptive Reizkonfiguration wurde aufgrund ihrer Anwesenheit in verschiedenen Befriedigungssituationen im Vorgang einer realen Abstraktion subjektiv herausgehoben und von der Erinnerungsspur einer »allgemeinen« Augen-Nasen-Konfiguration - im Alter von 3 Monaten lächelt das Neugeborene unabhängig davon, ob diese Konfiguration von der Mutter, einem Fremden oder in Gestalt einer bloßen Maske dargeboten wird (Spitz 1965, S.104ff.) - abgegrenzt. Die Erinnerungsspur dieser - im Vergleich zu früher spezifischeren - Reizkonfiguration der mütterlichen Augen-Nasen-Partie wird eingetragen und zur Vorstellung einer Objektwelt, die sich in instrumentelle und triebbefriedigende Aktivitäten gliedert und derer das Kind für die Befriedigung seiner Bedürfnisse bedarf. Fehlt diese spezifische Reizkonfiguration, dann fehlt die für die Triebbefriedigung notwendige Objektwelt. Aus diesem Grund reduzieren sich die Angstäußerungen des Kleinkindes beim Alleinsein in der Dunkelheit »auf eine einzige Bedingung, das Vermissen der geliebten (ersehnten) Person« (Freud 1926, S.167), auf den Wahrnehmungsverlust der inzwischen spezifischer gewordenen Reizkonfiguration, der befriedigenden Objekt*welt*. Der Achtmonatsangst von Spitz liegt zugrunde, daß bei visueller Abwesenheit der - objektiv - mütterlichen Augen-Nasen-Partie und einer aktualisierten Bedürfnisspannung subjektiv die Gefahr droht, daß diese Bedürfnisspannung zu unlustvollen Affekten führt, weil weder die instrumentelle noch die triebbefriedigende Funktion der Objektwelt zur Verfügung steht.

Die vorsprachlich mögliche subjektive Differenzierung der Repräsentanzwelt ist damit abgeschlossen. Da aber auch auf diesem Entwicklungsstand unlustvolle Affekte nicht vermieden werden können, wird die objektive Verschiedenheit triebbestimmter Interaktionsformen subjektiv bedeutsam, denn der einzige Weg, der noch für eine Unlustvermeidung offensteht, ist eine Differenzierung der Triebvollzugshandlungen in solche, die sich lustvoll befriedigen lassen, und in solche, die in unlustvollen Affekten enden. Diese subjektive Aufgliederung der (allgemeinen) Triebvollzugshandlung in verschiedene und besondere, in »bestimmte«, setzt Sprache voraus.

6. Gefühle und die Einführung von Sprache

Deutlich geworden ist bisher, daß das noch sprachlose Kind ein Bewußtsein hat, dessen Inhalte ausschließlich auf einer ersten semantischen Stufe liegen. Diese Inhalte existieren in Affektsymbolen, welche wie Begriffe strukturiert sind. Statt eines sprachlichen haben sie einen körperlichen Prädikator. Die Intension eines Affektsymbols liegt in der Beziehung seiner besonderen Extensionen, welche in Anwendung der besonderen Intensionen anderer Affektsymbole als besondere Affekte erlebt werden. Bezogen auf die Prädikatoren ist der Affekt deren Bedeutung, bezogen auf die Objekte der Nullstufe sind die Affekte die Abbilder der Beziehungen zwischen Verhaltensaspekten der Objektwelt und des Selbst. Diese Beziehungen werden durch Affekte symbolisiert und in Form des unmittelbaren Erlebens in den Affekten erkannt.

Die Sprache trifft nicht auf ein bewußtloses Kind, sondern auf ein Kind, welches über ein strukturiertes affektsymbolisches System verfügt. Ich habe an anderer Stelle (Zepf 1985a, S.72ff.) darauf hingewiesen, daß in den bisherigen Theorien über den kindlichen Spracherwerb die Frage unbeantwortet blieb, warum das Kind überhaupt Sprache erwirbt. Auch in der Lorenzerschen Theorie bleibt diese Frage offen. Die Konzepte der Prädikation und Regulation geben keine Auskunft, warum das Kind bestimmte Worte bestimmten sensomotorischen Abläufen zu- oder abspricht. Prädikation und Regulation sind allenfalls ein abstraktes, ein Vermögen der Möglichkeit nach der menschlichen Sprache. Sie klären nicht schon über die Gründe auf, warum das Kind diese Möglichkeiten nutzt. Im dargelegten Kontext werden diese Gründe sichtbar. Das Kind nutzt diese Möglichkeiten der Sprache, weil aus Gründen der Unlustvermeidung eine subjektive Unterscheidung objektiv verschiedener Interaktionsformen notwendig wird. »Notwendig« beschreibt diesen Sachverhalt korrekt. Es gilt durch den Erwerb von Sprache die »Not« zum Besseren zu »wenden«. Die Interaktionsformen werden dadurch zu begrifflich gefaßten symbolischen Interaktionsformen.

Sprachanalytisch betrachtet bedeutet dies, daß eine Interaktionsform in sigmatischer Hinsicht zu verschiedenen sprachlichen Zeichen in Beziehung steht, und daß ein sprachliches Zeichen verschiedene Interaktionsformen bezeichnet. Begriffstheoretisch heißt dies, daß eine Interaktionsform im extensionalen (in Bezug auf deren sprachliche Zeichen konnotativen) Bedeutungsraum verschiedener Begriffe liegt und daß im extensionalen (in Bezug auf sein sprachliches Zeichen konnotativen) Bedeutungsraum eines Begriffs verschiedene Interaktionsformen vorhanden sind. Dies deshalb, weil in den Begriffen verschiedene Elemente der Interaktionsformen abgebildet sind. Ich will dies am Beispiel zweier Interaktionsformen erläutern: In der Realisation der einen kauft sich ein Subjekt einen Ball und wirft ihn auf einer Wiese, in der Realisation der anderen findet es einen Stein und wirft ihn in eine Fensterscheibe. In der ersten sind u. a. die Elemente kaufen, Ball, werfen und Wiese, in der zweiten u. a. die Elemente finden, Stein, werfen und Fensterscheibe enthalten. Liegen die entsprechenden Begriffe »kaufen«, »finden«, »Ball«, »Stein«, »werfen«, »Wiese« und »Fensterscheibe« vor, dann liegt die erste Interaktionsform im Umfang der Begriffe »kaufen«, »Ball«, »werfen«, »Wiese«, die zweite im Umfang der Begriffe »Fensterscheibe, »Stein«, »finden« und »werfen«, und beide sind im Begriffsumfang von »werfen« enthalten.

Über die Begriffsbildung werden die Interaktionsformen insofern voneinander unterscheidbar, als sie sowohl in den Aspekten, in denen sie identisch, wie auch in jenen, in denen sie verschieden sind, Bewußtsein gewinnen. Die Elemente, aus denen sich die verschiedenen Interaktionsformen zusammensetzen, sind subjektiv verfügbar und können in der Bildung neuer Interaktionsformen in veränderter Weise zusammengefügt werden. Diese Differenzierung der Interaktionsformen ermöglicht dem Subjekt eine Unterscheidung der äußeren und inneren Bedingungen, in deren Zusammenspiel Gefühle entstehen. Ich werde diese Konsequenz des Spracherwerbs zunächst unter Abstraktion davon betrachten, daß mit der Sprache auch Gefühlsworte und -begriffe erworben werden.

6.1 Affekte und Emotionen

Mit dem Spracherwerb verändert sich der Charakter der Gefühle in der Weise, die von Heller (1981) beschrieben wird. Ich habe auf ihre Unterscheidung der Gefühle in Affekte und Emotionen bereits hingewiesen. In ihrer Theorie wird ein bestimmter Affekt nicht durch eine bestimmte konkrete Situation, sondern durch die bestimmte Struktur ausgelöst, die verschiedenen Situationen gemeinsam ist. Emotionen dagegen sind immer an die spezifische Situation gebunden, in der sie entstehen. Diese Situation kann eine reale wie eine vorgestellte sein. Emotionen sind immer

>»›situative Gefühle‹«, in denen »das, weswegen wir fühlen, wem gegenüber wir fühlen etc., zum Gefühl selbst gehörig [ist]. [...] Der Gefühlsinhalt kann prinzipiell von dem Gefühlsauslöser und von der Ge-

fühlsinterpretation nicht getrennt werden« (Heller 1981, S.128f., Kursivierung aufgehoben, S. Z.).

Sie entwickeln sich aus Affekten, wobei auch Heller (1981, S.153ff.) den Spracherwerb als Schrittmacher dieser Entwicklung exponiert. Da sich mittels der Sprache die Situationen, in denen Gefühle auftreten, vom Subjekt inhaltlich präzise bestimmen lassen, differenzieren sich mit dem Spracherwerb die Affektsymbole in verschiedene Emotionssymbole.

Damit wird nicht ausgeschlossen, daß mit dem Erwerb von Sprache Gefühle nicht mehr in Form von Affekten auftreten können. Die Affekte bleiben in Gestalt der Emotionen als eine Möglichkeit aufbewahrt, die sich unter bestimmten Umständen wieder verwirklichen kann. Ich will auch dies mit einem Beispiel illustrieren. Bei ausgebildeten Emotionssymbolen realisiert sich die Möglichkeit eines affektiven Erlebens, wenn man aus irgendwelchen Gründen etwa in späten Abendstunden in einer amerikanischen Großstadt einen Bekannten aufsuchen muß. Aufgrund der verfügbaren Erfahrungen antizipiert man, daß dies möglicherweise gefährlich ist, weil man von bewaffneten Räubern überfallen werden könnte. In dem man dieses Geschehen gedanklich durchspielt, erlebt man den Signalprüfaffekt der Angst als eine (Signal-)Emotion. Sie ist an diese vorgestellte, konkrete Situation gebunden, die zu anderen Erfahrungen, die sich als sprachlich verfügbare Interaktionsformen niedergeschlagen haben, in Beziehung gesetzt wird. Macht man sich auf den Weg und wird von Räubern wirklich bedroht, behält die Angst den Status einer Emotion solange, wie die Gefahrensituation - die Interaktionsform, die sich in die Bedingungen und der daraus resultieren Gefahr gliedert - zu dem System vorhandener Interaktionsformen in Beziehung gesetzt werden kann. Die Interaktionsformen sind reflexiv verfügbar, sie können zueinander in Beziehung gesetzt und gegeneinander abgewogen werden. Aus einem Set möglicher Verhaltensweisen lassen sich bestimmte auswählen, welche mit dem System konsistent sind. Ist man kundig in bestimmten Kampfsportarten, kann man seinen Erfahrungen bestimmte Handlungsanweisungen entnehmen, die geeignet sind, die Situation konsistent mit der bisherigen Lebenspraxis zu meistern. Zu einem Affekt wird die Angst, wenn der Repräsentanzwelt keine Handlungsanweisungen mehr entnommen werden können, die erlauben würden, die Gefahrensituation zu bewältigen. Das System der differenzierten Handlungsanweisungen versagt, sodaß sich das Subjekt regressiv auf jene undifferenzierte Form der Angstbewältigung zurückzieht, die vorsprachlich vorhanden war und die nun subjektiv etwa unter dem Begriff »Flucht« erscheinen mag. Unter veränderten Bedingungen wird punktuell wieder jene Situation hergestellt, die auf vorsprachlichem Entwicklungsstand die allgemeine war. Wie damals entfällt auch jetzt eine weiter gehende subjektive Differenzierung der Interaktionsformen. Weil subjektiv keine weiteren Interaktionsformen zur Verfügung stehen, kann auf die besondere Gefahrensituation nicht mehr besonders, sondern nurmehr allgemein reagiert werden. Sowohl diese Form der Angst wie auch die Fluchtreaktion würden auch in all den anderen Gefahrensituationen auftreten, für deren besondere Bewältigung sich im System der Interaktionsformen keine besonderen Handlungsanweisungen finden lassen. Die Angst gründet somit nicht in den besonderen, sondern in den allgemeinen Bedingungen, in der Struktur, die der besonderen Gefahrensituation zugrunde liegt[41].

Generalisiert man diese Überlegung, dann gewinnen Emotionen eine affektive Qualität, wenn eine sprachlich identifizierbare vorgestellte Situation real vorhanden ist, diese Situation aber nicht mehr zu einem System differenzierter Interaktionsformen in Beziehung steht. Subjektiv haben die Umstände den gleichen Spezifitätsgrad, der emotionales Erleben kennzeichnet. Weil aber die Verhaltensmöglichkeiten eingeschränkt sind, resultiert daraus kein emotionales, sondern ein affektives Erleben.

Daß den Emotionen, die sich bei der Realisierung einer subjektiv bestimmten Interaktionsform einstellen, der nämliche Prozeß zugrunde liegt, dem sich die Affekte bei der Realisierung der allgemeinen Interaktionsform verdanken, ist klar. Auch die Lust, die beim Auftreten eines sexuellen Bedürfnisses antizipiert wird und den Charakter einer Emotion aufweist, gründet in der Beziehung von Bedürfnis und Wohlbehagen und wird im Prozeß der Entaktualisierung einer aktualisierten bestimmten Interaktionsform als Affekt dann erlebt, wenn in der Realisierung der Interaktionsform das sexuelle Bedürfnis befriedigt wird und damit verschwindet, und wenn im Moment ihrer Realisation subjektiv nur diese Interaktionsform existiert. Als Lust*emotion* würde die antizipierte Lust erlebt, wenn die Interaktionsform im Moment ihrer Realisation subjektiv noch zu anderen Interaktionsformen des Persönlichkeitsgefüges in Beziehung steht.

---

41 Wie die Erfahrung zeigt, ist es möglich, daß in einer Gefahrensituation überhaupt keine Angst erlebt wird. Ich will zwei Bedingungen nennen, unter denen dies möglich scheint: 1.) Die Bedingungen und das aus ihnen resultierende traumatische Ereignis fallen zusammen, sodaß das Ereignis nicht antizipiert werden kann. Dies ist etwa der Fall, wenn man von einem Angriff überrascht wird. Die Reaktion darauf wird der biologischen Erbschaft, d. h. einer Ebene entnommen, die noch vor der Sozialisation liegt. Eine Beispiel hierfür wäre der sog. Totstellreflex. 2.) Die Bedingungen und das Trauma, die in der Gefahrensituation aufeinander bezogen sind, werden in einem Vorgang, den die Psychoanalyse als »Isolierung« (Freud 1926, S.150f.) beschreibt, aktiv auseinander gehalten. Es ist zu vermuten, daß eine derartige Isolierung etwa bei jenen Autounfällen eintritt, in denen keine Angst erlebt, sondern instrumentell »wie automatisch« reagiert wird. Im ersten Fall wird Angst allerdings oft nachträglich, d. h. dann erlebt, wenn die Situation, in der das Trauma auftrat, reflexiv zum System der Interaktionsformen in Beziehung gesetzt wird. Im zweiten Fall wiederum hängt ein späteres Erleben von Angst davon ab, ob die Isolierung durchgehalten wird oder nicht.

6.2 Emotionssymbole und Sprache

Man kann die Entstehung der Emotionen als eine dialektische Negation insofern beschreiben, als die Affekte nicht verschwinden, sondern in den Emotionen als eine Möglichkeit aufbewahrt bleiben, in der die Emotionen erscheinen können. Nun wandelt der Spracherwerb über eine sprachlich-begriffliche Abbildung der Interaktionsformen nicht nur die Affektsymbole in Emotionssymbole. Mit der Einführung der Gefühlsworte und -Begriffe, von denen ich bisher abgesehen habe, werden die zu Emotionssymbolen gewordenen Affektsymbole begrifflich abgebildet - Heller (1981, S.169) nennt dies eine »›Koordinierung‹ der Emotionen [mit] emotionellen Begriffe[n]« - und zu Konnotaten sprachlicher Zeichen. Dabei ist eine Differenz zwischen den Interaktionsformen und den Emotionssymbolen, die in Begriffen ideell abgebildet werden, nicht zu übersehen. Während die Interaktionsformen durch die Bildung von Begriffen zu symbolischen Interaktionsformen werden, Bewußtsein gewinnen und in ihrer Besonderheit subjektiv kenntlich werden, kommt den Gefühlen als besonderen und voneinander unterscheidbaren Emotionssymbolen bereits Bewußtsein zu. Diese Differenz zwischen den abzubildenden Gegenständen weist der Sprache in Bezug auf die Interaktionsformen und die Gefühle einen anderen Status zu. Die Sprache bildet in den symbolischen Interaktionsformen Interaktionsformen begrifflich ab. In den Gefühlsbegriffen hingegen werden nicht Gefühle, sondern Emotionssymbole sprachlich abgebildet. Bezogen auf die Emotionssymbole haben die Gefühlswörter und Begriffe einer Sprache den Status einer Metasprache, deren Erkenntnisobjekte nicht die Emotionen, sondern die Emotionssymbole sind.

Der Zusammenhang von Emotionsymbolen und Sprache ist analog der Abbildung einer Objektsprache in ihrer Metasprache zu denken. Ich will die metasprachliche Abbildung objektsprachlicher Inhalte nochmals begriffstheoretisch verdeutlichen. Wenn man über einen Holztisch sagt, »dieser Tisch besteht aus einem runden Holzbrett und vier Holzbeinen«, dann redet man in der Objektsprache über eine Gegenstand der sog. »Null-Stufe«. Vermittelt über Begriffe, in deren Umfang die Vorstellungen des Gegenstandes liegen, weil sie die intensionalen Bestimmungen dieser Begriffe in besonderer Form aufweisen, referieren die Worte auf diesen Gegenstand. Er ist der Referent ihrer denotativen Bedeutungen. Der wahrgenommene Gegenstand wird als Fall bestimmter Begriffe abgebildet. Sagt man hingegen »die Intension des gedanklichen Gebildes, das die Bedeutung des sprachlichen Zeichens ›Holztisch‹ ausmacht, ist ein Holzbrett mit vier Beinen und seine Extension konstituiert sich aus runden, dreieckigen, viereckigen etc. Holztischen«, dann ist dies ein metasprachlicher Satz, der nicht über den Holztisch, sondern über sein gedankliches Abbild Auskunft gibt. Referenten der sprachlichen Zeichen sind Aspekte des gedanklichen Abbildes. In der metasprachlichen Aussage werden diese Aspekte, die in der Objektsprache ungeschieden nebeneinander stehen, abstrahiert und als die intensionalen und extensionalen Bestimmungen des gedanklichen Gebildes ausgewiesen. Das gedankliche Abbild bringt die invarianten Merkmale des Begriffs zum Vorschein und erlaubt damit, das Abbild als das eines Begriffs zu erkennen. Die metasprachliche Fassung seiner besonderen Intension und Extension gehört in den Umfang des metasprachlichen Terminus »Begriff«. Dessen Extension ermöglicht, das gedankliche Gebilde als ein besonderes, als das eines Holztisches zu identifizieren und seine intensionale Bestimmung erlaubt, das gedankliche Gebilde als Fall eines Begriffs zu erkennen.

Die Beziehungen von Emotionssymbolen und Sprache entsprechen strukturell denen zwischen einer Objektsprache und ihrer Metasprache. Daraus folgt, daß der körperliche Prädikator und der Beziehungscharakter eines Emotionssymbols, seine Intension und Extensionen, im Verhältnis zur Sprache auf der Gegenstandsebene liegen. Der Begriff eines einzelnen Emotionsbegriffs - etwa der Begriff einer bestimmten Angst - konstituiert sich aus den in metasprachlichen Begriffen gefaßten intensionale und extensionalen Bestimmung(en) des bestimmten Emotionssymbols. Da sich Metasprache und Objektsprache in verschiedene Abstraktionsstufen gliedern, können aus den verschiedenen einzelnen Emotionsbegriffen gleicher Art in einem weiteren Abstraktionsvorgang jeweils ihre identischen Momente - das Moment, das ihnen allgemein ist - in Bildung der Intension des besonderen Emotionsbegriffs der Angst abstrahiert werden. Seine Extensionen werden von den verschiedenen Intensionen der einzelnen Emotionsbegriffe der Angst gebildet. Die Intension des besonderen Emotionsbegriffs der Angst kommt in den Umfang des allgemeinen Begriffs des Gefühls zu liegen, dessen Intension in dem Moment gründet, das den besonderen Intensionen anderer besonderer Emotionsbegriffe - z. B. Wut, Freude etc. - allgemein ist.

Ich stelle die metasymbolische Abbildung der Emotionssymbole auf den unterschiedlichen Abstraktionsstufen am Beispiel der Angst und ihrer Begriffe in einem weiteren Schema (15) dar:

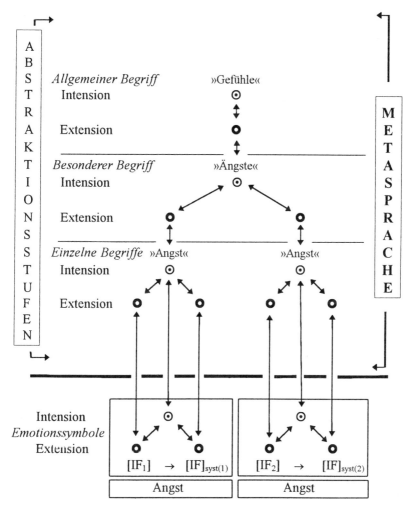

Schema 15: Metasprachliche Abbildung von Emotionssymbolen der Angst auf verschiedenen Abstraktionsstufen.

Dieses Schema verdeutlicht, daß die einzelnen und besonderen Emotionsbegriffe sowie der allgemeine Begriff »Gefühle« im Verhältnis zu den Emotionssymbolen auf unterschiedlichen Abstraktionsstufen liegen und der Metasprache der gleichen semantischen Stufe angehören. Weil die intensionalen und extensionalen Bestimmungen der Emotionssymbole im Umfang anderer Begriffe existieren, können beide sprachlich abgebildet und benannt werden. Auf der Abstraktionsebene der »besonderen Begriffe« enthält der Begriff »Ängste« als intensionale Bestimmungsmomente, welche gegenüber verschiedenen Angstemotionen invariant sind, ihren allgemeinen Beziehungscharakter und ihre körperliche Seite, das mit der Angst einhergehende »autonome Imagery« in metasprachlichen Begriffen. Ihre ebenfalls in metasprachlichen Begriffen gefaßten Extensionen erlauben, ein bestimmtes Emotionssymbol der Angst zu identifizieren, die Intension dieses Emotionssymbols als eine einzelne der besonderen Intension des Begriffs »Ängste« auszuweisen und das Erleben, welches sich über das Emotionssymbol vermittelt, als einen einzelnen Fall von »Angst« zu erkennen. Das sprachliche Zeichen »Angst« bedeutet nicht die Emotion, sondern Begriffe der Angst, die auf unterschiedlichen Abstraktionsstufen liegen. Auf unterster Abstraktionsstufe sind die Konnotate dieses Zeichens die verschiedenen verbegrifflichten Interaktionsformen, die zueinander in Beziehung stehen - dargestellt durch $[IF_1] \to [IF]_{syst(1)}$ und $[IF_2] \to [IF]_{syst(2)}$ -, und in sigmatischer Hinsicht referiert es auf die verschiedenen Emotionssymbole.

Mit der Einführung von Gefühlsworten und der Bildung von Gefühlsbegriffen werden die verschiedenen Emotionssymbole in der sprachlichen, metasymbolischen Form der Gefühlsbegriffe abgebildet. Die Gefühlsbegriffe sind nicht die Emotionen. Sie symbolisieren die Emotionssymbole auf unterschiedlichen Abstraktionsebenen in metasprachlicher Form, und die Emotionssymbole symbolisieren in Form des Erlebens die Beziehung zwischen Interaktionsprozessen und den Beziehungen zwischen den Interaktionsformen, die sich durch diese Prozesse herstellen. Die emotive Bedeutung eines Sachverhaltes, die sich in den Emotionen darstellt, kann dann nicht nur erlebt, sondern auch begriffen und begründet werden.

Da sich der Stellenwert, den ein Sachverhalt im Kontext der erlebten Lebensgeschichte gewinnt - die Beziehung, in der er zum Subjekt steht -, in den Emotionen präsentiert, ist klar, daß sie jenen Status eines Erkenntnismittels haben, der vor dem Spracherwerb den Affekten zukam. Durch die Aufgliederung der Interaktionsformen differenziert die Sprache aber nicht nur die Erkenntnismittel der Beziehungen, in denen sie zueinander stehen. Durch sie gewinnen die Emotionen noch jene andere und neue Erkenntnisfunktion, die von Heller (1981, S.114, S.117, Kursivierung aufgehoben, S. Z.) unter dem Begriff der »Orientierungsgefühle« als »Ja-Gefühl oder Nein-Gefühl« beschrieben werden. Beispiele hierfür sind etwa das sog. »Präcox-Gefühl« der Psychiater angesichts eines möglicherweise schizophrenen Patienten, die Überzeugung, daß man an einer Kreuzung ohne Wegweiser »diesen« Weg gehen muß, um in ein bestimmtes Dorf zu gelangen oder daß man von einer Person geliebt oder nicht geliebt wird. Ihre ausschließlichen Quellen sind einmal das über die Sprache Erworbene, über das die Subjekte als denotative Bedeutungen ihrer sprachlichen Zeichen verfügen, und zum anderen die in Sprache gefaßte lebenspraktische Erfahrung, die sprachsymbolischen Interaktionsformen, die sich als konnotative Bedeutungen sprachlicher Zeichen in die Subjekte eingetragen haben. Sie werden in der bestimmten Situation auf vorbewußter Ebene zueinander in Beziehung gesetzt, woraus das entsprechende »Wahrscheinlichkeitsgefühl« - »Ja, es ist wahrscheinlich eine Schizophrenie, ja, ich muß wahrscheinlich diesen Weg nehmen oder nein, wahrscheinlich liebt sie mich nicht« - resultiert. Da dieses in Beziehung setzen auf vorbewußter Ebene abläuft, können diese »Ja-Gefühle oder Nein-Gefühle« der Möglichkeit nach auf ihre Gründe befragt werden.

Zweierlei wird deutlich. Ein Spracherwerb ohne Gefühlsworte würde zu einer Differenzierung der Affektsymbole in Emotionssymbole führen. Die Emotionssymbole könnten jedoch nicht sprachsymbolisch abgebildet werden. In diesem Falle hätte man verschiedene Emotionen. Man wüßte jedoch nicht, um welche Emotionen es sich handelt. Die emotive Bedeutung wie die Orientierungsgefühle könnten noch erlebt, aber nicht mehr benannt und begriffen werden. Ein Beispiel hierfür findet sich im Gefühlsleben der Tahitianer. Wie Levy (1973) schreibt, besitzen sie kein Wort für und somit keinen Begriff von Trauer (»grief«). Stirbt ein Familienangehöriger, dann wird eine andere Emotion als Trauer erlebt. Die nicht identifizierbare und infolgedessen fremde Emotion wird vielmehr als Indikator für Kranksein betrachtet, das den Tahitianer ebenfalls als fremd gilt. Ein Spracherwerb, der sich ausschließlich auf Gefühlsworte beschränkt, könnte nicht zu einer Differenzierung der Interaktionsformen führen und die Affektsymbole in Emotionssymbole wandeln. Die Folge wäre, daß die Gefühle in ihrer sprachsymbolischen Fassung nur als Affekte existierten, womit die Orientierungsgefühle hinfällig würden. Damit Affektsymbole zu Emotionssymbolen und als besondere Emotionen subjektiv identifizierbar werden, ist der Erwerb einer Sprache vorauszusetzen, die über Sach- und über Gefühlsbegriffe verfügt.

Die Emotionsbegriffe - etwa Angst, Haß, Freude, Eifersucht, Ekel - enthalten die diesen Emotionen angehörenden »autonome Imageries« und erlauben, nicht nur diese Emotionen, sondern in Verbindung mit anderen Begriffen sowohl deren körperliche Seite als auch die für die besondere Emotion charakteristische besondere Beziehung zwischen der Realisation besonderer Interaktionsformen und dem Gefüge der Interaktionsformen, das im Subjekt vorliegt, sprachlich getrennt voneinander zu erfassen und auszudrücken. Ich erinnere an das früher erwähnte Beispiel. In ihm war von der Angst die Rede, die man haben kann, wenn man alleine durch den Wald geht. Die realisierte Interaktionsform »Allein-durch-den-Wald-gehen« kann Interaktionsformen aktualisieren, die durch ihre Elemente innerhalb der Extension der Begriffe »Wald«, »Gehen« und »Alleinsein« liegen - etwa Überfallenwerden, Wehrlosigkeit etc. - wie auch jene, mit denen man mit zweifelhaftem Erfolg versuchte, das Alleinsein zu bewältigen. Ist dies alles dem Bewußtsein zugänglich, dann könnte der Betreffende sagen: »Wenn ich

Angst habe, bekomme ich Herzklopfen« - und damit eine intensionale Bestimmung seines - metasprachlichen - Angstbegriffs benennen, die bei allen Angstemotionen vorliegt -, und er könnte auch die äußeren und inneren Bedingungen dieser besonderen Angst in dem Satz darstellen, »ich habe Angst, alleine durch den Wald zu gehen, weil ich wehrlos bin und überfallen werden könnte und ich bei verschiedenen Versuchen, meine Angst zu bewältigen, mehrheitlich gescheitert bin«.

Dieses Beispiel macht nochmals deutlich, daß beim metasprachlichen Gebrauch eines Gefühlswortes die Interaktionsformen, die als Bedingung der Emotion realisiert sein müssen, wie die dem Bewußtsein zugänglichen Interaktionsformen, die durch diese Realisation in eine bestimmte Beziehung zueinander gesetzt werden, in seinem konnotativen Bedeutungsraum liegen. Im Vorgang der Konkretion kann eine besondere Emotion metasprachlich als besonderer Fall des »Gefühls« und die konkret-einzelne Emotion kann über die Kenntnis der Interaktion und der durch sie bewirkten Beziehung der anderen Interaktionsformen als einzelner Fall des Besonderen - etwa der »Angst« - ausgewiesen werden. Ein einzelner Fall ist diese Angst, weil sie sich subjektiv der Realisierung »dieser« bestimmten und in ihrer Bestimmtheit begrifflich identifizierbaren Interaktionsformen verdankt, die zu einem ebenfalls identifizierbaren System vorhandener Interaktionsformen in Beziehung steht.

Da über die Sprache abstrakt erfahren wird, welche Emotionen in welchen Situationen vorliegen können, fügt der Spracherwerb in einem denotativen Bedeutungsraum den versprachlichten Gefühlen weitere Bedingungen ihres Entstehens hinzu. In dieses Set möglicher Emotionen wird der konnotative Bedeutungsraum, werden die Bedingungen der konkret erfahrenen eigenen Emotionen eingebracht. Sie können mit den Bedingungen möglicher Emotionen, die über die Sprache erworben werden, verglichen werden. Man kann sich etwa fragen: »Ist das, was ich fühle, Liebe?« Die Antwort wird davon abhängen, ob die Bedingungen, die vorliegen, mit denen identisch sind, die im Umfang des Begriffs der Liebe vorhanden sind. Aus dem Verhältnis von konnotativem und denotativem Bedeutungsraum der Gefühlsworte kann ferner eine Sehnsucht nach Emotionen entstehen, die man noch nicht erfahren hat. Entsprechend der begrifflichen Fassung ihrer Bedingungen kann man sich in die Situationen bringen, in denen sie auftreten können.

Der Spracherwerb hat also mehreres zur Folge:
1. Die Begriffsbildung, welche die Sprache ermöglicht, hebt die Interaktionsformen auf ein Niveau, auf dem sich die Affektsymbole schon befinden, nämlich auf die Ebene einer ersten semantischen Stufe. Über eine Verbegrifflichung ihrer Bedingungen werden die Affektsymbole als Emo-

tionssymbole in ihren Begriffen auf unterschiedlichen Abstraktionsstufen metasymbolisch abgebildet. Die Extensionen eines Emotionsbegriffs, die Konnotate eines Gefühlswortes, sind die Interaktionsformen, welche durch Interaktionen zueinander in Beziehung gesetzt werden, seine intensionale Bestimmung ist diese Beziehung. Gefühlsworte referieren auf Emotionssymbole und bedeuten Gefühlsbegriffe, und Gefühlsbegriffe bedeuten die Emotionssymbole. Denotat der Gefühlsworte sind die Bedingungen von Emotionssymbolen, die über den Erwerb von Sprache abstrakt angeeignet wurden. Da sie Emotionen der Möglichkeit nach sind, haben diese Denotate noch keine Referenten. Über die Herstellung ihrer Referenten können diese möglichen Emotionen zu wirklichen, zu erlebten Emotionen werden.

2. Auf vorsprachlichem Entwicklungsstand *hat* man qualitativ differente Gefühle und nach der Einführung von Sprache *weiß* man, welche »Gefühle« man hat. Genau besehen liegt diese Differenz von *Gefühle haben* und *um die Gefühle wissen* auch der These von Schachter und Singer (1962) und Mandler (1975) zugrunde, nach der das affektive Erleben an eine kognitive Attribuierung unspezifischer physiologischer Erregungszustände gebunden ist. In falschen Begriffen bringen diese Autoren diesen Sachverhalt mystifiziert zur Darstellung.

3. Sprache differenziert die Gefühle nicht nur, indem sie Prädikatoren - bspw. die Worte »Angst«, »Haß«, »Freude« - zur Verfügung stellt. Da mit der Sprache Interaktionsformen ins Bewußtsein eingelassen werden und ihre objektive Besonderheit subjektiv eingeholt werden kann, differenziert sich der Gefühlsbereich inhaltlich. Denn: Eine Beziehung[42] zwischen Interaktionsformen wird durch ihre Eigenschaften bestimmt, sodaß sich eine Beziehung um so präziser definieren läßt, je genauer diese Eigenschaften bewußt verfügbar sind.

4. Mit der durch Sprache möglich gewordenen genauen Bestimmung der konkreten Situation, in der die Gefühle auftreten, wandeln sich die Affekte in Emotionen, und werden zu einer ihrer möglichen Erscheinungsform.

5. Auch nach der dialektischen Negation der Affektsymbole in Emotionssymbolen behalten diese den Status von Erkenntnismitteln für die Beziehung, in der ein Sachverhalt zum Subjekt steht. Darüber hinaus gewinnen die Emotionen in Gestalt von Orientierungsgefühlen noch eine weitere Erkenntnisfunktion.

---

42 Der Begriff der »Beziehung« gibt ganz allgemein irgendwie geartete Relationen wieder, die zwischen Objekten auf Grund bestimmter Eigenschaften dieser Objekte bestehen, bzw. hergestellt werden (Segeth 1964, S.933).

6. Die Sprache ermöglicht den Subjekten, Interaktionsformen relativ beliebig zueinander in Beziehung zu setzen, sodaß nach der Spracheinführung Emotionen nicht nur passiv erfahren, sondern auch aktiv gegenüber Gegenständen hergestellt werden können.»Relativ beliebig« ist diese aktive Gefühlsproduktion, weil sie sich innerhalb der Grenzen der möglichen Emotionen bewegen muß, welche die Sprache für bestimmte Situationen vorsieht.

7. Das psychoanalytische Trieb- und Narzißmuskonzept

In den nächsten beiden Abschnitten will ich den Stellenwert erkunden, den die psychoanalytischen Konzepte des Triebes, des Narzißmus und der Abwehr in der vorgetragenen Theorie der Affekte und Emotionen einnehmen. Der Begriff der Abwehr wird in der Psychoanalyse relativ einheitlich gebraucht, nicht aber der Trieb- und der Narzißmusbegriff. Nach Cremerius (1982) gibt es derzeit 11 verschiedene Narzißmuskonzepte, die nicht miteinander kompatibel sind, und auch der Freudsche Triebbegriff ist kein einheitlicher. Für die beiden letzteren Kategorien will ich vorderhand klären, worauf sie sich in der »Theorie der Interaktionsformen« beziehen.

7.1 Das Triebverständnis Freuds

Freuds Grundannahmen über die Entstehung der Triebe sind verschieden. Im wesentlichen lassen sich drei Auffassungen unterscheiden. Triebe werden erstens als »mythische Wesen« (Freud 1933, S.101) aufgefaßt, als Kräfte, »die wir *hinter den Bedürfnisspannungen des Es* annehmen« (Freud 1938b, S.70, Kursivierung, S. Z.). Darauf bezieht sich die Lehre vom Eros und Thanatos, dem Lebens- und Todestrieb. Zweitens sind die Triebbedürfnisse konkrete Motivationen, die der »archaischen Erbschaft«, den »Niederschläge[n] frühmenschlicher Entwicklung« entnommen werden (Freud 1937a, S.86) und die in einer Art autonomer Sequenzregel eine biologisch vorgezeichnete Entwicklung durchlaufen (Freud 1905a, S.78), und schließlich entstehen drittens die Triebbedürfnisse in Anlehnung an die Befriedigung der lebenswichtigen, sog. »großen Körperbedürfnisse« (Freud 1900, S.571, s. auch 1905a, S.85;. 1914, S.153; 1916/17, S.324; 1923a, S.221; 1938b, S.70). Ich habe diese Konzepte kritisch durchgesehen und das erste und zweite als nicht haltbar zurückgewiesen (Zepf 1997a, S.19ff.). Weder in der humanen noch in der nicht-humanen Biologie lassen sich Beobachtungen finden, welche die Annahme eines Todestriebes rechtfertigen würden. Insbesondere Brun (1953/54) zeigt, daß diese Annahme sämtlichen biologischen Prinzipien widerspricht. Bei genauem Hinsehen erweist sich die Lehre von Eros und Thanatos als eine naturphilosophische Spekulation, für die es keine wissenschaftliche Begründung gibt. Eros und Thanatos lassen sich ferner nicht ohne Widersprüche im Rahmen der mehrgliedrigen Triebdefinition verfolgen - außer dem Drang kann »[m]an [...] am Trieb Quelle, Objekt und Ziel unterscheiden« -, an der Freud (1933, S.103; s. auch 1905a, S.68; 1915a, S.215; 1938b, S.73) zeitlebens festgehalten hat (s. dazu Fenichel 1935)[43].

Problematisch an der zweiten Konzeption ist, daß in ihr eine Vererbung psychischer Inhalte unterstellt wird. Ausdrücklich merkt Freud (1937b, S.206, Kursivierung, S. Z.) an, »daß die archaische Erbschaft des Menschen nicht nur Dispositionen, sondern auch *Inhalte* umfaßt, Erinnerungsspuren an das Erleben früherer Generationen« umfaßt[44]. Diese Annahme war schon zu Zeiten Freuds strittig und ist inzwischen ganz aufgegeben worden. Die Biologie wird als beseelt unterstellt, sodaß das Individuum bereits als Subjekt geboren wird. Die Ontogenese führt zu einer bloßen Individualisierung des phylogenetischen Erbes der Gattung, womit die Vergesellschaftung des Individuums, wie Habermas (1983) zurecht einwendet, nur noch formal, aber nicht mehr inhaltlich als Subjektivierung, als Vermenschlichung, sondern nur noch dazu kontradiktorisch als Einpassung in das Bestehende begriffen werden kann. Sowohl aus psychoanalytischer wie aus soziologischer Perspektive erlaubt diese Auffassung nur noch, die Bildung des Subjekts als Umformungsprozeß ahistorisch präformierter Inhalte zu erschließen.

In der These, daß sich die Triebwünsche in Anlehnung an die Befriedigung der »großen Körperbedürfnisse« bilden, werden dagegen die subjektiv wirksamen Triebbedürfnisse nicht als ahistorische Radikale aufgefaßt. Die Bildung der seelischen Repräsentanzen dieser »großen Körperbedürfnisse«, über die sie subjektiv wirksam werden, wird an Befriedigungserlebnisse gebunden[45], womit auch die Triebwünsche als hergestellt ausgewiesen wer-

---

43 Für eine detaillierte Kritik der Lebens- und Todestrieb-Hypothese Freuds s. Bibring (1936), Braun (1979), Jones (1957, S.315ff.), Kapp (1931), Lichtenstein (1935), Penrose (1931), Reich (1933, S.244ff.).

44 Schon 1923 spricht Freud (1923b, S.278) von »phylogenetischen Erwerbungen [...], die ihre Niederschläge im Es hinterlassen haben«, und meint damit die »im Es angehäuften Erfahrungen der Vorzeit« (Freud 1923b, S.285), »deren Eindrücke durch Vererbung festgehalten werden« (Freud 1923b, S.267).

45 »In der Form der großen Körperbedürfnisse tritt die Not des Lebens zuerst an ihn [den Säugling] heran. [...] Das hungrige Kind wird hilflos schreien oder zappeln. Die Situation bleibt aber unverändert [...]. Eine Wendung kann erst eintreten, wenn auf irgendeinem Wege, beim Kinde durch fremde Hilfeleistung, die Erfahrung des *Befriedigungserlebnisses* gemacht wird, das den inneren Reiz aufhebt. Ein wesentlicher Bestandteil dieses Erlebnisses ist das Erscheinen einer gewissen Wahrnehmung (der Nahrung im Beispiel), deren Erinnerungsbild von jetzt an mit der Gedächtnisspur der Bedürfniserregung assoziiert bleibt. Sobald dies Bedürf-

den. In Anlehnung an die Befriedigung der »großen Körperbedürfnisse« werden Quelle, Ziel, Drang und Objekt eines Triebes in einem Prozeß miteinander verbunden, in welchem sowohl jene wie auch die Triebe inhaltlich qualifiziert werden. Über das Triebziel, der besonderen Reizung, werden die Triebe inhaltlich und zu einem psychologischen Sachverhalt. Der erlebbare und subjektiv wirksame Triebinhalt - die Wunschregung - verdankt sich in dieser Auffassung der sensorischen Stimulation von Körperzonen, die dadurch zu erogenen werden. Wie die »großen Körperbedürfnisse«, werden die konkreten Triebbedürfnisse inhaltlich durch die Form ihrer Befriedigung hergestellt. Die Lippen werden z. B. zu einer erogenen Zone über eine »Reizung durch den warmen Milchstrom«, der »die Ursache der Lustempfindung« war (Freud 1905a, S.82). Dies gilt aber nicht nur für die oralen, sondern ebenso für die analen, phallischen und genitalen Triebregungen. Die entsprechenden erogenen Zonen werden durch Lustempfindungen qualifiziert, die sich äußerer Stimulation verdanken (z. B. Freud 1905a, S.88, S.124; 1916/17, S.325). Ausdrücklich wird festgehalten, daß »die Verführerin [...] regelmäßig die Mutter« ist, welche über die körperlichen Kontakte bei der Pflege des Kindes »Lustempfindungen« hervorruft und vielleicht »sogar zuerst erwecken mußte« (Freud 1933, S.129). Auf diese, durch die Stimulation der Objekte hervorgerufenen »Lustempfindungen« richtet sich das Triebbedürfnis, in dessen Befriedigung es darauf ankommt, eine »*zentral bedingte*, in die peripherische erogene Zone projizierte Reizempfindung [...] durch denjenigen äußeren Reiz zu ersetzen, welcher die Reizempfindung aufhebt« (Freud 1905a, S.85). In dieser Auffassung erweist sich die triebhafte Bedürftigkeit nur der Form nach als biologisch, dem Inhalt nach aber durch die Objekte, d. h. als sozial bestimmt.

Die Qualifizierung der »sozialen Kontaktstellen der Libido« (Cremerius 1957/58) - die Bestimmung einer Zone als »erogen« - verdankt sich der stimulierenden Wirkung der ersten Erziehungspersonen bei der Befriedigung des imperativen Körperbedarfs[46]. Weil ich mit Elias (1939, S.41f.) der Ansicht bin, daß das neugeborene Kind nicht mehr ist als ein Mensch der Möglichkeit nach, dessen wirkliche, wirksame Bedürfnisstruktur nicht formal, sondern inhaltlich von den gesellschaftlichen Verhältnissen bestimmt ist, in denen er lebt, und die Freudschen metaphysischen und phylogenetischen Spekulationen nicht teile, ist der von mir verwendete Triebbe-

---

nis ein nächstesmal auftritt, wird sich, dank der hergestellten Verknüpfung, eine psychische Regung ergeben, welche das Erinnerungsbild jener Wahrnehmung wieder besetzen [...] also eigentlich die Situation der ersten Befriedigung wiederherstellen will. Eine solche Regung ist das, was wir einen Wunsch heißen« (Freud 1900, S.571).

46 Dies deckt sich mit der Freudschen (1914, S.140) Auffassung, daß »die Erogenität als allgemeine Eigenschaft aller Organe anzusehen« ist.

griff jener sozialisationstheoretisch geläuterten Fassung verpflichtet, die am radikalsten von Lorenzer vertreten und in seiner »Theorie der Interaktionsformen« konsequent durchgehalten wird. Er untersucht das psychoanalytische Triebverständnis in verschiedenen Frageperspektiven und bringt seine Antworten auf den Punkt in Formulierungen wie »Trieb [...] ist Niederschlag realerfahrener körperbestimmter Interaktion« (Lorenzer 1972, S.17) und das »konkrete >Es< ist als reale Triebpotenz ein Komplex hergestellter Interaktionsformen«, in denen sich die realen Interaktionen psychisch repräsentieren (Lorenzer 1974, S.120),. Triebbedürfnisse werden nicht als ahistorische Radikale, sondern als »eine verinnerlichte erlebte Erfahrung, ein geronnenes Schema mit emotionalen, conativen und cognitiven und nicht zuletzt motorischen Komponenten« (Loch 1971, S.25), als Interaktionsformen aufgefaßt (Zepf 1985a; 1994a), die sich im Prozeß der Befriedigung, in realem Interagieren bilden.

7.2 Die Narzißmuskonzepte

Auch die Narzißmuskonzepte Freuds und anderer psychoanalytischer Autoren habe ich kritisch durchgesehen und deutlich gemacht, daß es in keinem der Konzepte, die von anderen Autoren publiziert wurden, gelingt, die narzißtische Bedürftigkeit innerhalb der psychoanalytischen Metapsychologie widerspruchsfrei und so mit der Triebbedürftigkeit zu verbinden, daß die relative Eigenständigkeit beider Bereiche gewahrt bleibt und die Art und Weise, wie sie im Erleben zusammen und gegeneinander wirken, durchsichtig wird (Zepf 1985a; 1997a, S.33ff.). Kohut (1973; 1979) verabsolutiert die Eigenständigkeit der narzißtischen Entwicklung und löst sie von der Triebentwicklung ab. Im Urteil von Kohut (1979, S.294) liegt sein Konzept außerhalb des von Freud geschaffenen theoretischen Rahmens. Kernberg (1978; 1981) liest den Narzißmus im wesentlichen unter dem triebtheoretischen Aspekt der Abwehr und reduziert ihn auf eine Erscheinungsform der Triebpsychologie und -pathologie. Die dazu konträre Position, die in der Triebbedürftigkeit eine Erscheinungsform der narzißtischen sieht, wird von Ferenczi (1913; 1924) und - wenn auch in anderen Worten - von Balint (1959; 1966) und Grunberger (1976) vertreten. Die Arbeitsgruppe um Sandler wiederum versuchte, den Narzißmus - in verschwiegener Anlehnung an Balint - in Begriffen eines Idealzustandes zu beschreiben. Idealzustand bezieht sich auf der Ebene des Erlebens auf einen Zustand des Wohlbefindens, der mit harmonischen und gut integrierten Funktionen aller biologischen und genetischen Strukturen einhergeht und in dem »der früheste Zustand des Sich-eins-Fühlens mit der Mutter vorübergehend wiedererlangt« sei (Joffe u. Sandler 1967b). Dieser Idealzustand ist - ich habe bereits darauf aufmerksam gemacht (s. S.72) - von dem Erleben der bei einer Triebbefriedigung erfahrenen Lust zu unterscheiden. In ihrem Selbstverständnis steht ihre inhaltliche Bestimmung der narzißtischen Bedürftigkeit als Streben nach Wohlbefinden in enger Verbindung mit der psychoanalytischen Trieblehre. Engagiert wehren sie sich gegen die Vermutung, daß mit ihrer Definition eine Trennlinie gezogen würde (Joffe u. Sandler 1967a). Allerdings wird in ihrem großangelegten und eindrucksvollen Versuch, den Inhalt und den Stellenwert einzelner metapsychologischer Begriffe in wechselseitigem Zusammenhang zu klären, an keiner Stelle systematisch ausgeführt, wie sich narzißtische und Triebbedürftigkeit in wechselseitiger Abhängigkeit voneinander entwickeln, welche Konsequenzen jeweils eine Störung der einen für die Entwicklung und Störung der anderen hat. Die Beziehung zwischen beiden bleibt eine bloße Behauptung (s. auch Pulver 1972).

Auch Freuds Narzißmus-Konzeption ist widersprüchlich ist. Durchgängig wird jedoch eine relative Eigenständigkeit beider Bereiche angenommen und ihr Zusammenwirken implizit als ein dialektisches konzipiert. Ich will hier nicht meine kritische Erörterung wiederholen (s. Zepf 1985a, S.6ff., 1997a, S.33ff.), aber doch soviel daraus festhalten. Zu unterschiedlichen Zeiten wird von Freud der primäre Narzißmus in unterschiedlichen Entwicklungsphasen des Kindes verortet. In folgender Passage findet er sich als »primitiv[r]« (Freud 1916, S.412f., Kursivierung aufgehoben, S. Z.) oder »absolut selbstgenügsame[r] Narzißmus« (Freud 1921, S.146) bereits intrauterin (s. auch Freud 1916/17, S.432):

»So haben wir mit dem Geborenwerden den Schritt vom absolut selbstgenügsamen Narzißmus zur Wahrnehmung einer veränderlichen Außenwelt und zur Objektfindung gemacht, und damit ist verknüpft, daß wir den neuen Zustand nicht dauernd ertragen, daß wir ihn periodisch rückgängig machen und im Schlaf«, der »eine Reaktivierung des Aufenthaltes im Mutterleib« ist und »bis zur Herstellung des primitiven Narzißmus« reichen kann (Freud 1916, S.412f), »zum früheren Zustand der Reizlosigkeit und Objektvermeidung zurückkehren« (Freud 1921, S.146).

In Formulierungen wie

»Das Ich findet sich ursprünglich, zu allem Anfang des Seelenlebens, triebbesetzt und zum Teil fähig, seine Triebe an sich selbst zu befriedigen. Wir heißen diesen Zustand den des Narzißmus, die Befriedigungsmöglichkeit die autoerotische« (Freud 1915a, S.227)

wiederum existiert er erst mit der Geburt, und als »primären Narzißmus« lokalisiert Freud (1914, S.154) ihn in einer Entwicklungsphase, die dem Autoerotismus folgt, in der das »in der Entwicklung begriffene Individuum [...] seine autoerotisch arbeitenden Sexualtriebe zu einer Einheit zusammen-

119

faßt, [und] zunächst sich selbst, seinen eigenen Körper zum Liebesobjekt nimmt, ehe es von diesem zur Objektwahl einer fremden Person übergeht« (Freud 1911b, S.297).

Die verschiedenen Ziele, auf die sich die narzißtische Bedürftigkeit richtet - auf das Selbst und auf die Wiederherstellung »des Aufenthaltes im Mutterleib« - sowie die unterschiedliche zeitliche Verortung könnte man einmal als Resultat eines inkohärenten Denkens diagnostizieren. Man kann sie aber auch vor dem Hintergrund der Freudschen Ansicht lesen, daß der Mensch in seiner Entwicklung »ein Ideal in sich« aufrichtet, dem nun »die Selbstliebe« gilt, »welche in der Kindheit das wirkliche Ich genoß«, und daß das, »[w]as er in seinem Ideal vor sich hin projiziert, [...] der Ersatz für den verlorenen Narzißmus seiner Kindheit [ist], in der er sein eigenes Ideal war« (Freud 1914, S.161), womit die Auffassung vertreten wird, daß sich die narzißtische Bedürftigkeit in der Entwicklung verändert. Man könnte dann unterstellen, daß die unterschiedliche Verortung in mystifizerter Weise auf Entwicklungsphasen, auf Formen des Narzißmus Bezug nimmt, in denen sich die narzißtische Bedürftigkeit unterschiedlich präsentiert. Über den »narzißtischen Urzustand« heißt es dezidiert:

»Die Sexualziele, welche von vornherein ein Objekt fordern, [...] stören natürlich diesen Zustand und bereiten die Fortschritte vor. Ja, der narzißtische Urzustand könnte nicht jene *Entwicklung* nehmen, wenn nicht jedes Einzelwesen eine Periode von Hilflosigkeit und Pflege durchmachte, während dessen seine drängenden Bedürfnisse durch Dazutun von Außen befriedigt und somit von der Entwicklung abgehalten würden« (Freud 1915a, S.227, Anm. 1, Kursivierung, S. Z.).

Diese Entwicklung wurde von Freud nicht systematisch ausgeführt. Daß sie aber nicht unabhängig von der Triebentwicklung zu konzipieren ist, macht schon das herangezogene Zitat deutlich. Wie das Verhältnis beider zu denken ist, wird einsichtig, wenn man sich daran erinnert, daß Freud zum einen den primären Narzißmus durchgängig libido- und d. h. triebtheoretisch bestimmt, gleichgültig ob intrauterin als »Urzustand der Libidoverteilung« (Freud 1916/17, S.432) oder als zwischen Autoerotismus und Objektwahl eingeschaltete Phase, in der sich die Libido auf das eigene Ich richtet und dadurch eine »narzißtische« Qualität erhält (Freud 1920, S.56; 1930, S.477; 1938b, S.73). Wenn der »Name Libido«, wie Freud (1916/17, S.428) schreibt, »für Triebkräfte des Sexuallebens vorbehalten« bleibt, dann ist im primären Narzißmus fraglos eine Erscheinungsform der Triebentwicklung zu sehen.

Andererseits gilt bei Freud auch die Umkehrung dieses Satzes. Thesen wie »der Autoerotismus [ist] die Sexualbetätigung des narzißtischen Stadiums der Libidounterbringung« (Freud 1916/17, S.431), oder daß die Bildung eines Ich-Ideals als Ersatz für den verlorenen Narzißmus der Kindheit

»von seiten des Ichs die Bedingung der Verdrängung« ist (Freud 1914, S.161), bestimmten die aktuelle Gestaltung des Trieblebens, die Triebentwicklung zugleich auch als eine Erscheinungsform des Narzißmus. Diese Thesen sprechen dem Narzißmus eine relative Eigenständigkeit zu und setzen seine Entwicklung und die Triebentwicklung in ein Verhältnis, in dem sich beide wechselseitig durchdringen, zur Voraussetzung nehmen und sich in der jeweils anderen darstellen können. Fügt man hinzu, daß narzißtische Interessen und Triebbedürfnisse bei Freud (1914, S.161) auch gegensätzlich sein können - z. B. ist das narzißtische Bestreben, dem Ich-Ideal, das ab 1923 »Über-Ich« heißt, zu genügen, Bedingung der Verdrängung -, dann ist dieses Verhältnis implizit als ein dialektisches konzipiert und als ein solches zu explizieren.

7.3 Die Beziehungen zwischen triebhafter und narzißtischer Bedürftigkeit

Mit der Auffassung, daß sich die subjektiv wirksamen Triebwünsche im Prozeß ihrer Befriedigung bilden, scheint sich eine bestimmte Sicht auf die narzißtische Bedürftigkeit zu eröffnen. Mit der Aufhebung der Körperspannung in lustvollem Interagieren wird jedenfalls wieder jener Zustand hergestellt, den verschiedene Autoren mehr oder weniger explizit als Ziel definieren, auf den sich die narzißtische Bedürftigkeit eines Individuums richtet: ein Zustand, welcher der intrauterinen Ungeschiedenheit von Bedarf und Bedarfsstillung entspricht, und der sich nach Joffe u. Sandler (1967b) später auf der Gefühlsebene als »Wohlbefinden« präsentiert. Ich bin dieser Auffassung gefolgt (Zepf 1985a) und habe in der narzißtischen Bedürftigkeit die Versuche gesehen, jenen bedürfnislosen Zustand unter veränderten Bedingungen wieder zu erreichen. Ich schlug vor, den Narzißmus »negativ« als Folge eines traumatischen, zum Erleben von Unlust führenden Eingriffs von Außen, wie er sich erstmalig mit der Geburt einstellt, zu lesen. Diese Annahme ist nicht haltbar, denn die intrauterine Situation ist psychisch nicht eingetragen und im Geburtsvorgang wird keine Unlust erlebt. Ich habe sie inzwischen aus folgenden Gründen revidiert (Zepf 1997a, S.43ff.). Betrachtet man die Sachlage aus der Perspektive des Subjekts und geht davon aus, daß die intrauterine Situation nicht repräsentiert ist und sich der Geburtsvorgang nicht als Unlust darstellt, dann kann die narzißtische Bedürftigkeit nicht mit dieser Unlust begründet werden und im Wohlbehagen kann sich keine Wiederholung der intrauterinen Situation in veränderter Form darstellen. Der Zustand des Wohlbehagens ist mit der intrauterinen, homöostatischen Ausgangslage nur abstrakt, d. h. insofern identisch, als beide Male keine Bedürfnisse vorliegen. Konkret ist er davon verschieden. Würde man gleichwohl daran festhalten, daß sich in der Sehnsucht nach diesem Wohlbefinden die Sehnsucht nach etwas anderem verbirgt und zur Darstellung bringt, dann könnte für dieses Andere bestenfalls die homöostatische Ausgangslage in Anspruch genommen werden, deren Störung etwa bei Schur (1966) das Unlustprinzip wirksam werden läßt[47]. Dann wäre das zielintentionale Verhalten nur ein Duplikat des zielgerichteten. Die Biologie würde den Inhalt und das in der Lebenspraxis Hergestellte dessen Form bestimmen. Von dieser Sichtweise habe ich mich aber schon früher und auch jetzt bereits bei der Triebdiskussion verabschiedet, und was für die Triebbedürftigkeit gilt, muß auch für die narzißtische gelten. Wenn die Triebbedürftigkeit der Form nach biologisch, in ihrem Inhalt aber sozial hergestellt ist, dann muß das Nämliche auch für die narzißtische zu treffen. Auch sie muß der Form nach biologisch und dem Inhalt nach als sozial, als hergestellt aufgefaßt werden. Wenn Wohlbehagen als Ziel intendiert werden soll, auf das sich die narzißtische Bedürftigkeit richtet, muß es zuerst erfahren worden sein und sich gebildet haben. Gebildet und erfahren wird es im Akt der Bildung und Befriedigung der Triebbedürfnisse. Im Unterschied zur intrauterinen Situation ist Wohlbefinden aber objektiv Folge der Triebbefriedigung und subjektiv nichts anderes als Folge der Lust.

Die Mutterleibssituation ist psychisch nicht repräsentiert. Weder kann ihre Störung als Ausgangspunkt der narzißtischen Bedürftigkeit, noch kann als ihr besonderes Ziel die Wiederherstellung des »Aufenthalts im Mutterleibe« (Freud 1916, S.412) unter veränderten Bedingungen angesehen werden. Die wirkliche, erlebnismäßige Geburtsstätte der narzißtischen Bedürftigkeit und ihr Ziel läßt sich aus einer Anmerkung erschließen, in der Freud sein Konzept eines »ursprünglichen Autoerotismus« revidiert. Bereits in den »Drei Abhandlungen« heißt es:

»Als die anfänglichste Sexualbetätigung noch mit der Nahrungsaufnahme verbunden war, hatte der Sexualtrieb ein Sexualobjekt außerhalb des eigenen Körpers in der Mutterbrust. Er verlor es nur später [...]. Der Geschlechtstrieb wird dann in der Regel autoerotisch und erst nach Überwindung der Latenzzeit stellt sich das ursprüngliche Verhältnis wieder her. Nicht ohne guten Grund ist das Saugen des Kindes an der Brust der Mutter vorbildlich für jede Liebesbeziehung geworden. Die Objektfindung ist eigentlich eine Wiederfindung« (Freud 1905a, S.123).

Der Autoerotismus wird als eine sekundäre Bildung angesehen, die nach dem Verlust des Sexualobjekts eintritt, in diesem Fall nach dem Verlust der mütterlichen Brust. Auch 12 Jahre später heißt es, daß die Partialtriebe »von

---

[47] »Das Unlustprinzip steuert die Behebung einer Gleichgewichtsstörung [...]« und hat »die Wiederherstellung der Gleichgewichtslage zum Ziel« (Schur 1966, S.117, S.139).

vornherein ein Objekt« haben, wobei das Objekt des oralen Triebes die Mutterbrust ist. Dann macht sich im »Akte des Lutschens [...] die beim Saugen mitbefriedigte erotische Komponente selbständig, gibt das fremde Objekt auf, und ersetzt es durch eine Stelle am eigenen Körper. Der orale Trieb *wird autoerotisch*« (Freud 1916/17, S.340f., Kursivierung, S. Z.). Als »Sexualbetätigung des narzißtischen Stadiums der Libidounterbringung« (Freud 1916/17, S.431) gilt nun der Autoerotismus selbst als narzißtisch. Er wird als die Form betrachtet, in welche sich der »ursprüngliche Narzißmus des Kindes« (Freud 1914, S.159) entwickelt.

Hält man sich an diese Auffassung, dann verdankt sich die autoerotische Form des Narzißmus unlustvollen, durch den Verlust der Triebobjekte bewirkten Erfahrungen und zielt in dieser Form auf die Vermeidung dieser Unlust. Die Auffassung , daß die narzißtische Bedürftigkeit aus einer Kränkung resultiert, ist auch der Formulierung implizit , daß das, was der Erwachsene »in seinem Ideal vor sich hin projiziert, [...] der Ersatz für den verlorenen Narzißmus seiner Kindheit [ist], in der er sein eigenes Ideal war« (Freud 1914, S.161). Der Unlustvermeidung dient ebenso die von Freud (1905a, S.44) als narzißtisch apostrophierte Objektwahl der Homosexuellen, die »sich mit dem Weib identifizieren und sich selbst zum Sexualobjekt nehmen, das heißt vom Narzißmus ausgehend Jugendliche und der eigenen Person ähnliche Männer aufsuchen, die sie so lieben wollen, wie die Mutter sie geliebt hat«. Diese Objektwahl kommt unter anderem durch »Versagung« (Freud 1905, S.45) zustande, wobei die »Hochschätzung des männlichen Organs und die Unfähigkeit, auf dessen Vorhandensein beim Liebesobjekt zu verzichten« sowie der »Verzicht auf das Weib«, weil man der »Konkurrenz« mit dem »Vater [...] ausweicht«, für Freud (1922, S.205) eine spezifische Verarbeitung der »Kastrationsangst« darstellt. Wenn die Annahme eines ursprünglichen, vorpsychischen und bereits die Biologie als beseelt unterstellenden Narzißmus hinfällig wird, dann verdankt sich nicht nur die Entwicklung, sondern die narzißtische Bedürftigkeit selbst der Unlust, zu der die bei der Triebbefriedigung auftretenden Störungen führen. Die Freudsche Auffassung des Narzißmus ist somit zu präzisieren: Die narzißtische Bedürftigkeit wird aus Triebfrustrationen geboren und zielt darauf ab, die daraus resultierende Unlust zu verhindern, oder doch soweit als möglich zu minimieren. Ich habe deshalb vorgeschlagen, das Lust- und Unlustprinzip auch auf das Erleben zu beziehen und das bereits von Schur (1966, S.165) vom Lustprinzip abgetrennte Unlustprinzip, das in Wirklichkeit ein Unlustvermeidungsprinzip ist, als dasjenige zu nehmen, das der narzißtischen Bedürftigkeit zugrunde liegt.

Trägt man diese Auffassung des Narzißmus in der Theorie der Affektsymbole ein, dann erscheint die triebhafte Bedürftigkeit in Streben nach Lust, und die narzißtische im Bestreben, Unlust zu vermeiden. Eine narzißtische Bedürftigkeit kann erst mit der Problematisierung der »halluzinatorischen Wunscherfüllung« angenommen werden, die zum ersten Auftreten von Unlust führt. Nicht nur der Trieb, von dem Freud (1913, S.276) behauptet, daß »wir nichts von ihm wissen« können, wenn er »sich nicht an eine Vorstellung heften oder nicht als ein Affektzustand zum Vorschein kommen« würde, sondern auch die narzißtische Bedürftigkeit existiert subjektiv in Form von Affekten. Dabei ist das Verhältnis beider ein dialektisch-widersprüchliches, in dem das Streben nach Lust die dominierende Seite darstellt. Die narzißtische Bedürftigkeit wird aus der Triebfrustration geboren und zielt darauf ab, mit den Bedingungen ihres Entstehens sich selbst abzuschaffen. Die subjektive Existenz der Triebbefriedigung und der narzißtischen Bedürftigkeit schließen sich nicht nur aus - wenn Lust erlebt wird, wird keine Unlust erfahren und umgekehrt -; sie durchdringen sich ferner in folgendem Sinne. In der Befriedigung der narzißtischen Bedürftigkeit werden die Bedingungen der Unlust außer Kraft gesetzt. Zugleich wird damit das Auftreten der Lust gesichert. Einerseits erscheint also die triebhafte Bedürftigkeit in der narzißtischen. Da die Unlustvermeidung im wesentlichen bloßes Mittel ist, das lustvolle Erfahrungen garantieren soll, bestimmt das Streben nach Lust das Wesen der Unlustvermeidung. Andererseits erscheint die narzißtische Befriedigung in Gestalt der triebhaften. Das Subjekt versucht in seiner triebhaften Bedürftigkeit die Bedingungen einzulösen, unter denen es Lust erfährt. Gelingt dies, dann verhindert es zugleich, daß die Bedingungen eintreten können, unter denen Unlust, d. h. eine narzißtische Bedürftigkeit auftritt. In der Triebbefriedigung, in der Lust, erscheint die narzißtische Befriedigung, wobei das Streben nach Lust nicht vom Bestreben angetrieben ist, Unlust zu vermeiden. Ihre Qualität ist nicht durch die Abwesenheit von Unlust bestimmt.

Widersprüchlich ist das Verhältnis beider in folgender Weise. Weil es die subjektive Bedingung der Lust ist, hält das kindliche Subjekt bspw. auf dem Stadium der halluzinatorischen Wunscherfüllung einerseits am bloßen Bild fest, in dem sich der Bedürfnisaffekt präsentiert. Andererseits will es dieses Bild abschaffen, da es ihm zugleich als Bedingung der Unlust erscheint. Der Widerspruch zwischen narzißtischer und triebhafter Bedürftigkeit wird durch eine Veränderung des bloßen Bildes in eine Vorstellung gelöst. Als Vorstellung verweist das Bild nun auf ein »Außen«, womit sich das Verhältnis von Lust und Unlust günstiger als vorher gestaltet. Deutlich wird, daß die Entwicklung sowohl eine narzißtische als auch eine triebhafte Bedürftigkeit voraussetzt, und daß in der Entwicklung die narzißtische Befriedigung im Dienste der triebhaften, der Lustgewinnung steht. Ohne das Streben nach Lust würde das Bild abgeschafft, die Entwicklung somit rückgängig gemacht, und ohne das Bestreben, Unlust zu vermeiden, würde daran festgehalten werden, womit die weitere Entwicklung sistieren würde. Es ist dieser Widerspruch, der die Entwicklung subjektiv vorantreibt. Was für den Schritt gilt, der über die halluzinatorische Wunscherfüllung hinausführt, hat für alle weiteren Entwicklungsschritte des subjektiven Erlebens Gültigkeit. Gemeinsam lassen sie sich als Bewegungs- und Lösungsformen des Widerspruchs zwischen narzißtischer und triebhafter Bedürftigkeit begreifen. Selbst der Spracherwerb und die dadurch mögliche Differenzierung der Affekte in Emotionen gründet in diesem Widerspruch. Weil die subjektive Aufgliederung der Repräsentanzwelt in eigene und objektgebundene instrumentelle und triebbestimmte bzw. triebbefriedigende Aktivitäten zum Erleben von Lust führt, wird zum einen an dieser Aufgliederung festgehalten. Da aber auch sie keine ausschließlich lustvolle Existenz garantiert, muß sie zum andern abgeschafft werden. Die Aufgliederung muß mit dem Resultat verändert werden, daß die besonderen Bedingungen der Unlust, welche die angestrebte ausschließlich lustvolle Existenz stören, subjektiv insoweit kenntlich werden, daß sie verhindert werden können. Genau dies erlauben die durch den Spracherwerb möglich gewordenen Prozesse der Prädikation, Regulation, Intensions- und Extensionsbildung. Sie werden aus Gründen der narzißtischen Bedürftigkeit notwendig und erlauben, über die Bildung symbolischer instrumenteller und triebbestimmter Interaktionsformen eine subjektive Differenzierung der besonderen Bedingungen sowohl der Lust wie der Unlust.

Im nächsten Kapitel, in dem ich das Problem der Abwehr von Emotionen und Affekten einer Lösung näher bringen will, wird sich zeigen, daß auch bei Abwehrprozessen triebhafte und narzißtische Bedürftigkeit aufeinander bezogen bleiben. In ihrem dialektischen Zusammenspiel wird aber die bestimmende Seite eine andere. Bei Abwehroperationen steht das Verhalten nicht mehr unter dem Primat der Lustgewinnung, sondern unter dem narzißtischen der Unlustvermeidung.

8. Abwehr, Ersatzbildung und Affekte

Der Begriff der Abwehr bezeichnet innerpsychische Operationen, welche zu Störungen im Persönlichkeitsgefüge führen. Allgemein gründet der Einsatz der Abwehrmechanismen darin, daß »das Unlustmotiv eine stärkere Macht als die Befriedigungslust« gewinnt (Freud 1915b, S.249). Die Unlust, welche Abwehroperationen veranlaßt, ist eine innere Gefahr, deren »eigentliche[r] Kern« eine »Situation der Unbefriedigung [ist], in der Reizgrößen eine unlustvolle Höhe erreichen« (Freud 1926, S.168), die Gefahrsituation ist eine äußere, »in der die Bedingung« für diese traumatische innere Lage »enthalten ist« (Freud 1926, S.199). Der Affekt der Angst steht in diesem Modell zwischen der äußeren und inneren Gefahr. Allgemein ist »[d]ie Angst [...] eine Reaktion auf die Gefahrsituation« (Freud 1926, S.159), auf äußere Situationen, in denen die innere Gefahr droht, daß »Reizgrößen eine unlustvolle Höhe erreichen«, womit die Angst in eine zweistellige Relation verwiesen wird. Obwohl Angst abgewehrt werden kann, sind die Abwehroperationen primär nicht auf sie gerichtet. Die Angst ist zunächst ein Anlaß für kindliche Aktivitäten, mit denen versucht wird, die Unlust der traumatischen »Gefahrsituation zu vermeiden, die durch die Angstentwicklung signalisiert wird« (Freud 1926, S.159, vgl. auch S.199f.). Außer dem Objektverlust nennt Freud (1926, S.168ff.) noch 4 weitere äußere Gefahrensituationen, die sich auseinander entwickeln und unter denen Angst erlebt wird, weil diese innere Gefahr, die Gefahr einer narzißtischen Kränkung droht: Verlust der Liebe des Objekts, Kastration, Verlust der Liebe des Über-Ich und des in die Schicksalsmächte projizierten Über-Ichs. In diesen Situationen werden die Triebregungen abgewehrt, wenn ihre »Befriedigung eine äußere Gefahr herbeiführen würde« (Freud 1926, S.201), wenn ihre Befriedigung von den Objekten verboten wird und sie dem Subjekt selbst als Bedingung der äußeren Gefahr erscheinen. So heißt es (Freud 1926, S.177):

»[D]ie geliebte Person würde uns nicht ihre Liebe entziehen, die Kastration uns nicht angedroht werden, wenn wir nicht bestimmte Gefühle und Absichten in uns nähren würden. So werden diese Triebregungen zu Bedingungen der äußeren Gefahr und damit selbst gefährlich, wir können jetzt die äußere Gefahr durch Maßregeln gegen innere Gefahren bekämpfen«.

Freud (1937a, S.80, Kursivierung aufgehoben, S. Z.) nennt diese Maßregeln
»Abwehrmechanismen«.

8.1 Die Abwehr von Interaktionsformen

Im Verständnis Freuds (1913, S.276) beziehen sich die Abwehrmechanismen auf die »Vorstellungsrepräsentanz« einer Triebregung, auf den szenischen Zusammenhang, in dem sich eine bestimmte Triebregung im Bewußtsein darstellt, auf symbolische Interaktionsformen. Ihre Angriffspunkte sind nicht die Affekte, sondern die Repräsentanzen der äußeren Gefahr, des Selbst und des Objekts sowie der Aktion, die beide miteinander verbindet. Freud rechnet zu ihnen die *hysterische Konversion, Isolierung, Projektion, Reaktionsbildung, Regression,* das *Ungeschehenmachen,* die *Verdichtung, Verdrängung, Verkehrung ins Gegenteil, Verleugnung, Verneinung, Verschiebung* und die *Wendung gegen die eigene Person.* Fenichel (1946a, S.202ff.) zählt die *Introjektion* bzw. *Identifizierung* sowie die *Sublimierung,* A. Freud (1936) fügt noch die *altruistische Abtretung von Triebansprüchen* und die *Identifikation mit dem Angreifer* hinzu, und Bychowski (1953), M. Klein (1946) und vor allem Kernberg (1975) entwickeln die *Spaltung* als einen weiteren eigenständigen Abwehrmechanismus.

Unter diesen Operationen behauptet Freud für die *Verdrängung* eine Sonderstellung. Zwar wird argumentiert, Freud habe zunächst Abwehr und Verdrängung synonym benutzt und später die Verdrängung nur als einen von verschiedenen Mechanismen unter den Begriff der Abwehr subsumiert. Als Beleg für diese Auffassung wird eine Textstelle angeführt, in der sich Freud über seine Verwendung der Begriffe der Verdrängung und der Abwehr äußert. Freud (1926, S.195f.) führt aus, daß er sich des Terminus des »Abwehrvorganges [...] zu Anfang meiner Studien vor dreißig Jahre ausschließlich bedient [habe] und den ich später fallen gelassen hatte. [...] Ich ersetzte ihn in der Folge durch den der Verdrängung, [...]. Ich meine nun, es bringt einen sicheren Vorteil, auf den alten Begriff der Abwehr zurückzugreifen, wenn man dabei festsetzt, daß er die allgemeine Bezeichnung für alle Techniken sein soll, deren sich das Ich in seinen eventuell zur Neurose führenden Konflikten bedient, während Verdrängung der Name einer bestimmten solchen Abwehrmethode bleibt, die uns infolge der Richtung unserer Untersuchungen zuerst besser bekannt worden ist«.
Es finden sich aber bereits in seinen frühen Schriften neben der Verdrängung als Abwehrmechanismen auch die »Konversion«, die »Transposition des Affekts« (Freud 1894, S.68) und die »Projektion« (Freud 1896, S.401), und in einem Kommentar zu A. Freuds Arbeit »Das Ich und die Abwehr-

mechanismen«, der 11 Jahre später geschrieben wurde, wird die Besonderheit der Verdrängung ausdrücklich betont: »Es war nie Zweifel daran, daß die Verdrängung nicht das einzige Verfahren ist, das dem Ich für seine Absichten zu Gebote steht. Immerhin ist sie etwas ganz Besonderes, das von den anderen Mechanismen schärfer geschieden ist, als diese untereinander« (Freud 1937a, S.81). Die »Sonderstellung« der Verdrängung wird auch von A. Freud (1936, S.240) betont und damit begründet, daß die Verdrängung das alleinige Verfahren ist, mit dem bewußte Inhalte in unbewußte transferiert werden. In Freuds sprachtheoretischer Fassung des Bewußten wird dies durch eine Disjunktion von Wort- und Sachvorstellungen bewirkt: Mit der Verdrängung wird »der zurückgewiesenen Vorstellung [...] [d]ie Übersetzung in Worte« verweigert, womit die »nicht in Worte gefaßte Vorstellung [...] dann im Ubw [Unbewußten] als verdrängt zurück« bleibt (Freud 1913, S.300, Kursivierung aufgehoben, S. Z.). In Lorenzers Konzept erscheint die Verdrängung als ein Prozeß der »Desymbolisierung«, in dem die verpönten Interaktionsformen die ihnen lebensgeschichtlich zugehörigen Sprachfiguren verlieren und zu einem »Klischee« werden. Begriffstheoretisch geläutert heißt dies, daß bei einer Verdrängung Elemente triebbestimmter Interaktionsformen aus der Extension der mit ihnen lebensgeschichtlich verbundenen Begriffe exkommuniziert werden, ohne daß deren intensionale Bestimmungen verändert werden. Sie werden bewußtlos, weil sie nicht mehr als »Fall« dieser Intensionen ausgewiesen werden können.

Wenn das »*Wesen*« der Verdrängung »*nur in der Abweisung und Fernhaltung vom Bewußten besteht*« (Freud 1915b, S.250) und sich unbewußte Inhalte der Reflexion entziehen, wird zur Frage, wie es noch möglich sein kann, daß das unbewußt Gewordene Eingang in die psychische Tätigkeit gewinnt und intentional verhaltensbestimmend wirksam bleibt. Jedenfalls können die verdrängten Triebwünsche, die desymbolisierten, aus ihrer begrifflichen Fassung ausgestanzten Interaktionsformen, keinen Einfluß mehr auf das vom Subjekt intendierte Verhalten ausüben, wenn sie subjektiv nicht mehr verfügbar sind. Um intentional wirksam zu werden, muß das Verdrängte dem Bewußtsein wieder in irgendeiner Form zugänglich sein. Dieses Problem wurde offensichtlich auch von Freud gesehen. Er nimmt nämlich an, daß »die Verdrängung in der Regel eine *Ersatzbildung* schafft« (Freud 1915b, S.256), in der das Verdrängte in veränderter Form wiederkehrt und ins Bewußtsein eingelassen wird. Freuds Begründung der engen Verzahnung von Verdrängung und Ersatzbildung ist eine ökonomische. Da die verdrängten Triebwünsche ihre libidinöse Besetzung behalten, virulent bleiben und übers Bewußtsein zur Motiliät vorzudringen suchen, setze die Aufrechterhaltung der Verdrängung eine Gegenbesetzung voraus. Den verdrängten Inhalten würde ein Teil ihrer Besetzung entzogen[48], mit dem die psychischen Repräsentanzen (gegen)besetzt würden, welche die verdrängten Vorstellungen ersetzen. Dadurch würde ihr Auftreten bzw. ihr Wiederauftreten im Bewußtsein verhindert (Freud 1913, S.281; 1916/17, S.426; 1926, S.190; s. auch A. Freud 1936, S.20). In ökonomischer Hinsicht ist »die Gegenbesetzung« nicht nur »der alleinige Mechanismus der Urverdrängung« (Freud 1913, S.280), den Freud (1911b, S.303f., s. auch 1913, 279f.; 1926, S.121) verantwortlich macht, daß primär unbewußte, der phylogenetischen Erbschaft entnommene »psychische Bildungen«, die den »Kern des Ubw aus[machen]« (Freud 1913, S.294), unbewußt bleiben. Er spielt auch beim »›Nachdrängen‹« der bewußten »psychischen Abkömmlinge« des Urverdrängten, der »eigentlichen Verdrängung« in einer 2. Phase, die Freud (1911b, S.303f.) von der Urverdrängung unterschieden wissen will, die entscheidende Rolle: »Die Ersatzvorstellung spielt [...] für das System *Bw (Vbw)* die Rolle einer Gegenbesetzung, indem sie es gegen das Auftauchen der verdrängten Vorstellung im *Bw* versichert« (Freud 1913, S.281).

Die Feststellung, daß die Verdrängung eine Ersatzbildung schafft, ist nicht in dem Sinne zu verstehen, daß die Ersatzbildung bereits durch den Akt der Verdrängung hergestellt wird. Freud (1915b, S.257, Kursivierung aufgehoben, S. Z.) betont, »daß es nicht die Verdrängung selbst ist, welche Ersatzbildungen [...] schafft, sondern daß diese letzteren als Anzeichen einer Wiederkehr des Verdrängten ganz anderen Vorgängen ihr Entstehen verdanken«. Es gibt jedenfalls »sehr verschiedene Mechanismen der Ersatzbildung [...]«. Die Differenz zwischen der Verdrängung und diesen Mechanismen beschreibt Freud (1937a, S.81f.) mit der Analogie eines Buches aus der Zeit, als es nur Einzelexemplare gab. Unerwünschte Textstellen wurden von der amtlichen Zensur durchgestrichen und

> »um den Hinweis auf die Verstümmelung des Textes [zu] vermeiden, [ging man] dazu über, den Text zu entstellen. Man ließ einzelne Worte aus oder ersetzte sie durch andere, man schaltete neue Sätze ein; am besten strich man die ganze Stelle heraus und fügte an ihrer Statt eine andere ein, die das genaue Gegenteil besagte. Der nächste Abschreiber des Buches konnte dann einen unverdächtigen Text herstellen, der aber verfälscht war; er enthielt nicht mehr, was der Autor hatte mitteilen wollen, [...]«.

In diesem Beispiel verhält sich »die Verdrängung [...] zu den anderen Abwehrmethoden wie die Auslassung zur Textentstellung«, und ihre Resultate, die »verschiedenen Formen der Verfälschung«, entsprechen den Ersatz-

---

48 »Es ist sehr wohl möglich, daß gerade die der [verdrängten] Vorstellung entzogene Besetzung zur Gegenbesetzung verwendet wird« (Freud 1913, S.280).

bildungen. Diese »anderen Abwehrmethoden«, mit denen das Verdrängte in verfälschten Formen wieder ins Bewußtsein eingelassen wird, erläutert Freud (1915b, S.258, S.260) exemplarisch mit der »*Verschiebung*« - der Triebwunsch, welcher durch die Verdrängung von der Objektrepräsentanz, auf die er sich richtete, abgekoppelt wurde, wird auf eine andere verschoben und unter deren Namen bewußtseinsfähig -, und der »*Reaktionsbildung*«, in welcher der verdrängte Triebwunsch in Form seines Gegenteils Bewußtsein gewinnt. Auch die anderen Mechanismen - Verneinung, Verdichtung, Idenifikation, Projektion und Regression - sind als solche Operationen anzusehen. Von der *Verneinung* heißt es ausdrücklich, daß sie »eine Art [ist], das Verdrängte zur Kenntnis zu nehmen«, womit »die eine Folge des Verdrängungsvorganges rückgängig gemacht [wird], nämlich »daß dessen Vorstellungsinhalt nicht zum Bewußtsein gelangt« (Freud 1925b, S.12f.), *Projektion* meint eine Verschiebung der Autorenschaft eines Triebwunsches, seines Selbstanteils, auf eine Objektrepräsentanz und die *Verdichtung* bezeichnet die Folgen von Verschiebungen und Projektionen. Sie nimmt darauf Bezug, daß eine manifeste, bewußtseinsfähige Objektvorstellung für eine oder mehrere verdrängte Objekt- oder Selbstvorstellungen steht, die auf sie verschoben bzw. projiziert wurden und sich in ihr dem Bewußtsein in entstellter Weise präsentieren. *Regression* bezieht sich als Abwehrmechanismus auf eine Triebregression, auf einen Vorgang, in dem die verpönten Triebwünsche einer späteren Entwicklungsphase in bewußte Ersatzbildungen von Triebwünschen transformiert werden, die einer früheren Entwicklungsphase entstammen. Bei der Zwangsneurose wird ein Konflikt zwischen ödipalgenitalen Triebwünschen und der Kastrationsangst abgewehrt, indem sich der Betreffende auf die »sadistisch-anale Organisation« des Trieblebens zurückzieht, wodurch der »Liebesimpuls« im Bewußtsein als »sadistischer Impuls maskier[t]« erscheint (Freud 1916/17, S.356)[49].

Der *hysterischen Konversion*, die einen Mechanismus der Symptombildung darstellt, ist ebenfalls eine Ersatzbildung inhärent. Konversion bezeichnet den Vorgang, in dem »die durch die Verdrängung« einer Triebvorstellung »entbundene Libido [...] aus dem Seelischen heraus zu einer körperlichen Innervation verwendet« wird (Freud 1909a, S.349; s. auch 1905b, S.213; 1913, S.284; 1934, S.300), wodurch »die unbewußten Phantasien« köperlich »zur Darstellung gebracht[.]« werden sollen (Freud 1908b, S.194). Wie Freud (1909b, S.382) zurecht schreibt, ist mit diesem Begriff der »Sprung aus dem Seelischen in die somatische Innervation« aber nur benannt und nicht schon begriffen. Es ist ein »Sprung [...], den wir mit unseren Begriffen [...] niemals mitmachen können« (Freud 1909b, S.382). Mit

---

49 Auf die Isolierung werde ich bei der Abwehr von Affektsymbolen gesondert eingehen.

psychoanalytischen Begriffen kann dieser »Sprung« nicht begriffen werden, denn sie beziehen sich nur auf die Welt der Repräsentanzen und nicht auf das, was in den Repräsentanzen repräsentiert wird. Genau besehen ist für eine Erklärung, wie sich das körperliche Symptom bei einer Hysterie bildet, die Annahme einer Konversion seelischer in körperliche Energie auch nicht notwendig, denn das körperliche Symptom - bspw. eine hysterische Lähmung oder Hemmung - vermittelt sich über eine seelische Ersatzbildung. Exemplarisch läßt sich dies an folgender Sachverhalt zeigen, den Freud (1926, S.116) schildert:

»Wenn das Schreiben, das darin besteht, aus einem Rohr Flüssigkeit auf ein Stück weißes Papier fließen zu lassen, die symbolische Bedeutung des Koitus angenommen hat, oder wenn das Gehen zum symbolischen Ersatz des Stampfens auf dem Leib der Mutter Erde geworden ist, dann wird beides, Schreiben und Gehen, unterlassen, weil es so ist, als ob man die verbotene sexuelle Handlung ausführen würde«.

Analog einer Phobie, wo die Repräsentanz des phobischen Objekts eine Ersatzbildung einer Gefahr darstellt und das gemieden wird, weil sonst aus diesem Grunde Angst auftreten würde, wird bei dieser Hemmung oder Lähmung die Ausübung bestimmter motorisch-körperlicher Aktivitäten unterlassen, weil ihre Repräsentanzen durch eine Verschiebung oder durch den Einsatz anderer Abwehrmechanismen zu Ersatzbildungen verpönter Triebwünsche wurden.

Verkehrung ins Gegenteil bezieht sich auf eine inhaltliche Verkehrung der Triebwünsche, wie sie schon im Begriff der Reaktionsbildung gefaßt ist, und auf die Verkehrung von Aktivität in Passivität. A. Freud (1936, S.259) erläutert dies am Beispiel der Angst des kleinen Hans vor beißenden Pferden, in dem sie zugleich das Zusammenwirken verschiedener Abwehrmechanismen bei der Herstellung bewußtseinskonformer Ersatzbildungen darstellt[50]: Der kleine Hans

»liebt die Mutter, gerät aus Eifersucht in eine aggressive Einstellung zum Vater, die sekundär wieder mit seiner zärtlichen Liebe zum Vater in Konflikt gerät. Die Aggression gegen den Vater weckt seine Kastrationsangst, die - als Realangst empfunden - den ganzen Apparat der Triebabwehr in Bewegung setzt. Die Methoden, deren seine Neurose sich bedient, sind die *Verschiebung,* vom Vater auf das Angsttier, und der *Verwandlung* der Bedrohung des Vaters *in ihr Gegenteil,* nämlich in die Angst, von ihm bedroht zu werden«[51].

---

50 Eine systematische Darstellung des Zusammenwirkens verschiedener Abwehrmechanismen findet sich bei Suppes u. Warren (1975).

51 A. Freud (1936, S.295) sieht im »Gebissenwerden« noch eine »*Regression* zur oralen Stufe«. Zur Bezeichnung eines Abwehrvorganges wird der Regressionsbegriff in dieser Form von Freud nicht verwendet. Beim kleinen Hans findet sich, wie Freud (1916/17, S.355) für die Hysterie geltend macht, »keine Regression auf

Diese Verkehrung von Subjekt und Objekt in einer intendierten Interaktion entspricht dem Vorgang, der auch als *Wendung gegen die eigene Person* beschrieben werden kann. Freud sieht beide in enger Verbindung. Wie er am Beispiel der Verwandlung des Sadismus in einen Masochismus ausführt, impliziert die Wendung von Aktivität in Passivität eine Transposition von Subjekt und Objekt. Es wird »eine fremde Person als Objekt gesucht, welche infolge der eingetretenen Zielverwandlung die Rolle des Subjekts übernehmen muß« (Freud 1915a, S.220). Dieser Vorgang wiederum läßt sich als Resultat eine Identifikation und Projektion beschreiben. *Identifikation* bezeichnet den Transfer von Aspekten einer Objektrepräsentanz in die Selbstrepräsentanz, und hier identifiziert sich das Subjekt mit dem Opfer seiner sadistischen Triebregungen und projiziert diese auf das Objekt, auf welches sie gerichtet waren. Aus »Ich hasse Dich, und Du leidest unter meinem Haß« wird »Du haßt mich, und ich leide unter Deinem Haß«. Bleibt es bei einer bloßen Identifikation mit dem Opfer, dann wird daraus »Ich hasse mich und leide unter meinem Haß«. Die Verkehrung von Aktivität in Passivität wie auch die Wendung gegen die eigene Person sind keine eigenständigen, sondern das Resultat anderer Abwehrmechanismen.

Über eine Identifikation mit dem Angreifer und über die Verleugnung werden keine unbewußten Triebregungen, sondern wird die äußere oder die innere, traumatische Gefahr, die bei ihrer Realisierung droht, in verzerrter Weise ins Bewußtsein transferiert. Durch eine *Identifikation mit dem Angreifer* wird in Wendung der Passivität in Aktivität das ehemalige aggressive Subjekt zum Objekt und das ehemalige Objekt selbst zum aggressiven Subjekt. Die vom ehemaligen Subjekt ausgehende Gefahr wird beseitigt, indem sie in anderer Form Bewußtsein gewinnt. Aus dem gefahrvollen »Du haßt mich« wird »Ich hasse Dich«. Gegenstand der *Verleugnung* ist bei Freud (1927a, S.311ff.; 1938b, S.60) eine spezifische Wahrnehmung, die Weigerung, »die Tatsache [der] Wahrnehmung, daß das Weib keinen Penis besitzt, zur Kenntnis zu nehmen. Nein, das kann nicht wahr sein, denn wenn das Weib kastriert ist, ist sein eigener Penisbesitz bedroht« (Freud 1927a, S.312). Aufgrund dessen wird die Frau in der Phantasie mit einem Penis ausgestattet und/oder es wird ein Fetisch gewählt, der ihren gewünschten Penis vertritt, womit die mögliche Realität eines Penisverlustes durch die angedrohte Kastration abwehrt wird[52]. Der Fetisch wird »das Zeichen des

---

eine frühere Stufe der Sexualorganisation«. Lediglich die äußere Gefahr wurde oral maskiert. Seine unbewußten Triebwünsche bleiben auch nach den Ersatzbildungen genital. Da keine Triebregression vorliegt, könnte man bestenfalls von einer selektiven oder Pseudo-Regression sprechen.

52 »Irgend einmal bekommt das auf seinen Penisbesitz stolze Kind die Genitalregion eines kleinen Mädchens zu Gesicht und muß sich von dem Mangel eines Penises bei einem ihm so ähnlichen Wesen überzeugen. Damit ist auch der eigene Penis-

Triumphes über die Kastrationsdrohung und der Schutz gegen sie [...]«
(Freud 1927a, S.313).

A. Freud (1936, S.257-278) beschreibt noch die Verleugnung in der Phantasie, in Worten und in der Handlung als besondere Formen dieses Abwehrmechanismus. Die Beispiele, die sie zur Illustration benutzt, lassen sich jedoch allesamt als Resultat anderer Abwehrmechanismen begreifen. Der Tagtraum des kleinen Hans, in dem ihm ein Installateur mit einer Zange Gesäß und Penis abschraubt und ihm größere und bessere bringt, kann als Resultat einer Verschiebung der Repräsentanz des gewünschten, idealen Vaters, der in Gestalt des Installateurs das Gegenteil von dem tut, was Hans befürchtet. Der Tagtraum des Jungen, in dem er einen Löwen besitzt, der nur ihm gehorcht und der ihn vor den Aggressionen anderer beschützt, läßt sich als Ergebnis einer Verschiebung der repräsentierten väterlichen Aggressionen auf den Löwen, einer Projektion der eigenen Aggressionen auf die Repräantanzen anderer und einer Identifikation mit dem idealen Vater, der seine Aggressionen beherrscht und sie nur gegen jene wendet, die den Jungen bedrohen, begreifen, und das Verhalten des Jungen, der zunächst den Hut seines Vater und dann eine erwachsen aussehende Schirmmütze überall mit sich trägt, kann als Resultat einer Identifikation mit dem Aggressor, dem phallisch-aggressiven Vater, mit dessen wesentlichem Utensil sich der Junge ausstattet, begriffen werden. Der Verleugnungsbegriff, der hier von A. Freud verwendet wird, unterscheidet nicht zwischen dem Prozeß und dem Resultat, zu dem er führt. Ohne diese Unterscheidung wäre jede Ersatzbildung als eine Verleugnung dessen anzusehen, was sie ersetzt.

Die *Sublimierung*, welche eine »erfolgreiche[n] Abwehr« (Fenichel 1946a, S.201) bezeichnet, bezieht sich ebenfalls auf Ersatzbildungen. Durch eine »Modifikation des Ziels und Wechsel des Objekts« (Freud 1933, S.103) werden die ursprünglichen Triebregungen »auf höhere kulturelle Ziele« gelenkt (Freud 1908a, S.156). Nach Ansicht mancher Psychoanalytiker sollen bei Sublimierungen diese Triebregungen im Unbewußten aufgegeben werden. Ich habe mich mit dieser Auffassung detailliert auseinandergesetzt (Zepf 1997a, S.122ff.) und bin zum Schluß gekommen, daß in der Auffassung Freuds Sublimierungen keineswegs eine Aufgabe der ursprünglichen Triebregungen implizieren[53]. Zwar finden sich vereinzelt Formulierungen, in denen die Sublimierung als ein Vorgang beschrieben wird, bei dem »die Sexualstrebung ihre auf Partiallust oder Fortpflanzungslust gerichtetes Ziel *aufgibt* und ein anderes annimmt, welches [...] selbst nicht mehr sexuell, sondern sozial genannt werden muß« (Freud 1916/17, S.358, Kursivierung,

---

verlust vorstellbar geworden, die Kastrationsdrohung gelangt nachträglich zur Wirkung« (Freud 1924, S.397f.).

53 Desgleichen auch A. Freud (1950, s. auch 1930, S.112; 1936, S.242): »Sublimierung bezeichnet die Verschiebung eines [...] Triebes von seinem ursprünglichen, verbotenenen Ziel auf ein sozial gebilligtes anderes«.

S. Z.). Dem steht jedoch die Ansicht entgegen, daß die durch eine Sublimierung »für die Kulturarbeit verwertbaren Kräfte [...] zum großen Teile durch die *Unterdrückung* der sogenannt perversen Anteile der Sexualerregung gewonnen« werden (Freud 1908a, S.151, Kursivierung, S. Z.). Freud (1905a, S.79, Kursivierung, S. Z.) hält ferner u. a. ausdrücklich fest, daß bei der Bildung der »psychische[n] Dämme: Ekel, Scham, Moral«, die »zur wirksamen Unterdrückung« der »sexuellen Regungen« der »Kinderjahre« führen, »die Sublimierung sexueller Triebkräfte auf dem Wege der *Reaktionsbildung* vor sich« geht. Desweiteren sind Freud (1910b, S.195, Kursivierung, S. Z.) die »großartige[n] Sublimierungen von Vater und Mutter« in Gestalt des »allmächtige[n] gerechte[n] Gott[es]« und der »gütige[n] Natur *Wiederherstellungen* der frühkindlichen Vorstellungen von beiden«. Sowohl bei der Reaktionsbildung wie bei den religiösen Sublimierungen von Vater und Mutter werden die ursprünglichen Triebregungen nicht aufgegeben, sondern in Form sozial höherwertiger, dem Zusammenleben der Menschen förderlichen Ersatzbildungen aufgehoben.

Nimmt man den Sublimierungsbegriff in dieser Fassung, dann beschreibt die Sublimierung das Ergebnis eines Vorganges, in dem unbewußt gewordene Triebregungen in *bewußtseinsfähige und sozial konforme* Ersatzbildungen eingebunden werden[54]. Freud erläutert dies am Beispiel der Religion. Hier gelingt es den Einzelnen, ihre neurotischen Verhältnisse in den »fertigen Schatz von religiösen Vorstellungen« unterzubringen (Freud 1927b, S.346), wodurch sie sich die Ausbildung einer »persönliche[n] Neurose« (Freud 1927b, S.367) ersparen. Sie werden nicht, wie Freud (1921, S.159) die Symptomneurose nennt, »asozial«, sondern bleiben sozial, weil sie sich dadurch in eine - wie es weiter heißt - »habituelle Massenbildung« einbinden. Verallgemeinert man dieses Beispiel, dann sind Sublimierungen generell als Ersatzbildungen zu begreifen, mit denen es den Subjekten gelingt, ihre unbewußt gewordenen Kindheitsdramen bewußtseinsfähig in der Gestalt von *Ersatz*bildungen in die gängigen sozialen Verkehrsformen einzu-

---

54 Die Auffassung, daß bei Sublimierungen abgewehrte Triebregungen bestehen bleiben und sich in gesellschaftssyntonen Ersatzbildungen darstellen, ist wenigstens ein Stück weit empirisch substantiiert. Bernfeld (1931, S.141) verweist auf seine klinische Erfahrung, die zeige, daß auch hier »Regressionen möglich sind und in verschiedener Weise Sublimierungen wieder aufgehoben werden«, und die unbewußten Triebregungen, die sich in ihnen verbergen, wieder eine deutlichere Kontur gewinnen können. Glover (1931) berichtete, daß in psychoanalytischen Behandlungen die Berührung von Sublimierungen die nämlichen Widerstands-, Angst- und Schuldreaktionen hervorruft, die in der Psychoanalyse auch bei Ich-syntonen Symptomen erscheinen. Aufgrund seiner Untersuchungen stellt er eine qualitative Differenz von Symptombildungen und Sublimierungen überhaupt in Zweifel. Dieser Auffassung schließen sich Fürstenau (1967, S.51), Kubie (1962) und Jones (1950, S.212) an.

lassen. Gelingt dies nicht, dann liegt eine gesellschafts*dystone Symptom*bildung vor, welche die Subjekte außerhalb der normativen Mitte postiert und damit als »krank« etikettiert. Sublimierung bezeichnet keine eigenständige Operation. Sie ist ein Attribut verschiedener Abwehrmechanismen[55], die zugleich zu einer p*ersonen- und gesellschaftssyntonen* Ersatzbildung führen. Der Erfolg dieser Abwehr liegt darin, daß sie den Subjekten erlaubt, sich trotz ihrer Neurose weiterhin in den Normen des bestehenden Sozialgefüges, d. h. als soziale Wesen bewegen zu können.

In einigen wesentlichen Aspekten deckt sich diese Auffassung der Sublimierung mit derjenigen, die von Bernfeld (1931) vorgeschlagen wurde. Er plädiert dafür, den Sublimierungsbegriff nur auf das Resultat und nicht auf den Prozeß zu beziehen, der zu einer sozial höherwertigen Erscheinungsform ursprünglicher Triebregungen führt. Er sieht in den »>Sublimierungen<« die »Ergebnisse der analysierbaren Einpassung bestimmter, in bestimmter Weise reifenden Triebe und Instanzen [...] des Kindes in die Formen seiner Gesellschaft (und seines sozialen Ortes in ihr)« (Bernfeld 1931, S.145).

In diesem Kontext entschlüsseln sich die sog. Versuchungs- und Versagungssituationen, in denen in psychoanalytischer Auffassung im späteren Leben neurotische Symptome entstehen, in folgender Weise. In beiden Situationen wird das Verhältnis von Ersatz und Ersetztem infrage gestellt. In der Versagungssituation werden die bisherigen gesellschaftskonformen Ersatzbildungen von Außen problematisiert, welche die verpönten Triebwünsche außerhalb des Bewußtseins halten, in Versuchungssituation werden sie von den verpönten Triebwünschen infrage gestellt, die in dieser Situation intensiviert werden und ins Bewußtsein drängen. Gelingt es nicht, die bisherigen Ersatzbildungen aufrecht zu erhalten und zu realiseren oder die Wünsche und Befürchtungen, die in ihnen verborgen sind, in anderen sozial akzeptieren Ersatzbildungen im Bewußtsein unterzubringen und dadurch aus dem Bewußtsein fernzuhalten, dann ist eine Ersatzbildung die Folge, die in der entsprechenden Gesellschaftsformation als Symptom imponiert.

Das *Ungeschehenmachen* hebt sich von den anderen Mechanismen ab. Es ist kein Vorgang, in dem unbewußte Triebwünsche oder Gefahrensituationen in anderer Form bewußt werden. Ungeschehenmachen bezieht sich auf ein Handeln, in dem »»der zweite Akt den ersten aufhebt, so, als ob nichts geschehen wäre, wo in Wirklichkeit beides geschehen ist« (Freud 1926, S.150). Eine Art des Ungeschehenmachens illustriert Freud (1909b, S.413f.) mit dem Verhalten des Rattenmannes, der einen Stein wegräumte,

---

55 Brierley (1947, zit. n. Hartmann 1955) bezeichnet den Begriff der Sublimierung als einen »Omnibusbegriff«, weil er eine Vielzahl tatsächlich verschiedener Abwehrmechanismen enthalte.

damit der Wagen seiner Freundin sich nicht daran stoßen kann, ihn dann aber wieder dort hinlegte. Eine andere Art wäre, wenn der Rattenmann den Stein hinlegen und ihn in einer zweiten Handlungen entfernen würde. Ungeschehenmachen ist ein Verhalten, mit dem entweder die Bedingungen für die mögliche Realisierung einer Ersatzvorstellung wieder hergestellt werden, die in der ersten Handlung beseitigt wurden, oder mit dem die Bedingungen, welche für die Realisierung einer Ersatzhandlung in einer ersten Aktion hergestellt wurden, in einer zweiten Handlung wieder rückgängig gemacht werden (s. auch Fenichel 1946a, S.220f.).

Die bisherige Analyse der Abwehroperationen hat gezeigt, daß eine *Wendung gegen die eigene Person*, eine *Verkehrung ins Gegenteil* und die *Konversion* keine eigenständigen Mechanismen, sondern das Resultat anderer Abwehroperationen darstellen. Dies trifft auch für die sog. *altruistische Abtretung von Triebansprüchen* zu. Sie ist das Resultat einer Projektion. Auch die *Sublimierung* bezeichnet nicht eine spezifische Abwehroperation. Sublimierungen sind insofern eine »erfolgreiche Abwehr« (Fenichel 1946a, S.201), als sie die Ersatzbildungen charakterisieren[56], welche das Resultat verschiedener Abwehroperationen sein können, mit denen es gelungen ist, unbewußte Triebwünsche in den herrschenden gesellschaftlichen Verkehrsformen unterzubringen. Bis auf das *Ungeschehenmachen*, das sich aufs Handeln bezieht, werden durch die Mechanismen der *Verneinung, Verleugnung, Verschiebung, Verdichtung, Projektion, Regression, Reaktionsbildung* und *Identifikation* der Selbst-, Handlungs- oder Objektanteil verdrängter, zu »Klischees« gewordenen Interaktionsformen und/oder die damit verbundenen Gefahren wieder unter falschen Namen ins Bewußtsein eingelassen. Die Freudsche (1913, S.281) libidotheoretische Begründung der Ersatzbildung, die sich seiner Ansicht nach einer Verschiebung der energetischen Besetzung der von ihrer »Wortvorstellung« entblößten »Sachvorstellung« auf ihren Ersatz verdankt, präsentiert sich auf begrifflicher Ebene als eine semantische Verschiebung. Gemeinsam mit der Verdrängung führen diese Abwehrmechanismen einerseits zu einer extensionalen Verkürzung der Begriffe, welche den verpönten Triebwünschen und den Gefahren lebensgeschichtlich zugehören, und andererseits zu einer extensionalen Erweiterung von Begriffen, die mit ihnen lebensgeschichtlich nicht verbunden waren.

Erläutert am Beispiel der von Freud (1909a) beschriebenen Pferdephobie des kleinen Hans: Hans verhält sich ängstlich gegenüber beißenden

---

56 In diesem Sinne äußerte sich auch Freud bei einer wissenschaftlichen Zusammenkunft in den zwanziger Jahren. Waelder (1963, S.11) berichtet, daß Freud den Standpunkt vertreten habe, daß die Sublimierung kein wohldefinierter seelischer Mechanismus wie die Verdrängung oder Reaktionsbildung sei, sondern eine lockere Charkterisierung verschiedener Prozesse, welche zu sozial wertvollen Tätigkeiten führen würden.

(und stürzenden wie auch krawallmachenden) Pferden. Wie Freud zeigt, hatte Hans eine bestimmte Szene zwischen ihm und seinem Vater verdrängt und damit dieser Szene das Bewußtsein entzogen. Durch diese Operation verringert sich der Umfang des Begriffes »Vater« um die verdrängte Interaktionsform. Über eine Verschiebung wird der Umfang des Begriffes »Pferd« um eben diese Interaktionsform erweitert. Von dieser Operation unberührt bleiben die intensionalen Bestimmungen beider Begriffe und der bisherige Umfang des Begriffes »Pferd«. Wenn der kleine Hans »Vater« sagt, meint er einen Vater, dem eine seiner extensionalen Bestimmungen, eine seiner Bedeutungen fehlt, und wenn der kleine Hans »Pferd« sagt, meint er »Pferd« und - ohne es selbst zu wissen - einen Aspekt des Beziehungsgefüges zu seinem Vater. Durch diese semantische Verschiebung wird der denotative Bedeutungsraum der sprachlichen Zeichen »Vater« und »Pferd« nicht verändert. Weiterhin weiß der kleine Hans, daß Pferde die und die Eigenschaften haben und wie mit ihnen umzugehen ist, aber er weiß nicht mehr um die wirklichen Gründe, weshalb er sich vor beißenden Pferden ängstigt. Er weiß auch weiter, wer sein Vater ist und was dieser tut. Aber mit dieser semantischen Verschiebung wird ein Beziehungsaspekt - der kastrierende Vater - aus dem Beziehungsgefüge zum Vater herausgelöst, sodaß das Wort »Vater« eine konnotative Bedeutung verliert. Es ist nicht mehr Signifikant jener Beziehung zum Vater, die sich in der verdrängten, desymbolisierten Interaktionsform repräsentierte. Das Wort »Vater« steht nicht mehr in einer sigmatischen Beziehung zu einem, dem realen Vater angehörigen Verhaltensaspekt. In semantischer Hinsicht heißt dies, daß durch die Verdrängung Sprachsymbole bewußt verfügbare, konnotative Bedeutungsanteile verlieren, welche durch andere Abwehrmechanismen den Bedeutungshöfen anderer Sprachsymbole als unbewußte Bedeutungen zugeschlagen werden. Auf sie kann nurmehr in falschen Begriffen reflektiert werden[57].

---

57 In dem Beispiel, das ich für die Konversion herangezogen habe, werden die Begriffe »Schreiben« und »Gehen« um die verpönten Interaktionsformen extensional erweitert. Bei rezeptiven Funktionsausfällen wie der hysterischen Blindheit ist die Sachlage etwas komplizierter. Auch hier wird der Begriff des »Sehen« extensional um eine verdrängte Interaktionsform erweitert: Das »Organ, welches sonst der Sinneswahrnehmung dient, [gebärdet] sich [...] geradezu wie ein Genitale« (Freud 1910a, S.101). Die Sehfunktion fällt aber nicht wirklich aus: »Die hysterisch Blinden sind [...] nur fürs Bewußtsein blind, im Unbewußten sind sie sehend« (Freud 1910a, S.95). Die Sehfunktion ist noch vorhanden, jedoch bewußt nicht mehr verfügbar. Der hysterisch Blinde weiß nicht mehr, daß er wahrnimmt, sodaß er auch nicht mehr wissen kann, was er wahrnimmt. Der Begriff des »Sehen« wird extensional um die Vorstellung der Sehfunktion, um die Interaktionsform des Sehens verkürzt, weil dieser Begriff um eine verbotene sexuelle Handlung extensional erweitert wurde. Wahrnehmungsperzepte können dann nicht mehr bewußt als »Wahrnehmungsperzepte« registriert werden.

Abwehroperationen verstümmeln die lebensgeschichtlich hergestellte sematische Struktur der Sprache eines Subjekts und machen sie zu einer Privatsprache, über deren Privatheit aber nicht mehr verfügt wird. Manche Worte meinen mehr, als sie sagen, und andere sagen weniger, als sie meinen. Die vorgetragenen Überlegungen werfen auch ein charakteristisches Licht auf den Vorgang der *Spaltung*, bei der eine einheitliche Objekt- und Selbstrepräsentanz in eine »böse« und eine »gute« aufgespalten wird und die betreffenden guten und bösen Objektbeziehungen »sowohl als Emotion wie auch als Vorstellung und als Handlungintention voll bewußtseinsfähig«, aber »völlig abgetrennt« voneinander bleiben (Kernberg (1975, S.45f.). Kernberg (1975, S.45, Kursivierung aufgehoben, S. Z.) beschreibt diese Operation so: Die

»Aufteilung der verinnerlichten Objektbeziehungen in ›gute‹ und ›böse‹ ergibt sich zunächst einfach aufgrund der noch manglhaften Integrtionsleistung des frühkindlichen Ichs. Später jedoch wird aus dieser ursprünglichen Integrationsschwäche ein von einem inzwischen stärker gewordenen Ich aktiv benutzter Abwehrvorgang [...]. Eine solche Form der Abwehr [...] - wobei ein Zustand, der ursprünglich schlicht Ausdruck mangelhafter Integration war, nun aktiv für bestimmte Zwecke herbeigeführt wird - entspricht im wesentlichen dem Mechanismus der Spaltung«.

Während die anderen Abwehrmechanismen an den begrifflichen Extensionen angreifen und die Intensionen der Begriffe unverändert belassen, läßt die Spaltung die extensionalen Bestimmungen unberührt und greift an den *Intensionen* des Selbst- und Objektbegriffs an. Die Spaltung beschreibt das Resultat einer genetischen (Ich-)Regression auf eine vorsprachliche Funktionsweise, auf der die Objektwelt nicht als eine einheitliche, sondern noch getrennt als eine gute und böse existierte. Mit dieser Regression werden die allgemeinen Intensionen des Selbst- und Objektbegriffs, die aus den guten und bösen Interaktionsformen mit dem Objekt entstanden sind, wieder in die besonderen Intensionen des guten und bösen Objekt- bzw. Selbstbegriffs aufgegliedert, woraus sie abstrahiert wurden.

Ich fasse kurz zusammen. Der Einsatz von Abwehrmechanismen gründet in dem narzißtischen Prinzip der Unlustvermeidung. Abwehrmechanismen verändern nicht die zur Gefahr gewordenen Interaktionsformen. Sie operieren an den Begriffen, in denen Interaktionsformen Bewußtsein gewinnen. Problematisch werden in diesem Kontext die »Orientierungsgefühle« (Heller 1981, S.114). Ist die in den Beispielen (s. S.110) erwähnte Beziehung des Psychiaters zu seinem Patienten oder die des Jünglings zu seinem Mädchen neurotisch unterfüttert, ist ihnen der Patient bzw. das Mädchen die Erscheinungsform einer Figur aus ihrem unbewältigten kindlichen Drama, dann wird das sich einstellende Ja- oder Nein-Gefühl, das sie glauben läßt, daß eine Schizophrenie vorliegt oder nicht vorliegt, bzw. daß das Mädchen ihn liebt oder nicht liebt, im wesentlichen nicht mehr durch die klinische Erfahrung des Psychiaters bzw. die Menschenkenntnis des Jünglings, sondern durch deren spezifisches Trieb-Abwehr-Verhältnis bestimmt, zu dem ihre unbewältigte Vergangenheit führte. Gewiß werden sie in den Begründungen ihrer Ja- oder Nein-Gefühle ihre klinische Erfahrung bzw. ihre Menschenkenntnis in Anspruch nehmen. In psychodynamischer Hinsicht handelt es sich aber um bloße Rationalisierungen, welche die wirklichen und ihnen verborgenen Gründe weiter mit einem Schleier belegen[58].

Die Abkömmlinge des Unbewußten sind nicht andere »Sachvorstellungen«, andere Interaktionsformen, sondern Formen, in denen die unbewußt gewordenen Interaktionsformen im Bewußtsein erscheinen und welche diese unbewußt halten. Die Kategorien »bewußt« und »unbewußt« beziehen

---

58 Bedenkt man, daß sich auch im psychoanalytischen Prozeß dem Psychoanalytiker die Entscheidung darüber, was in einer bestimmten Situation therapeutisch zu tun ist - wann werden welche Szenen im Hinblick auf ihre gemeinsame Struktur klarifiziert, wann und wie wird der Analysand mit welchen Szenen konfrontiert, wann wird was wie gedeutet? - wohl mehrheitlich ebenfalls über »Orientierungsgefühle« vermittelt - der Begriff des »Evidenzerlebens« spricht dafür -, dann läßt sich der Einfluß der neurotischen »Resterscheinungen« (Freud 1937a, S.73) des Analytikers auf den therapeutischen Prozeß, den ich gemeinsam mit Hartmann (Zepf u. Hartmann 1990) untersucht habe, weiter präzisieren. In diesem Prozeß wird das fremdpsychische Dunkel im wesentlichen nicht über die Mitteilungen des Analysanden, sondern über die gefühlsmäßigen Reaktionen des Analytikers auf die Übertragungen des Analysanden aufgehellt, in denen sich dessen unbewußt Gewordenes in der Beziehung zum Analytiker im Wiederholungszwang durchsetzt und mystifiziert darstellt. Diese Reaktionen gründen in der Lebensgeschichte des Analytikers und werden als Gegenübertragung beschrieben (z. B. Heimann 1950; 1960; A. Reich 1951; Lorenzer 1970b). Rührt der Analysand durch seine Übertragung an eine unbewußt gebliebene, in der Lehranalyse nicht aufgearbeitete Konfliktkonstellation im Analytiker, wird der Analytiker auch auf seinen Analysanden reagieren als handele es sich um eine Figur seiner unbewältigten Vergangenheit. Seine Orientierungsgefühle gründen nicht mehr in einem Zusammenspiel von Metapsychologie und klinisch-therapeutischer Erfahrung, sondern im wesentlichen in den eigenen neurotischen »Resterscheinungen«. Seine Überzeugungen, seine Ja- und Nein-Gefühle sind dann so angelegt, daß aus ihnen ein therapeutisches Handeln resultiert, welches die zahlreichen Erscheinungsformen der unbewußten Konflikte des Analysanden nicht mehr in Richtung der sie konstituierenden neurotischen Grundfiguren auflöst, sondern diese Grundfiguren in bewußtseinsfähige Erscheinungsformen einbindet, welche die Fassade, die das (rest)neurotische Gebäude des Analytikers verhüllt, unberührt belassen. Wie der Psychiater im oben erwähnten Beispiel wird auch der Analytiker auf Befragen sein therapeutisches Handeln mit seinem theoretischen und therapeutischen Erfahrungsschatz so rationalisieren, daß ihm seine wirklichen Beweggründe verborgen bleiben. Dies deshalb, weil sich beide auch in ihrem Denken auf die Theoriefiguren und -bruchstücke verpflichten, die mit den Ersatzbildungen ihrer unbewußten Triebwünsche, ihren neurotischen »Resterscheinungen« konsistent sind. Abhängig davon wird der Analytiker seine Sicht etwa mit den theoretischen Überlegungen Kohuts, Kernbergs, Melanie Kleins oder anderen begründen.

sich nicht auf verschiedene Bereiche des menschlichen Seelenlebens, sondern auf Aspekte eines einheitlichen Vorganges. Sie haben den Status analytischer Abstraktionen, welche diesen einheitlichen Vorgang mit dem Ziel zerlegen, seine Funktionsweise durchsichtig zu machen.

Diese Auffassung steht nicht nur in Widerspruch zu den Ansichten Freuds, weil bei ihm die bewußtseinsfähige Ersatzvorstellung nicht eine funktional andere Niederschrift der unbewußten, sondern sachlich eine andere Vorstellung darstellt. Er gliedert darüber hinaus das Seelenleben in qualitativ differente Funktionsweisen auf, den Primär- und Sekundärvorgang. Der Primärvorgang, dessen Charakteristika ich bereits genannt habe (s. S.62), wird zunächst dem System des Unbewußten zugeordnet. Im Unterschied zum Primärvorgang, dessen Hauptcharakteristika Freud (1913, S.286) als »Widerspruchslosigkeit, [...] Beweglichkeit der Besetzungen, Zeitlosigkeit und Ersetzung der äußeren Realität durch die psychische« zusammenfaßt, ist im Sekundärvorgang, dem die seelischen Operationen in den Systemen des Vorbewußten und Bewußten unterliegen, die »Besetzungsenergie« an die »Vorstellungsinhalte[.]« gebunden (Freud 1913, S.287) und all das, was im Primärvorgang nicht vorliegt - Negation, Zweifel, Grade von Sicherheit, Auseinanderhalten von Gegensätzen, Abgleichung von gegensätzlichen Strebungen, Regeln der Logik, Trennung von äußerer und psychischer Realität und eine Zeitperspektive, die ein »probeweises Handeln« (Freud 1933, S.96) ermöglicht - zeichnet diesen Vorgang aus. Diese Gleichsetzung des Bewußten und Vorbewußten mit dem Sekundärvorgang und des Unbewußten mit dem Primärvorgang wird in der sog. »Strukturtheorie« beibehalten, welche die seelischen Inhalte nicht mehr wie die topographische Theorie nach ihrer Zugänglichkeit zum Bewußtsein in verschiedene Systeme, sondern in Ich, Es und Über-Ich gliedert und die Kategorien »Bewußt«, »Vorbewußt« und »Unbewußt« von Substantiva in Adjektiva wandelt (Beres 1962). Nicht nur die verdrängten Triebwünsche, sondern auch Teile des Über-Ichs und bestimmte Ich-Funktionen wie die der Abwehr können nun unbewußt ablaufen bzw. unbewußt sein (Freud 1913, S.291; 1920, S.18, S. 244; 1933, S.75f.; 1937b, S.202f.).

Abgesehen davon, daß mit der Annahme zweier eigenständiger seelischer Bereiche im Subjekt die abstrakte Zerlegung in unbewußte und bewußte Aspekte, welche für die Erkenntnis seelischer Vorgänge notwendig ist, in falscher Konkretion in den Gegenstand zurücktransportiert wird, führt die Auffassung, daß die Abwehrmechanismen unbewußt ablaufen und somit dem Primärvorgang unterliegen, bei einer strikten Trennung von Primär- und Sekundärvorgang in unlösbare Probleme. Wie soll es etwa dem kleinen Hans möglich sein, eine bestimmte Szene zwischen ihm und seinem Vater zu verdrängen und auf die Repräsentanz des Pferdes zu verschieben, wenn unterschiedliche Objekte - »wie identisch behandelt« (Freud 1938b, S.91),

»das Objekt [...] und ein Teil des Objekts gleichgesetzt« (Fenichel 1946a, S.74) werden, »Strebungen mit entgegengesetzten Zielen« - hier die Unlustvermeidung und die Lustgewinnung - »nebeneinander [bestehen], ohne dass ein Bedürfnis nach deren Abgleichung sich regt[.]« (Freud 1938b, S.91), und die psychische und die äußere Realität gleichgesetzt werden? Diese Abwehroperation setzt voraus, daß sich der kleine Hans von seinem Vater, sein Vater und das Pferd als auch die abzuwehrende Szene von anderen Szenen, von anderen Verhaltensaspekten seines Vaters unterscheiden, sich um eine »Abgleichung [...] der Strebungen mit entgegengesetzten Zielen« bemühen, sowie Vater und Pferd hinsichtlich der abzuwehrenden Szene als identisch erleben kann. Die Differenz von Vater und Pferd muß gewahrt bleiben, wenn die unbewußt ablaufenden Abwehrmechanismen etwas zur Unlustvermeidung beitragen sollen. Ihr Wesen liegt gerade darin, daß von der Repräsentanz des Vaters unlustbereitende Szenen abgezogen und der Repräsentanz des Pferdes zugeschlagen werden. Vater und Pferd müssen zugleich als identisch und als verschieden erlebt werden können. Der kleine Hans kann bei seinen Abwehroperationen weder allein auf dem Niveau des Primär- noch des Sekundärvorganges, er muß vielmehr zugleich auf beiden Ebenen operieren.

Möglicherweise hat Lorenzer (1970b, S.68f.) dieses Problem im Blick. Er plädiert dafür, die Unterscheidung zwischen zwei verschiedenen psychischen Funktionsweisen, ihre Zuordnung zum Bewußten und Unbewußten aufzugeben und stattdessen von einer einheitlichen Denkorganisation auszugehen, die sich auf einem Kontinuum vom Primär- zum Sekundärvorgang bewegt: »Die Symbolbildung ist immer Produkt einer einheitlichen Ich-Leistung, die sich auf unterschiedlichen Ebenen abspielt und die ihre Resultate auf unterschiedlichem Niveau organisieren kann«. Damit kann jedoch nicht verständlich gemacht werden, wie genau die Verschiebung von Vater auf Pferd zustande gekommen ist. Lorenzer setzt mit der Kontinuitätsannahme qualitativ differente und sich ausschließende Denkprozesse nur in ein quantitatives Verhältnis, und dieses quantitative Verhältnis kann keine Auskunft darüber geben, wie es möglich ist, daß ein Gedanke zugleich logisch und unlogisch sein kann, daß in einer gedanklichen Operation Gegensätze zugleich als identisch und verschieden behandelt, die Differenzen zwischen den Objekten gleichzeitig durchgehalten und vernachlässigt werden, ein Objekt sich auf einen Verhaltensaspekt reduziert und zugleich ein Objekt bleibt, das sich in verschiedene Aspekte differenziert. Um dies zu klären, reicht es nicht aus, die beiden psychischen Funktionsweisen in eine bloß äußerliche, quantitative Beziehung zu setzen. In Konkretion der abstrakten Aufgliederung der einheitlichen psychischen Funktionsweise in Primär- und Sekundärvorgang muß dazu ihr inneres und qualitativ besonderes Zusammenwirken theoretisch verfolgt werden, in dem das Produkt der Abwehr hervorgebracht wird.

Stellen wir zur Klärung die Ausgangslage der Pferdephobie des kleinen Hans nochmals ein. Hans befindet sich in einem Konflikt, der darin besteht, daß er seine libidinösen Triebwünsche auf die Mutter und seine aggressiven auf den Vater richtet und dafür in Gestalt einer Kastration eine Bestrafung durch den Vater fürchtet. Weil dieser Konflikt aufgrund der Bedingungen, die er in die Situation einbringt und die er dort vorfindet, auf der Ebene des Sekundärvorganges bewußt nicht so gelöst werden kann, daß Unlust vermieden wird, erzwingt er eine - genetische - Regression auf frühere Formen der Unlustvermeidung, auf die Funktionsweise des Primärvorganges. Hier erfolgt die Gleichsetzung von Vater und Pferd, welche für eine Verschiebung notwendig ist. Der Unlustvermeidung dienlich ist diese Gleichsetzung aber nur, wenn der Konflikt vom Vater auf das Pferd verlagert werden kann, wenn die Gleichsetzung keine totale, sondern nur eine partielle ist und Pferd und Vater als verschieden erlebt werden können. Die Unlustvermeidung durch ein Abwehrmanöver zwingt den kleinen Hans, sich auf der Ebene des Sekundärvorganges zu bewegen, wenn er den Primärvorgang realisieren will. Um den Sekundärvorgang beibehalten zu können und nicht in Gänze auf dem regressiven Niveau seines Gegenteils zu verbleiben, muß der kleine Hans aber auf der Ebene des Primärvorganges die Verschiebung vornehmen. In der Abwehr der Bedingungen der Unlust ist der Sekundärvorgang Mittel des Primärvorganges, während der Primärvorgang Mittel des Sekundärvorganges geworden ist. Vereinfacht kann man diese Operationsweise so ausdrücken: Steht am Beginn der Konfliktlösung der Sekundärvorgang unter dem Primat des Primärvorganges, so ist am Ende des Lösungsweges der Primärvorgang unter den Sekundärvorgang subsumiert. Am Anfang erscheint das Bewußte im Unbewußten, am Ende ist das Bewußte zu einer Erscheinungsform des Unbewußten geworden (s. Zepf u. Hartmann 1989, S.88f.).

Voraussetzung einer innerpsychischen Konfliktlösung ist mithin, daß die eigenen Triebwünsche als Bedingung einer äußeren Gefahr - im Falle des kleinen Hans der Bestrafung durch den Vater - erkannt werden und daß dem Subjekt im Abwehrvorgang zwei qualitativ differente Operationsformen, eine historisch frühere und eine spätere, wie sie der Primär- und der Sekundärvorgang darstellen, zur Verfügung stehen. Dieses generelle Bedingungsgefüge für Abwehrprozesse scheint schlüssig. Bei näherer Betrachtung wird jedoch deutlich, daß es nicht darüber aufklären kann, warum die von den (elterlichen) Objekten verworfenen, mit einem Liebesverlust oder von einer Kastration bedrohten Triebregungen nicht aufgegeben, sondern mit der Bildung eines Ersatzes im Bewußten mystifiziert aufbewahrt werden. Begründet man dies mit der Annahme, daß ein Trieb an der einmal hergestellten Form seiner Befriedigung festhält, dann wäre man gezwungen, entweder auf die inzwischen obsolet gewordene naturwüchsig-autonome Sequenzregel der libidinösen Entwicklung zu rekurrieren, oder sich der Annahme zu verschreiben, daß sich die Triebbedürfnisse nicht mehr vertikal, sondern nur noch horizontal, flächig und in die Breite entwickeln können. Dann aber hätten alle früheren Triebregungen Bestand und müßten sich neben den späteren immer wieder durchsetzen. Man müßte also die Triebentwicklung so denken, wie sie heute nicht mehr gedacht werden kann (s. Zepf 1985a, S.92ff.).

Warum das kindliche Subjekt verpönte Triebwünsche nicht aufgeben kann, sondern sie in Ersatzbildungen abwehren muß, darauf gibt Lorenzers Theorie der Interaktionsformen folgende Antwort. In seiner Konzeption tritt Abwehr dann ein, wenn etwa die hergestellte Form

»der Befriedigung der analen Bedürfnisse zugelassen und die anale Äußerung auch akzeptiert wird, dann aber an irgendeinem Punkt eine Zurückweisung einsetzt, womit bislang konzedierte Lust in Unlust verkehrt wird. Hier [...] tritt [...] nicht eine neue Interaktionsform neben eine andere, sondern der Ersatz der schon eingeübten Interaktionsform wird apodiktisch erzwungen in Beseitigung der alten Interaktionsform. [...] Dieser Zwang wird möglich aufgrund der totalen Abhängigkeit des Kindes« (Lorenzer 1972, S.129f.).

Lorenzer (1972, S.132) fährt fort:

»Weil es bei der Mutter selbst um unbewußte, d. h. ihrer Kontrolle und Reflexion entzogene Handlungsnormen geht, wird die verpönte Interaktionsform unter der Hand weiter *gefördert*, gleichzeitig aber wird von der bewußten Handlungsstrategie her die *Auslöschung* der verpönten Interaktionsform und d. h. ihre Desymbolisierung, ihre Ausscheidung aus den in Sprache zu Wort kommenden Handlungsnormen betrieben. Abgehängt von den an Sprache gebundenen Handlungsanweisungen mit ihrer Möglichkeit der Verschiebung von Bedürfnissen entlang der Verbindung systematisierten symbolvermittelten Handelns tritt im kindlichen Erleben das ein, was Freud schon frühzeitig unter dem Begriff der *Fixierung* abgewehrter Triebimpulse beschrieben hat: eine sekundäre Verfestigung verpönter Interaktionsformen«.

Die Fixierung an die verpönte Interaktionsform ist das Resultat der elterlichen Neurosen. Lorenzer präzisiert damit einen Sachverhalt, den schon Freud (1905a, S.124, Kursivierung, S. Z.) mit der Formulierung andeutete, daß »in der Regel die Mutter [...] das Kind [...] zum *Ersatz* für ein vollgültiges Sexualobjekt nimmt«, und der von Fenichel (1946a, S.137) so generalisiert wurde: »Neurotische Eltern haben neurotische Kinder, und der Ödipuskomplex der Kinder reflektiert den ungelösten Ödipuskomplex der Eltern«. Mit dem Verbot eines sich eindeutig zum richtigen Namen verhaltenden Interagierens wird aufgrund der unbewußten Einstellung der Mutter die verpönte triebbestimmte Interaktionsform gleichwohl stumm in einer

Form weiter abgefordert, die ihrer bewußten/unbewußten Bedürfnislage entspricht. Diese Forderung wird damit durchgesetzt, daß sich die Mutter als bedürfnisbefriedigendes Objekt zurücknimmt, bis das Kind ihrer widersprüchlichen Bedürfnislage genügt. Wenn Unlust vermieden werden soll, dann können die verdrängten Interaktionsformen nicht nur, sondern sie müssen über eine Verschiebung, Verdichtung, Projektion etc. ihrer Elemente szenisch so umgestaltet werden, daß innerhalb des gesamten Interaktionsgefüges auch der unbewußten Seite der dominanten Interaktionspartner Rechnung getragen wird. Die verdrängte Interaktionsform muß in einem szenischen Ablauf so vorgeführt werden, daß sie dem Bewußtsein des Partners verborgen bleibt, er aber gleichwohl dessen Bedeutung unbewußt registrieren kann, die ihm insgeheim zukommt.

An anderem Ort habe ich diesen Prozeß der sprachlichen Desymbolisierung und falschen sprachlichen Resymbolisierung, der in der neurotischen Widersprüchlichkeit der Eltern gründet, mit einer kleinen Episode erläutert, die ein Vater von seinem Sohn - Daniel - berichtete (Zepf 1985a, S.95ff.). Im Alter von etwa 4-5 Jahren kam Daniel morgens sehr früh häufig in das Bett der Eltern, um mit seiner Mutter zu kuscheln. Der Vater wurde gelegentlich aufgefordert Frühstück zu machen. Eines Tages kam Daniel aus dem Kindergarten zurück und sang stolz ein Lied vor, das er dort gelernt hatte: »Die Mama ist mein Kuscheltier, am liebsten kuschle ich mit ihr. Manchmal will ein anderer ran, doch damit fangen wir erst gar nicht an. Wenn ihr so eine Mama habt, dann haltet sie euch warm und nehmt sie in den Arm. Denn schnell ist sie dir weggeschnappt von einem Mann, der Pappi heißt«. Wenig später änderte sich das morgendliche Kuscheln in ein Hoppe-Reiter-Spiel. Daniel setzte sich rittlings auf seine Mutter und diese sang mit verändertem Text das dazugehörige Liedchen: »Hoppe-hoppe Reiter, wenn er fällt dann schreit er, fällt er in die Betten, kommt er in die Ketten. Hoppe-hoppe Reiter, wenn er fällt dann schreit er. Er fällt in die Decken, um sich zu verstecken. Hoppe-hoppe Reiter, wenn er fällt dann schreit er. Fällt er in die Kissen, dann ist er zum küssen«. Dem Vater wurde dieses Spiel zu laut. Er versuchte meist weiter zuschlafen. Eines Morgens bemerkte die Mutter, daß Daniels Penis bei diesem Spiel eine Erektion aufwies. Daniel lachte und meinte, der Penis sei sein Steuerrad. Seiner Mutter mißfiel dies. Sie wurde sehr erregt und schalt Daniel, daß »ihr« dies nicht noch einmal passiere. Danach versuchte Daniel noch mehrmals zum morgentlichen Spiel ins Bett zu kommen. Dies wurde ihm jedesmal verweigert, sodaß er zunächst seine Versuche aufgab. Trotzdem änderte sich das mütterliche Verhalten Daniel gegenüber dahingehend, daß sie auf seine sonstigen Spielangebote weniger einging, seine kleinere Schwester bevorzugte, ihn bei seinen Teewünschen warten ließ, die fürs Haarewaschen versprochenen Süßigkeiten vergaß und ihn eher kühl und distanziert behandelte. Obwohl sich Daniel an das Verbot hielt und nicht mehr versuchte, morgens ins Bett seiner Mutter zu kommen, verhielt sich diese ihm gegenüber weiterhin eher abweisend. Jedenfalls vermißte er die frühere zärtliche Zuwendung, die sich erst nach folgendem Ereignis allmählich wieder einstellte. Eines Tages klopfte Daniel an die Türe des elterlichen Schlafzimmers und trat zögernd ein. Er brachte zwei Spielautos mit und sagte: »Ich habe Autos. Mama, wollen wir Auto spielen?« Die Mama lächelte und nickte. Daniel gab ihr ein Auto und sagte: »Das ist jetzt Dein Auto, und das ist mein Auto. Und jetzt spiele ich mit Deinem Auto, und Du spielst mit meinem Auto«. Die Mutter fand diesen Vorschlag so niedlich, rührend und lustig, daß sie Daniel herzte und küßte, ihn zu sich ins Bett nahm und mit ihm Auto spielte.

Diese kleine Szene verdeutlicht exemplarisch den Konflikt und die Konfliktlösung. Wenn Daniel darauf bestanden hätte, mit seiner Mutter weiter in der bisherigen Form triebbestimmt zu interagieren, dann drohte der Verlust der mütterlichen Liebe. Um dieser Gefahr zu entgehen, verzichtete Daniel darauf. Der Verzicht allein erwies sich noch nicht als Garant der mütterlichen Liebe. Er reichte nicht aus, Unlust zu verhindern. Obwohl sich Daniel dem mütterlichen Verbot fügte, blieb seine Mutter ihm gegenüber weiterhin ablehnend. Als eine Person, welche auf die Bedürfnisse des Kindes in der bisherigen Form wieder eingeht, stand die Mutter erst wieder zur Verfügung, nachdem das von der Mutter verpönte triebbestimmte Verhalten durch das Autospielen ersetzt wurde. Das ehemals sexuelle Interagieren mit der Mutter wurde abgewehrt. Es wurde von der Sprache abgekoppelt, unbewußt und erscheint nun in der veränderten Gestalt einer Ersatzbildung - dem Autospielen -, welche die Mutter in einer Reinszenierung ihrer ödipalen Problematik offensichtlich stumm unter impliziter Androhung ihres Liebesverlustes einfordert. Die von der Mutter abgewehrte sexuelle Beziehung wird auch von Daniel abgewehrt und der sprachlichen Repräsentanz des Autos zugeschlagen. Das Wort »Auto« erhält eine Bedeutung, die eigentlich dem Wort »Mama« angehört. Die verpönte Beziehung hat einen »falschen« Namen erhalten, einen Namen, den Daniel nicht mehr mit dieser sexuellen Beziehung zur Mutter in Verbindung bringen kann. Wenn Daniel »Auto« sagt, meint er Auto und Mutter, ohne daß ihm dies bewußt wäre.

Die Notwendigkeit einer Ersatzbildung gründet in den neurotischen Strukturen der elterlichen Beziehungspersonen. Ihr doppelbödiges, widersinniges Interaktionsspiel zwingt das Kind unter den Primat der narzißtischen Bedürftigkeit. Die Folge ist, daß die Triebentwicklung sistiert und sich nur noch an den bewußtseinsfähigen Erscheinungsformen, den Ersatzbildungen der Triebwünsche, abspielen kann. Diese Ersatzbildungen werden durch Bedingungen erzwungen, über die das Subjekt nicht verfügt. Naturwüchsig mystifiziert wird dieser soziale Sachverhalt auch in der Freudschen ökonomisch-dynamischen Begründung - die Besetzung unbewußter Inhalte mache eine Gegenbesetzung erforderlich - dargestellt. In seiner Argumentation wird die Notwendigkeit von Ersatzbildungen nicht intentional, sondern mit Bedingungen begründet, die in der - allgemeinen - »Natur« der Sache liegen und die sich hinter dem Rücken des Subjekts durchsetzen.

8.2 Die Abwehr von Emotionssymbolen

Aus narzißtischen Gründen werden mit den beschriebenen Abwehrmechanismen die verpönten Interaktionsformen unbewußt und in Ersatzbildungen transformiert. Ihr Resultat bleibt allerdings eine »mißglückte Verdrängung« (Freud 1915b, S.256). Sie erreichen »ihr Ziel an dem Vorstellungsanteil«, aber nicht »das eigentliche Ziel der Verdrängung«, das Freud (1913, S.277) in der »Unterdrückung der Affektentwicklung« sieht. In begriffstheoretischer Hinsicht spielen sich in diesen Fällen die Abwehroperationen nur an den Begriffen der Objektsprache ab. Weil sich damit nur die bewußten, nicht aber die unbewußten Bedingungen der Emotion verändern, bleibt die besondere unlustvolle Emotion unverändert bestehen. Die Emotion wird »disloziert[.] oder transponiert[.]«, indem sie - wie bei einer »Zwangsvorstellung« oder den »Phobien des Menschen vor Tieren, Gewittern, Dunkelheit u. dgl.« - »mit einer hierfür nicht würdigen Vorstellung« verknüpft wird (Freud 1894, S.68). Durch die Verknüpfung mit einer Ersatzbildung wandelt sich die unlustvolle *Emotion* in einen unlustvollen *Affekt*, behält aber ihre inhaltliche Spezifität. Die Bedingungen, in denen sie gründet, sind andere als jene, über welche das Subjekt verfügt. Der kleine Hans gibt an, daß er Angst vor fallenden, stürzenden, krawallmachenden und beißenden Pferden hat und er ist in der Lage, diese Vorstellungen zu anderen Vorstellungen reflexiv in Beziehung zu setzen. Aus seiner Perspektive gesehen ist seine Angst eine Emotion geblieben. Verhaltensaspekte des Pferdes sind aber nicht der wirkliche Auslöser dieser Emotion. Auslöser ist die drohende »Wiederkehr des Verdrängten« (Freud 1911b, S.305, Kursivierung aufgehoben, S. Z), die Gefahr, daß die abgewehrte, desymbolisierte Interaktionsform mit dem Vater wieder Eintritt ins Bewußtsein gewinnt. Subjektiv erscheint diese Angst vor dem Wiederauftreten des Verdrängten im Bewußtsein als Angst vor dem Auftreten fallender, beißender und krawallmachender Pferde. Mystifiziert in der veränderten szenischen Darstellung seiner Kastrationsangst wird auch die Frage zur Darstellung gebracht, ob es Hans mit seiner Ersatzvorstellung gelingt, die verpönte Interaktionsform außerhalb des Bewußtseins zu halten. Da die erlebte Angst objektiv unabhängig von den spezifischen Bedingungen ist, die Hans angibt, hat sie den Charakter eines Affekts. Dies zeigt sich daran, daß sich dieses Gefühl nicht - wie die Emotionen - verändert, wenn die Vorstellungen des Pferdes zu anderen Vorstellungen in Beziehung gesetzt werden.

Diese Angst, die eine mißglückte Verdrängung signalisiert, kann zu unterschiedlichen Aktivitäten führen. Solange ihre verdrängten Bedingungen nicht in bewußtseinsfähigen Ersatzvorstellungen erscheinen, hat sie subjektiv den Charakter einer inhaltslose Angst, welche von der Psychoanalyse als »freiflottierend« beschrieben wird. Objektiv wird diese Angst durch einen »szenische[n] Auslösereiz« (Lorenzer 1970b, S.81) bewirkt, der strukturell mit den abgewehrten Interaktionsformen identisch ist, die sich noch in der Extension des Angstbegriffs befinden, aber nicht mehr erkannt werden können. Hat die Angst - wie beim kleinen Hans - auch nach der Ersatzbildung noch Bestand, dann kann erstens die bisherige Ersatzbildung dem Vorgang einer »Nachdrängens« unterliegen (Freud 1913, S.279) und durch eine andere Bildung ersetzt werden. Zweitens kann mit dieser Angst kontraphobisch umgegangen werden. Dies wäre der Fall, wenn Hans etwa anfangen würde, auf Pferden zu reiten. Dieser kontraphobische Umgang findet sich auch in den intim-sexuellen Beziehungen, in denen sich eine abgewehrte ödipale Problematik verbirgt und der aktuelle Sexualpartner oder die aktuelle Sexualpartnerin den Vater bzw. die Mutter ersetzt. Subjektiv bezieht sich die Angst auf die Frage, ob man vom Partner bzw. von der Partnerin geliebt wird, ob es gelingt, seine bzw. ihre Liebe zu gewinnen oder ob man fähig ist, mit ihm bzw. ihr sexuell zu verkehren. Objektiv gründet auch diese Angst in einem szenischen Auslösereiz des Ersatzobjekts. Er ergibt sich aus der Identität, die zwischen seinen und den gewünschten Verhaltensaspekten des ersetzten Objekts besteht. Die Folge ist eine Intensivierung der verpönten, dem ursprünglichen Objekt geltenden sexuellen Wünsche, womit diese und die mit ihnen verbundene Angst näher ans Bewußtsein rücken. Im Gegensatz zu früher setzt man sich nun dieser Angst absichtlich aus, und man ist mehr oder weniger zuversichtlich, daß man die Bedingungen, in denen sie subjektiv gründet, bewältigen kann.

Werden diese sexuellen Wünsche an einem Objekt realisiert, welches ein vergangenes Objekt ersetzt, dann dient die sexuelle Handlung der Abwehr der sexuellen Wünsche, die an das vergangene Objekt adressiert waren. Als eine Ersatzhandlung ist sie ein Versuch, die ehemals passiv erfahrene Unlust aktiv zu bewältigen. Damit ändert sich der Charakter der erfahrenen Lust. Zwar wird durch den szenischen Auslösereiz in der Versuchungssituation die ursprüngliche erogene Lust intendiert; weil aber die Ersatzbildung eine Erscheinungsform des verpönten Triebwunsches ist, die zum Zwecke seiner Abwehr gebildet wurde, wird die Lust, die bei einer Realisierung der verpönten Triebregung am falschen Objekt erlebt werden kann, zu einer zu Abwehrzwecken funktionalisierten erogenen Lust. In Gestalt einer »›Funktionslust‹« (Fenichel 1946a, S.70) wandelt sich die ursprüngliche erogene Lust zur bewußtseinsfähigen Erscheinungs- und Erlebnisform einer gelungenen Abwehr. Psychodynamisch generiert sie sich aus der Angst, ob es mit der Ersatzbildung bzw. Ersatzhandlung gelingt, den Bedingungen der besonderen Angst den Eintritt ins Bewußtsein zu verwehren. Da sich im Ersatz nicht die Gefahr, sondern der Versuch ihrer Bewältigung mystifiziert zur Darstellung bringt, wird ein mögliches Versagen der Ersatzbildung zur Bedingung für das Auftreten der ursprünglichen Angst. Angst und Lust sind - so es gelingt - der erlebnismäßige Ausdruck der unbewußten Beziehung von Ersatz und Ersetztem. Die erlebte »Funktionslust« ist mit der »erogenen Lust« abstrakt identisch - beides ist Lust -, konkret aber ist sie davon verschieden. Wie die bewußten Ersatzvorstellungen nicht die sind, die sich in ihnen verbergen - dem kleinen Hans ist das beißende Pferd nichts anderes als ein beißendes Pferd -, wird auch in der manifesten Lust nicht die erogene Lust erfahren, aus der sie durch Abwehrprozesse entstanden ist und die sich in ihr verbirgt. Die manifeste Lust ist eine besondere Lust insofern, als sie durch Bedingungen hervorgerufen wird, die sich von denen unterscheiden, die mit der ursprünglichen »erogenen Lust« einhergingen. Es ist eine narzißtische Lust, die aus der aktiven Bewältigung der Unlust resultiert, die durch die Angst signalisiert wird.

Handelt es sich um »Funktionslust«, dann dominiert im lustvollen Erleben nicht die triebhafte, sondern eine narzißtische Befriedigung. Wir finden hier nicht nur eine Antwort auf die Frage, von welcher Art die Lust ist, die der phallische Narzißt bei seinen sexuellen Handlungen erlebt, mit denen er sich immer wieder aufs Neue seiner Potenz versichern und sich davon überzeugen muß, daß er seinem Größenselbst genügt, welches er zur Abwehr seiner Kastrationsangst gebildet hat. Seine sexuellen Aktivitäten dienen der Abwehr jener Unlust, die bei einer Diskrepanz von realer und idealer Selbstrepräsentanz in Form eines Gefühls des Versagens auftreten würde und gehen mit einer Funktionslust einher. Ebenso hat die Lust, die von neurotisch strukturierten Personen erlebt werden kann, deren Sexualverhalten von einer unbewältigten ödipalen Problematik getragen ist, den Charakter einer Funktionslust. Bei beiden haben die sexuellen Ersatzhandlungen die Struktur eines kontraphobischen Verhaltens. Beide Male dient »die Ausführung des ursprünglich Gefürchteten dem Zweck, den ursprünglichen, intensiven Wunsch in Schach zu halten« (Fenichel 1946a, S.219), und für beide gilt, daß diese Menschen, wie Fenichel (1946b, S.45f.) weiter schreibt, »bevor sie sich der kontraphobischen Lust überantworten, einen Moment ängstlicher und gespannter Erwartung [durchleben], dessen Überwindung ihnen Freude bereitet«. Das Wohlbehagen, das dem Prozeßaffekt der Funktionslust folgt, mutiert dann in jenes Gefühl, das Fenichel (1946a, S.71) als das eines »›Triumph[es]‹« oder »Stolzes« beschreibt (Zepf 1997a, S.109).

Diese Funktionslust ist von jener zu unterscheiden, die auf vorsprachlicher Ebene erlebt wird (s. S.94). Beide sind der erlebnismäßige Ausdruck einer Operation, in der die durch die Angst signalisierten Bedingungen einer »traumatische[n] Situation« (Freud 1926, S.199) bewältigt werden. Sie unterscheiden sich aber durch die Bedingungen, unter denen sie entstehen. Ihre qualitative Differenz wird deutlich, wenn man diese Bedingungen im Lichte der Freudschen (1926) Unterscheidung von neurotischer und Realangst betrachtet. Bei der Realangst »droht« die Gefahr einer traumatischen Situation »von einem äußeren Objekt«, und bei der neurotischen Angst wird sie »von einem Triebanspruch« bewirkt, der »zur (inneren) Gefahr wird, weil seine Befriedigung eine äußere Gefahr herbeiführen würde« (Freud 1926, S.201). Voraussetzung der vorsprachlich erlebten Funktionslust war nicht die Bewältigung eines Triebanspruches, der Bedingung einer neurotischen Angst, sondern die Bewältigung der Abwesenheit der Objektwelt, der Bedingung einer Realangst. Nicht der Triebanspruch, der sich subjektiv in einem Selbstanteil ($[IF \succ S_T\text{-}O]_{akt}$) präsentiert, wird als Bedingung des Objektverlustes erfahren, sondern der Objektverlust ist subjektiv die Bedingung, unter der eine traumatische Situation droht. Geht man mit Balint (1959) davon aus, daß eine oknophile Struktur im wesentlichen aus einer Fixierung an die frühe Angstbedingung des Objektverlustes oder der Liebe des Objekts resultiert, sie mithin das Resultat einer mangelnden Progression darstellt, dann ist dies exakt die Situation, von der das Leben dieser Personen in psychodynamischer Hinsicht angetrieben ist. Auch ihre Lust hat den Charakter einer Funktionslust, die sich aber qualitativ von jener unterscheidet, welche der phallische Narzißt erlebt. Sie gründet darin, daß es im Vollzug einer Triebhandlung gelingt, die Wünsche des Objekts zu befriedigen und ihm Lust zu bereiten, womit sich aus Sicht dieser Personen die Wahrscheinlichkeit vermindert, daß man verlassen oder daß einem die Liebe entzogen wird (Zepf 1997a, S.82ff.).

Allerdings ist das Erleben der beschriebenen Funktionslust nicht zwingend an ein Moment ängstlicher Erwartung gebunden, das der sexuellen Handlung vorausgeht. Eine ängstliche Erwartung tritt nur auf, wenn die Verdrängung nicht »die Entstehung [...] von Angst verhüten« konnte (Freud 1915b, S.256). Die Lust behält den Charakter einer Funktionslust auch dann, wenn die Abwehroperationen an den Emotionsbegriffen der Metasprache der Emotionssymbole angreifen und die »mißglückte Verdrängung« vervollständigen. Bei dieser dritten Möglichkeit des Umganges mit der Angst wird die Bedingung des Affektsymbols der Angst - die abgewehrte Interaktionsform - aus der Extension ihres metasprachlichen Begriffs in der gleichen Weise ausgestanzt, wie sie aus der Extension ihres objektsprachlichen Begriffs entfernt wurde. Beide Verfahren entsprechen sich strukturell, führen aber auf der Ebene der Begriffe zu einem unterschiedlichen Resultat. Weil die Begriffe, in denen die Interaktionsformen gefaßt sind, extensional immer mehrfach bestimmt sind, bleibt die intensionale Bestimmung der Begriffe nach einer punktuellen Desymbolisierung einer Interaktionsform erhalten.

Die intensionale Bestimmung des Begriffs des Vaters hat für den kleinen Hans auch nach dessen extensionaler Verkürzung um die kastrierende Interaktionsform bestand. Anders ist es beim Begriff dieses Emotionssymbols der Angst. Als intensionale Bestimmung enthält dieser Begriff das mit der Angst einhergehende »autonome Imagery« sowie die Beziehung zwischen den Interaktionsformen, welche durch die abgewehrte Interaktionsform hervorgerufen wurde. Wird diese Interaktionsform auch aus der extensionale Bestimmung dieses Angstbegriffs exkommuniziert, dann verschwindet auch diese Beziehung aus seiner intensionale Bestimmung, womit auch der Begriff dieser Angst verloren geht und die Angst aus dem Bewußtsein verschwindet. Als intensionale Bestimmung bleibt nurmehr das »autonome Imagery« übrig. Da diese Vorstellung körperlicher Phänomene auch in den extensionalen Bestimmungen anderer Begriffe - etwa »Herzsensationen«, »Zittern«, »Schwitzen« etc. - liegt, wandelt sich der Begriff des Emotionssymbols der Angst in die Begriffe bloßer Körpersensationen.

Mit der Zerstörung des einzelnen Angstbegriffs kann der Affekt nicht mehr benannt und somit nicht mehr in seiner Besonderheit erkannt werden. Die Angst gewinnt den Status eines »Affektäquivalent[s]«. Bei ihm ist »der seelische Inhalt eines Affekts abgewehrt worden, während seine physischen Begleitumstände« - dank des metasprachlich verfügbaren »autonomen Imagery« fürs Bewußtsein in Gestalt körperlicher Phänomene - »zutage treten« (Fenichel 1946b, S.67f.). Wird das Affektäquivalent weiter verschoben, dann wird die Bedingung des Emotionssymbols, das zu einem Affektsymbol wurde - die abgewehrte Interaktionsform - in den Umfang von Gefühlsbegriffen eingefügt, welche die Sprache für die Emotionen vorsieht, die bei der Realisierung bestimmter Interaktionsformen im Kontext mit Sexualität entstehen können. Die Körperempfindungen des Affektsymbols werden unter einem anderen Namen gelesen, sodaß die subjektive Deutung dieses Affekts eine andere wird. Die Angst, die der Funktionslust vorausgeht, kann etwa als »Erregung«, »Spannung«, »Unruhe« etc. interpretiert werden. Die Folge diese Operation ist, daß nun die narzißtische Funktionslust subjektiv als jene Lust verkannt wird, die sich bei einer Triebbefriedigung durch ein bestimmtes Objekt einstellt.

Ich fasse die Abwehr der Interaktionsformen, der Emotionssymbole und der dadurch bewirkten Veränderung der Gefühlsqualitäten am Beispiel der Pferdephobie des kleinen Hans unter der Annahme, daß seine Symptomatik nicht nicht mit dieser Phobie endet, in einem weiteren Schema (16):

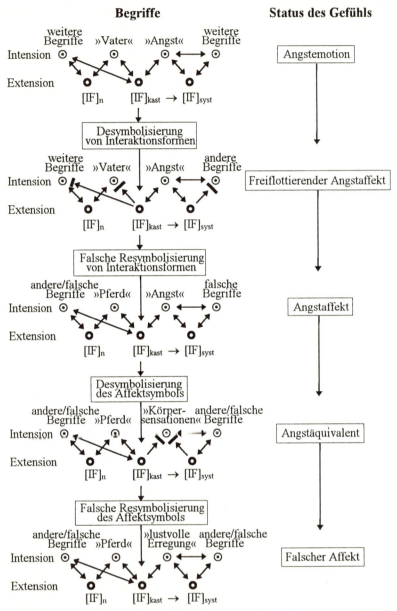

Schema 16: Abwehr von Interaktionsformen und von Emotionssymbolen.

Am Beginn enthält der Vaterbegriff neben anderen Interaktionsformen ($[IF]_n$) die Interaktionsform des kastrierenden Vaters ($[IF]_{kast}$). Diese Interaktionsform liegt auch im Umfang des Angstbegriffs und steht dort in Beziehung zu bestimmten, in objektsprachlichen Begriffen gefaßten Interaktionsformen, welche durch sie zueinander in eine systematisch Beziehung gesetzt werden ($[IF]_{syst}$). In dieses System gehört die Interaktionsform, in der sich die sexuellen Wünsche, die an die Mutter gerichtet sind, als Bedingung der äußeren Gefahr repräsentieren sowie diejenigen, die damit zusammenhängen. Die Angst, auf die sich der Angstbegriff bezieht, resultiert aus einem Zusammenspiel von spezifischen inneren und äußeren Bedingung, über die das Subjekt verfügt. Sie hat somit den Status einer Emotion. Mit der Entfernung der Interaktionsform des kastrierenden Vaters aus dem Begriff »Vater« und der sexuellen Interaktionsform mit der Mutter aus dem Begriff »Mutter« und den weiteren, diesen Interaktionsformen lebensgeschichtlich zugehörigen anderen Begriffen - wie bspw. »kastrierend« - wird den extensionalen Bestimmungen des Begriffs dieser Angst - $[IF]_{kast}$ und $[IF]_{syst}$ - das Bewußtsein entzogen, ohne daß sie jedoch aus dem Umfang des Angstbegriffs entfernt werden. Tritt ein szenischer und vom Subjekt nicht erkannter Auslösereiz auf, dann werden mit den bewußtlos gewordenen Interaktionsformen auch die Beziehungen aktualisiert, in denen sie zueinander stehen. Da sie den Angstbegriff intensional bestimmen, kann der sich einstellende Affekt nicht nur erlebt, sondern auch als Angst erkannt werden. Die Angstemotion wandelt sich damit von einer besonderen Angst in einen freiflotierenden, d. h. subjektiv zunächst nicht begründbaren allgemeinen Angstaffekt. Auf der Suche nach Begründungen kann dieser Angstaffekt zu anderen Begriffen in Beziehung gesetzt werden. Durch die falsche Resymbolisierung der abgewehrten Interaktionsform wird das »beißende Pferd« zur Angstbedingung. Subjektiv gründet die Angst im beißenden Pferd, objektiv wird sie durch die Befürchtung veranlaßt, daß die Interaktionsform des kastrierenden Vaters wieder im Bewußtsein erscheint. Weil sie mehrfach bestimmt ist, hat sie den Status eines Affekts. Das System der Interaktionsformen ($[IF]_{syst}$), die durch die verpönte Interaktionsform in Beziehung gesetzten werden, wird in falschen, auf das Pferd bezogenen Begriffen ins Bewußtsein eingelassen. Bei der Bildung eines Affektäquivalents wird der Angstbegriff um die im Syntagma »beißendes Pferd« falsch begriffene Interaktionsform des kastrierenden Vaters und um die Beziehung zwischen den in anderen falschen Begriffen gefaßten System der Interaktionsformen extensional verkürzt. Mit dem Verlust dieser extensionalen Bestimmungen wird die intensionale Bestimmung des Angstbegriffs qualitativ verändert. Während das »autonome Imagery« als intensionale Bestimmung vorhanden bleibt, ist die Beziehung zwischen den Interaktionsformen, die sich durch die falsch begriffene Interaktionsform des kastrierenden Vaters herstellte, darin nicht mehr enthalten. Durch die intensionale Verkürzung wandelt sich der Angstbegriff in den Begriff körperlicher Sensationen, welche nun mit anderen Begriffen begründet werden, in denen auch die systematisch aufeinander bezogenen, abgewehrten Interaktionsformen enthalten sein können. Im letzten abgebildeten Schritt wird die Interaktionsform des kastrierenden Vaters, die aus der extensionalen Bestimmung des Angstbegriffs entfernt wurde, unter die Intension des Syntagmas »lustvolle Erregung« subsumiert. Resultat ist ein falscher Affekt, in dem die mit dieser Interaktionsform in Beziehungen stehenden Interaktionsfomen wiederum mystifiziert in Begriffen, die sich auf lustvolle Erregung oder in anderen falschen Begriffen erscheinen.

Die in Schema (16) dargestellten Abfolge der Abwehroperationen, die an den Emotionssymbolen durchgeführt werden, ist natürlich nicht zwingend. Die Umwandlung der Angst vor dem kastierenden Vater in die Angst vor beißenden Pferden kann ebenso ohne eine dazwischen geschaltete freiflottierenden Angst verlaufen wie die Veränderung der Angst in einen qualitativ andersartigen Affekt ohne vorausgegangene Phobie bzw. vorausgegangenes Affektaquivalent eintreten kann. Die Schicksale, die ich am Beispiel der Angst beschriebenen habe, kann jeder unlustvolle Affekt - in meiner Terminologie jede unlustvolle Emotion - erfahren. Die Freudsche (1913, S.276) Auffassung, »unbewußte[.] Liebe, Wut, Haß« oder ein »›unbewußtes Schuldbewußtsein‹« komme dadurch zustande, daß die »Affekt- oder Gefühlsbewegung wahrgenommen, aber verkannt wird«, weil sie »durch die Verdrängung ihrer eigentlichen Repräsentanz zur Verknüpfung mit einer anderen Vorstellung genötigt worden« sind, ist zu korrigieren. Unter den von ihm genannten Umständen bleiben die Affekte vorhanden und werden nur »vom Bewußtsein für eine Äußerung der letzteren gehalten«. Unbewußt im eigentlichen Sinne werden diese Affekte erst, wenn die Emotionssymbole aus ihren metasprachlichen Begriffen exkommuniziert und unter die Intension anderer Gefühlsbegriffe subsumiert werden. Wie die verpönten Triebwünsche unterliegen auch die Affekte bei ihrer Abwehr einem »Akt der Verdrängung« (Freud 1923b, S.281), der mit Ersatzbildungen einhergeht. Die Affektsymbole können verschoben und unter einem anderen Namen gelesen werden, sodaß statt Wut, Angst oder Haß »Streß«, »Erschöpfung«, »Spannung« etc. erlebt wird, sie lassen sich sublimieren, indem sie unter Gefühlsbegriffe gefaßt werden, welche die Sprache unserer Gesellschaft für bestimmte Situationen für angemessen hält, sie können einer Reaktionsbildung unterliegen und sich unter einem anderen Begriff dem Bewußtsein als das Gegenteil von dem präsentieren, was sie sind, sie können projiziert werden, indem sie unter dem Namen, unter dem Begriff eines Objekts erscheinen, und Affekte der anderen lassen sich identifikatorisch in die Extension des Begriffs des Selbst einbringen.

Die Geltung der Freudschen (1913, S.278) These, daß der »bewußte[.] Ersatz [...] den qualitativen Charakter« der erlebten Affekte bestimmt, kann also in vollem Umfang nur beibehalten werden, wenn man den

Begriff der Ersatzes nicht nur auf die Begriffe bezieht, unter deren - falscher - Intension die verdrängten Triebvorstellungen existieren, sondern wenn man ihn auch auf die Gefühlsbegriffe anwendet. Ebenfalls ist die weitere These Freuds (1923b, S.250), die sich insbesondere auf das Erleben von Angst bezieht, daß nämlich Affekte auch ohne »an Wortvorstellungen gebunden« zu sein »direkt [...] Bewußtwerden« können, zu präzisieren. Affekte können ohne eine sprachliche Verfügung über sie und ihre Bedingungen erfahren werden. Ohne einen sprachlichen Prädikator, der sie bezeichnet, können sie aber nicht als ein »bestimmter Affekt« Bewußtsein gewinnen.

Auch die 3. These Freuds (1913, S.277), daß das Ziel der Verdrängung erst durch eine »Hemmung der Affektentwicklung erreicht wird, in welcher der »unbewußte Affekt« als eine bloße »Ansatzmöglichkeit, die nicht zur Entfaltung kommen« darf - als ein Affekt der Möglichkeit nach - verstanden wird, läßt sich im dargelegten Kontext genauer bestimmen. In generalisierter Form kann sie nicht aufrechterhalten werden. Die Reduzierung eines Affekts auf eine »Ansatzmöglichkeit« ist das Resultat einer spezifischen Abwehroperation. Freud (1926, S.150f.) beschreibt diese Operation, die von der Psychoanalyse vor allem bei zwangsstrukturierten Patienten gefunden wurde, als »*Isolieren*«. Hier wird ein »Vorstellungsinhalt« aus seinen »assoziativen Beziehungen« herausgelöst, sodaß er »wie isoliert dasteht«, wobei das, »[w]as so auseinandergehalten wird, gerade das [ist], was zusammengehört« (Freud 1926, S.151, S.196). Die »Technik [des] Verfahren[s] der Isolierung« (Freud 1926, S.197), mit dem der »Vorstellungsinhalt [...] von seinem Affekt entblößt« wird (Freud 1926, S.151, S.196), und die Freud (1926, S.197) »noch nicht angeben« konnte, wird durchsichtig, wenn man die beiden von Freud beschriebenen Elemente - die Isolierung der Vorstellung aus ihren »assoziativen Beziehungen« und die Isolierung der Vorstellung vom Affekt - zueinander in Beziehung setzt. Die Affekte - in meiner Terminologie die Emotionen - gründen in der Besonderheit der zueinander in Beziehung stehenden Interaktionsformen, und ihr Entstehen kann dadurch verhindert werden, daß die aktualisierte Interaktionsform nicht zu den vorhandenen Interaktionsformen bzw. daß die vorhandenen Interaktionsformen nicht zueinander in eine sytematische Beziehung gesetzt werden. Weil die sprachliche Definition der Emotionsbegriffe erhalten bleibt, kann man unter diesen Umständen gleichwohl noch über Emotionen reden, obwohl sie nicht mehr vorhanden sind.

8.3 Die Abwehr von Affektsymbolen

Die bisher beschriebenen Formen der Abwehr operieren gemeinsam an der Schnittstelle von Sprache und Interaktionsformen bzw. Emotionssymbolen. Sie setzen Sprache voraus und werden durch das neurotische Interaktionsspiel der elterlichen Beziehungsfiguren veranlaßt. Die unbewältigte Vergangenheit der Eltern ragt aber nicht erst in die Sozialisation des Kindes hinein, wenn dieses sprachfähig geworden ist. In unterschiedlichem Ausmaß bestimmen die konfliktuösen und unbewußt gewordenen Objektbeziehungen der Eltern den Umgang mit ihrem Kinde von Anfang an. Insbesondere in Sozialisationsprozessen, die zu einer Symptombildung auf Seiten des Kindes führten, konnte dies gezeigt werden.

Ich will drei Beispiele anführen. Fraiberg et al. (1975) erzählen eindrucksvoll die Geschichte (und Therapie) von Mrs. March und ihrer knapp 6 Monate alten Tochter Mary. Ihrer Mutter wollte Mary zur Adoption freigeben. Der Vater widersetzte sich. Mary erschien den Therapeuten zu still, gerade noch ausreichend ernährt, im wesentlichen sich selbst überlassen, emotional vernachlässigt und in ihrer Entwicklung zurückgeblieben. Wie sich in den gemeinsamen Sitzungen zeigte, war Mrs. March so sehr mit sich selbst beschäftigt, daß sie die Versuche Marys nach einer Kontaktaufnahme überhaupt nicht wahrnahm und oft nicht einmal in der Lage war, das Schreien von Mary zu hören, wenn sie bedürftig war. Auf dem Ausschnitt einer Videoaufnahme, in dem Mary versuchte, ihre Mutter mit ihrer Hand zu erreichen, streckte die Mutter ohne Blickkontakt ihre Hand der Tochter entgegen ohne daß sich die Hände erreicht hätten.

Sich selbst schilderte Mrs. March ebenfalls als ein verlassenes Kind. Ihre Mutter erlitt nach ihrer Geburt eine post partum Psychose und war danach ständig hospitalisiert. Die ersten 5 Lebensjahre verbrachte sie bei einer Tante, die sie mehr schlecht als recht versorgte. Danach wuchs sie bei ihrer verhärmten und vom Leben ermüdeten Großmutter mütterlicherseits auf. In ihrem späteren Leben mißtraute sie allen Männern. Bezüglich ihrer Tochter war sie überzeugt, daß ihr Mann nicht der Vater sei. Unterstützt wurde diese Idee durch eine kurze Liebschaft, die sie mit einem anderen Mann hatte und ob der sie sich schuldig fühlte. Obwohl der Vater an seiner Vaterschaft überhaupt keinen Zweifel hatte, kam dieses Thema immer wieder. Mrs. March befürchtete, daß die Leute Mary anschauen und wissen, daß ihr Vater nicht ihr Vater ist, und daß ihre Mutter ihr Leben ruiniere. Diese Phantasie hatte ihre historischen Wurzeln. Unter großer Scham erzählte Mrs. March im zweiten Jahr der Behandlung ihr größtes Kindheitsgeheimnis. Im Alter vom 7 Jahren hatte sich ihr Vater vor ihr exhibitioniert und versucht, sich ihr in dem Bett zu nähern, in dem sie mit ihrer Großmutter schlief. Die Großmutter wiederum hatte sie beschuldigt, ihren Großvater zu verführen, was Mrs. March verneinte. Ihren ersten Geschlechtsverkehr hatte sie mit 11 Jahren mit ihrem Cousin, der für sie den Status eines Bruders hatte. Ab ihrem 6. Lebensjahr wuchs er mit ihr im gleichen Haus auf.

Für Fraiberg et al. (1975) stellt Mary für die Mutter zugleich sie selbst als Kind dar, dessen Schreie ebenfalls von niemandem gehört wurden, wie auch das gefürchtete inzestuöse Kind, dessen sie sich schuldig fühlte, weil sie es sich unbewußt wünschte. Dieses unbewußte Skript bestimmte nach Ansicht der Autoren den aktuellen Umgang mit ihrer Tochter.

Zwei weitere Kasuistiken entnehme ich den Arbeiten von Cramer (1987; 1989). In der ersten berichtet Cramer (1987, S.1050ff.) von Evelyn[59], die zuerst gut getrunken hatte, dann aber immer einschlief, wenn sie ihre Mutter mit der Flasche sah. Zum Zeitpunkt der Untersuchung war Evelyn 5 Wochen alt und wog 200 gr. weniger als bei der Geburt. Die Mutter praktizierte von Anfang an ein zwanghaftes Fütterungsritual. Sobald Evelyn sich regte, schob sie ihr eine Flasche in den Mund. Bis zu 20 Milchflaschen hatte sie in der Wohnung deponiert, um immer eine griffbereit zu haben. Sie war überzeugt, daß Evelyn ein kränkliches Kind sei und ihrer besonderen Fürsorge bedürfe.

In den Gesprächen stellte sich heraus, daß sie Evelyn in der Zeit empfing, in der ihr Onkel, der sie aufgezogen hatte, unter Gewichtsverlust an Krebs verstarb. In diesem Kontext verstand sie die Gewichtsabnahme ihrer Tochter. Sie dachte, daß auch Evelyn Krebs habe und daß dies ihre Gewichtsabnahme erklären würde. Diese Vermutung nötigte sie dazu, ihre Tochter in zwanghafter Manier zu füttern. Desweiteren meinte die Mutter aber auch, es sei für sie nicht angenehm, Evelyn zu füttern. Sie würde sehr darunter leiden, dem widerstrebenden Kind immer wieder mit Gewalt die Flasche in den Mund zu stecken. Dann erzählte sie, daß sie selbst nur ungern der Adressat gewalttätiger Handlungen sei. Sie würde auch keinen Geschlechtsverkehr mögen, speziell keine Penetration durch ihren um fast 25-Jahre älteren Ehemann, und habe ihm noch nie Zeichen einer sexuellen Erregung gezeigt. Sie habe das Gefühl, daß er sie dann ganz besitzen würde. Eigentlich findet sie es deswegen sehr geschickt von ihrer Tochter, bei jedem Fütterungsversuch sofort einzuschlafen und sich so der Fütterung zu entziehen.

Cramer (1987, S.1050ff.) sieht die Fütterungsprozedur der Mutter als Resultat der Wiederholung ihrer ambivalenten und unbewußten Beziehungen zu ihrem Onkel, die den Umgang mit Evelyn bestimmen. Die Fütterung ihrer Tochter war einmal bestimmt von ihrer Befürchtung (und ihrem

---

59 S. auch Cramer (1989, S.83ff.). Dort erscheint Evelyn unter dem Namen »Caroline«.

Wunsch), daß der Onkel sterben wird. Für ihre Mutter war Evelyn eine Reinkarnation des verstorbenen Onkels. Zum andern wies die Mutter auch eine ödipale Problematik auf, weshalb sie auf der einen Seite eine genitale Penetration des in Gestalt ihres älteren Ehemannes auftretenden Onkels befürchtete und auf der anderen Seite wünschte. Dieser Widerspruch wird mit ihrer Tochter in oraler Form agiert. Weil sie ihre genitalen Wünsche und deren Abwehr auf ihre Tochter projizierte, erfüllt sie sich einerseits ihren Wunsch, indem sie sich in Gestalt ihrer Tochter immer wieder auf oraler Ebene penetriert, und andererseits stellt sie durch die ständige Penetration zugleich deren Verweigerung, d. h. ihre Abwehr her.

In einer weiteren Kasuistik stellt Cramer (1989) die Geschichte (und Behandlung) von Mrs. Martin und ihrer 13 Monate alten Tochter Marie vor. Mrs. Martin sieht praktisch in jeder Äußerung ihrer Tochter einen gegen sie gerichteten aggressiven Akt. Führt Marie ihre Hand zum Gesicht der Mutter, weicht diese jäh zurück und sagt: »>Du kratzt ..., kratz mich nicht<« (Cramer 1989, S.61). Sie hat den Eindruck eines Machtkampfes zwischen ihr und ihrer Tochter. »>Wenn ich ihr etwas verbiete<«, sagt Mrs. Martin, »>reagiert sie [...] ziemlich aggressiv. Entweder sie kratzt mich, oder sie beißt mich, oder sie schlägt mich. Ich weiß nicht, wie ich reagieren soll: Schläge sind meiner Meinung nach keine Lösung<«. Es ist, fährt sie fort, »>als ob sie meinen Charakter auf die Probe stellen wollte<« (Cramer 1989, S.20). Sie klagt darüber, daß sie von Marie fast keine Zärtlichkeit erfahren würde, und sie ist in großer Sorge, daß sie und ihre Tochter einen point of no return erreichen. Mrs. Martin befürchtet, daß Marie, wenn sie selbst aggressiv antworten würde, sich sagen könnte: »>Meine Mutter ist ein Folterknecht, das ist keine Mutter mehr<« (Cramer 1989, S.21).

Von Mrs. Martin war zu erfahren, daß sie eine außerordentlich aggressive Mutter gehabt habe, die sehr schnell zum Teppichklopfer gegriffen und von der sie kaum eine zärtliche Zuneigung erfahren hätte. Sie habe Dinge vor ihr verheimlicht, weil sie vor ihren Reaktionen Angst hatte, und sie möchte unter keinen Umständen ein Verhältnis mit Marie haben, wie sie es mit ihrer Mutter hatte. Dort sei es oft zu »>Extremsituationen<« gekommen: »>Einmal<«, sagt Mrs. Martin, »>habe ich ihr sogar eine Ohrfeige gegeben; ich möchte keine Ohrfeige bekommen; man konnte meine fünf Finger im Gesicht meiner Mutter sehen<« (Cramer 1989, S.28). Danach kam Mrs. Martin für die nächsten 4 Jahre ins Internat und schämte sich ihr weiteres Leben für diese Ohrfeige. Cramer (1989, S.22) schließt, daß die Aggressivität, die Marie zugeschrieben wird, diejenige ist, die Mrs. Martin mit ihrer Mutter erlebte. Sie hatte Angst, wie ihre Mutter zum »>Folterknecht<« von Marie zu werden, und machte deshalb ihre Tochter zu ihrem »>Folterknecht[.]« (Cramer 1989, S.24, S.29). In Gestalt von Marie befürchtete sie die aggressiven Handlungen ihrer Mutter und stellte sie zugleich her, weil sie sich ob ihrer aggressiven Ohrfeige schuldig fühlte und bestrafen mußte.

Weitere eindrucksvolle Beispiele für die »Revenants« (Freud 1900, S.491), die aus der unbewältigten Vergangenheit der Mutter wenn auch mehr oder weniger, aber doch eher systematisch als punktuell in die Gegenwart eindringen (Main 1984) und die Sozialisation des Neugeboren dominieren, finden sich bei Lebovici (1983a, 1983b), Lichtenberg (1983), Brazelton u. Cramer (1989) und Stern (1971). Der meist sehr differenzierten Beschreibung der mütterlichen Psychodynamik korrespondiert in keiner Arbeit eine gleichermaßen differenzierte und nachvollziehbare Darstellung der Folgen, welche diese, ihrer Intention nach neurotisch-widersprüchlichen Interaktionen mit einem »phantasmatischen« Kind (Lebovici 1983b, S.131) für die »psychische Realität« (Freud 1900, S.625, Kursivierung aufgehoben, S. Z.), für das Erleben des realen Kindes selbst haben. Fraiberg et al. (1975) lassen diese Frage gänzlich offen, Lichtenberg (1983, S. 57, S.63) meint, daß sich die Repräsentanzwelt des Kindes erst am Ende des ersten Lebensjahres entfalte und das Kind bis dahin ohne Erleben sei. Eine neurotische Praxis würde an seinem Innenleben quasi spurlos vorbeilaufen und könne sich bestenfalls im äußeren Verhalten manifestieren. Cramer (1989, S.39f.) illustriert dies mit einer jungen Mutter, für die das Erbrechen ihres Kindes unbewußt im Zusammenhang mit dem Tod ihres Bruders steht, der im letzten Drittel ihrer Schwangerschaft an Darmkrebs verstorben ist. In dem Augenblick, in dem die Mutter das Leiden ihres Bruders beschrieb, den unerträglichen Gestank und den furchtbaren Anblick, wenn er sich übergab, provozierte sie ein Erbrechen ihres Kindes durch die Art und Weise, wie sie es hielt.

Für Cramer (1987, S.1055) bleibt die »dimension of the infant's inner experience [...] far from our reach«. Gleichwohl sieht er das Neugeborene bereits im ersten Lebensjahr in der Lage, eine »cigcne[.] Welt auf der Grundlage eines Netzes von Bedeutungen« zu konstruieren (Cramer 1990, S.116), zu denken und mit innerpsychischen Abwehroperationen auf unlustvolle Erfahrungen zu antworten. Das Baby blende »angstbesetzte Erfahrungen aus, indem es die damit verbundenen Gedanken verdrängt, und so [...] zur Anhäufung unbewußt gewordener Erfahrungen bei[trägt]« (Cramer 1989, S.117). Diese Thesen lassen vielleicht etwas erahnen, aber nichts erkennen. Der Bedeutungsbegriff zeichnet sich durch sehr verschiedene Definitionen aus (s. z. B. Lyons 1977, S.15f.; Ogden u. Richards 1923, S.218f.). In seiner wissenschaftlichen Verwendung ist er aber immer durch eine zweigliedrige Relation zwischen den beiden »prima facie components« bestimmt, »that which means and that which is meant« (Urban 1939, S.115, Kursivierung aufgehoben, S. Z.)⁶⁰, wobei sowohl Zeichen als auch Bezeichnetes psychischer Natur sind (z. B. Ogden u. Richards 1923, S.18; Lyons 1977, S.108ff.; Ullmann 1957, S.64f.). Wenn die Cramerschen Thesen, daß sich das Baby eine »eigene[.] Welt auf der Grundlage eines Netzes von Bedeutungen« schafft und in der Lage ist, »Gedanken« zu verdrängen, irgendeinen substantiellen Wert haben sollen, dann müßte er auch die Elemente kenntlich machen, die im Seelenleben des noch sprachlosen Kindes als signifiant und signifié fungieren. Da Denken immer an Symbole gebunden ist, müßte er desweiteren zeigen, welche psychischen Strukturen diesen Status haben, ein Denken erlauben und wie durch ihre Veränderung im Zuge einer Verdrängung aus bewußten unbewußte Gedanken werden können. Cramer gibt darüber keine Auskunft. Seine Thesen lassen »the infant's inner experience« so unbegriffen, wie sie es schon vorher waren.

Lebovici (1983a; 1983b) sucht den Nebel, der über dem Inneren des Säuglings liegt, mit der Annahme eines ersten präpräsentativen Systems aufzuhellen. Dieses bilde sich durch eine Umwandlung des affektiven Bereichs in einen affektiv-kognitiven, welche dadurch zustande käme, daß die Mutter vorprogrammierten Verhaltensweisen ihres Kindes Bedeutungen zuschreiben würde, die aus ihrem imaginären und phantasmatischen Leben stammten. Das Selbst organisiere und repräsentiere sich, indem das Baby »dank seines Hasses und seiner Depression«, die aus der Wandlung der vollkommenen in eine »nahezu vollkommene Mutter« folgen würden, »den Sinn für die Kontinuität seiner Lebenserfahrung« erwerbe (Lebovici 1983b, S.128). Allerdings wird verschwiegen, wie sich durch die Bedeutungszuschreibungen der Mutter der affektive Bereich zu einem affektiv-kognitiven entwickelt, wie sich das präpräsentative System bildet und sich vom späteren repräsentativen System unterscheidet, wie die strukturellen Bedingungen des Hasses und der Depressionen aussehen und wie diese zu einem »Sinn für die Kontinuität seiner Lebenserfahrung« führen. Auch hier findet man wenig mehr als eine Ansammlung zusammenhangloser Thesen, welche Einsichten in das kindliche Innenleben eher verstellen, als befördern.

Die Autoren übersehen, daß Erkenntnisse nicht in einzelnen Thesen oder Begriffen, sondern im systematischen Zusammenhang enthalten sind, indem die Thesen und Begriffe stehen. Aus diesem Grunde können weder die Überlegungen Cramers, noch die Lebovicis als Folie genommen werden, auf der sich die besonderen Folgen der von ihnen beobachteten neurotogener Sozialisationsprozesse für das kindliche Innenleben eintragen lassen. Auch die Überlegungen Sterns (1986; 1990) eignen sich nicht dazu. Nach eigenem Bekunden verwendet Stern (1986, S.16, S.34) als Grundlage den

---

60 Urban (1939, S.115) fährt fort: »Upon these prima facie components all analysts agree [...]« (Kursivierung aufgehoben, S. Z.).

»gesunde[n] Menschenverstand« und sein eigenes Erleben, um das Innenleben des Säuglings zu »›erfinden‹«. Seine Erfindungen sind weder durch die Empirie lizenziert, noch wird theoretisch begründet, daß die Bedingungen, von denen die Existenz seiner Erfindungen abhängt, im kindlichen Seelenleben überhaupt vorliegen (s. dazu Michaelis 1995). All die Beobachtungen, von denen auch ich einige in Anspruch genommen habe und die Stern (1986, S.47ff.) für seine Behauptung anführt, daß das Neugeborene bereits ab dem 2. Monat über ein »Kern-Selbst« verfügt, welches ihm erlaubt, sich als Urheber seiner Handlungen und Empfindungen und als ein von der Umwelt abgegrenztes Ganzes zu erfahren und ihn mit einem Gefühl für die eigene Geschichtlichkeit, für das Überdauern der eigenen Person ausstattet, lassen sich mit der Annahme einer »psychical faculty« - etwa als bedingte Reiz-Reaktions-Zusammenschaltungen - interpretieren, »which stands lower in the psychological scale« (Morgan 1894, S.53) als die von Stern behaupteten. Nicht nur, daß der gesunde Menschenverstand und das eigene Erleben wohl kaum ausreichen, um aus dem Beobachteten das Innenleben des Neugeborenen zu ermitteln, seine Interpretationen widersprechen damit auch dem Morganschen »principle of parsimony«.

Zweierlei ist zu beachten, wenn man im dargelegten Kontext fragt, wie sich die neurotische Widersprüchlichkeit der Eltern im Erleben eines Kindes präsentieren kann:

1. Die Ausstattung der Mutter ist wesentlich differenzierter als die des Neugeborenen. Dies betrifft sowohl das verhaltensmäßige Repertoire wie auch das Innenleben. Auch wenn es von falschen Resymbolisierungen durchzogen ist, so ist ihr Innenleben gleichwohl sprachsymbolisch differenziert, während das des Neugeborenen nur durch Affektsymbole strukturiert ist. Daraus folgt einmal, daß die Beziehung zwischen manifestem Verhalten und Bewußtseinsfiguren bei der Mutter im wesentlichen eindeutig ist und lediglich durch die falschen Resymbolisierungen mehrdeutig wird, während sie auf Seiten des Kindes prinzipiell vieldeutig ist. Zum anderen wird sich die mütterliche Neurose im Kind anfänglich nicht in ihrer Besonderheit, sondern nur in einer allgemeineren Form eintragen können und auch die kindliche verhaltensmäßige Antwort auf ein neurotisch-widersprüchliches Interagieren der Mutter wird nicht den Spezifitätsgrad des mütterlichen aufweisen können.

2. Den zitierten (und anderen) Kasuistiken läßt sich unschwer entnehmen, daß nicht das faktische Verhalten des Kindes, sondern die Bedeutungen, welche die Mutter diesem Verhalten zuschreibt, »a crucial role in determining the unfolding of interaction« spielt (Cramer 1987, S.1942). Um sich das Objekt als ein bedürfnisbefriedigendes zu erhalten, ist eine spezifische Antwort des Kindes nicht notwendig. Es genügt, wenn das Ver-

halten des Kindes Elemente aufweist, die von der Mutter im Einklang mit ihrer bewußten wie auch unbewußten Bedürfnislage interpretiert werden können.

Versteht man Abwehroperationen als intentionale, auf die Vermeidung von Unlust zielende Aktionen, dann ist aus zwei Gründen klar, daß sich auf vorsprachlichem Entwicklungsstand eine Desymbolisierung und falsche Resymbolisierung nicht an den Interaktionsformen abspielen können. Das Kind ist noch nicht in der Lage seine Triebregungen als Bedingungen der äußeren Gefahr, wie sie ein Objektverlust darstellt, zu lesen. Auch lassen sich Interaktionsformen noch nicht voneinander unterscheiden. Sowohl die Differenzierung der Interaktionsformen in »bestimmte« wie auch ein Verständnis der eigenen Triebregungen als Bedingungen, welche den Objektverlust und damit die Unlust bewirken, setzt Sprache voraus. Gleichwohl muß sich eine Abwehr auf vorsprachlichem Entwicklungsstand ebenfalls an Symbolen abspielen. D. h.: *Gegenstand der vorsprachlichen Abwehr sind die Affektsymbole.* Objekt einer Desymbolisierung können nur die Beziehungen sein, die sich bei der Realisierung einer Interaktionsform herstellen und die in einem Affektsymbol erlebt werden. Da sie auf die Vermeidung von Unlust zielen, muß bei Abwehrprozessen offensichtlich die Beziehung, die im Unlustaffekt erlebt wird, desymbolisiert und in falscher Resymbolisierung verschoben werden.

Auf der Ebene der halluzinatorischen Wunscherfüllung kann die neurotische Widersprüchlichkeit der Eltern noch nicht zu Abwehrprozessen auf Seiten des Kindes führen. Abwehr setzt differente psychische Funktionsweisen voraus, die in ihrem Zusammenspiel erlauben, das Verschiedene als identisch und das Identische als verschieden zu erleben. Hier fehlt noch eine tiefer liegende und regressiv erreichbare psychische Funktionsweise, auf der es möglich wäre, das Verschiedene als identisch zu erleben und für Verschiebungsprozesse zu nutzen. Die elterliche Neurose kann sich nur in der allgemeinen Form einer verstärkten Unlust im kindlichen Subjekt repräsentieren, die das Kind antreiben wird, die halluzinatorische Wunscherfüllung möglichst schnell zu verlassen und durch eine Differenzierung von Innen und Außen zu ersetzen.

Auf der Ebene der halluzinatorischen Wunscherfüllung führt die elterliche Neurose zu einer beschleunigten Differenzierung der subjektiv verfügbaren Repräsentanzwelt des Kindes. Folge dieser Differenzierung ist ein Interesse des Kindes an der Außenwelt, das sich etwa in einer verlängerten Zeitdauer und konstanteren visuellen Fixierung der Gegenstände zeigt. Eine Mutter, die ihr Kind bewußt selbständig und aktiv und unbewußt als abhängig von ihr haben möchte - vielleicht, weil sie es zu einem »phantasmatischen« Kind (Lebovici 1983b, S.131) dadurch machte, daß sie sich mit ihm ihren unbewußten Peniswunsch erfüllte -, kann dieses Interesse sowohl als Zeichen der Selbständigkeit ihres Kindes deuten - es wendet sich selbständig der Welt zu - wie als Ausdruck seiner Abhängigkeit von ihr interpretieren - etwa: sein Interesse gilt nur mir, und es wendet sich nur anderen Gegenständen zu, wenn ich nicht da bin.

Diese Entwicklung, die von unlustvollen Affekten angetrieben ist, kann nicht als Abwehr dieser Affekte angesehen werden. Die Trennung von Innen und Außen ist keine Ersatzbildung der halluzinatorischen Wunscherfüllung, sondern ihre dialektische Negation, die sie als eine Möglichkeit aufbewahrt. Auch auf diesem Entwicklungsstand sind noch keine Abwehroperationen möglich. Es liegen noch keine Elemente vor, die auf einer Ebene als verschieden, und auf der anderen als identisch erlebt werden können. Gleichgültig, ob die intensionalen und extensionalen Bestimmungen der Affekte bloße »Bilder« oder »Vorstellungen« sind, die auf das »Außen« verweisen, sie bleiben sowohl auf der einen wie auf der anderen Ebene verschieden. Die Voraussetzung einer Verschiebung fehlt. Auch hier kann eine neurotische Widersprüchlichkeit der Eltern nur die Unlust verstärken, die wiederum zu einer beschleunigten Differenzierung des Außen in einen Selbstanteil und eine Objektwelt führt.

Auf diesem Entwicklungsstand ist die Sachlage eine andere. Zur Erinnerung will ich das entsprechende Schema (9) wiederholen:

$$
\begin{array}{c}
[IF\succ O]_{akt} \\
\text{Bedürfnis} \\
\downarrow \\
[IF\succ S]_{akt} \\
\text{Handlungsimpuls} \\
+ \\
[IF\succ S]_{zer} \leftarrow [S] \rightarrow [IF\succ S]_{ent} \\
\text{Mißlingen} \hspace{4em} \text{Gelingen} \\
+ \hspace{8em} + \\
[\varnothing O] \hspace{1em} + \hspace{1em} [IF\succ O]_{akt} \hspace{1em} + \hspace{1em} [O] \\
\downarrow \hspace{3em} \text{Bedürfnis} \hspace{3em} \downarrow \\
[IF\succ O]_{ver} \leftarrow [IF\succ O]_{zer} \hspace{3em} [IF\succ O]_{ent} \rightarrow \varnothing[IF\succ O] \\
\text{Kummer} \hspace{2em} \text{Schmerz} \hspace{4em} \text{Lust} \hspace{3em} \text{Wohlbehagen}
\end{array}
$$

Schema 9: Subjektive Repräsentanzwelt bei einer sich in einen Objekt- und Selbstanteil gliedernden Interaktionsform.

Nimmt man hinzu, daß es auf diesem Entwicklungsstand auch eine von der Objektwelt abgrenzbare Außenwelt vorhanden ist (s. Schema 10, S.93), dann liegen erstmalig Repräsentanzen vor, die auf der erreichten Entwicklungsebene als verschieden und auf der vorangehenden als identisch erlebt werden können. Die subjektiv unterscheidbaren affektiven Repräsentanzen des Selbstanteils ($[IF\succ S]$), der Objektwelt ($[IF\succ O]$) und der Außenwelt ($[IF\succ A]$) sind auf der vorangehenden Entwicklungsstufe darin identisch, daß sie damals gemeinsam noch undifferenziert unter [IF≻A] firmierten und in Form von Affekten subjektiv lediglich das »Außen« repräsentierten (s. Schema 8, S.77). Die innerpsychischen Voraussetzungen für Abwehrprozesse liegen damit vor.

Ich will zunächst die prinzipiellen Mechanismen der Abwehroperationen auf diesem Entwicklungsstand an einem stilisierten Beispiel erkunden. Stellen wir uns vor, daß eine Mutter unter dem Titel, daß Neugeborene kräftig saugen müssen, um gut zu gedeihen, aufgrund ihrer unbewußten Bedürfnislage einen gierig saugenden Säugling herstellt, indem sie ständig die Brust wechselt - vielleicht weil sie befürchtet, daß in einer Brust nicht genügend Milch ist - und damit dessen Saugbewegungen ständig unterbricht. Zu einem späteren Zeitpunkt - wenn ihr etwa aufgrund des Verhaltens ihres Kindes die eigene Gier zu Nahe ans Bewußtsein rückt - wird sie durch das gierige Saugen des Säuglings irritiert und will es nun von ihrer bewußten Handlungsstrategie - etwa unter der Idee, daß er doch alles bekommt und daß man Kinder nicht verwöhnen dürfe -, abstellen, indem sie ihm die Brust öfters entzieht. Im Gegensatz zu früher endet die gierige Form des Saugens in unlustvollen Affekten. Dadurch schält sich diese Interaktionsform für den Säugling aus dem Komplex anderer Interaktionsformen heraus, die sich durch ihre identische Lust/Unlust-Relation auch in identischer Weise im Erleben präsentieren. Orales Interagieren endet in unlustvollen Affekten, deren Bedingung für den Säugling in der Abwesenheit der Objektwelt liegt.

Zur Bewältigung seiner unlustvollen Affekte stehen dem Kind mehrere Wege offen. Es kann einmal in seiner Entwicklung voranschreiten und seine Repräsentanzwelt weiter zu differenzieren suchen, oder es kann in einer regressiven Bewegung die erreichte Differenzierung suspendieren und sich auf die Ebene zurückziehen, auf der die Lust/Unlust-Relation günstiger war. Verbessert sich weder durch die Progression noch durch die Regression diese Relation zugunsten lustvoller Affekte, dann wird sich das Kind veranlaßt sehen, auf diese Interaktionsform zu verzichten.

Das Verhalten des Kindes steht damit im Einklang mit der bewußten Verhaltensstrategie der Mutter. Solange aber sein Verhalten keine Aspekte aufweist, welche für die Mutter im Sinne des von ihr Abgewehrten deutbar sind, bleibt die Mutter mit ihrem Kind unzufrieden. Ihre Antworten auf anderen Interaktionsformen werden weiterhin nicht mehr so zeit- und formgerecht erfolgen, wie dies früher der Fall war, sodaß sich im Säugling die Lust/Schmerz-Relation, welche die anderen Interaktionsformen kennzeichnet, zugunsten eines Schmerzes zu ändern beginnt. Diese Erfahrung erzwingt auch hier zu eine Ersatzbildung. Es erübrigt sich als letzte Möglichkeit, das Auftreten des Schmerzes dadurch zu verhindern, daß die Bedingung, unter der dieser Affekt aus Sicht des Kindes entsteht, desymbolisiert und verschoben wird.

Betrachten wir zunächst den Prozeß der Desymbolisierung. Die Bedingung des Schmerzes, die Abwesenheit der Objektwelt in der gierig-saugenden Interaktionsform, präsentiert sich dem Kind in der Beziehung Bedürfnis → Kummer, sodaß davon auszugehen ist, daß Bedürfnis und Kummer aus der extensionalen Bestimmung des Affektsymbols »Schmerz« exkommuniziert werden. Verschwindet die Bedingung, dann ist auch der Schmerz aus dem Erleben verschwunden. Wir werden hier auf einen wichtigen Unterschied in der Desymbolisierung symbolischer Interaktionsformen, Emotionssymbolen und der Affektsymbole aufmerksam gemacht. Die Begriffe der Interaktionsformen sind extensional immer mehrfach bestimmt und bleiben deshalb nach einer punktuellen Desymbolisierung noch als Symbole erhalten. Wie ein bestimmtes Emotionssymbol weist jedoch das Affektsymbol »Schmerz« nur eine extensionale Bestimmung auf, sodaß - analog der Desymbolisierung eines Emotionssymbols aus seinem metasprachlichen Begriff - auch die intensionale Bestimmung dieses Affektsymbols - die Beziehung zwischen Bedürfnis und Kummer - durch die Desymbolisierung verloren geht. Wie ein Begriff seine intensionalen Bestimmung verliert und kein Begriff mehr ist, wenn ihm sämtliche extensionalen Bestimmungen abhanden kämen und seinen Funktion als Erkenntnismittel verlieren würde, ist ein Affektsymbol kein Erlebnismittel mehr, wenn seine extensionale Bestimmung desymbolisiert wird. Sein begriffsanaloger Status zerbricht. Auf der Ebene der verfügbaren Repräsentanzen erübrigt sich noch ein »autonomes Imagery«. Im Gegensatz zu den Emotionssymbolen, bei denen das »autonome Imagery« noch im Umfang anderer Begriff liegt und deshalb nach einer Desymbolisierung etwa statt Angst körperliche Sensationen erlebt werden können, befindet sich der Prädikator des Affektsymbols, das »autonome Imagery«, nicht im Umfang anderer Affektsymbole. Der Schmerzaffekt gewinnt somit auch keine andere, sondern er verliert jegliche Erlebnisqualität.

Mit dieser Desymbolisierung verändern sich auch die extensionalen Bestimmungen anderer Affektsymbole. Verschwindet der Schmerz, dann kann unter der Intension des Kummeraffekts nicht mehr die Beziehung Abwesenheit der Objektwelt → Schmerz erlebt werden. Damit geht die extensionale Bestimmung des Bedürfnissymbols, in dem die Beziehung Schmerz → Kummer antizipiert wurde, verloren. Auch die symbolische Struktur des Bedürfnisses zerbricht, womit das Bedürfnis aus dem Erleben verschwindet. Anstelle der Beziehung Abwesenheit der Objektwelt → Schmerz wird nun unter der Intension des Kummeraffekts die Beziehung zwischen dem Handlungsimpuls und einem qualitativ veränderten Affekt des Mißlingens erlebt, und unter der Intension dieses Affekts wird die Beziehung zwischen Handlungsimpuls und einem qualitativ veränderten Kummeraffekt erfahren. Versucht man diese Veränderungen in Sprache zu fassen, dann ist zu vermuten, daß statt Mißlingen der Affekt eines *Streß* ($[IF \succ S_{zer}]$) auftritt, dem statt Kummer ($[IF \succ O_{ver}]$) ein Affekt der *Erschöpfung* folgt. Im Streß wird die Beziehung Handlungsimpuls → Erschöpfung und in der Erschöpfung die Beziehung Handlungsimpuls → Streß erfahren.

Die Desymbolisierung eines Affektsymbols geht auf vorsprachlichem Entwicklungsstand mit einer Veränderung der extensionalen Bestimmungen anderer Affekte einher. Folge der Desymbolisierung ist einmal, daß das auf die Objektwelt bezogene Bedürfnis [IF≻O], in dem sich die gierig-saugende Interaktionsform repräsentiert, aus dem Erleben verschwindet, und daß zum anderen auf die Realisierung des dazugehörenden Selbstanteils verzichtet wird, weil er sich als Bedingung der Affekte des Streß' und der Erschöpfung herausprofiliert, welche dem Kind als selbstinduziert, als bloßes Resultat des eigenen Handelns erscheinen. Verzichtete das Kind vormals auf die Realisierung der gierig-saugenden Interaktionsform, weil es ihm ständig mißlungen ist, die Anwesenheit der für lustvolles Interagieren notwendigen Objektwelt zu erreichen, so unterläßt es nun die Realisierung des Selbstanteils, weil daraus nur Streß und Erschöpfung folgen würden.

Auf welches andere Affektsymbol die desymbolisierte Beziehung Abwesenheit der Objektwelt → Schmerz verschoben wird, wird davon abhängig sein, welches Verhalten des Kindes von der Mutter im Sinne des von ihr Abgewehrten gedeutet werden kann. Entspricht etwa das Nuckeln am Daumen, an der Bettdecke oder einem Schnuller ihrer unbewußten Vorstellung von einem gierig-saugenden Kind, dann wird die desymbolisierte Beziehung Abwesenheit der Objektwelt → Kummer in die extensionale Bestimmung des »Außen« - $[IF \succ A]_{zer}$ - eingefügt. Im Schmerz wird dann die Beziehung Abwesenheit der Außenwelt → Kummer und im Kummer wird die Beziehung Abwesenheit der Außenwelt → Schmerz erlebt. Anstelle der Abwesenheit der personalen Objektwelt wird die Abwesenheit der apersonale Außenwelt ($[IF \succ A]$) zur Bedingung unlustvollen Erlebens. Dies hat zur Folge, daß der aktive Umgang mit ihr intensiviert wird, weil sich durch ihn auch die unlustvollen Affekte, die bis anhin aus der Realisierung anderer Interaktionsformen folgten, vermeiden lassen. Durch das gierige Nuckeln wird sich der mütterlicher Umgang mit dem Kind in dem Sinne verändern, daß sich die Lust/Unlust-Relationen der anderen Interaktionsform wieder zum Besseren wendet. In Schema (17) ist das Resultat dieser Verschiebung dargestellt:

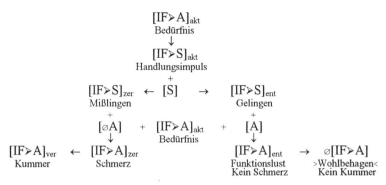

Schema 17: Subjektive Repräsentanz der gierig-saugenden Interaktionsform nach der Desymbolisierung und falschen Resymbolisierung der Beziehung Abwesenheit der Objektwelt → Kummer.

Aus diese Überlegungen ergeben sich folgende Gemeinsamkeiten und Unterschiede zwischen vorsprachlichen und sprachlichen Abwehroperationen. Beide spielen sich an den konnotativen Bedeutungsräumen ab, beiden geht ein Verzicht voraus und beide führen zu Ersatzbildungen des kindlichen und des mütterlichen Unbewußten. Ihr wesentlicher Unterschied besteht darin, daß eine Abwehr, die sich an den sprachsymbolischen Interaktionsformen abspielt, die extensionalen Bestimmungen verkürzt und erweitert, deren Intensionen wie auch ihre begriffliche Struktur aber unverändert bestehen läßt. Abwehr an Affektsymbolen dagegen löst deren begriffsanaloge Struktur auf, wodurch sich auch die erlebnismäßige Qualität anderer Affekte verändert. Während bei Abwehroperationen auf sprachlichem Entwicklungsstand die verpönten Interaktionsformen und die dazugehörigen Emotionssymbole unter den Intension falscher, ihnen lebensgeschichtlich nicht zugehörigen Begriffe erneut in die Sprache eingebracht werden, erscheinen auf affektsymbolischer Ebene die desymbolisierten Inhalte unter den Intensionen falscher Affekte.

Vor diesem Hintergrund will ich die Kasuistik untersuchen, in der Cramer (1987, S.1050ff.) die Fütterungsproblematik von Evelyn darstellt, und auf der Grundlage des von ihm präsentierten Datenmaterials exemplarisch prüfen, ob für Interaktionsprozesse, die im Kind zu einer Symptombildung - einer Abmagerung - führen, die nämlichen Überlegungen gelten. Aufgrund der ödipalen Problematik, welche die Mutter in oraler Form mit Evelyn interagiert, ist Evelyn aufgefordert, ein Verhalten zu zeigen, daß von der Mutter im Einklang mit den beiden widersprüchlichen Intentionen, der Penetration und ihrer Verweigerung, deutbar ist. Für Evelyn führt dieser Widerspruch dazu, daß orales Interagieren mit der Mutter nur noch in unlustvollen Affekten endet. Die orale Interaktionsform wird für sie von der anderen, durch eine bestimmte Lust/Unlust-Relation gekennzeichneten Interaktionsform unterscheidbar, in welcher sich die verschiedenen, der Repräsentanzwelt objektiv angehörenden Interaktionsformen in der subjektiv verfügbaren Repräsentanzwelt zur Darstellung bringen. Gleichwohl ist es Evelyn nicht möglich, auf die Realisierung dieser oralen und unlustbereitenden Interaktionsform zu verzichten. Sie wird von ihrer Mutter immer wieder eingefordert. Aus der Sicht Evelyns wird nicht die Abwesenheit, sondern die Anwesenheit der Objektwelt zur Bedingung eines Schmerzes, dem sie nicht entrinnen kann. Da ein Affekt immer die Beziehung ausdrückt, in der er steht, ändert sich dessen Qualität. Aus Schmerz wird vermutlich eine, durch die Objektwelt bewirkte *Qual* und aus Kummer eine Art *Verzweiflung*, wobei in der Qual die Beziehung Objektwelt → Verzweiflung und in der Verzweiflung die Beziehung Objektwelt → Qual erlebt wird. Stehen die oben beschriebenen Wege der Progression und Regression nicht offen, dann erübrigt sich als letzte Möglichkeit, das Auftreten dieser Affekte dadurch zu verhindern, daß die Bedingung, unter der sie aus Sicht des Kindes entstehen, abgewehrt werden. Aus dem Affektsymbol »Qual«, zu dem die von der Mutter immer wieder aufgenötigte orale Interaktionsform führt, wird die extensionale Bestimmung Objektanwesenheit → Verzweiflung, die in der Qual erlebt wird, exkommuniziert.

Wie oben beschrieben, verschwindet durch die Desymbolisierung der Affekt der Qual, der Affekt des Mißlingens wandelt sich in einen Streßaffekt, der subjektiv unabhängig von der Anwesenheit der Objektwelt ist, und die Verzweiflung wird zu einen Affekt einer selbstproduzierten Erschöpfung. Fragt man nun, wohin die desymbolisierte Beziehung Objektanwesenheit → Verzweiflung verschoben wird, dann muß sich die Antwort am Resultat, d. h. daran orientieren, daß Evelyn beim Anblick der Flasche einschläft. Es hindert Evelyns Mutter nicht, dem Kind die Flasche zu geben, sodaß sich Evelyn mit dem Einschlafen nicht nur im Einvernehmen mit der unbewußten Verweigerung ihrer Mutter, sondern auch mit dem unbewußten mütterlichen Wunsch, ihre Verweigerung zu durchbrechen, befindet. Sieht man im Einschlafen die Ersatzhandlung, dann kann man vermuten, daß - wie im vorgestellten Beispiel - diese Beziehung ebenfalls auf die Repräsentanz der Außenwelt - $[IF \succ A]_{zer}$ - verschoben wird. Wird die Flasche wahrgenommen, dann werden durch die Aktualisierung ihrer Vorstellung Qual und Vezweiflung antizipiert. Das Auftreten dieser Affekte kann dadurch verhindert werden, daß die Bedingung ihres Entstehens, die Außenwelt, durch das Einschlafen wieder zum Verschwinden gebracht wird.

Wie sich das Einschlafen in der verfügbaren Repräsentanzwelt darstellt, veranschaulicht Schema (18):

$$[IF{>}A]_{ver} \leftarrow [IF{>}A]_{zer} \leftarrow IF{>}A]_{akt} \rightarrow [IF{>}A]_{ent} \rightarrow \varnothing[IF{>}A]$$
$$\overset{+}{[A]}\downarrow$$

Verzweiflung Qual Außen Funktionslust >Wohlbehagen<
                                Keine Qual   Keine Verzweiflung

Schema 18: Subjektive Repräsentanz des Einschlafens von Evelyn.

In der subjektiven Repräsentanzwelt stellt sich das Einschlafen über das Verschwinden ($[IF{>}A]_{ent}$) und Verschwundensein ($\varnothing[IF{>}A]$) von $[IF{>}A]_{akt}$ in den Affekten einer Funktionslust und eines Wohlbehagens dar, die beide negativ, d. h. durch die Abwesenheit von Qual und Verzweiflung bestimmt sind. Der Cramerschen Kasuistik ist nicht zu entnehmen, welche Verhaltensweisen Evelyns dem Einschlafen vorhergegangen sind. Seine Darstellung läßt jedoch vermuten, daß das Einschlafen nicht sofort, sondern erst aus einem aktiven Findungsprozeß entstanden ist, der aus einem, in Bezug auf andere Bedürfnisse abweisenden Verhalten der Mutter resultierte, und der beim Anblick der Flasche ins Einschlafen einmündete, weil sich dadurch das sonstige Verhalten der Objektwelt für Evelyn wieder zum Besseren wendete. Wie im zuvor diskutierten Beispiel, in dem die Interaktionsform des »Nuckelns« für das Kind zu einer besonderen wurde, ist auch hier die Interaktionsform mit der Flasche, die sich in der Vorstellung des »Außen« verbirgt, für das Kind eine besondere insofern, als sie sich subjektiv als taugliches Mittel der Unlustbewältigung repräsentiert.

Gleichgültig also, ob Interaktionen mit einem »phantasmatischen« Kind (Lebovici 1983b, S.131) im realen Kind zu einem offensichtlichen Symptom oder nicht dazu führen, die vorsprachlichen Abwehrprozesse zeigen die nämliche Struktur. Beide Male werden Affektsymbole unter Veränderung ihrer Qualität desymbolisiert und falsch resymbolisiert, und beide Male ist das daraus resultierende kindliche Verhalten als Instrument der Unlustvermeidung eine Ersatzbildung des mütterlichen (elterlichen) wie des kindlichen Unbewußten. Es sind Ersatzbildungen der verpönten Interaktionsformen des Kindes und der Interaktionsformen, welche von den Eltern abwehrt wurden, und deren Form durch das Verhältnis bestimmt ist, indem Abwehr und Abgewehrtes auf Seiten der Eltern steht.

8.4 Sprache und Störungen der Affektsymbole

Die bisherigen Überlegungen lassen erkennen, daß das Erleben eines Affektes nach dem Spracherwerb nicht nur durch seine sprachliche Desymbolisierung und falsche Resymbolisierung verfälscht werden kann. Ein falsches Erleben kommt auch zustande bzw. bleibt bestehen, wenn die Sprache auf ein gestörtes, auf ein bereits verfälschtes affektsymbolisches System trifft.

Hat eine vorsprachliche Abwehroperation etwa durch die Desymbolisierung der Beziehung Abwesenheit der Objektwelt → Kummer den Affekt des Mißlingens in den eines selbstverursachten Streß verwandelt, dann läßt sich dieser Affekt mit der Einführung der Sprache und des Begriffs »Streß« als ein selbstverursachter »Streß« nicht nur falsch erleben, sondern auch - falsch - begreifen. Während bei einer sprachlichen Desymbolisierung die Emotion als Affekt im Umfang falscher Begriffe existiert und unter falschem Namen wieder als Emotion gehandelt wird, erscheint hier der falsche, weil durch Abwehroperationen entstandene Affekt als Emotion unter dem sprachlichen Prädikator, der ihn korrekt bezeichnet. Zum anderen kann der als »selbstverursachter Streß« subjektiv attribuierte Affekt des Mißlingens erneut abgewehrt, aus den Extensionen seiner Begriffe exkommuniziert, unter die Intensionen anderer Begriffe gefaßt und - etwa durch eine Projektion - als fremdverursacht erlebt werden. Ein weiterer Unterschied zwischen sprach- und affektsymbolischen Abwehroperationen liegt darin, daß im Falle der sprachlichen De- und falschen Resymbolisierung einer Emotion ihr Auftreten auf die Ersatzbildung der verpönten Interaktionsform beschränkt bleibt, während bei einer De- und falschen Resymbolisierung einer Beziehung auf affektsymbolischer Ebene der Affekt bei allen Interaktionsformen auftritt, welche die Bedingung dieser Beziehung enthalten. Wird die Beziehung Abwesenheit der Objektwelt → Kummer mystifiziert in der Beziehung Abwesenheit der Außenwelt → Kummer erlebt, dann tritt im Gewande einer Emotion der Affekt des Schmerzes immer dann auf, wenn bei einem - gleich welchem - Bedürfnis eine befriedigende, apersonale Außenwelt nicht verfügbar ist.

Auf ein affektsymbolisches System, das in besonderer Weise gestört ist, trifft die Sprache in der Sozialisation von psychosomatisch Kranken (im engeren Sinne). Durch eine emotionale Leere, die unter dem Titel »Alexithymie« gehandelt wird, ähnelt ihre Sprache jener zwangsstrukturierter Personen. Alexithymie bezeichnet die Unfähigkeit dieser Patienten, Gefühle ausreichend differenzieren und/oder mit Worten adäquat ausdrücken zu können (Übersicht bei Zepf 1985b; Gerhardt 1988). Wie bei zwangsstrukturierten Personen präsentiert sich diese Störung auf sprachlicher Ebene als ein Mangel an subjektiven Konnotationen, wodurch der objektive, denotative Bedeutungsraum der Sprache dominiert. Im Gegensatz zu zwangsstrukturierten Personen, bei denen die sprachlichen Zeichen ursprünglich durch Erleben konnotiert und differenzierte Affekte und Emotionen vorhanden waren, und die über Isolierungs- und Desymbolisierungsprozesse symbolischer Interaktionsformen im Konflikt eine Verkürzung ihres konnotativen Bedeutungshofes erfuhren, ist der konnotative Mangel bei psychosomatisch Kranken als primär anzusehen. Bei ihnen hat das Erleben, hat die Lebenspraxis, die sich in Interaktionen gliedert und sich als Interaktionsformen in die

Subjekte einträgt, keinen Eingang in die extensionalen Bestimmungen ihrer Begriffe gefunden.

Dieser primäre konnotative Mangel sprachlicher Zeichen wie auch die emotionale Leere wurden als Resultat einer Primärsozialisation zum Vorschein gebracht, die weitgehend unter dem Diktat eines mütterlichen Narzißmus steht, der sich vorwiegend in einem überfürsorglichen Verhalten zur Geltung bringt (Übersicht bei Zepf 1976b; 1985b; 1986; 1993). Diese Überfürsorge resultiert aus einer Dynamik, die darin gründet, daß die Mütter ihre Kinder unbewußt als jenen Teil von sich selbst erleben, den sie bei sich aus unterschiedlichen Gründen nicht akzeptieren können und der auf das Kind projiziert wird. Übereinstimmend bestätigen die vorliegenden Befunde diejenigen Charakteristika, die bereits von Sperling (1949) auf der Grundlage kombinierter psychoanalytischer Behandlungen von Müttern und ihren psychosomatisch kranken Kindern für die Mütter beschrieben wurden:

»1. The carry-over of an unresolved emotional conflict from childhood and the acting out of this conflict with the child. 2. Projection of part of the mother's own person on to the child. 3. A need for control over the child, so intense that [...] the child is regarded and treated as if it were part of the mother's own body [...]«.

Indem das Kind als Projektionsort der ungelösten Kindheitskonflikte der Mutter fungiert, wird es gleichzeitig zum Objekt vergangener und wiederbelebter Aggressionen, die in einer kompensatorischen Überfürsorge zugleich abgewehrt und zur Darstellung gebracht werden. Diese Aggressionen artikulieren sich vor allem *in der Einschränkung kindlicher Interaktionen, die sich nicht auf die Mutter beziehen.*

Fügt man diesen Sachverhalt in das vorliegende Modell ein, in dem sich symbolische Interaktionsformen in einem Prozeß von sich wechselseitig bedingenden Abstraktionen und Konkretionen bilden, der nicht nur eine Vielzahl von Prädikatoren, sondern ebenso eine Vielzahl verschiedener Interaktionsformen voraussetzt - nur unter diesen Bedingungen kann das gegenüber dem Wechsel der Interaktionsformen Invariante abstrahiert und begrifflich gefaßt werden -, dann dürfte unmittelbar verständnisvoll sein, daß unter der Bedingung einer restriktiven Primärsozialisation die Bildung symbolischer Interaktionsformen erschwert, wenn nicht gar unmöglich wird. Unter der Bedingung einer Praxis, die sich im Individuum nur mangelhaft in Interaktionsformen aufdifferenziert, kann sich im idealtypischen Fall individuelles Bewußtsein nicht mehr aus individueller Interaktionserfahrung heraus entwickeln. Die Praxis der Primärsozialisation bleibt in weiten Stükken vorsymbolisch, und d. h., daß dem sich bildenden Subjekt mit dem Spracherwerb eine Teil seiner Lebensgeschichte verborgen bleibt. Durchaus können Prädikatoren in breiter Vielfalt eingeführt werden. Ihre Bedeutungen werden in dieser Sozialisationspraxis aber nicht mehr über die eigene Praxis vermittelt. Erworben werden mit ihnen in erster Linie, die allgemeinen, im Kopf der an der Primärsozialisation beteiligten Figuren existierenden Bedeutungen, welche die eigene Praxis unter sich subsumieren und im Allgemeinen auflösen. Ohne eine praxisbezogene Vermittlung bleiben die angeeigneten Sprachfiguren weitgehend ohne Konnotationen. Die sprachlichen Zeichen und ihre Begriffe, hängen über der Praxis und etikettieren sie bloß. Sprache und Interaktionsformen entsprechen sich in ihrer Defizienz: Undifferenzierte Interaktionsformen, welche der sprachlichen Organisierung und Aufgliederung des Erlebens im Gefüge von Selbst-, Beziehungs- und Objektrepräsentanzen nicht entsprechen können, und Prädikatoren, die nur auf den denotativen Bedeutungsraum sprachlicher Begriffe verweisen. Sprache und Interaktionsformen werden einander insgesamt beziehungslos-abstrakt zugeordnet. In den sprachlichen Mitteln, mit denen man über sich nachdenken und reden kann, ist die erlebte Lebensgeschichte nicht mehr enthalten. Über sich selbst kann man nur noch im Allgemeinen reden.

Wenn die Vielfältigkeit der Emotionen von der Verschiedenartigkeit der Verhältnisse abhängt, in welche die symbolischen Interaktionsformen durch Interaktionsprozesse gesetzt werden können, diese Verschiedenartigkeit aber durch einen Mangel an verfügbaren Interaktionsformen eingeschränkt wird, dann ergibt sich daraus zwangsläufig, daß die Gefühlswelt undifferenziert bleiben wird. In meinen früheren Erörterungen (z. B. Zepf 1993) konnte allerdings noch nicht genau geklärt werden, wie sich eine »restriktive« Sozialisationspraxis auf vorsprachlicher Ebene in das kindliche Erleben einträgt. Erinnert man sich, daß eine überfürsorgliche Mutter die Bedürfnisse des Neugeborenen oft schon befriedigt, noch bevor sie die Wahrnehmungsschwelle erreichen und daß Interaktionsformen in Gestalt von Interaktionsengrammen ihre materiellen, neurophysiologischen Substrate haben, dann läßt sich nun diese Frage anhand des Konzepts der Affektsymbole beantworten. Als Zusammenschaltungen von intero- und propriozeptiven Reizen und motorischen Impulsen sind die Interaktionsengramme neurophysiologische Bausteine der Bildung einer subjektiven biologischen Struktur, durch welche die organismischen Körperprozesse in Abhängigkeit von der Lebenspraxis aufeinander abgestimmt werden. Aus einer restriktiven, sich nur mangelhaft in verschiedene Interaktionsformen gliedernden Praxis folgt dann, daß die Struktur des Zusammenspiels der Körperprozesse relativ undifferenziert bleibt. Die Differenz zwischen dem intero- und propriozeptiven Input kann nur eine vage Kontur gewinnen. Da ferner die Bedürfnisse unmittelbar befriedigt werden, die Interaktionsformen sozusagen schon vor oder kurz nach ihrer Aktualisierung wieder verschwinden, ebnet sich zum einen die Intensitätsdifferenz der sie begleitenden körperlichen Abläufe ein, die sie für eine subjektiv differenzierte Wahrnehmung benötigen würden. Der Mangel an Interaktionsformen korrespondiert mit einem Mangel an differenzierbaren körperlichen Prädikatoren. Zum anderen besteht unter der Bedingung eines vorwiegend überfürsorglichen Verhaltens für das Kind keine Veranlassung, seine ihm präsente Repräsentanzwelt zu differenzieren und etwa die verfügbaren Interaktionsformen in instrumentelle und triebbestimmte aufzugliedern[61]. Im Wechselspiel von Befriedigung und Versagung, das die Entwicklung der instrumentellen Ich-Funktionen antreibt, kommt eine Seite mit der Konsequenz zu kurz, daß nicht nur die objektive, sondern auch die verfügbare Repräsentanzwelt undifferenziert bleibt.

Bei einem Mangel an verschiedenen, subjektiv verfügbaren körperlichen Prädikatoren und einer undifferenzierten subjektiven Repräsentanzwelt kann sich das affektiv-symbolische System nur rudimentär entwickeln. Im Idealfall bleibt es auf zwei Affekte reduziert: den des Wohlbehagens, dessen Prädikator ein mäßiger körperlicher Reizinput bildet, und den des Mißbehagens, der unter der Bedingung einer momentanen Abwesenheit der mütterlichen Figur auftritt und von einer spontan einsetzenden Reizüberflutung prädiziert wird. Weil die restriktive Praxis nicht punktuellen, sondern systematischen Charakter hat, können diese beiden Affektsymbole nicht mehr mit der Einführung von Sprache dialektisch negiert und in Emotionssymbolen aufgehoben werden. Zugleich wird die Sprache mehrheitlich nur in ihrer denotativen Bedeutung angeeignet. Die durch sie zur Verfügung gestellten Erkenntnisinstrumente für die Erfassung einer Situation sind fremdproduziert und belassen das Subjekt außerhalb der Situation. Nicht mehr die eigene Lebensgeschichte, sondern die Sprache bestimmt, wie mit einer Situation umzugehen und was in ihr zu empfinden ist. Da die sprachlich vorgeschriebenen Emotionen nicht vorhanden sind, lernt das Individuum mit dem Spracherwerb lediglich, welche Gefühlsworte in welchen Situationen zu gebrauchen sind. Auch in der Beziehung zu der Person, welche im späteren Leben die Mutterfigur substituiert und Hilfs-Ich-Funktionen ausübt, kristallisieren sich die Intensionen der Gefühlsbegriffe, welche die Sprache hierfür zur Verfügung hat, nicht mehr aus einem, ihrer Verschiedenheit entsprechenden differenzierten Erleben heraus. Das auf diese Beziehung eingeengte und undifferenziert gebliebene affektive Erleben wird bloß formal unter die Extensionen der sprachlich definierten Intensionen metasprachlicher Gefühlsbegriffe subsumiert. Was in dieser Beziehung bewußt als Emotion erlebt wird, ist in Wirklichkeit die Erscheinungsform eines affektiven Erlebens, das zwischen Wohlbehagen und Mißbehagen alterniert. Sowohl außerhalb wie innerhalb dieser Beziehung sind Gefühlsworte emotionsleere Schalen, die

---

61 Schmale (1962) schreibt: »If the external source of gratification were overgratifying by constant attendance and by the anticipation of needs before they reach the threshold of perception [...] there would be less inclination to develop the perceptive, integrative, and reactive apparatusses [...]«.

nicht mehr meinen, was sie sagen, aber auch nicht mehr sagen, was sie wirklich meinen. Da sie in Zusammenhängen verwendet werden, in denen bei anderen die durch sie benannten Emotionen auftreten können, und die Handlungsanweisungen befolgt werden, welche die Sprache für sie vorsieht, bleibt diese Leere nicht nur den Betroffenen selbst, sondern auch den anderen verborgen.

Ich fasse den bisherigen Zugewinn an Erkenntnis über die Abwehrprozesse kurz zusammen. Gegenstände vorsprachlicher Abwehroperationen sind nicht symbolische Interaktionsformen, sondern Affektsymbole. Desymbolisierung meint auf vorsprachlichem Entwicklungsstand, daß die Affekte um die Beziehung zwischen Affekten, die sich in ihnen darstellt, extensional verkürzt werden. Werden sie extensional entleert, dann ändert sich auch die Qualität der anderen Affekte. Das aus einer Resymbolisierung der Affekte resultierende kindliche Verhalten ist eine intentionale Bildung, in der das unbewußt Gewordene des Kindes eine verpuppte Gestalt gewinnt. Dem Inhalt nach ist es eine mystifizierte Erscheinungsformen des kindlichen und der Form nach des elterlichen Unbewußten.

Bei Abwehrprozessen nach der Spracheinführung ist zwischen der Abwehr der Bedingungen unlustvoller Emotionen, der verpönten Interaktionsformen, und der Abwehr der unlustvollen Emotionen selbst zu unterscheiden. Eine bloße Abwehr der Bedingungen spielt sich an der Objektsprache der Interaktionsformen ab und führt zu »mißglückte[n] Verdrängung[en]« (Freud 1915b, S.256), die durch eine Abwehr, welche an der metasprachlichen, begriffssymbolischen Fassung der Emotionssymbole angreift, vervollständigt wird. Werden Emotionen abgewehrt, dann werden ihre Emotionssymbole wieder zu dem, woraus sie entstanden sind, zu Affektsymbolen. Durch die Abwehr wird ihre Entwicklung in Emotionssymbole rückgängig gemacht. Während mit der Spracheinführung die Affekte zu Erscheinungsformen der Emotionen werden, dreht sich bei Abwehroperationen auf sprachlichem Entwicklungsstand dieses Verhältnis um. Bei einer Abwehr auf affektsymbolischer Ebene ist die Sachlage eine andere. Im Unterschied zur Desymbolisierung auf sprachlicher Ebene, wodurch eine Emotion zum Affekt wird, der durch eine falsche Resymbolisierung wieder als Emotion erscheint, bleibt bei einer Abwehr auf affektsymbolischer Ebene der Affekt auch nach dem Spracherwerb objektiv als falscher Affekt bestehen.

Ein letzter Punkt ist der folgende. Wenn die Beziehungen zwischen Interaktionsformen, die zu Klischees geronnen sind, unveränderbar bleiben, dann führt dies zu einer Einschränkung der Variabilität der gefühlshaften Reaktionen der Subjekte. Die objektive Gleichartigkeit ihrer Gefühle wird jedoch den Subjekten durch eine sprachliche Differenzierung verdeckt.

9. Gefühl und mimischer Gefühlsausdruck

Ein Aspekt blieb bisher aus der Diskussion ausgespart, nämlich die Beziehung von Gefühl bzw. Affekt und Gefühls(Affekt)ausdruck. Ich habe im gelegentlichen Verweis auf empirische Befunde wiederholt auf diese Beziehung implizit Bezug genommen, ohne daß in einer methodischen und systematischen Erörterung begründet worden wäre, ob, und wenn ja, inwieweit von einem beobachtbaren Ausdrucksverhalten auf das Innenleben des Säuglings geschlossen werden kann. Diese Beziehung verdient eine besondere Beachtung, weil ihre Problematik in der neuerdings allenthalben propagierten Säuglingsbeobachtung an zentraler Stelle steht. Wenn aufgrund eines beobachtbaren Ausdrucksverhalten auf das Innenleben des Säuglings methodisch korrekt rückgeschlossen werden soll, dann muß jedenfalls vorab die Beziehung von Zeichen und Bezeichnetem aufgeklärt sein.

Die meisten Autoren, die sich mit der Beziehung von erlebtem Gefühl und seinem Ausdruck an der Körperperipherie befassen, berufen sich auf die Annahme Darwins, die seinen drei Prinzipien, nach denen das Ausdrucksverhalten entstehen soll, zugrunde liegt. Das 1. Prinzip beschreibt die Ausdruckshandlungen, von denen die Gefühle begleitet werden, als »zweckmäßig associierte Gewohnheiten« (Darwin 1872, S.28), als Rudimente ehemals zweckmäßiger instinktiver Bewegungen, nach dem 2. Prinzip »des Gegensatzes« (Darwin 1872, S.28) sind manche Ausdrucksbewegungen aufgrund des Gegensatzes zu Gesten entstanden, die ehemals bestimmte »Seelenzustände[.]« ausdrückten, und nach dem 3. Prinzip sind einige Ausdrucksbewegungen »durch die Constitution des Nervensystems verursacht« (Darwin 1872, S.29). Diese drei Prinzipien werden von verschiedenen Forschern unterschiedlich gewichtet. Gemeinsam wird von ihnen jedoch die Auffassung vertreten, die in den drei Prinzipien implizit enthalten ist, nämlich daß das Ausdrucksverhalten unmittelbar mit adaptiven Verhaltensweisen zusammenhängt, der Übermittlung von Informationen über Gefühlszustände an Artgenossen dient[62] und einen wichtigen selektiven Vorteil dar-

---

62 Als historische Reminiszenz will ich anmerken, daß die Auffassung, die Verbindung von Gefühl und mimischen Verhalten sei so spezifisch, daß die Mimik dem Beobachter über das erlebte Gefühl Auskunft gibt, nicht nur implizit, sondern auch explizit schon einige Jahre vor Darwin vertreten wurde (z. B. Bain 1855; Bell 1806; Duchenne de Boulogne 1862).

stellt (z. B. Scherer u. Wallbott 1990, S.351; Wilson 1975, S.202ff.). Strittig ist geblieben, von welcher Art die Beziehung von gefühlshaftem Erleben und seinem Ausdruck ist und wie sie sich in der Ontogenese bildet. Diese Frage ist keine nebensächliche. Die Antwort, die man gibt, entscheidet darüber, ob bzw. inwieweit es möglich ist, dem mimischen Ausdruck den Affekt zu entnehmen. Die beiden extremen Positionen, von denen aus einen Antwort auf diese Frage versucht wurde, will ich anhand der Auffassungen von Mandler (1975) und Izard (1977) diskutieren, die hierfür exemplarisch sind. In unterschiedlichen Variationen, im Kern aber unverändert, werden sie heute noch in der Literatur vertreten.

9.1 Die Positionen von Mandler und Izard

Mandler (1975) und Izard (1977) sind sich einig, daß es einige universelle ungelernte und kulturinvariante primäre Formen des mimischen Verhaltens gibt, die mit Gefühlen einhergehen. Im Gegensatz zu Izard folgt Mandler (1975, S.193; desgl. auch Bekoff 1981; Redican 1982), daß allein aus der Universalität dieser mimischen Formen nicht geschlossen werden könne, daß sie Gefühle ausdrücken. Zwischen mimischem Verhalten und Gefühlen gibt es nach ihm keine inhaltliche, sondern nur eine formale Beziehung. »Mit dem Gesichtsausdruck«, schreibt Mandler (1975, S.195), »wird nichts ›ausgedrückt‹ in der gängigen Bedeutung des Wortes. Er korreliert mit Situationen, die häufig zu bestimmtem ›emotionalen‹ Erleben führen«. Mandler führt diese Korrelation darauf zurück, daß einigen Situationen, die etwa erfreulich sind, zugleich die Tendenz innewohnt, ein Lächeln im Gesicht hervorzurufen. Oder es werden einige aversive, unerwartete Ereignisse als angstauslösend klassifiziert und mit einigen Formen des Gesichtsausdrucks, der ebenfalls in dieser Situation entsteht, assoziiert. Es gäbe
> »bestimmte archaische situative Ereignisse, die mit einer großen Wahrscheinlichkeit zu spezifischen muskulären Ereignissen im Gesicht führen und gleichzeitig mit großer Wahrscheinlichkeit durch bestimmte ›emotionale‹ Werte kognitiv klassifiziert werden« (Mandler 1975, S.194).

Als Resultat ihrer Einwirkung auf das Subjekt werden diese »situative[n] Ereignisse« in den Gefühlen inhaltlich abgebildet. Zwischen mimischem Verhalten und dem Gefühl bzw. dem situativen Reiz besteht hingegen eine bloß korrelative Beziehung. Mandlers Position ist damit die eines psychophysischen Parallelismus, den man auch in der Konzeption von Wundt findet⁶³. Wie bei Wundt (z. B. 1907, S.97f.) werden bei Mandler mimische Abläufe zu bloßen Begleiterscheinungen, zu physiologischen Reaktionen auf äußere Reize und hören auf, irgend etwas Erlebtes auszudrücken⁶⁴. Verschreibt man sich dieser Position, dann wäre auch der Begriff »Ausdruck« konsequenterweise etwa durch »facial display« oder »mimisches Verhalten« zu ersetzen.

Bei dieser Auffassung wird zum Problem, wie man von einem mimischen Verhalten noch auf ein bestimmtes Erleben schließen kann. Geht man von einer korrelativen Beziehung zwischen beiden aus, ist dies nur möglich, wenn nicht nur das mimische Verhalten, dem hier der Charakter eines Signals zukommt, sondern auch das Gefühl, das durch das Signal dem Außenstehenden signalisiert werden soll, zu irgendeiner Zeit wahrnehmbar gewesen, d. h. an der Körperoberfläche in Erscheinung getreten ist. Erst dann ließe sich von einem Außenstehenden beides zueinander in Beziehung setzen. Dieses Sichtbarwerden der Gefühle wird aber mit der Annahme bestritten, daß »[m]it dem Gesichtsausdruck«, auf den sich Mandler (1975, S.195) als sichtbares Phänomen, das mit einem Gefühl verbunden ist, beschränkt, »nichts ›ausgedrückt‹ [wird] in der gängigen Bedeutung des Wortes«.

Ungeklärt bleibt damit, wie die mimischen Bewegungen noch die soziale Funktion erfüllen können, die ihnen von sämtlichen Forschern - auch von Mandler - in der Phylo- und Ontogenese zugeschrieben wird, nämlich die Mitmenschen wechselseitig über ihre gefühlsmäßigen Einstellungen zueinander zu informieren. Wenn sich die Gefühle nicht an der Körperoberfläche darstellen, dann ist dies nur möglich, wenn bei den Menschen eine Beziehung zwischen dem sichtbaren Signal und dem Signalisierten über dessen sprachliche Darstellung hergestellt wurde. Unbeantwortet bleibt dann, warum man sich der Mimik überhaupt bediente und bedient, wenn man über die Gefühle ebensogut reden kann. Bedenkt man ferner, daß man den Begriff eines Gefühls auch ohne das Vorliegen des entsprechenden Gefühls gebrauchen kann, dann ist auch über die Sprache keine eindeutige Beziehung zwischen mimischem Verhalten und einem Gefühl zu erhalten.

Während Mandler das mimische Verhalten auf bloße konventionelle »Zeichen« für Gefühle reduziert, wird in der Konzeption Izards der Mimik

---

63 In Wundt's (1907, S.97f.) Konzept waren »die Affekte diejenige Seite des Seelenlebens, als deren physische Begleiterscheinung wir die Ausdrucksbewegungen und die sie erzeugenden Innervationsvorgänge betrachten müssen«, und er ging davon aus, daß »mit jeder Veränderung psychischer Zustände zugleich Veränderungen physischer Korrelationsvorgänge verbunden sind«.

64 Für die Ausdrucksbewegungen wird die Beziehung zur Außenwelt in der Art der Verhaltenspsychologie hergestellt. Sie vertritt die Auffassung, daß die Ausdrucksbewegungen der Anfang einer beabsichtigten, aber nicht ausgeführten, gehemmten Handlung seien.

ein ganz anderer Status zugeschrieben. Hier drückt die Mimik Gefühle nicht nur aus, sondern sie bestimmt - und dies gilt insbesondere für die Innervation der Gesichtsmuskeln - die qualitative Spezifik des erlebten Gefühls. Zwar schreibt Izard (1977, S.79),

> »daß Bewegungsabläufe im Gesicht zu den integralen Komponenten von Emotionen gehören. Zwar ist mimischer Ausdruck Teil der Emotion oder des Emotionsprozesses, doch macht weder er noch irgendeine einzelne Komponente Emotion aus«. Bei ihm »besteht eine Emotion aus drei miteinander verbundenen Komponenten: aus neuraler Aktivität des Gehirns und des animalen Nervensystems, aus Ausdruck durch die quergestreiften Muskeln oder Gesicht und Körperhaltung und Gesicht-Gehirn-Feedback und aus subjektivem Erleben«.

Zugleich aber heißt es ganz unzweideutig (Izard 1977, S.115, Kursivierung, S. Z.):

> »Das Aktivitätsmuster im Gesicht oder die Vorstellung des entsprechenden Musters der Propriozeption ist eine *Hauptdeterminante* der spezifischen Qualität jeder erlebten Emotion«.

Diese Auffassung wird von anderen Autoren geteilt. Ekman et al. (1972, S.173) meinen: »The face might fill the informational gap left by a solely visceral theory of emotion, distinguishing one emotion from another, changing rapidly and providing feedback about what is occuring to the person«, und Lanzetta et al. (1976) sind der Ansicht, daß »awareness of one's facial expressions *is* the emotion« (s. auch Gellhorn 1964; Plutchik 1962). Gemeinsam greifen sie Überlegungen von James, Allport und Tomkins auf und führen sie fort. Die besondere Bedeutung des Gesichts-Feedbacks für das Erleben von Gefühlen wurde vermutlich zuerst von Tomkins (1962; 1963) hervorgehoben. Seiner Ansicht nach sind die Gefühle zuallererst Gesichtsreaktionen. Er erklärte dezidiert, daß der »affect primarily [...] facial behavior« ist (Tomkins 1980, S.143). Das propriozeptive Feedback vom Verhalten des Gesichts, wenn es in eine bewußte Form transformiert würde, mache das Erleben oder das Bewußtsein der Gefühle aus. Gefühlsspezifische angeborene Programme für organisierte Gesichtsreaktionsmuster seien in subkortikalen Zentren gespeichert. Da die Nerven und Muskeln des Gesichts sehr viel feiner differenziert wären als die der Eingeweide, seien Gesichtsaktivität und ihr Feedback sehr viel schnellere Reaktionen als die der Eingeweide. Viszerale Reaktionen würden eine sekundäre Rolle für die Gefühle spielen und nur den Hintergrund oder die Begleiterscheinung für die voneinander unterschiedenen Ausdrucksformen des Gesichts liefern. Nach Tomkins sind ein spezifisches Gefühl, ein spezifischer Gesichtsausdruck und das Bewußtsein von diesem Gesichtsausdruck das von Natur aus programmierte subjektive Erleben von Gefühlen.

Izard stimmt mit Tomkins überein und meint, auf dieser Grundlage 10 fundamentale Gefühle unterscheiden zu können[65], welche sich einem genetisch vorgegebenen spezifischen Innervationsmuster der Gesichtsmuskulatur verdanken sollen:

»Ein internes oder externes Ereignis, wie es durch die Selektivität und die organisierenden Funktionen der relevanten Rezeptoren verarbeitet wird, verändert den Gradienten der neuralen Stimulierung und das Aktivitätsmuster im mimischen System und im sensorischen Kortex. [...] Im Falle einer fundamentalen Emotion führen Impulse vom motorischen Kortex über den Nervus Facialis [...] zu einem spezifischen mimischen Ausdruck. Der Nervus Trigeminus [...] leitet die sensorischen Impulse (der Rezeptoren im Gesicht) wahrscheinlich über den hinteren Hypothalamus zum sensorischen Kortex. Schließlich bewirkt die korticale Integration des Feedbacks vom mimischen Ausdruck das subjektive Emotionserleben« (Izard 1977, S.79).

Alle anderen Gefühle bestehen seiner Ansicht nach aus einem bestimmten Mischungsverhältnis dieser fundamentalen Gefühle. Das Problem, daß sich mimischer Gesichtsausdruck und Gefühle nicht immer decken, versucht Izard (1977, S.81ff.) mit der Annahme zu lösen, daß beim Gefühlserleben ohne mimischen Ausdruck der Bewegungsablauf in der Gesichtsmuskulatur so begrenzt sei, daß er normalerweise vom Beobachter nicht wahrgenommen würde. Trotz dieser Begrenztheit würde die Gesichtsmuskulatur noch das Feedback liefern, das erforderlich sei, um das subjektive Erleben hervorzurufen. Wenn keine Bewegung oder Veränderung der Gesichtsmuskeln eintritt, dann würde das Gefühl dadurch ausgelöst, daß die efferente Botschaft an das Gesicht, obwohl sie daran gehindert wird, die Gesichtsmuskeln zu stimulieren, eine sensorische Botschaft auslöse, die das Gesichtsfeedback stimuliere, das typischerweise beim mimischen Ausdruck auftreten würde. Hier ersetze ein reafferenter innerer Regelkreis den üblichen efferent-afferenten (äußeren) Regelkreis, der sich über das Muster der innervierten Gesichtsmuskeln vermittle. Beim mimischen Ausdruck ohne Gefühlserleben wird angenommen, daß das Gesichtsfeedback eines bestimmten Ausdrucks das Bewußtsein nicht erreiche. Beim willkürlichen Ausdruck unter der Bedingung, daß kein oder ein anderes als das ausgedrückte Gefühl vorliegt, wird angenommen, daß das sensorische Feedback durch Hemmungsprozesse blockiert ist, während beim Vorliegen eines anderen als dem in der Mimik sich darstellenden Gefühls der eigentliche reafferente innere Regelkreis gleichwohl funktioniere.

Würden die Überlegungen von Izard zutreffen, dann wären die Beobachter ihre methodischen Probleme ledig. Sieht man die Mimik nicht als

---

65 Diese sollen Interesse-Erregung, Freude, Überraschung, Kummer-Schmerz, Zorn, Ekel, Geringschätzung, Angst, Scham und Schuld sein.

Form, in der sich die Affekte an der Körperperipherie darstellen, sondern als materielles Substrat, in dem die Spezifität der Affekte gründet, dann würden die Beobachter ihre Befunde in einer logisch zwingenden deduktiven und nicht im Zuge einer reduktiven Schlußbildung[66] gewinnen, die logisch nicht zwingend ist[67]. Wenn man den »facial display« als hinreichende Bedingung für das Auftreten der Affekte versteht, könnte man nicht ausschließen, daß Affekte noch durch andere Bedingungen hervorgerufen werden; gleichwohl wäre der generelle Einwand von Krause (1995, S.588) hinfällig, den auch Sroufe (1979, S.480) insbesondere für das Säuglingsalter geltend macht, daß nämlich einem Gesichtsausdruck nicht das Gefühl entnommen werden könne, das sich in ihm ausdrückt. Ein differenziertes Ausdrucksverhalten, das der Säugling fraglos zeigt, müßte dann mit dem Erleben differenzierter Affekte einhergehen, und auch die Zweifel, die Lewis u. Michalson (1985) und Lewis et al. (1984) äußerten, wären ausgeräumt[68].

Allerdings sind die erhobenen mimischen Befunde, mit denen versucht wurde nachzuweisen, daß sie das Erleben von Gefühlen inhaltlich kontrollieren, in methodischer Hinsicht außerordentlich problematisch. Insbesondere um die nicht-sichtbaren Muskelaktivitäten nachzuweisen, wurden zuerst elektromyographische Techniken verwendet (z. B. Schwartz et al. 1976). Eine differenzierte Erfassung der Ausdrucksmuster mit den üblicherweise benutzten großflächigen Oberflächenelektroden, welche die Aktivitäten mehrerer Muskeln erfassen, war damit nicht möglich. Dies führte zur Forderung, in künftigen Untersuchungen sog. Nadelelektroden zu verwenden, die spezifisch auf einen Muskel zugreifen können. Indem sie verschie-

---

66 Wenn man beobachtet, daß es regnet, dann folgt zwingend, daß auch das Pflaster naß wird.
67 Reduktive Schlüsse sind logisch nicht zwingend, weil sie in ihrer Struktur immer einen Schluß vom Besonderen auf das Allgemeine darstellen. Wenn etwa der Satz gilt »Immer wenn es regnet, wird das Pflaster naß« und man beobachtet, daß das Pflaster naß ist, dann folgt daraus nicht, daß es auch geregnet hat. Es könnte auch ein Sprengwagen vorbeigefahren sein. Logisch zwingend ist in diesem Verfahren nur der Schluß vom Negat auf das Negat. Wird das Pflaster immer naß, wenn es regnet, dann kann aus der Tatsache, daß das Pflaster nicht naß ist, zwingend geschlossen werden, daß es nicht geregnet hat.
68 Im Gegensatz zu Izard (1977) gehen diese Autoren von einer anfänglichen, biologisch begründeten Asynchronie von innerem Zustand und Gesichtsausdruck aus. Daraus ergibt sich einerseits, daß »infants may show differentiated facial expressions in the absence of differentiated internal states« (Lewis u. Michalson, 1985, S.164f.). Ein Beispiel ist das sog. »endogene Lächeln« (Emde u. Koenig 1969; Wolff 1963). In den ersten Lebenswochen tritt es ohne äußere Reize vor allem in der REM-Phase des Schlafzyklus auf. Im Verlaufe der ersten drei Monate verschwindet es und wird von einem Lächeln abgelöst, das durch äußere Reize hervorgerufen wird. Andererseits ist es aber auch möglich, daß »the facial musculature of the infant is [...] less differentiated [...] than the internal state« (Lewis u. Michalson, 1985, S.164f.).

dene Gefühle durch das Betrachten verschiedener lustvoller und unlustvoller Bilder auslösten, gelang es dann Cacioppo et al. (1986), mit diesem Verfahren anhand zweier Innervationsmuster, die für die Betrachter nicht sichtbar waren, positive und negative Gefühle voneinander zu differenzieren. Diese relativ grobe Differenzierung kann jedoch nicht als Beleg für die Feedback-Hypothese Izards gewertet werden. Nicht nur in der Untersuchung von Cacioppo et al. (1986), sondern auch in anderen (z. B. Cacioppo et al. 1988; Dimberg 1988; Fridlund et al. 1984; Greenwald et al. 1989; Schwartz et al. 1976, 1980; Smith et al. 1986; weit. Lit. s. Camras et al. 1993) gingen weder verschiedene positive, noch verschiedene negative Gefühle mit ebenso verschiedenen muskulären Innervationsmustern einher. Ferner konnten McCanne u. Anderson (1987) zeigen, daß Personen durch ein Feedback ihres EMG lernen konnten, die EMG-Aktivitäten, die von bestimmten Muskeln - etwa dem M. corrugator supercillii - ausgingen, zu unterdrücken, ohne daß ihre Gefühle - hier negative - verschwanden. Cacioppo et al. (1988) schließen aus ihren Untersuchungen folgerichtig, »it is no more reasonable to assume facial EMG activity is linked invariantly or is a cross-situational correlate of emotion [...]«.

Scherer u. Wallbott (1990, S.373) wenden gegen dieses Verfahren noch ein, daß eine Induktion von Gefühlen recht schwer fallen dürfte, wenn »eine Versuchsperson mit Nadelelektroden im Gesicht >gespickt< ist [...]. Besonders interpersonale Situationen, die wohl am häufigsten Emotionen auslösen [...], dürften dann kaum noch in sinnvoller Weise zu realisieren sein«. Wegen dieser Meßproblematik wurde auf sog. Kodiersysteme der Mimik zurückgegriffen, wobei das von Ekman u. Friesen (1978) vorgelegte »Facial Action Coding System (FACS)« in Verbindung mit dem »EMFACS-7« Affektlexikon (Friesen u. Ekman 1984) in der heutigen Forschung wohl am häufigsten verwendet wird[69]. Hier wird ein mimisches Verhalten in bestimmter Weise kodiert und die Kodierung wird unter Hinzuziehung des Affektlexikons, in dem die Beziehungen zwischen bestimmten Kodierungen und dem dazugehörigen Gefühl festgehalten sind, interpretiert. In Anwendung dieses Verfahrens berichten Ekman et al. (1983), daß es durch die willkürliche Erzeugung eines Gesichtsausdrucks entsprechend dem FACS bei Schauspielern, die über die gefühlstypische Bedeutung der Muskelbewegungen, die von ihnen ausgeführt wurden, nicht unterrichtet waren, gelang, nicht nur die entsprechenden Gefühle, sondern auch vegetative Veränderungen hervorzurufen. Ein ärgerlicher, furchtsamer und trauriger Gesichtsausdruck ging mit den entsprechenden Gefühlen und Erhöhungen der Pulsfrequenz, und Absenkungen gingen mit dem mimischen Ausdruck der Freude,

---

69 Ekman (1982) gibt einen Überblick über 14 solcher Beschreibungssysteme.

Überraschung und Abscheu und den entsprechenden Gefühlen einher. Fox u. Calkins (1993, S.170) wenden gegen diese Methodik ein, daß die Schauspieler aufgefordert waren, ihren Gesichtsausdruck möglichst lange (10 bis 30 Sekunden) festzuhalten - dies war erforderlich, um die im Verhältnis zum Gesichtsausdruck erst später auftretenden vegetativen Veränderungen messen zu können -, es aber ganz unwahrscheinlich sei, daß im »wirklichen Leben« (»real life«) ein affektiver Gesichtsausdruck solange aufrechterhalten würde. Scherer u. Wallbott (1990, S.391) argumentieren, daß bereits der physiologische Aufwand, der nötig ist, um willkürlich verschiedene mimische Ausdrucksformen darzustellen, zu körperlichen Veränderungen führen könne. Dabei könnte dieser Aufwand für verschiedene Ausdrucksformen (z. B. in Abhängigkeit von der Zahl der zu innervierenden Muskeln) unterschiedlich sein, sodaß die meßbaren physiologischen Veränderungen unter Umständen nichts mit Gefühlen zu tun hätten. Darüber hinaus wäre es auch möglich, daß die Versuchspersonen merkten, welche Gefühle von ihnen verlangt wurden, sich - da sie Schauspieler waren - in eine entsprechende Rolle versetzten, und sich in den dem Gesichtsausdruck angemessenen Gefühlszustand hineinsteigerten (»Stanislawski-effect« Fridlund 1991)[70]. In anderen Untersuchungen wiederum führten Gefühle zu keinem Gesichtsausdruck und gingen gleichwohl mit einer Verstärkung der vegetativen Reaktionen einher (z. B. Notarius u. Levenson 1979; Notarius et al. 1982). Im Gegensatz zu Ekman et al. (1983) fand Laird (1974), daß eine einfache Manipulation von Gesichtsmuskeln nach Anweisungen eines Versuchsleiters keine Entsprechung zwischen Ausdruck und Erleben mit sich brachte, und Tourangeau u. Ellsworth (1979) berichten, daß eine Manipulation der Gesichtsmuskeln bei Personen, die ängstigende, traurige oder neutrale Filme betrachteten, überhaupt keinen Effekt auf die berichtete Angst oder Trauer hatte. Die Versuchspersonen von Laird (1974) zeigten allerdings die entsprechenden Gefühle als Reaktion auf vorher relativ unwirksame Bilder oder Cartoons. So wie bei der Prüfung der Theorie von James-Lange eine bloße Stimulierung des Vegetativums durch Adrenalin keine Affekte hervorrief, sondern diese erst im Zusammenhang mit bestimmten sozialen Situationen auftraten (z. B. Schachter u. Singer 1962), traten auch hier die Affekte erst im Zusammenhang mit bestimmten Bildern auf.

Quer zu der Annahme, daß der mimische Gesichtsausdruck hinreichende Bedingung der Gefühle ist, steht ebenso, daß man mit dem Gesichtsausdruck Affekte vortäuschen und verbergen kann: »If facial displays de-

---

70 Eine »performative, dramaturgical analysis may be especially applicable to the experiment by Ekman et al. [...], in which many of the subjects were actors, and the directed facial actions were obtained using a ›coach‹ (i.e. a director) and a mirror. Together, a coach and a mirror make for an audience« (Fridlund 1991).

termined emotion«, schreibt Fridlund (1991), »then individuals could not lie with their faces, play poker, sell used cars or ›stonewall‹ at news conferences«, und folgert: »If liar's faces affect their sentiments, the effect is surely small«. Aufgrund der vorgetragenen und anderer Argumente kommt auch Buck (1980) in seinem Übersichtsreferat zum Schluß, daß die mimische Rückmeldung nicht als wesentlicher Auslöser emotionaler Prozesse angesehen werden könne.

Die bisherigen Einwände und referierten empirischen Untersuchungsergebnisse können die Auffassung, daß das mimische Verhalten für das Erleben der Gefühle die wichtigste Rolle spielt, allerdings nur in jener hinreichenden Form in Frage stellen, die von Izard in früheren Jahren vertreten wurde. Diese Position wurde in der Folgezeit relativiert. Obwohl unverändert daran festgehalten wird, daß Gefühle mit einem strukturierten mimischen Verhalten einhergehen, schließt Izard (1994) heute nicht mehr aus, daß ein derartiges mimisches Verhalten auch unabhängig vom Erleben eines Gefühls vorliegen kann. Izard (1994) wendet damit den Zusammenhang von mimischem Gefühlsausdruck und Gefühl von einem hinreichenden in einen bloß notwendigen[71]. Demnach gilt nun, daß ein mimisches Ausdrucksverhalten vorliegen muß, wenn Gefühle vorhanden sind. Jedoch können auch mit dieser Version eine Vielzahl von Befunden nicht zur Deckung gebracht werden. Bei einer Lähmung der Gesichtsmuskulatur wird noch über Gefühle berichtet,. Patienten mit einer peripheren Facialisparese weisen keineswegs unstrukturierte Gefühle oder eine Gefühllosigkeit auf, und in Träumen werden Gefühle erlebt, obwohl die quergestreifte Muskulatur nach dem Einsetzen des REM-Schlafes gelähmt ist (Fridlund 1991). Die Anwesenheit von Gefühlen bei totaler Paralyse der quergestreiften Muskulatur bezeugt auch die furchtbare Angst, im eigenen Speichel zu ertrinken, über die der Physiker Prescott berichtete, der sich zu Selbstversuchen d-Tubocarin - die wirksame Substanz in Curare - injizierte (Altmann 1987, S.79). Ebenso führen Variationen im Erleben der Gefühle nicht zu Veränderungen des mimischen Ausdrucks. Rajecki (1983, S.204ff.) etwa untersuchte diese Beziehung mit dem Aggressionsmaschinen-Test von Buss (1961), der auch im Milgram-Experiment verwendet wurde, und verglich das Aggressionsverhalten der Probanden mit dem damit einhergehenden Gesichtsausdruck. Obwohl die ärgerlichen Probanden ihren Partnern höhere (fiktive) Elektroschocks applizierten als die nicht-ärgerlichen, fand sich keine signifikante Beziehung zwischen der Intensität ihren Ärgergefühle und ihrem Gesichtsausdruck.

---

71 In dieser notwendigen Version wird nicht mehr der mimische Ausdruck als hinreichende Bedingung für das Auftreten eines Gefühls, sondern das Vorhandensein eines Gefühls wird als hinreichende Bedingung für das Vorliegen eines mimischen Ausdrucks behauptet.

Graham (1980) versuchte mit dem »Facial Action Coding System« (FACS) die gefühlshafte Reaktion auf unterschiedliche Fernsehwerbefilme zu erfassen. Trotz berichteter Gefühle zeigten die Daten viel zu wenig »content-related facial expressions [...] to make FACS scoring worthwhile«. Love (1972, zit. n. Cacioppo et al. 1986) versuchte seine Probanden zu bewegen, etwas zu tun, das entweder im Einklang mit ihren Überzeugungen stand oder ihnen widersprach, und fand bei ihnen keine Unterschiede im Gesichtsausdruck. Tomarken u. Davidson (zit. n. Davidson 1992) setzten phobische Patienten in ihrer privaten Umgebung ihren phobischen Reizen aus. Obwohl diese Patienten in gleichem Maße über Ekel- und Angstgefühle von gleicher Intensität berichteten, zeigten sie übereinstimmend nicht den Ausdruck, welcher der Angst oder einer Angst/Ekel-Überlappung entsprach, sondern den des Ekels. Bereits 1928 wurden von Wilson und von Dhermitte (zit. n. Rubinstein 1946, S.597) Patienten beobachtet, deren äußeren Ausdrucksverhalten nicht nur von den tatsächlich erlebten Gefühlen abwich, sondern in krassem Gegensatz dazu standen. Bei ihnen evozierten verschiedene Anlässe einen Lachanfall oder einen Tränenfluß, die mit den Anlässen in keiner Weise kongruent waren. Trotz des Lachens fühlten sich die Patienten traurig, und weinend erlebten sie manchmal eine fröhliche Stimmung[72].

Aufgrund der vorliegenden Empirie scheint die »facial feedback hypothesis« - dieser Ausdruck geht auf Tourangeau u. Ellsworth (1979) zurück - weder in ihrer hinreichenden, noch in ihrer notwendigen Variante haltbar. Befunde - etwa, daß es Gefühle ohne mimischen Gesichtsausdruck gibt -, widersprechen der notwendigen Version, und Befunde - etwa, daß es ein strukturiertes mimisches Verhalten ohne Gefühle gibt -, widersprechen der hinreichenden Fassung. Gleichgültig aber, ob man das mimische Verhalten in den Izardschen Auffassungen als hinreichende oder notwendige Bedingung für das Auftreten von Gefühlen begreift, außer der fraglichen Empirie ist gegen seine Konzeption noch ein prinzipieller Einwand zu erheben. Generell wird nämlich in seinem Entwurf das Abstrakte für das Konkrete genommen. Der Zorn auf einen Chef, von dem man sich ungerecht behandelt sieht, und dessen mimischen und verhaltensmäßigen Ausdruck man unterdrückt, indem man so weiter lebt wie bisher, ist in seiner Auffassung objektiv derselbe, wie der, welcher sich in zusammengekniffenen Lippen und subversiven oder militanten Aktionen darstellt. Die Differenz zwischen beiden stellt sich im Erleben bloß quantitativ dar. Izard transportiert damit die Abstraktion des »Zorns«, den man aus seinen verschiedenen Existenzweisen

---

[72] Manche wurden durch ihr Lachen, das sie nicht unterdrücken konnten, deprimiert. Im Gegensatz zu Izard (und zu James) kann man von diesen Patienten sagen kann, daß sie nicht fröhlich waren, weil sie lachten, sondern daß sie betrübt waren, weil sie lachten.

abstrahieren kann, in falscher Konkretion in die Realität zurück und macht den konkreten Zorn zu bloß quantitativ differierenden Existenzweisen seiner Abstraktion. So wie Stuhl und Sessel nicht quantitativ differente Existenzweisen der Abstraktion »Sitzgelegenheiten« sind, sondern qualitativ differente Gegebenheiten, aus denen man das Gemeinsame - nämlich »Sitzgelegenheiten« - abstrahieren kann, ist der Zorn, den man unter der ersten Bedingung erlebt, qualitativ von dem Zorn verschieden, den man unter der zweiten Bedingung erfährt. Die Freude, die bei einem Lottogewinn auftreten kann, ist von der Freude qualitativ unterschieden, die empfunden wird, wenn man ein totgeglaubtes Kind noch am Leben findet, obwohl in beiden Fällen das Ausdrucksverhalten gleich sein kann. In der Izardschen Konzeption wäre ferner auch die Freude, die von einem Lächeln begleitet ist, mit der Freude identisch, die sich etwa im Weinen darstellt, und dies, obwohl beide mit einem unterschiedlichen mimischen Ausdruck einhergehen.

Ich denke, daß Izard zurecht annimmt, daß der Gefühlsausdruck einen Einfluß auf das Gefühl ausübt. Er verabsolutiert aber diesen Einfluß in der gleichen Weise wie James, der behauptet hatte, daß nicht die Angst die Flucht, sondern die Flucht Panik und Angst verursacht. Beide kehren in undialektischer Weise den Standpunkt der traditionellen Bewußtseinspsychologie um, nach dem Ausdrucksbewegungen bloß äußere Korrelate - Begleiterscheinungen - der Gefühle und ohne Einfluß auf sie sind. Diese undialektische Negation führt wie bei James zur Abkoppelung des Erlebens der Gefühle von der Außenwelt. So heißt es bei Izard (1977, S.84):

»Die neuralen Botschaften aus dem Gesicht, das einen bestimmten Ausdruck angenommen hat, folgen angeborenen Bahnen, und die korticale Integration dieser Information reicht völlig aus, um das subjektive Erleben der Emotion ohne den Einfluß von Kognition hervorzurufen«.

Dornes (1993, S.122) sucht die Tatsache, daß man auch in der Konzeption von Izard nicht weint oder lächelt, weil man traurig ist oder sich freut, sondern traurig ist oder sich freut, weil man weint oder lächelt, dadurch zu relativieren, daß er »die efferente Theorie des Gefühls-Feedback durch eine afferente Theorie der Auslösung der Gesichtsmuskelinnervationen« ergänzt[73]. Eine qualitative Veränderung wird dadurch nicht erreicht. Für ihn

---

[73] Dornes verwechselt hier die Termini »efferent« und »afferent«. »Efferent« bezieht sich auf Nervenfasern, welche die Informationen vom ZNS in die Peripherie übertragen, und mit »afferent« sind jene Nervenfasern gemeint, die ins ZNS ziehen und diesem die Meldungen der Rezeptoren über Veränderungen in der Umwelt und im Organismus übermitteln. Im Selbstverständnis von Izard (1977) ist seine Theorie eine afferente. In Übereinstimmung mit der neurologischen Nomenklatur müßte es dann bei Dornes heißen, daß »die *afferente* [und nicht »efferente«] Theorie des Gefühls-Feedback durch eine *efferente* [und nicht »afferente«] Theorie der Auslösung der Gesichtsmuskelinnervationen« (Dornes 1993, S.122) zu ergänzen ist, und daß das *afferente* und nicht das »(*efferente*) Feedback [...] be-

gilt unverändert, daß der »primäre Auslöser des Gefühls [...] der Gesichtsausdruck« ist (Dornes 1993, S.122), daß das »(efferente) Feedback [...] bestimmte[r] Bewegungen [der Gesichtsmuskulatur] [...] im Großhirn evaluiert und als Gefühl empfunden« wird (Dornes 1993, S.123). Wie für Alexander (1950, S.18, Kursivierung aufgehoben, S. Z.), dem die psychischen Phänomene nichts weiter als »die subjektiven Spiegelungen (Reflexionen) physiologischer Prozesse sind«[74], spiegeln sich für Izard und Dornes in den Gefühlen im wesentlichen die in der Gesichtsmuskulatur ablaufenden Prozesse in einer subjektiven Form wider. In den Gefühlen dupliziert sich das, was sich in der Gesichtsmuskulatur darstellt. Da die afferente Innervation der Gesichtsmuskulatur durch Umweltereignisse, Erwartungen und Wahrnehmungen ausgelöst wird (Dornes 1993, S.122), bilden sich diese Auslöser im neurologisch bestimmten Spiel der Gesichtsmuskulatur ab, und dieses Spiel stellt sich dann subjektiv in Gefühlen dar. Die Gefühle informieren das Subjekt bloß über den aktuellen Innervationszustand seiner Gesichtsmuskeln. Damit kehrt sich das Verhältnis von Gefühl und Gefühlsausdruck um. Denn wenn die Gefühle dem Subjekt lediglich Innervationen seiner Gesichtsmuskulatur symbolisieren, dann drücken sich diese in seinen Gefühlen und nicht mehr seine Gefühle in ihnen aus.

Nichts ändert sich an dieser Argumentation, wenn man die Gefühle auch als die Form bestimmt, in der noch andere körperliche Aktivitäten Bewußtsein gewinnen - z. B. heißt es bei Izard (1971, S.49): »When neurochemical activity via innate programs produces patterned facial or bodily activities [...] the feedback from these activities is transformed into conscious forms« -, oder wenn man, wie Dornes (1993, S.129), die Gefühle auch als »das Ergebnis der Wahrnehmung von Informationen aus hierarchisch untergeordneten körperlichen Regulierungssystemen« bestimmt. Knapp (1987) schreibt dazu: »We grit our teeth and then feel angry. The ghost of a James-Lange view [...] reappears, updated; its many perplexities remain«. In dieser Konzeption sind die Gefühle ein Produkt des Verhaltens, werden aber für das Verhalten gänzlich irrelevant. Über die Wahrnehmungen, Umweltereignisse und Erwartungen, die in den Konzeptionen von Izard und Dornes das Verhalten eines Subjekts moderieren sollen, verfügt das Kleinkind, auch ohne Gefühle zu haben, und ob es den spezifischen Innervationsstatus seiner Gesichtsmuskeln in Form von Gefühlen wahrnimmt oder nicht, ist für sein Verhalten gleichgültig, zumal es über seine Gefühle nicht einmal diesen

---

stimmte[r] Bewegungen [der Gesichtsmuskulatur] [...] im Großhirn evaluiert und als Gefühl empfunden« wird (Dornes 1993, S.123).
74 Weiter heißt es bei Alexander (1950, S.32, Kursivierung, S. Z.): »Im lebenden Organismus werden gewisse physiologische Vorgänge subjektiv als *Gefühle*, Ideen und Antriebe wahrgenommen«.

Status beeinflussen kann. Diese Irrelevanz der Gefühle fürs Verhalten kommt bei Dornes in seiner Analyse der vorsprachlichen kindlichen Entwicklung unmißverständlich zum Ausdruck. Das Kind, so Dornes (1993, S.172), verfüge in den ersten 1½ Lebensjahren über ein rekognitives, jedoch nicht über ein evokatives Gedächtnis. Die

»Aufzeichnungen vergangener Empfindungen und Wahrnehmungen können erst aktiviert werden, wenn das Objekt konkret erscheint. Dann werden die aktuellen Empfindungen mit den aktivierten der Vergangenheit verglichen und ein Wiedererkennen ist möglich (rekognitives Gedächtnis)«. Ist dagegen das Objekt abwesend, dann ist ein »Aktivieren der Aufzeichnungen [...] unmöglich (evokatives Gedächtnis)«.

Es gibt, fährt Dornes (1993, S.172, Kursivierung aufgehoben, S. Z.) fort, »keine Objektvorstellung, die an die Stelle des abwesenden Objekts treten könnte. Denken ist in dieser Phase ein intelligentes Handeln, und kognitive Strukturen (Schemata) sind Aufzeichnungen dieses Tuns. Es gibt kein symbolisches Denken, d. h. kein Denken mit Hilfe von Bildern oder sprachlichen Zeichen, die in Abwesenheit konkreter Objekte rein intrapsychisch evoziert werden können«.

Wenn aber gelten soll, daß nicht Objektvorstellungen und »nicht Phantasien«, sondern »Gefühle [...] die ersten Formen des Bewußtseins« sind (Dornes 1993, S.123), die Existenz von Gefühlen aber an ein »mimisches Verhalten« (Dornes 1993, S.114) gebunden ist und die damit nur dann auftreten können, wenn ein materieller Außenreiz über neuronale Aktivitäten bestimmte Gesichtsmuskelbewegungen auslöst, dann können Gefühle nurmehr passiv erfahren, aber nicht mehr »gewünscht« und somit auch nicht mehr über ein bestimmtes Verhalten intendiert oder vermieden werden. Auch steht die Annahme, daß Gefühlen nur beim Vorliegen materieller Reize und »mimische[m] Verhalten« (Dornes 1993, S.114) auftreten, in Widerspruch zu der Ansicht, daß »die Affekte« erst »zum Gegenstand des Bewußtseins und zum flexiblen Mittel sozialer Kommunikation werden [können], [w]enn die Aktivierung eines Affekts in physiologischer und ausdrucksmäßiger Hinsicht nicht mehr mit einem festgelegten Verhaltensprogramm verbunden ist, mit dessen Hilfe agiert und reagiert werden kann«. Jedenfalls können Gefühle in dieser Auffassung keine motivationale Qualität mehr besitzen. Seine Behauptung, daß »Affekte [...] primäre Motivationssysteme« sind, ist nicht nur falsch; sie verbietet sich auch in der eigenen Konzeption.

Genau genommen wird dem vorsprachlichen Kind jedwedes Motivationssystem abgesprochen. Jedes intentional wirksame Motivationssystem setzt die Annahme eines Innenlebens voraus, das existiert, wenn die äußere Realität abwesend ist, und bei Dornes (1993, S.179, Kursivierung aufgehoben, S. Z.) heißt es ausdrücklich:

»Da evozierbare bildhafte Vorstellungen eine Entwicklungserrungenschaft sind und erst ab ca. 1½ Jahren existieren, ist [...] die erste Form des Denkens [...] die sensomotorische, [das wiederum] als solche auf die Realität angewiesen [ist], ohne die es nicht stattfinden kann. Über das Abwesende kann der Säugling nicht nachdenken«.

9.2 Mimisches Verhalten als Zeichenexemplare

Weil ich mich den Konsequenzen, die sich aus der Auffassung von Izard und Dornes ergeben, nicht anzuschließen vermag, kann ich ihrer Auffassung, daß Gefühl und Gefühlsausdruck isomorph sind, nicht zustimmen. Ich meine, daß man dem kindlichen, vorsprachlichen Erleben gerechter wird, wenn man mit Ciompi (1982, S.142, Kursivierung aufgehoben, S. Z.) davon ausgeht, daß nicht nur die Sprache, sondern auch die vorsprachlich möglichen »Ausdruckssysteme[.] [...] ein Bewußtsein [...] schaffen«, weil sie nicht die Sache selbst, sondern ein Zeichen derselben sind[75]. Wie etwa das gesprochene oder geschriebene Wort ein Zeichenexemplar einer abstrakten Zeichengestalt darstellt, sind auch die mimischen Muster als Zeichenexemplare, als materielle Realisationen von Zeichengestalten aufzufassen, die als »autonomen Imageries« (Mandler 1975, S.133) vorliegen. Sie stellen einen seelischen Inhalt nicht her, sondern sie bezeichnen ihn. Wie die Sprache auf das Bewußtsein einwirkt, indem sie nur das ins Bewußtsein einläßt, wofür sie Worte besitzt, wirken auch diese körperlichen Prädikatoren auf das Erleben der Gefühle dadurch ein, daß sie darin einbezogen werden.

Die Ausdrucksbewegungen formen das Erleben einmal in quantitativer Hinsicht. Nimmt man das Ausmaß an vegetativer Erregung als Maß für die Intensität des Erlebens, dann machte darauf bereits vor 70 Jahren Prideaux (1920, S.66) aufmerksam: »[T]he greater the visible signs of emotion«, schrieb er, »the less the response of the galvanometer«. In der nachfol-

---

75 Ciompi (1982, S.145f.) erläutert diese Auffassung exemplarisch anhand einer von Inhelder (1976, S.159) berichteten Szene, in der die 16 Monate alte Lucienne versucht, eine Uhrenkette zu fassen, die vor ihren Augen in eine Streichholzschachtel gelegt und deren Öffnung bis auf 3 mm reduziert wurde. Sie ist zunächst nicht in der Lage, die Streichholzschachtel weiter zu öffnen. Nach einer Pause, in der Lucienne das Problem offensichtlich bedenkt und das Öffnen der Schachtel mimisch darstellt - sie öffnet und schließt mehrmals hintereinander ihren Mund, zuerst ein wenig, und dann immer weiter - steckt Lucienne ohne zu zögern ihren Finger in den 3 mm breiten Spalt, erweitert mit ihm die Öffnung und holt die Kette heraus. Um das Problem lösen zu können, schließt Inhelder (1976, S.159), »brauchte sie eine einfache motorische Darstellung als Bedeutungsträger [...]«, und Ciompi (1982, S.146) folgert daraus, »daß Zeichenbildung [das wiederholte Mundöffnen anstelle der Streichholzschachtel] und Bewußtwerdung [...] gewissermaßen ein- und dasselbe Phänomen darstellen«.

genden Zeit wurde - mit einigen wenigen Ausnahmen (z. B. Lanzetta et al. 1976; Winton et al. 1984; Zuckerman et al. 1981) - in den meisten Untersuchungen eine negative Korrelation zwischen Gesichtsausdruck und den Aktivitäten des vegetativen Nervensystems gefunden (z. B. Buck 1977; Buck et al. 1974; Lanzetta u. Kleck 1970; Notarius et al. 1982; Vaugham u. Lanzetta 1980). Die Meßwerte vegetativer Parameter waren in diesen Untersuchungen um so höher, je weniger sich ein Gefühl sichtbar darstellte. Der sichtbare Gefühlsausdruck nimmt aber nicht nur auf die Intensität, sondern auch in qualitativer Hinsicht Einfluß auf das Erleben. Dies trifft vor allem auf das vorspachliche Erleben zu. Hier vermittelt sich dieser Einfluß über eine Veränderung der Zeichengestalten der Prädikatoren der Affektsymbole durch die Praxis. Wie am Beispiel der Patienten mit einer Alexithymie dargestellt, kann einmal die Intensitätsdifferenz der körperlichen Prädikatoren so eingeebnet werden, daß sie subjektiv nicht mehr in dem Maße unterschieden werden können, wie es für die Bildung verschiedener Affektsymbole nötig ist. Zum anderen kann auch die qualitative Differenzierung der Prädikatoren verhindert, bzw. aufgehoben werden. Wird etwa der Ausdruck der Wut von den Eltern systematisch unterdrückt, dann bleiben auch die propriozeptiven Afferenzen aus, die zusammen mit ansteigenden vegetativen Impulsen die spezifische Zeichengestalt des Prädikators der Wut (s. S.86f.) konstituieren. Der Prädikator der Wut verliert jenes Element, in dem seine Spezifität gründet. Geht man von einer inversen Relation von Gefühlsausdruck und der Intensität vegetativer Prozesse aus, dann ist er subjektiv nicht mehr von jenen anderen Prädikatoren zu unterscheiden, die ebenfalls durch eine Intensitätssteigerung der vegetativen Impulse gekennzeichnet sind. Die Folge ist, daß sich das Affektsymbol der Wut entweder nicht bilden kann, oder - so es sich bereits gebildet hat - sein symbolischer Charakter sich in diffusen vegetativen Erregungen auflöst. Da Wut nicht mehr erfahren wird, können sich auch die Affekte des Erzwingens und Vernichtetwerdens nicht mehr einstellen.

Woher die Ausdrucksbewegungen stammen, ist eine offene Frage. Bis auf wenige Ausnahmen (z. B. Fogel et al. 1992) wird von vielen Forschern (z. B. Brown 1991; Buck 1988; Carlson u. Hatfield 1992; Ekman 1988; Fridlund et al. 1987; Frijda 1986; Izard 1977; Oster et al. 1989) angenommen, daß sich in der Phylogenese ein Zusammenhang zwischen bestimmten mimischen Abläufen und bestimmten Gefühlen hergestellt hat, genetisch verankert wurde und sich auch in der Ontogenese weitgehend ungebrochen durchsetzt. Diese Annahme ist jedoch empirisch nicht so substantiiert, wie es auf den ersten Blick den Anschein haben mag. Sie verdankt sich vor allem einer Reihe ethnologischer Untersuchungen (z. B. Ekman 1988; Ekman u. Friesen 1971; Ekman et al. 1969; Izard 1971), in denen als Ergebnis behauptet wurde, daß bestimmte, fotografisch abgebildete Ausdrucksbewegungen auch von stark unterschiedlichen Kulturen (einschließlich isolierter schriftloser Kulturen) den gleichen Gefühlen zugeordnet werden. Prinzipiell ist gegen dieses Verfahren einzuwenden, daß - wie bei vielen Beobachtungsverfahren - als Kriterium für die »Objektivität« der Interpretationen die Übereinstimmung derjenigen dient, die das Beobachtete in bestimmter Weise interpretieren. Das Ausmaß einer Übereinstimmung garantiert aber keineswegs die Objektivität der Schlußfolgerungen. Sie gibt über die Reliabilität des methodischen Verfahrens Auskunft. Die Übereinstimmung der Beobachter verschiedener Kulturen erlaubt nur die Aussage, daß von diesen Beobachtern bestimmten mimischen Gestalten bestimmte Affekte zugeschrieben werden. Keinesfalls lizenziert diese Übereinstimmung die Annahme, daß Personen, welche diese mimischen Muster zeigen, auch die Gefühle erleben, die von den Beobachtern diesem Ausdruck zugeordnet werden. In der Diskussion des Wahrheitskriteriums der Popperschen »Basissätze« hat schon Holzkamp (1970, S.91) darauf aufmerksam gemacht, daß grundsätzlich die »Übereinstimmung verschiedener Forscher zwar das *Ergebnis* der Geltung von Basissätzen sein [kann], es [...] aber kaum vertretbar [ist], den Konsensus zwischen Forschern zum *Kriterium* für die Geltung von Basissätzen zu machen«. Wie man schon aus der sozialpsychologischen Konformitätsforschung weiß, sind Urteilsübereinstimmungen verschiedenster Art das Resultat eines Vorganges, der einer wissenschaftlichen Bedingungsanalyse schon deshalb bedarf, weil in ihn immer auch sachfremde Einflüsse eingehen.

Auch wenn man von diesem generellen Einwand absieht, sind die Ergebnisse keineswegs so eindeutig, daß sie die These einer transkulturellen Identität von Gefühl und Gefühlsausdruck zweifelsfrei belegen könnten. Wie vor allem Russell (1994; 1995) zeigt, ist den Untersuchungen zu entnehmen, daß sich die Beurteilung von Gefühlsausdrücken um so mehr von der westlicher Beurteiler unterschied, je weniger in der entsprechenden Kultur westliche Einflüsse wirksam waren. In der Untersuchung von Ekman et al. (1969) beurteilten 56% der untersuchten Einwohner von Neu Guinea, die nur über die Eingeborenensprache verfügten und weitestgehenden von westlichen Einflüssen isoliert aufwuchsen, einen traurigen Gefühlsausdruck konstant als ärgerlich. Eine Metaanalyse der Ergebnisse von 31 Untersuchungen zeigte ferner einen signifikanten Einfluß der Kultur sowohl auf die Beurteilung der Gesichtsausdrücke (vor allem für Ärger, Angst und Ekel) wie auch auf ihre Unterscheidung (Russell 1994). Jedenfalls erwies sich die ökologische, interne und Konvergenz-Validität all dieser Untersuchungen als außerordentlich problematisch. Die Gesichtsausdrücke wurden mehrheitlich von High School- oder College-Studenten beurteilt und Wolfgang u. Cohen (1988) konnten zeigen, daß die Übereinstimmung der Beurteilungen der Probanden mit der von den Untersuchern für richtig gehaltenen von deren

Bildungsstand abhing[76]. In den meisten Untersuchungen wurde ferner das sog. »Forced Choice«-Verfahren angewendet[77]. Ohne die Möglichkeit, eine andere Alternative wählen zu können, wurden die Probanden instruiert, meist 6 vorgegebene Gefühlswörter - am häufigsten »happy«, »fear«, »sadess«, »surprise«, »disgust«, »anger« oder auch »contempt« - 6 Photographien von artifiziell nachgestellten Gefühlsausdrücken zuzuordnen. Untersuchungen zeigen aber, daß die einzelnen Zuordnungen immer auch von den Gesichtsausdrücken abhängig sind, die bei der Präsentation vor dem zu beurteilenden Ausdruck gezeigt werden (z. B. Manis 1967; Russell 1991; Russell u. Fehr 1987; Thayer 1980a; 1980b). Abhängig davon wurde der gleiche, als neutral klassifizierte Ausdruck als »happy« oder als »sad« und der Ausdruck von »contempt« als »disgust« und der von »anger« als »sadness« beurteilt. In einer anderen Untersuchung (Russell 1993) wurden 480 zufällig ausgewählten Erwachsenen die Photographie vorgelegt, die in der Auffassung von Ekman et al. (1969) »anger« darstellen soll. Abhängig von der Liste vorgegebener Gefühlsworte (jeweils 6) wurde dieser Ausdruck mehrheitlich als »contempt«, »disgust« oder »frustration« beurteilt. Ferner weisen Fogel et al. (1992; s. auch Sroufe 1979, S.479) darauf hin, daß das mimische Ausdrucksverhalten nie statisch ist, sondern immer eine zeitliche Dimension zeige, in einem Kontext erfolge und somit immer auch eine »sequential and context specificity« habe, und daß im »Forced-choice«-Verfahren aus einem Corpus von etwa 2000 unterscheidbaren, in der Realität auftretenden mimischen Ausdrucksformen jeweils bestimmte Teilmengen durch die Anzahl der vorgegebenen Gefühlsausdrücke und Gefühlsbegriffe als identisch gesetzt werden.

Seine sorgfältige methodenkritische Durchsicht der vorliegenden Arbeiten führt Russell (1994) zum Schluß, daß die empirischen Befunde erlauben, die Null-Hypothese eines nicht-vorhandenen Zusammenhanges von Gefühlen und ihrem mimischen Ausdruck zurückzuweisen, aber nicht geeignet sind, die Hypothese eines transkulturell invarianten Zusammenhanges zwischen bestimmten Gefühlen und ebenso bestimmten Ausdrucksmustern zu verifizieren. Genau genommen war in den ethnologischen Arbeiten dieser Zusammenhang nicht Gegenstand der Untersuchung. Untersucht wurde vielmehr, wie auch Izard (1994) feststellt, die Frage, inwieweit die semantische Attribuierung eines bestimmten mimischen Ausdrucksverhalten gegen-

---

76 Je höher der Ausbildungsstand der Probanden war, desto mehr stimmten sie mit dem Urteil der Untersucher überein.

77 Dieses wurde zu einer Art Standard-Verfahren und vor allem deshalb am meisten verwendet, weil sich mit ihm - wie ein von Russel (1994) zitierter, allerdings anonym bleibender Wissenschaftler meinte - hypothesenkonforme Ergebnisse erzielen ließen.

über verschiedenen Kulturen invariant ist. »That faces universally express emotions remains to be tested« (Russell 1995). Wie Russell (1994) feststellt, erlauben die vorliegenden Daten noch mindestens 8 andere Interpretationen. Nicht im Einklang mit dieser Annahme steht ferner ein Befund, den Thomas schon vor fast 60 Jahren erhob. Thomas (1937, S.46ff.) hatte beobachtet, daß bestimmte Eingeborenenstämme (in Südamerika) ihr Glücksgefühl (»happyness«) durch Weinen ausdrücken, das in westlichen Kulturen üblicherweise als Zeichen des Unglücklichseins (»unhappyness«) betrachtet wird.

Die bisherigen empirischen Befunde können die sog. »Universalitätsthese« kaum stützen. Angesichts der Tatsache, daß Menschen ihre Gefühle mimisch darstellen können, muß gleichwohl angenommen werden, daß Menschen mit der abstrakten Möglichkeit mimischer Gefühlsäußerungen geboren werden. Hinweise auf vorfindliche mimische Ausdrucksmuster finden sich in den Beobachtungen von Blindgeborenen (Dumas 1932; Eibl-Eibesfeldt 1973, 1984; Fraiberg 1971; 1977; 1979; Mistschenka 1933; Ortega et al. 1983; Sherman u. Sherman 1927; Thompson 1941). Jedoch kann daraus nicht mit Izard (1977) u. a. gefolgert werden, daß die Beziehungen zwischen bestimmten Ausdrucksmustern und bestimmten Gefühlen invariant und vorprogrammiert sind. Bei den blind geborenen Kindern ist zu bedenken, daß sie durchaus vokale Produktionen wie Lachen, Schluchzen oder Schreien, die bei bestimmten Gefühlen auftreten, wahrnehmen können. Diese Laute sind mit bestimmten mimischen Abläufen verbunden, sodaß nicht ausgeschlossen werden kann, daß die blind geborenen Kinder eine Zuordnung mimischer Abläufe zu bestimmten Gefühlen bis zu einem gewissen Grade erlernen können. Untersuchungen des mimischen Ausdrucksverhaltens der Kinder liefern hierfür zumindest einige indirekte Belege. Ortega et al. (1983) verglichen mit FACS von Ekman u. Friesen (1978) die auf Videofilmen festgehaltenen spontanen und willentlichen Gefühlsausdrücke (u. a. Freude, Traurigkeit, Angst) von je 22 sehenden und von Kindern (7-13 Jahre alt), die von Geburt an blind waren. Betrachtete man das allgemeine spontane Ausdrucksverhalten unabhängig von den Affekten, dann war dessen basale Struktur in beiden Gruppen ähnlich. Bei den sehenden Kindern war aber sowohl das spontane wie das willkürliche mimische Ausdrucksverhalten trennschärfer, d. h. spezifischer für einen bestimmten Affekt als bei den blind geborenen Kindern. Sroufe (1979, S.480), der die Reaktion von 200, 8-16 Monate alten Kindern auf Fremde untersuchte, beobachtete kaum ein klassisches Angst-Gesicht (»classic fear face«), sondern sowohl bei einem Kind, wie auch im Vergleich verschiedener Kinder ganz unterschiedliche Reaktionen wie »gaze-aversion«, »avoidance« und »distress«. Desgleichen halten Campos et al. (1983, S.795) fest, daß Kinder in beträchtlichem Maße inter- und intraindividuelle Unterschiede in der Art und Intensität ihrer Reaktion auf die nämlichen Umweltereignisse zeigen. Ferner ließen sich die Übereinstimmungen im Erkennen von Affekten, die in Untersuchungen mit Photographien von Erwachsenengesichtern erreicht wurden, mit Aufnahmen von Kindergesichtern nicht replizieren (Jones 1931, S.78; Keller u. Meyer 1982, S.94; Sherman u. Sherman 1927).

Natürlich können diese Befunde auch darauf zurückgeführt werden, daß vorprogrammierte Ausdrucksmuster noch nicht ausreichend präzisiert waren. Gegen diese Deutung sprechen jedoch die Untersuchungen von Malatesta u. Haviland (1982) und Haviland u. Lelwica (1987). In der ersten Untersuchung fanden Malatesta u. Haviland (1982), daß sich das mimische Verhalten bei 12 Wochen alten Kindern schneller ändert als das der Mütter, und daß die Mütter in den Interaktionsprozessen mit ihren Kindern eines der bei den Kindern ablaufenden mimischen Muster in individueller Weise duplizieren und festhalten, wenn es in der Auffassung der Mutter eine positive Stimmungslage signalisierte. Die Folge war, daß die Kinder im Laufe der Zeit die Wechselfrequenz ihres Ausdrucksverhalten an die ihrer Mütter anglichen und im Alter von 6 Monaten die Muster übernommen hatten, welche von den Müttern dupliziert wurden. In einer 2. Untersuchung (Haviland u. Lelwica. 1987) boten die Mütter ihren 10 Wochen alten Kindern jeweils für 15 Sek. bestimmte mimischen Ausdrücke (für Freude, Traurigkeit und Ärger) an, ohne daß sie auf das mimische Verhalten, mit dem die Kinder reagierten, eingingen[78]. Im wesentlichen zeigte sich, daß die Kinder im ersten Durchgang den mütterlichen Affektausdruck in einem hohen Prozentsatz als in den nachfolgenden Durchgängen wiederholten

Die vorliegenden Befunde sprechen jedenfalls mehr für als gegen die Annahme, daß über die Zuordnung vermutlich vorfindlicher Ausdrucksmuster und deren individueller Ausprägung der wirkliche Ausdruck der Gefühle in der Sozialisation hergestellt wird. Sieht man davon ab, daß für sprachliche Formulierungen keine bestimmten Muster bereitliegen, dann entspricht dies strukturell der Bildung des sprachlichen Ausdrucks beim Erwerb von Sprache. Beim Spracherwerb organisiert das Kind im Nachsprechen seine Brabbellaute entsprechend den vorgesprochenen mütterlichen Lauten (z. B. Lewis 1970, S.25-32), hier organisiert es seine mimischen Gefühlsausdrücke entsprechend den mütterlichen. Maratos (1973) sowie Meltzoff u. Moore (1977) berichten, daß schon 12 bis 21 Tage alte Kinder in der Lage sind, Bewegungsabläufe (etwa das Herausstrecken der Zunge, Fingerschnippen, Öffnen des Mundes) von Erwachsenen nachzuahmen, und Field (1985; s. auch Field u. Walden 1982; Field et al. 1982) hat beobachtet, daß bereits 45

---

78 Die Reihenfolge der mimischen Präsentationen wurde variiert, zwischen den einzelnen Präsentationen lag eine Pause von 20 Sek., und das ganze Procedere wurde viermal wiederholt.

Stunden alte Neugeborene fröhliche, traurige und überraschte Gesichtsausdrücke Erwachsener duplizieren. Ungefähr ab dem 6. Monat übernehmen die Kinder die individuellen Besonderheiten des mütterlichen Gesichts, etwa die besondere Art, wie die Mutter lächelt (Malatesta u. Haviland 1985; Trevarthen 1978, 1979; Uzgiris 1972)[79].

Die Befunde von Meltzoff u. Moore (1977) wurden von Jacobson (1979) für 6 Wochen alte Säuglinge und von Meltzoff u. Moore (1983a, 1983b) für 72 Stunden alte Neugeborene repliziert. Sie belegen, daß schon im Kindesalter gesellschaftliche, über die Eltern vermittelte Darbietungsregeln für Gefühle durch sog. »Pull-Faktoren« erworben werden. Sie wirken darauf hin, »genau diejenigen Ausdrucksmuster (z. B. des Gesichtsausdrucks) zu erzeugen«, die im späteren Leben »durch sozial normierte Situationsanforderungen [...] vorgegeben sind« (Scherer u. Wallbott 1990, S.354; s. auch Scherer 1988). Analog dem Verfahren, in dem die Mutter mit der Einführung der Sprache die von ihr hergestellte und in das Kind eingetragene Interaktionspraxis bezeichnet und die sprachlichen Ausdrücke des Kindes korrigiert, stellt sie in der Praxis die Gefühle ihres Kindes her, und korrigiert und signiert durch ihre Reaktion auf das Verhalten des Kindes einen bestimmten mimischen Ablauf als Ausdruck »dieses« Gefühls. Brackbill (1954) konnte an 16-20 Wochen alten Kindern eine operante Konditionierung des Lächelns nachweisen, Brooks-Gunn u. Lewis (1982) zeigen die Abhängigkeit der Entwicklung des frühkindlichen Lächelns und Weinens in den ersten 2 Lebensjahren von der Art und Weise, wie die Mutter darauf reagiert, und Demos (1982) fand in Abhängigkeit von verschiedenen familiären Transaktionsstilen (»family transactional stiles«) in ihrer Untersuchung eine große Variation der frühkindlichen expressiven Ausdrucksmuster. Indem die mimischen Abläufe, die als eine Art unwillkürliche Äußerung mit einem emotionalen Zustand einhergehen, sozial kodiert werden, werden sie gemäß der Wirkung, die sie auf andere ausüben, umgewandelt. Durch die Bedeutung, die ihnen die Eltern zuschreiben, werden die ursprünglich reflektorischen Reaktionen zu einem semantischen Akt und zu Mitteln der Einwirkung auf andere Menschen. In diesem Zusammenhang ist der Befund von Adamson et al. (1987) erwähnenswert. Diese Autoren konnten zeigen, daß Eltern die Aktivitäten von Kleinkindern öfters als bedeutungsvoll klassifizierten als eine Kontrollgruppe von Nicht-Eltern. »[M]any of the gestures which young infants emit«, schreibt Newson (1977, S.57), »only have the status of communication gestures to the extent that the mother imputes that

---

[79] Sowohl die Organisation der Brabbellaute im Nachsprechen wie auch die Organisation der Mimik entsprechend dem mütterlichen Ausdruck läßt sich als Resultat von Identifikationprozessen begreifen (s. dazu Brenner 1972, S.48f.; Fenichel 1946a, S.59; Zepf 1985a, S.72f.).

status to them«, und auch Kaye (1982, S.3) hält fest, daß kindliche Reaktionen dadurch zu bedeutungsvollen Gesten werden, »that parents tend to interpret [them] *as if* they were meaningful gestures« (s. auch Brunner 1982; Dunn 1982; Hinde 1976; Newson 1979, weit. Lit. s. Harding 1982). Ebenso notiert auch Cramer (1987, S.1042), daß

»[i]n clinical settings, as in research settings, when one pays attention to mothers' verbal reports about what they *think* of the interaction, one is always impressed by the great variation in meanings that mothers attribute to identical behaviors in infants«.

Daß es nicht genügt, die Ausdrucksbewegungen der Affekte bloß als phylogenetische rudimentäre Gebilde aufzufassen, zeigt die Übersicht von Chevalier-Skolnikoff (1973) über die soziale Organisation nicht-menschlicher Primaten. Bei den nicht-menschlichen Primaten

»sind der dem Kontext angemessene Gebrauch von und die Reaktion auf Formen des Gesichtsausdrucks ihre Rolle bei der Koordination sozialer Interaktionen stark von der Erfahrung an normalen Sozialisationen abhängig«.

Die Entwicklung des Gebrauchs und des Erkennens von Gesichtsausdrücken, ihre interindividuelle Varianz sprechen auch beim Menschen für eine je sozialisationsspezifische Zuordnung und Konkretisierung möglicherweise genetisch verankerter Möglichkeiten des mimischen Ausdrucks. Menschen können Formen des Gesichtsausdrucks als Kommunikationsmittel benutzen, aber dazu müssen sie erst im Zusammenhang mit dem Erleben von Gefühlen erfahren haben, wie und wann in der Gesellschaft, in der sie leben, welcher Gesichtsausdruck dem Gefühl angemessen ist. Wie die Sprache anderer Menschen, die wir verstehen können, weil wir in derselben Sprachgemeinschaft sozialisiert wurden, über gemeinsame Zeichengestalten und einen gemeinsamen Schatz ihrer gesellschaftlich verbürgten, denotativen Bedeutungen verfügen, können wir auch die körperliche Ausdrucksweise der Gefühle eines Subjekts verstehen, weil wir bei aller Verschiedenheit gleichwohl auch eine gesellschaftstypische Sozialisation durchlaufen haben, welche in die individuelle Varianz des mimischen Ausdrucks allgemein-typische Ausdrucksmuster einträgt. Diese typischen Muster fand schon Davies (zit. n. Rubinstein 1946, S.601) in seiner Analyse der mißglückten Versuche von Landis (1924; 1929), unveränderliche, ein für allemal festliegende Ausdrucksschemata für jedes Gefühl aufzuzeigen. Es zeigte sich, daß es in den verschiedenen Bewegungen, mit denen ein und dasselbe Gefühl auf verschiedenen Gesichtern ausgedrückt wird, einige allgemeine Tendenzen gibt. Allerdings ist das Verständnis eines mimischen Ausdrucks auf der Grundlage seiner allgemeinen Gestalt ein begrenztes. Es beschränkt sich auf die Gefühle, die damit üblicherweise in unserer Gesellschaft, die nicht nur eine Sprach-, sondern auch eine Ausdrucksgemeinschaft ist, einhergehen.

Ebensowenig, wie wir der Sprache eines anderen Subjekts weder ihre privaten und schon gar nicht ihre unbewußt gewordenen konnotativen Bedeutungen, die sich seiner individuellen Lebensgeschichte verdanken, unmittelbar entnehmen können - wenn ein Subjekt etwa »meine Mutter« sagt, dann können wir dieses Wort identifizieren und wir wissen auch, auf welches Objekt es sich bezieht, aber wir kennen weder die bewußtseinsfähigen, noch die unbewußt gewordenen lebensgeschichtlichen Zusammenhänge, in denen dieses Objekt vom Subjekt erlebt wurde - ebensowenig läßt sich in einer Art Eins-zu-eins-Relation von den Invarianzen der Gefühlsausdrücke auf das Vorliegen invarianter und interindividuell identischer Gefühle schließen. Wenn man bedenkt, daß auf vorsprachlicher Ebene die Abwehr an Affektsymbolen zu einer Veränderung dessen führt, was durch einen körperlichen Prädikator bezeichnet wird - im dargestellten Beispiel bezeichnet der ehemalige körperliche Prädikator des Mißlingens nach der Abwehroperation das Erleben von Streß -, dann könnte man selbst dann, wenn man die Person, die ein materielles Exemplar dieses Prädikators zeigt, nach ihrem Erleben befragen würde oder wenn man die individuellen Besonderheiten des Ausdrucks, seine besondere Bildung in Rechnung stellen würden, nicht wissen, auf welches Gefühl sich dieser Ausdruck bezieht. Will man in empirischen Untersuchungen vom mimischen Ausdruck auf das Vorliegen bestimmter Gefühle schließen, dann ist nicht nur zu bedenken, daß das konkrete mimische Ausdrucksverhalten bei bestimmten Gefühlen aus einer sozialisationstheoretisch zu ergründenden Zuordnung und individuell-spezifischer Variation bestimmter Muster resultiert. Es ist vor allem zu beachten, daß der konkrete mimische Ausdruck, die erlebte Gefühlsqualität und ihre sprachliche Attribuierung nicht automatisch kovariieren, sondern in verschiedener Weise gegeneinander variieren können. Bei Abwehroperationen innerhalb des vorsprachlichen, affektsymbolischen Systems - und dies ist vor allem für die Säuglingsbeobachtung relevant - stellen sich nicht nur im mimischen Ausdrucksverhalten, das mit dem desymbolisierten Affektsymbol verbunden war, sondern auch im anderen Ausdrucksverhalten andere als die vor der Abwehr erlebten Affekte dar. Das Resultat der semantischen Attribuierung eines bestimmten mimischen Verhaltens der Säuglinge im Zuge einer reduktiven Schlußbildung, die sich über das allgemeine, im präsentierten mimischen Verhalten enthaltene Muster vermittelt, das den Untersuchern als allgemeiner mimischer Ausdruck eines bestimmten Gefühls gilt, sind dann Affekte, welche - weil die Besonderheiten des mimischen Ausdrucksverhaltens und der individualspezifischen Entwicklung seines Zusammenhanges mit bestimmten Affekten nicht beachtet wurden - möglicherweise gar nicht vorhanden sind, oder die, wenn sie vorliegen, anders erlebt werden. Treffen meine Überlegungen zu, dann gewinnen die referierten Befunde der Säuglingsbeobachtung den Status bloßer Spekulationen. Obwohl sie mit der vorgetragenen Theorie der vorsprachlichen affektiven Entwicklung konsistent sind, können sie somit nicht als empirische Belege in Anspruch genommen werden.

Am Schluß dieses Kapitels will ich noch anmerken, daß sich im vorliegenden Modell auch die Bedingung enträtselt, unter der es möglich wird, Gefühle ohne mimisches Ausdrucksverhalten zu haben und ein strukturiertes mimisches Verhalten ohne Gefühle zu zeigen bzw. mit dem mimischen Verhalten zu lügen und andere Gefühle zu haben, als die, welche der mimische Ausdruck für andere anzeigen soll. Dieses Vermögen setzt voraus, daß mimisches Verhalten und Gefühle getrennt voneinander behandelt werden können. Dazu müssen sie voneinander abstrahiert werden, und genau diese Fähigkeit wird mit der Sprache erworben. Diese Möglichkeit wird auch von Ekman (1993; 1994) und Izard (1994) konzidiert. Weil sie deren Voraussetzung übersehen, entgeht ihnen, daß die Abwehroperationen, die sich nach dem Spracherwerb an der Schnittstelle von Sprache und Affektsymbolen bewegen, zu einer falschen semantischen Selbstattribuierung der erlebten Affekte führen, und deren mimische Ausdrucksformen, die zwar noch der Möglichkeit nach erhalten bleiben, in Wirklichkeit aber nicht gezeigt zu werden brauchen, von den Subjekten den falsch attribuierten und somit objektiv den falschen Affekten zugeschrieben werden. Will man empirische Untersuchungen dem Gegenstand adäquat anlegen, dann sind in ihnen die mimischen Ausdrucksformen und die Gefühle eines Subjekts in ihrer Genese und lebensgeschichtlichen Veränderung einzuholen. Unterbleibt dieses hermeneutische Procedere und abstrahiert man von der reflexiv verfügbaren und nicht verfügbaren Lebensgeschichte der untersuchten Personen, dann gewinnen die Ergebnisse derartiger Untersuchungen exakt den spekulativen Charakter, welcher etwa einer psychoanalytischen Deutung der latenten, unbewußten Inhalte eines manifesten Trauminhaltes quer zur Lebensgeschichte des Träumenden zukommen würde.

10. Ergebnisse und Perspektiven

Im Einvernehmen mit den Ergebnissen der Beobachtung von Neugeborenen und im Gegensatz zur gängigen psychoanalytischen Auffassung legt die vorliegende Untersuchung nahe, daß das noch sprachlose Kind nicht nur Lust und Unlust erlebt, sondern schon in seiner vorsprachlichen Entwicklung ein wesentlich differenziertes Gefühlsleben erwerben kann. Während allerdings von der Psychologie die Existenz differenter Gefühle im noch sprachlosen Kind immer nur behauptet werden konnte, wurde im vorliegenden Konzept ihre Existenz durchsichtig begründet. Man könnte nun einwenden, daß diese Analyse bestenfalls einen spekulativen Charakter aufweist, weil ein Erleben, das sprachlos ist, mit Sprache prinzipiell nicht eingeholt werden kann. Dieses Argument wäre jedoch nur teilweise stichhaltig. Gewiß, die sprachliche Bezeichnung dieser Gefühle als »Lust«, »Wohlbehagen«, »Gelingen«, »Versagen«, »Mißlingen«, »Wut«, »Hilfsbedürftigkeit« oder »Verzweiflung« ist problematisch, denn es ist unmöglich, die Qualität eines Erlebens, das keine Begriffe kennt, mit den Mitteln der Sprache auf Begriffe zu bringen, welche ihm adäquat wären. Aber auch wenn eine qualitativ differenzierte sprachliche Benennung der Gefühle sich immer dem Vorwurf aussetzt, adultomorphistisch zu sein, eine Analyse der Charakteristika und der Entwicklung des noch sprachlosen Erlebens entzieht sich nicht dem sprachlich-diskursiven Denken. Auch diese Entwicklung unterliegt den Gesetzen der Logik.

Das in der Untersuchung angewendete Verfahren der logisch-historischen Rekonstruktion[80] ging von begründeten Grundannahmen aus: Erstens,

---

80 Eine logisch-historische Analyse setzt am Bestehenden an und sucht es als Produkt seiner Geschichte zu enträtseln. Mit »logisch« ist keine formal-logische Denknotwendigkeit und mit »historisch« ist nicht die Rekonstruktion der realen Geschichte gemeint. Logisch bezieht sich auf die wirkliche historische Entwicklung, die im Durchdenken des historischen Materials ideell, d. h. unter Hervorhebung entwicklungsnotwendiger, auseinander hervorgehender Stufen reproduziert wird. Was im Vorgang der Abstraktion aus der realen Entwicklung herausgehoben wird, ist von der Aufgabe bestimmt, die Existenz des Vorhandenen - hier der Gefühle - als notwendiges Produkt ihrer Entwicklungsgeschichte zu begreifen. *Notwendig* verweist auf die Entwicklungs*notwendigkeit*, auf die Notwendigkeit, die *Not* im jeweils Bestehenden zum Besseren zu *wenden*. Abstrahiert wird in diesem Verfahren von den real-historischen Aspekten, welche die Entwicklung verschiedener Individuen auch verschieden verlaufen lassen. Deshalb ist die logische Behandlungsweise »nichts Anderes als die historische, nur

wie jeder biologische Organismus versucht auch das Neugeborene, aktiv seine biologische Homöostase aufrechtzuerhalten; zweitens, zumindest die Intensität körperlicher Prozesse bildet sich differenziert in Vorstellungen ab; drittens, die Entwicklung des Neugeborenen ist subjektiv angetrieben vom Ziel, das Verhältnis von Lust und Unlust möglichst günstig zu gestalten und viertens, Bewußtsein ist an Begriffe oder begriffsanaloge Strukturen gebunden. Die Analyse weist aus, daß auf vorsprachlichem Entwicklungsstand zwischen einer vorhandenen und einer subjektiv verfügbaren Repräsentanzwelt sowie zwischen Prozeß- und Zustandsaffekten zu unterscheiden und auch das präverbale Denken als ein symbolisches Denken in vollem Wortsinn zu begreifen ist. Prozeßgefühle sind Affekte, die während der Aktionen auftreten und aus die dem Kontext, in dem sie Auftreten, als Lust, Funktionslust, Unlust, Gelingen, Mißlingen, Schmerz, Vernichtetwerden, Erzwingen, erfolgreiche Hilfe, Hilflosigkeit benannt werden können. Zustandsaffekte stehen am Beginn oder am Ende einer Aktion. Zu ihnen zählen Affekte, die ich als Bedürfnis, Wohlbehagen, Mißbehagen, Kummer, Hilfsbedürftigkeit, Versagen, Verzweiflung, Angst, Wut, Enttäuschung, Interesse, Freude, Hoffnung, Sicherheit/Unsicherheit, Vertrauen/Mißtrauen bezeichnet habe. Diese Affekte haben symbolischen Charakter und sind Bewegungsformen und Resultate des präverbalen Denkens. Sie weisen eine begriffsanaloge Struktur auf und bilden ein erstes, einstufiges semantisches System. In seinen Elementen werden die Beziehungen zwischen Affektsymbolen erlebt, die sich in Interaktionsprozessen bilden. Geboren aus realem Interagieren werden sie zu selbstproduzierten Erkenntnismitteln dieses Interagierens, das durch sie subjektiv in instrumentelle und triebbestimmte, bzw. triebbefriedigende Aktivitäten des Subjekts und der Objektwelt aufgegliedert wird. Die kognitive Differenzierung, welche von der Vermeidung von Unlust angetrieben wird, bei der halluzinatorischen Wunscherfüllung ansetzt und über eine Trennung von Innen und Außen zu einer Aufgliederung des Außen, des Selbsts und der Objektwelt führt, differenziert das semantische System der Affektsymbole, welches in Form des unmittelbaren Erlebens die auf einem bestimmten Entwicklungsstand differenzierbaren Verhaltensaspekte des Subjekts und der Objektwelt abbildet. Prädikatoren der Affektsymbole sind verschiedene körperliche Abläufe, deren subjektive Wahrnehmung entlang der Intensität und qualitativen Zusammensetzung variiert.

In diesem Intensitätsbegriff findet sich die als »Affektbetrag« konzipierte, der »Vorstellung anhaftenden Triebenergie« Freuds (1915b, S.255, Kursivierung aufgehoben, S. Z.) in der Funktion entmystifiziert wieder, die

---

entkleidet der historischen Form und störenden Zufälligkeiten« (Engels 1859, S.475). Für eine erkenntnistheoretische Begründung dieses Verfahrens s. Holzkamp (1974) und Zepf u. Hartmann (1989).

Freud (1913, S.292, Kursivierung aufgehoben, S. Z.) in seiner energetischen Begründung des Bewußtwerdens der Sachvorstellungen ihrer »Überbesetzung« mit Wortvorstellungen zuschreibt. Wie die beim Erleben eines Affekts konkret auftretenden intero- und propriozeptiven Impulse aus dem Körperinnern ein Zeichenexemplar einer Zeichengestalt sind, sind auch die körperlich-muskulären Bewegungen, in denen sich ein Affekt an der Körperperipherie für andere sichtbar darstellt, das Zeichenexemplar einer Zeichengestalt, eine sichtbare Erscheinungsform ihres Prädikators. Den körperlichen Erscheinungsformen der Affekte liegen (vermutlich) überindividuelle, phylogentisch erworbene, allgemeine Muster zugrunde, die in der Sozialisation Affekten zugeordnet und über erworbene »Display«-Regeln konkretisiert werden, wodurch die Muster innerhalb der von ihnen vorgegebenen Grenzen eine je individuelle Form gewinnen.

Während die erworbene Sprache in Bezug auf die Interaktionsformen auf einer ersten semantischen Stufe liegt, hat sie hinsichtlich der Gefühle den Status einer Metasprache. Worte bedeuten Gefühlsbegriffe, grenzen Gefühle von anderen Gegebenheiten ab, erlauben, ein bestimmtes Gefühl zu benennen und als Fall der Gefühlsbegriffe zu erleben. Da die Sprache eine subjektive Differenzierung der objektiv verschiedenen Interaktionsformen ermöglicht, kann sich mit der Einführung der Sprache die verfügbare der vorhandenen Repräsentanzwelt zunehmend annähern. In den Gefühlen werden nun die Beziehungen zwischen einem Set bestimmter Interaktionsformen erlebt, die sich im Gefolge aktiv intendierter oder passiv erfahrener Interaktionsprozesse im Subjekt einstellen. Mit dieser subjektiven Differenzierung der Interaktionsformen wandeln sich die Affektsymbole in Emotionssymbole. Unter bestimmten Umständen können die Emotionssymbole wieder zu dem werden, was sie ehemals waren. Wenn im Zuge regressiver Prozesse die subjektive Differenzierung der Interaktionsformen verloren geht und nur noch eine Interaktionsform antizipiert werden kann, gewinnt die Emotion, die bei ihrer Realisierung auftritt, wieder eine affektive Qualität. Unter diesen Umständen wird ein Zustand erreicht, der dem vorsprachlichen Entwicklungstand strukturell entspricht. »Strukturell« meint, daß der regressive Zustand im Vergleich mit dem früheren nicht nur Gemeinsamkeiten, sondern auch Unterschiede aufweist. Gemeinsam ist ihnen, daß beide Male die Affekte nicht durch spezifische, sondern durch eine Klasse realer Szenen ausgelöst werden. Der Unterschied besteht darin, daß damals die objektiv verschiedenen und besonderen Bedingungen eines Affekts, die sich in die Repräsentanzwelt eingetragen haben, in der verfügbaren Repräsentanzwelt generell als identische und allgemeine erschienen, während bei der affektiven Form der Emotionen punktuell die objektiv identischen und allgemeinen Bedingungen des Erlebens durch die Sprache subjektiv noch als verschiedene und besondere erscheinen.

Die sprachliche Aufarbeitung der Emotionssymbole, die aus Affektsymbolen entstanden sind, führt dazu, daß ihre Bedingungen in den Umfang der Gefühlsbegriffe eingelagert werden. Auf vorsprachlichem Entwicklungsstand verfügen die körperlichen Prädikatoren nur über einen konnotativen Bedeutungshof. Die sprachlichen Prädikatoren der Emotionsbegriffe haben darüber hinaus noch einen denotativen Bedeutungsraum. Ihre Konnotate sind die Bedingungen, die begrifflich verfügbaren Interaktionsformen, aus deren Beziehungen die Emotionssymbole entstehen, ihre Referenten sind die Emotionssymbole, in denen sich die emotive Bedeutung der Interaktionsformen und der Objekte abbildet, mit denen in der Realität oder in der Phantasie interagiert wurde. Ihre Denotate sind die Bedingungen von Emotionssymbolen, die über Sprache angeeignet, aber noch nicht erfahren wurden.

Auf vorsprachlichem und auf sprachlichem Entwicklungsstand führen Abwehroperationen über Desymbolisierungsprozesse zu einer Veränderung der konnotativen Bedeutungsräume der körperlichen bzw. sprachlichen Zeichen. Vorsprachliche und sprachliche Desymbolisierungsprozesse entsprechen sich in ihrer Struktur, konkret sind sie verschieden. Ihr wesentlicher Unterschied liegt darin, daß bei einer Desymbolisierung der sprachlichbegriffenen Interaktionsformen die Symbole extensional verkürzt, aber noch als verkürzte Symbole erhalten bleiben. Durch die Desymbolisierung eines Affektsymbols auf vorsprachlichem Entwicklungsstand geht dessen symbolischer Charakter verloren. Der desymbolisierte Affekt verschwindet aus dem Erleben, und die Erlebnisqualität anderer Affekte verändert sich.

Auf sprachlichem Entwicklungsstand ist die Desymbolisierung der Interaktionsformen von einer Desymbolisierung der Emotionssymbole zu unterscheiden. Durch eine Desymbolisierung der Interaktionsformen werden diese aus der Extension der ihnen lebensgeschichtlich zugehörigen objektsprachlichen Begriffe ausgeschieden und unter Veränderung des Konnotationsraumes sprachlicher Zeichen in die Extensionen anderer Begriffe eingefügt. Weil sich hierdurch nur die subjektiven Bedingungen, nicht aber die Qualität des erlebten unlustvollen Gefühls verändert, ist das Resultat dieser Abwehroperation eine »mißglückte Verdrängung« (Freud 1915b, S.256). Vervollständigt wird die Verdrängung, wenn auch die Emotionssymbole aus ihrer metasymbolischen, metasprachlich-begrifflichen Fassung desymbolisiert, die Bedingungen dieser Emotionen in den Umfang anderer metasprachlicher Emotionsbegriffe eingelagert und sie damit als eine andere Emotion erfahren werden. Ihre Begriffe verschwinden und die desymbolisierten Emotionssymbole gewinnt den Status eines Affektsymbols. Sie werden in dem Sinne unbewußt, als das Subjekt nicht mehr weiß, um welche Affekte es sich handelt, sie nicht mehr als das benennen kann, was sie einst als Emotionssymbole waren. Als Resultat eines desymbolisierten Emotionssymbols gewinnt das Affektsymbol jenen Status, den Freud (1913, S.276) etwas zögerlich als »›unbewußt[.]‹« bezeichnet, weil der »Affekt niemals unbewußt war«. Da über ihn nicht mehr, oder nurmehr falsch in anderen Emotionsbegriffen gesprochen und nachgedacht werden kann, hat das zum Affektsymbol gewordene Emotionssymbol die ihm lebensgeschichtliche zugehörige »Wortvorstellung« verloren. Im Gegensatz zu Freuds (1913, S.277) Auffassung bleibt der Affekt ebenso wie »die unbewußte Vorstellung nach der Verdrängung als reale Bildung im System Ubw bestehen [...]«. Daß mit dieser Operation zwar die Extension des entsprechenden Emotionsbegriffs um die desymbolisierte Emotion verkürzt wird, seine intensionale Bestimmung jedoch erhalten bleibt, bedarf wohl inzwischen keiner besonderen Erwähnung mehr.

Anzumerken ist, daß mit der These, daß sich die vorsprachliche Abwehr an Affektsymbolen abspielt, nicht mit Dornes (1993, S.150) die Auffassung vertreten wird, daß »die Affekte als primäre Motivationssysteme den Platz ein[nehmen]«, den in der Psychoanalyse »bisher die Triebe besetzt hielten«. Zur Erinnerung: Mit der Geburt wird die intrauterine kontinuierliche Bedarfsstillung ersetzt durch die Praxis eingeübter Interaktionsformen. Der kindliche Organismus wird in undifferenzierte Körperspannungen versetzt, die zu unkontrollierten, ganzheitlichen Körperreaktionen führen. Indem die Mutter auf diese undifferenzierte »organismische Entladung eines noch unprofilierten Körperbedarfs« (Lorenzer 1973, S.104) in relativ konstanter Weise mit einem Verhalten reagiert - einem Interaktionsangebot, das Entspannung herbeiführt -, qualifiziert sie den Trieb*bedarf* in spezifische Trieb*bedürfnisse* des Säuglings nach den sinnlichen Kontakten, die sich im befriedigenden Zusammenspiel mit der Mutter ergaben und ergeben. Die Subjektivität des Individuums wird nicht in ahistorischen Radikalen verankert. Vielmehr wird Subjektivierung von Anfang an als durch Interaktionsformen konkret strukturierte Lebensaktivität »in der Zeit« aufgefaßt, die im Sozialisationsprozeß produziert werden. Die Triebaktivität steht in diesem Prozeß an entscheidender Stelle: Indem jede »querverlaufende« Interaktion auf Seiten des Kindes zu einer ansteigenden Strukturierung führt, wird eine Einigung auf die folgenden Interaktionsangebote von der bereits strukturierten Triebaktivität mitbedingt. Die Annahme, daß »das Elementarschema einer jeden Aktivität [...] Bedürfnis-Aktivität-Bedürfnis« sei, »daß die Aktivität nur den Zweck habe, ›die Bedürfnisse zu befriedigen‹« (Sève 1972, S.34f.), wird als Illusion entlarvt. Auch in dieser Konzeption zwingen Bedürfnisse das Subjekt, sich in Beziehung setzen; aber das Subjekt und die Bedürfnisse erwachsen selbst aus der Interaktion. Die Kategorien der »Interaktion« und der »Interaktionsform« sind der Kategorie des »Subjekts« logisch vorgeordnet. »Persönlichkeitsstruktur« meint in diesem Konzept das strukturierte Gefüge der Interaktionsformen, in dem sich die Lebensgeschichte eines Individuums repräsentiert und durch das es zum Subjekt wird. Diese Interaktionsformen bilden sich aus den vielfältigen realen Interaktionen im Kind als innere Modelle, als »Erinnerungsspuren« (Freud 1933, S.82), in denen jene Bedingungen abgebildet und gespeichert sind, die in verschiedenen Interaktionen gemeinsam auftreten und die unbedingt vorliegen müssen, wenn die in diesen inneren Modellen antizipierte Lust auch erreicht werden soll. Als besondere sinnliche Vorstellungen liegen diese, in bestimmten Interaktionsformen hergestellten Triebbedürfnisse in der Repräsentanzwelt vor. Aufgrund der mangelnden Differenzierungsfähigkeit des sprachlosen Kindes können sie noch nicht ihrer Besonderheit, sondern nur in ihrer Allgemeinheit als »Vorstellung«, als »Interaktionsform« wahrgenommen werden. In Form von Affekten finden ihre Veränderungen Eingang in die verfügbare Repräsentanzwelt. Wie bei Freud (1915b, S.255), der die »Affekte« nicht als Triebe, sondern wie die »Vorstellung« als eine »psychische Repräsentanz« der »Triebe« auffaßt[81] (vgl. Jacobson 1953, S.39), stellen auch hier die Affekte keine »primären Motivationssysteme«, sondern - wie die sprachsymbolische Fassung der Interaktionsformen - durchgängig nur eine Form dar, in der die Triebbedürfnisse und ihre Befriedigung bzw. Frustration zunächst auf vorsprachlichem Entwicklungsstand unter Vernachlässigung ihrer Verschiedenheit und nach der Einführung von Sprache in ihrer Verschiedenheit als Emotionen im Bewußtsein erscheinen. Das Nämliche trifft für die aus der Triebfrustration geborene narzißtische Bedürftigkeit zu. Sie repräsentiert sich ebenfalls in Affekten und gewinnt nach dem Erwerb von Sprache in Form von Emotionen Bewußtsein. Die narzißtische Bedürftigkeit zielt nicht auf die Wiederherstellung eines bedürfnislosen Zustandes, sondern prinzipiell auf die Vermeidung von Unlust. Auf vorsprachlichem Entwicklungsstand hat sie zwei Angriffspunkte. Sie greift einmal an den äußeren Bedingungen der Unlust an, verändert diese und treibt in dialektischer Verschränkung mit der Triebbedürftigkeit die Entwicklung voran. Der »Motor der Entwicklung«, der im »Wechsel von Triebbefriedigung und Versagung« besteht (Lorenzer 1972, S.28), dechiffriert sich als eine dialektische Beziehung von triebhafter und narzißtischer Bedürftigkeit (Zepf 1997a, S.43ff.), in der in Gestalt des Strebens nach Lust die triebhafte dominiert. Zum anderen kann sie an den Folgen der äußeren Bedingungen angreifen und zu einer Desymbolisierung unlustvoller Affekte führen. Mit der Einführung von Sprache differenzieren sich ihre äußeren und inneren Angriffspunkte. Der Bewußtseinsstatus bestimmter Triebregungen, die zu inneren Bedingungen einer äußeren Gefahr wurden, die zu unlustvollen Emotionen

---

[81] In Freuds Auffassung (1915b, S.255) ist es die an den Vorstellungen »haftende[.] Triebenergie, [...] welche als Affekte der Empfindung bemerkbar werden«.

führt, kann durch Desymbolisierungsprozesse ebenso verändert werden wie der von unlustvollen Emotionen, die durch eine Abkopplung von ihrem metasprachlichen Symbol eine andere Erlebnisqualität erhalten können. Ist das Verhalten angetrieben vom Ziel, das Auftreten einer drohenden Unlust zu verhindern, dann wird - so dies gelingt - nicht Lust, sondern eine Funktionslust erlebt. Bezieht man das Lust-Unlust-Prinzip Freuds, nach dem Lust durch die Bewältigung von Unlust entsteht, nicht nur auf die ökonomischen Kategorien der Spannungssteigerung und -abfuhr, sondern auch auf das Erleben lustvoller und unlustvoller Affekte, dann entschleiert es sich als Mystifikation eines anderen Prinzips, nämlich eines Unlust-Funktionslust-Prinzips, das nicht der triebhaften, sondern der narzißtischen Bedürftigkeit zugrunde liegt (Zepf 1997a, S.131). Diesem Prinzip unterliegt das Verhalten generell bei narzißtischen und punktuell bei neurotischen Störungen, die sich aus einer Abwehr bestimmter Triebwünsche bilden. Unter diesen Bedingungen wird die narzißtische Bedürftigkeit generell bzw. punktuell zur bestimmten Seite im dialektischen Verhältnis zur triebhaften. Während in einer Entwicklung, die unter dem Primat der triebhaften Bedürftigkeit verläuft, die Bedingungen der Lust und Unlust sich verändern und die Ziele, die Inhalte der triebhaften und narzißtischen Bedürftigkeit in dialektischer Negation der bisherigen qualitativ umgebildet werden, sistiert diese Entwicklung mit dem Wechsel der bestimmenden Seite. Die inneren oder äußeren Angstbedingungen werden nicht mehr dialektisch aufgehoben, sondern bleiben erhalten. Eine Entwicklung kann sich nur noch an den Erscheinungen abspielen, in deren Verpuppungen diese Bedingungen ins Bewußtsein eingelassen werden.

Das Konzept der Affektsymbole verbietet nicht die Existenz bewußter Phantasien, die unter dem Titel idealisierte Eltern-Imago oder infantile Allmacht im psychoanalytischen Schrifttum gehandelt werden (z. B. Kohut 1973). Idealisierung nennt Freud (1914, S.161) einen »Vorgang mit dem Objekt, durch welchen dieses ohne Änderung seiner Natur vergrößert und psychisch erhöht wird«. Im Vorgang der Idealisierung werden Eigenschaften eines Objekts, das auch die eigene Person sein kann, höher eingeschätzt, als sie es in Wirklichkeit sind (vgl. auch Freud 1921, S.123f.). Während diese Idealisierungen im Entwurf von Dornes nicht vorkommen können - dort heißt es, daß »[d]ie psychoanalytische Idee einer infantilen Omnipotenz« und die »Zuschreibung von Allmacht an die Eltern [...] Repräsentationsleistungen [voraussetzen], über die der Säugling in den ersten 1½ Jahren nicht verfügt« (Dornes 1993, S.173) - wird ihre Existenz im vorliegenden Konzept nicht nur nicht bestritten. Mit der Auftrennung der Außenwelt in eine subjektive Welt für Triebvollzugshandlungen und in eine instrumentelle kann darüber hinaus eine Antwort gegeben werden auf die in den bisherigen Idealisierungskonzepten offen gelassene Frage nach dem Gegenstand der

Idealisierung, nach dem gemeinsamen Merkmal jener Objekteigenschaften, die durch eine Idealisierung psychisch erhöht werden. Der Gegenstand ist kein Objekt im eigentlichen Sinne, und er setzt sich auch nicht aus Aspekten eines Objekts zusammen. Zunächst sind es instrumentelle Funktionsabläufe, die objektiv einem Objekt angehören und subjektiv einen Aspekt der Objektwelt darstellen. Dieser instrumentelle Aspekt der Objektwelt wird idealisiert, wenn sich die selbst initiierten instrumentellen Aktivitäten als insuffizient erweisen, die intendierten lustvollen Affekte herbeizuführen, und er wird um so mehr psychisch überhöht werden, je insuffizienter die eigenen instrumentellen Aktivitäten erlebt wurden. Fügt man hinzu, daß auf vorsprachlichem Entwicklungsstand aus der Sicht des Kindes die Realisierung einer instrumentellen Aktivität jeweils für alle verfügbaren steht, dann wird klar, daß das Versagen einer instrumentellen Handlung als ein totales Versagen erfahren wird, und daß sich die nachfolgende Idealisierung nicht auf eine bestimmte, sondern auf die von der Objektwelt ausgehenden instrumentellen Aktivitäten überhaupt bezieht. Aus hochgradigen Frustrationen, die bis zur Auflösung des instrumentellen Anteils einer Interaktionsform führen können, resultiert eine primitive, totale Idealisierung der Objektwelt, die eine ebenso totale Abhängigkeit von ihr signalisiert. Gelingt es unter diesen Umständen, mittels eigener instrumenteller Aktivitäten die Bedingungen für lustvolle Entspannung zu etablieren, dann wird über einer Identifizierung die Idealisierung der Objektwelt innerlich, womit sich die totale Abhängigkeit in eine totale Unabhängigkeit wendet. Unter Verkennung des Angewiesenseins auf Hilfe werden die eigenen instrumentellen Aktivitäten ebenso idealisiert, wie es die der Objektwelt vordem waren (s. Zepf 1985a, S.117)[82].

Die Unterscheidung der vorhandenen von der verfügbaren Repräsentanzwelt erlaubt nicht nur am Konzept bewußter, sondern auch auf vorsprachlichem Entwicklungsstand am Konzept unbewußter kindlicher Phantasien festzuhalten, die Dornes ebenfalls ausschließt. Ausdrücklich heißt es, daß »der Säugling [...] nicht phantasieren« kann (Dornes 1993, S.17, s. auch S.164ff.). Da die Interaktionsform, deren Veränderungen die Affekte in Abhängigkeit von der Interaktion anzeigen, nur subjektiv eine allgemeine, objektiv aber eine besondere ist, haftet den Affektsymbolen auch der Verlauf der je besonderen Interaktionsformen als unbewußte Bedeutungen an. Im kindlichen Seelenleben existieren deren Besonderheiten als unbewußte Phantasien. Es sind Phantasien, die »von jeher unbewußt gewesen, im Unbewußten gebildet worden« sind (Freud 1908b, S.193). Obwohl mit ihnen

---

[82] Personen, die eine derartige Störung aufweisen, alternieren dann später zwischen einem idealisierten, sog. narzißtischen Größenselbst mit entsprechender Entwertung ihrer Mitmenschen, und hochgradigen Minderwertigkeitsgefühlen, die wiederum mit einer Idealisierung anderer Personen einhergeht.

nicht intentional umgegangen werden kann, sind sie für das kindliche Erleben gleichwohl bestimmend. Die Affekte, zu denen die Veränderungen einer aktualisierten Interaktionsform führen, hängen davon ab, inwieweit das mütterliche Verhalten ihrer Besonderheit entspricht.

Im Gegensatz zu den psychologischen Ansätzen, in denen eine Integration der verschiedenen Komponenten, die für das Erleben von Gefühlen für konstitutiv erachtet werden, nur behauptet, aber nicht durchgeführt werden konnte, klärt die vorliegende Analyse über ihren Status auf und gibt Auskunft darüber, wie und worin sich diese Einzelkomponenten integrieren. Ihre körperliche, vegetative und muskuläre Komponente und deren Wahrnehmung, ihre motivationale und kognitive Komponente finden sich im vorliegenden Konzept nicht nur wieder. Es gibt darüber hinaus einen Einblick in die Art und Weise, in der sie in der Bildung von Affektsymbolen, über die sich das vorsprachliche Bewußtsein generiert, und in Emotionssymbolen zusammenspielen. Das *Involviertsein* ist nicht nur, wie Ulich (1982, S.92f.) und Heller (1981, S.19) annehmen, hinreichende, sondern zugleich notwendige Bedingung für das Entstehen der Gefühle. In ihm artikuliert sich die emotive Bedeutung der Gegenstände. Wenn man in etwas involviert ist, treten Gefühle auf, und wenn Gefühle auftreten, ist man in etwas involviert. Das heißt nicht, daß die entstehenden Gefühle immer als das identifiziert werden können, was sie sind, oder daß das Subjekt immer darüber Auskunft geben kann, worin es involviert ist (s. dazu Ulich 1982, S.66-68). Hingegen ist die *körperliche* Komponente und die *Wahrnehmung* der körperlichen Prozesse lediglich eine notwendige Bedingung im Erleben der Gefühle. Wenn körperliche Prozesse vorhanden sind und wahrgenommen werden, folgt daraus noch nicht, daß Gefühle erlebt werden. Fehlen sie und sind sie auch nicht als Vorstellungen vorhanden, dann treten keine Gefühle auf. Das Nämliche gilt auf vorsprachlicher Ebene auch für die *Ausdrucks*komponente. Liegt sie nicht vor, dann sind keine Affekte vorhanden. Dies ergibt sich daraus, daß das Erleben von Affekten an das Vorhandensein körperlicher Prädikatoren gebunden ist, deren materielles Substrat als Prädikatorenexemplar an der Körperperipherie in irgendeiner Weise zur Darstellung kommt. Nach der Einführung von Sprache verliert die Ausdruckskomponente ihren Status als notwendige Bedingung, weil der körperlich-muskuläre Ausdruck von der Emotion abstrahiert und vom Subjekt getrennt von der Emotion behandelt werden kann. Das Subjekt kann den Ausdruck wählen. Freut man sich, dann kann man lächeln, sagen, daß man sich freut, jemandem auf die Schulter klopfen, ihn umarmen oder auch nichts tun. Man kann auf den Ausdruck verzichten, ihn mildern, verstärken oder auch vortäuschen.

Die *motivationale* Komponente ist, wie bereits erwähnt, eine scheinbare. Die Theoretiker, welche die Affekte und Emotionen als Motive lesen, nehmen die Erscheinung für das Wesen. Wie die sprachliche Fassung eines Motivs nicht das Motiv, sondern die Form ist, in der das Motiv im Bewußtsein erscheint, ist auch die motivationale Seite der Emotionen und Affekte nur eine Form, in der die trieb- und narzißtische Bedürftigkeit eines Subjekts im Bewußtsein erscheinen und wirksam werden kann. Die *kognitive* Komponente wiederum ist den Gefühlen inhärent. Emotionen und Affekte sind selbst eine Form der Kognition. In der Form des unmittelbaren Erlebens wird in ihnen die Beziehung erkannt, in der intendierte und erfahrene Interaktionsprozesse zum Subjekt stehen. Die Interaktionen mit der Außenwelt verändern das Beziehungsgefüge der Interaktionsformen eines Subjekts in einer Weise, die von seiner Lebensgeschichte abhängig ist. Diese, durch Interaktionen bewirkte Veränderung bildet sich in den Gefühlen ab. In den Gefühlen stellt sich zugleich die Vergangenheit des Subjekts - das Resultat dessen, was es erfahren und getan hat -, wie auch seine Stellungnahme zu seinen aktuellen Objekten, d. h. zu dem dar, was es erfährt und tut.

Mit der These, daß Affekte und Emotionen selbst Kognitionen, Erkenntnisse eines spezifischen Gegenstandes sind - der Beziehungen, in denen die Interaktionen mit der Objektwelt zum Subjekt stehen -, findet die »Emotions-Kognitions-Debatte«, die in den letzten Jahren vor allem von Lazarus und Zajonc geführt wurde, ihr Ende. Ich will nicht die Auffassungen, Begründungen und Belege, die sie für ihre Sichtweisen anführen, differenziert darstellen, sondern nur ihre Grundpositionen präsentieren. Lazarus vertritt die These, daß jeder Emotion eine kognitive Bewertung von Sinneseindrücken vorausgeht. Emotionen wären das Produkt kognitiver Prozesse (Lazarus 1982; 1984). Um eine Emotion erleben zu können, müßten die Menschen zuerst erfassen, daß ihr Wohlbefinden unmittelbar betroffen sei. »The qualitiy and intensity of the emotion [...] depend on a particular kind of cognitive appraisal of the present or anticipated significance of the transaction for the person's well-being« (Lazarus 1975). Dabei wäre es gleichgültig, ob die Bewertung in Form primitiver Wahrnehmungs- oder in Form differenzierter symbolischer Prozesse erfolge. Menschen (und Tiere) werden von Lazarus prinzipiell als wertende Organismen aufgefaßt. Beide »untersuchen ihre Umwelt auf Hinweisreize für ihre Bedürfnisse und Wünsche und bewerten jeden Reiz nach der Relevanz und Signifikanz, die er für das Individuum hat« (Lazarus et al. 1977, S.193). Nach Zajonc (1980; 1984) dagegen gehen die Emotionen in der Phylogenese und in der Ontogenese der Kognition voraus. In seiner Auffassung stehen Emotionen und Kognitionen unter der Kontrolle separater Systeme, die miteinander interagieren und eine unterschiedliche neuroanatomische Grundlage haben. Folglich könnten Emotionen schon durch einen minimalen sensorischen Input ausgelöst werden, ohne daß die Reize in bedeutungsvolle Informationen - z. B. die Unterscheidung von Objekteigenschaften - transformiert würden. Weil die ersten, unmittelbaren Reaktionen in einer Situation fast ausnahmslos emotionaler Natur wären - ein Kaninchen, das sich einer Schlange gegenüber sieht, habe keine Zeit, alle wahrnehmbaren Attribute der Schlange zu betrachten, um daraus die Wahrscheinlichkeit, den Zeitpunkt oder die Richtung ihres Angriffes zu erschließen und ein Säugling könne weinen und lächeln, lange bevor er etwas erwirbt, was den verbalen Fertigkeiten nachkomme -, seien die Emotionen nicht nur phylogenetisch, sondern auch ontogenetisch primär.

Die Debatte hat gezeigt, daß sich die Grundpositionen von Zajonc und Lazarus im wesentlichen in der Auffassung der Kognition unterscheiden (für eine kurze Darstellung s. Goller 1992, S.157-178). Während Lazarus (z. B. 1982) den Begriff der Kognition sehr weit faßt und selbst die primitiven, bewußtlosen Wertungen der Menschen (und Tiere) darunter subsumiert, begrenzt Zajonc die Kognition auf die Transformation des sensorischen Inputs in eine subjektiv verfügbare, bewußte Form (z. B. Zajonc 1984, S.118, S.241). Geht man mit Fiedler (1983), der die von Zajonc zur Stützung seiner These angeführten Befunde kritisch durchgesehen hat, davon aus, daß der minimale sensorische Input, der Zajoncs »kognitionsunabhängigen Affekten« vorausgeht, »nichts als unbewußte oder unreflektierte oder unterschwellige Prozesse« meint, »deren Existenz [...] von keinem kognitiven Psychologen in Frage gestellt wird«, dann geht in beiden Auffassungen die Kognition der Emotion voraus.

Gleichgültig, ob man Fiedlers (1983) Urteil teilt oder nicht, Emotionen und Affekte sind weder ein prä- noch postkognitives Phänomen. Lazarus und Zajonc sehen zurecht, daß für eine gedankliche Durchdringung des Zusammenhanges von Emotionen und Kognition beide voneinander zu abstrahieren und isoliert zu betrachten sind. Epistemisch gesehen besteht ihr Fehler darin, daß sie ihre isolierte Betrachtungsweise der »Emotion« und »Kognition« in falscher Konkretion dem realen Subjekt unterstellen und in die Schwierigkeit geraten, sie wieder in einen Zusammenhang zu bringen. Zajonc ist bspw. nicht in der Lage, die Differenz der Emotionen ontogenetisch ohne Kognitionen zu begründen und Lazarus muß die Existenz von Emotionen ohne vorangegangene kognitive Bewertung unterstellen, weil ihm sonst jedweder Maßstab für eine kognitive Bewertung fehlen würde. Seiner Konzeption ist implizit, daß noch vor jeder kognitiven Bewertung zumindest die Emotionen des Wohlbehagens und Mißbehagens vorhanden sein müssen, dienen ihm doch beide als Maßstab, entlang derer die kognitive Bewertung erfolgen soll. Ihre Schwierigkeiten ergeben sich daraus, daß sie nicht vom konkreten Erleben ausgehen. In Wirklichkeit sind Affekte und Emotionen immer eine Einheit von Erleben und Wissen. Allerdings nicht in dem Sinne, daß hier zwei getrennte Entitäten - Affekte und Emotionen einerseits und Kognitionen andererseits - äußerlich zusammengefügt werden.

Sowohl im Wissen wie auch im Erleben durchdringen sich beide. Kognitionen enthalten einen emotional-affektiven und die Affekte und Emotionen einen kognitiven Aspekt. Im ersten Fall dominiert das Wissen, der gegenständliche Inhalt, und im zweiten das Erleben, die Bedeutung, den der gegenständliche Inhalt im Laufe des Lebens gewonnen hat. Heller (1981, S.25; s. auch Goldstein 1971, S.142, S.429) beschreibt dieses Verhältnis von Wissen und Erleben als ein Figur-Hintergrund-Verhältnis:

»*Involviert* kann ich in etwas sein, und in *etwas* kann ich involviert sein. In meinem Bewußtseinszentrum kann also entweder das Involviertsein selbst oder das ›Etwas‹, worin ich involviert bin, stehen. Das Gefühl (Involviertsein) kann also je nach dem, was im Zentrum steht, *Figur (figure-ground)* oder *Hintergrund* sein«.

Dem »Etwas«, worin man involviert ist, kann erst nach der Einführung von Sprache die alleinige Aufmerksamkeit gelten. Steht bei den Affektsymbolen noch das Erleben im Vordergrund, erlaubt später die Sprache, die zu Emotionen gewordenen Affekte und die Gegenstände, denen sie gelten, voneinander zu abstrahieren, einmal die Gegenstände ins Zentrum des Bewußtseins zu rücken und weitgehend isoliert von Emotionen zu betrachten und über sie nachzudenken. Zum anderen können die Emotionen unabhängig von den aktuellen Gegenständen, auf die sie sich richten, betrachtet und nach ihren geschichtlichen Gründen befragt werden, sodaß die Bedeutung, die der aktuelle Gegenstand für das Subjekt hat, historisch durchsichtig werden kann.

Blickt man zurück, dann ist nicht zu übersehen, daß im vorliegenden Entwurf keine psychoanalytische Gefühlstheorie ausformuliert wurde. Ihre Grundlinien haben aber eine Kontur gewonnen. Was übrig bleibt, ist vor allem, im vorliegenden Konzept der Affektsymbole auf den vorsprachlichen Entwicklungsstufen die Arbeitsweise anderer Abwehrmechanismen wie Identifikation, Projektion, Reaktionsbildung, Spaltung etc. und die besonderen Pathologien hysterischer, zwangsneurotischer, depressiver, psychotischer, narzißtischer, Borderline- wie auch der psychosomatischen Strukturen, die nur kursorisch eingetragen wurde, genau zu vermessen und den Stellenwert der sog. »emotionalen Einsicht« in unbewußte Konflikte im therapeutischen Prozeß, der sich die psychischen Veränderungen verdanken sollen, genauer zu erkunden. Vielleicht eröffnet sich damit in der psychoanalytischen Therapie die Möglichkeit, noch ein Stück tiefer in die unbewältigten Dramen der Kindheit einzudringen und sie präziser zur Sprache zu bringen.

11. Literatur

Adam, D. (1967) Interoception and Behavior. Akadémiai Kiadó, Budapest.
Adamson, L., Bakeman, R., Smith, C., Walters, A. (1987) Adult's Interpretations of Infant's Acts. Develop. Psychol. 23: 383-387.
Adorno, Th.W. (1980) Prokrustes. In: Adorno, Th.W. Ges. Schr. Bd. 4, S.295-297. Suhrkamp, Frankfurt/M.
Alexander, F. (1950) Psychosomatische Medizin. De Gruyter, Berlin (1971).
Allport, F.H. (1924) Social Psychology. Houghton Mifflin, Cambridge.
Altmann, L. (1987) Who's Next? The History of Self-Experimentation in Medicine. Random House, New York.
Anochin, P.K. (1967) Das funktionelle System als Grundlage der physiologischen Architektur des Verhaltensaktes. Abh. Geh. Forsch. Verhaltensphysiol. Bd.1. Gustav Fischer, Jena.
Arlow, J.A., Brenner, Ch. (1964) Grundbegriffe der Psychoanalyse. Rowohlt, Reinbek (1976).
Arnold, M. (1945) The Status of Emotion in Contemporary Psychology. In: Roback A.A. (Ed) Presentday Psychology, S.135-188. Phil. Lib., New York.
Arnold, M. (1960) Emotion and Personality. Columbia Univ. Press, New York.
Asendorf, J. (1984) Lassen sich emotionale Qualitäten im Verhalten unterscheiden? Empirische Befunde und ein Dilemma. Psychol. Rundsch. 35: 125-135.
Averill, J.R. (1969) Autonomic Response Patterns during Sadness and Mirth. Psychophysiol. 5: 399-414.
Ax, A.F. (1953) The Physiological Differentiation of Fear and Anger in Humans. Psychosom. Med. 15: 433-442.
Baillargeon, R. (1987) Object Permanence in 3½- and 4½-Month-Old Infants. Develop. Psychol. 23: 655-664.
Bain, A. (1855) The Sense and the Intellect. Parker, London.
Balint, M. (1959) Angstlust und Regression. Klett, Stuttgart.
Balint, M. (1966) Die Urformen der Liebe und die Technik der Psychoanalyse. Klett, Stuttgart.
Barefoot, J.C., Straub, R. (1971) Opportunity for Information Search and the Effect of False Heart-Rate Feedback. J. Pers. Soc. Psychol. 17: 154-157.
Barrera, M., Maurer, D. (1981) Recognition of Mother's Photographed Face by the Three-Month-Old Infant. Child Develop. 52: 714-716.
Basowitz, H. Korchin, S.J., Oken, D., Goldstein, M.S., Gussak, H. (1956) Anxiety and Performance Changes with a Minimal Dose of Epinephrin. Arch. Neurol. Psychiat. 76: 98-105.

Bekoff, M (1981) Devlopment of Agonistic Behavior: Ethological and Ecological Aspects. In: Brain, P.F., Benton, D. (Eds) Multidisciplinary Approaches to Aggression Research, S.34-56. Elsevier, New York.
Bell, C. (1806) Essays on the Anatomy of Expressions in Painting. Longmann, Hurst, Rees a. Orme, London.
Benjamin, J.D. (1961) Some Developmental Observations Relating to the Theory of Anxiety. J. Am. Psychoanl. Ass. 9: 652-668.
Beres, D. (1962) The Unconscious Fantasy. Psa. Quart. XXXI: 309-328.
Bernfeld, S. (1931) Zur Sublimierungstheorie. In: Dahmer, H. (Ed) Analytische Sozialpsychologie, Bd. 1, S.139-149. Suhrkamp, Frankfurt/M.
Besterman, E.M., Friedländer, D. (1965) Clinical Experiences with Propanolol. Postgrad. Med. J. 41: 526-53
Bibring, E. (1936) Zur Entwicklung und Problematik der Triebtheorie. Imago 22: 147-176.
Bischof, N. (1989) Emotionale Verwirrungen. Oder: Von den Schwierigkeiten im Umgang mit der Biologie. Psychol. Rundsch. 40: 188-205.
Black, A.H. (1959) Heartrate Changes During Avoidance Learning in Dogs. Canad. J. Psychol. 13: 229-242.
Bloemkolk, D., Defares, P., Van Enckevort, G., Van Gelderen, W. (1971) Cogni-tive Processing of Information on Varied Physiological Arousal. Europ. J. Soc. Psychol. 1: 31-46.
Borkovec, T.D. (1976) Physiological and Cognitive Processes in the Regulation of Anxiety. Consciousness and Self-Regulation 1: 261-312.
Borkovec, T.D., Wall, R.L., Stone, N.M. (1974) False Physiological Feedback and the Maintenance of Speech Anxiety. J. Abnorm. Psychol. 83: 164-168.
Brackbill, Y. (1954) Extinction of the Smiling Response in Infants as a Function of Reinforcement Schedule. Child Develop. 29: 115-124.
Braun, K.H. (1979) Kritik des Freudo-Marxismus. Pahl-Rugenstein, Köln.
Brazelton, B., Cramer, B. (1989) Die frühe Bindung. Die erste Beziehung zwischen dem Baby und seinen Eltern. Klett Cotta, Stuttgart.
Brenner, Ch. (1974) On the Nature and Development of Affects: A unified Theory. Psychoanal. Quart. 38: 532-556.
Brenner, Ch. (1982) Elemente des seelischen Konflikts. Fischer, Frankfurt a.M. (1986).
Brooks-Gunn, J., Lewis, M. (1982) Affective Exchanges Between Normal and Handicapped Infants and Their Mothers. In: Field, T., Fogel, A. (Eds) Emotion and Early Interaction, S.143-164. Erlbaum, Hillsdale.
Brown, D.E. (1991) Human Universals. Temple Univ. Press, Philadelphia.
Brun, R. (1953/54) Über Freuds Hypothese vom Todestrieb. Psyche 7: 81-111.
Brunner, J. (1982) The Organization of Action and the Nature of the Adult-Infant Transaction. In: Tronick, E. (Ed) Social Interchange in Infancy., S.23-35. Univ. Park Press, Baltimore.
Buck, R. (1977) Nonverbal Communication of Affect in Preschool Children: Relationsship Between Personality and Skin Conductance. J. Pers. Soc. Psychol. 35: 225-236.

Buck, R. (1980) Nonverbal Behavior and the Theory of Emotion: The Facial Feedback Hypothesis. J. Pers. Soc. Psychol. 5: 811-824.
Buck, R. (1988)[2] Human Motivation and Emotion. Wiley, New York.
Buck,R., Miller, R.E., Caul, W.F. (1974) Sex, Personality and Physiological Variables in the Communication of Affect via Facial Expression. J. Pers. Soc. Psychol. 30: 587-596.
Bühler, K. (1934) Sprachtheorie. Fischer, Jena (1965).
Bull, N, Gidro-Frank, L. (1950) Emotions Induced and Studied in Hypnotic Subjects. Part II: The Findings. J. Nerv. Ment. Dis. 112: 97-120.
Buss, A.H. (1961) The Psychology of Aggression. Wiley, New York.
Butterworth, G. (1977) Object Disappearance and Error in Piaget's Stage IV Task. J. Exp. Child Psychol. 23: 391-401.
Bychowski, G. (1953) The Problem of Latent Pyschosis. J. Am. Psa. Ass. 1: 484-503.
Cacioppo, J.T., Petty, R., Losch, M.E., Kim, H.S. (1986) Electromyographic Activity over Facial Muscle Regions can Differentiate the Valence and Intensity of Affective Reactions. J. Pers. Soc. Psychol. 50: 260-268.
Cacioppo, J.T., Martzke, J.S., Petty, R.E., Tassinary, L.G. (1988) Specific Forms of Facial EMG Response Index Emotions During an Interview: From Darwin to the Continuous Flow Hypothesis of Affect-Laden Information Processing. J. Pers. Soc. Psychol. 54: 592-604.
Campos, J.J., Barrett, K.C., Lamb, M.E., Goldsmith, H.H., Stenberg, S. (1983)[4] Socio-Emotional Development. In: Mussen, P.H. (Ed) Handbook of Child Psychology, Vol II: Infancy and Developmental Psychobiology (ed. by Haith, M.M., Campos, J.J.), S.783-915. Wiley, New York.
Camras, L.A., Holland, E.A., Patterson, M.J. (1993) Facial Expression. In: Lewis, M., Haviland, J.M. (Eds) Handbook of Emotions, S.199-208. Guilford Press, New York.
Cannon, W.B. (1927) The James-Lange Theory of Emotions: A Critical Examination and an Alternative Theory. Am. J. Psychol. : 39: 106-124.
Cannon, W.B. (1929)[2] Bodily Changes in Pain, Hunger, Fear and Rage. Appleton, New York.
Cantril, H., Hunt W.A. (1932) Emotional Effects Produced by the Injection of Adrenalin. Am. J. Psychol. 44: 300-307.
Carlson, J.G., Hatfield, E. (1992) Psychology of Emotion. Harcourt-Brace-Jovanovich, Fort Worth.
Carnap, R. (1942) Introduction to Semantics. M.I.T. Press, Cambridge.
Cassirer, E. (1953)[2] Philosophie der symbolischen Formen, Bd 1. Wiss. Buchges., Darmstadt.
Cassirer, E. (1965) Wesen und Wirkung des Symbolbegriffs. Wiss. Buchges., Darmstadt.
Castelnuovo-Tedesco, P. (1974) Towards a Theory of Affects. J. Am. Psychoanal. Ass. 22: 612-625.
Cavell, M. (1993) Freud und die analytische Philosophie des Geistes. Überlegungen zu einer psychoanalytischen Semantik. Klett-Cotta, Stuttgart (1997).
Charlesworth, W.R. (1970) Surprise Reactions in Congenitally Blind and Sighted Children. Progress Report, Nat. Inst. Ment. Health, Washington.

Chessick, R.D., Bassan, N., Shattan, S. (1966) A Comparison of the Effects of Infused Catecholamines and Certain Affective States. Am. J. Psychiat. 123: 156-165.
Chevalier-Skolnikoff, S. (1973) Facial Experession of Emotion in Non-Human Primates. In: Ekman, P. (Ed) Darwin and Facial Expression: A Century of Research in Review. Acad. Press, New York.
Ciompi, L. (1982) Affektlogik. Klett-Cotta, Stuttgart.
Cleghorn, J.M., Peterfy, G., Pinter, E.J., Pattee, C.J. (1970) Verbal Anxiety and the Beta Adrenergic Receptors: A Facilitating Mechanism? J. Nerv. Ment. Dis. 151: 266-272.
Cohen, R., Davies-Osterkamp, S., Grusche, A. (1974) Eine Untersuchung zum Einfluß manipulierter Rückmeldung auf Angst-Reaktionen. Z. Klin. Psychol. 3: 143-169.
Contrada, S.R.J., Hilton, W.F., Glass, D.C. (1991) Effects of Emotional Imagery on Physiological and Facial Responses in Type A and Type B Individuals. J. Psychosom. Res. 35: 391-397.
Cramer, B. (1987) Objective and subjective Aspects of Parent-Infant-Relations: An Attempt at Correlation Between Infant Studies and Clinical Work. In: Osofsky J. (Ed) Handbook of Infant Development, S.1037-1057. Wiley, New York.
Cramer, B. (1989) Frühe Erwartungen. Unsichtbare Bindungen zwischen Mutter und Kind. Kösel, München (1991).
Cramer, B. (1990) Studie zur Interaktion. Der Beitrag der Eltern zur Psychopathologie des Säuglings. In: Storck, J. (Ed) Neue Wege im Verständnis der allerfrühesten Entwicklung des Kindes. Erkenntnisse der Psychopathologie des Säuglingsalters, S.219-233. Frommann-Holzboog, Stuttgart.
Cremerius, J. (1957/58) Freuds Konzept über die Entstehung psychogener Körpersymptome. Psyche 28: 125-139.
Cremerius, J. (1982) Die Bedeutung der Dissidenten für die Psychoanalyse. Psyche 36: 481-514.
Darwin, C.R. (1872) The Expression of Emotions in Man and Animals. John Murray, London.
Davidson, R. (1992) A Prolegommenon to the Structure of Emotion: Cleanings from Neuropsychology. Motivation and Emotion 6: 245-268.
Davidson, R., Fox, N. (1982) Asymmetrical Brain Acitivity Discrimination Between Positive Versus Negative Affective Stimuli in Human Infants. Science 218: 1235-1237.
Davies, R., Buchwald, A.M., Frankman, R.W. (1955) Autonomic and Muscular Responses and Their Relation to Simple Stimuli. Psychol. Monogr. 69 (Nr.207).
Demos, E.V. (1982) Facial Expressions of Infants and Toddlers: A Descriptive Analysis. In: Field, T., Fogel, A. (Eds) Emotions and Early Interaction, S.143-167. Erlbaum, Hillsdale.
Decaria, M.D., Proctor, S., Malloy, T.E. (1974) The Effect of False Heart Rate Feedback on Self-Report of Anxiety and on Actual Heart Rate. Behav. Res. Therap. 12: 251-253.

Dimberg, U. (1988) Facial Electromyography and the Experience of Emotion. J. Psychophysiol. 2: 277-282.

Dittrich, O. (1913) Die Probleme der Sprachpsychologie und ihre gegenwärtigen Lösungsmöglichkeiten. Leipzig.

Dornes, M. (1993) Der kompetente Säugling. Die präverbale Entwicklung des Menschen. Fischer, Frankfurt/M.

Duchenne de Boulogne, G.B. (1862) Mechanisme de la Physionomie Humaine: Ou, Analyse electrophysiologique de L'Expression de la Passion. Bailliere, Paris.

Dumas, G. (1932) La Mimique des Aveugle. Bull. Acad. Méd. 107: 607-610.

Dunn, J. (1982) Comment: Problem and Promises in the Study of Affect and Intention. In: Tronick, E. (Ed) Social Interchange in Infancy., S.197-206. Univ. Park Press, Baltimore.

Dykman, R.A., Reese, W.G., Galbrecht, C.R.Thomasson, C.F. (1959) Psychophysiological Reactions to Novel Stimuli: Measurement, Adaption, and Rela-tionship of Psychological and Physiological Variables in the Normal Human. Ann. N.Y. Acad. Sci. 79: 43-54.

Dykman, R.A., Ackeman, P.T., Galbrecht, C.R., Reese, W.G. (1963) Physiological Reactivity to Different Stressors and Methods of Evaluation. Psychosom. Med. 25: 37-59.

Eibl-Eibesfeldt, I. (1973) The Expressive Behaviour of the Deaf-and-Blind Born. In: Cranach, M. v., Vine, I. (Eds) Social Interaction and Movement, S.163-194. Acad. Press, London.

Eibl-Eibesfeldt, I. (1984) Die Biologie des menschlichen Verhaltens. Piper, München.

Eidelberg, L. (1962) A Contribution to the Study of the Unpleasure-Pleasure-Principle. Psychiat. Quart. 36: 312-316.

Ekman, P. (1982) Methods of Measuring Facial Action. In: Scherer, K.R., Ekman, P. (Eds) Handbook of Methods in Nonverbal Behavior Research, S.45-90. Cambridge Univ. Press, Cambridge.

Ekman, P. (1984) Der Ausdruck und das Wesen von Gefühlen. In: Ekmann, P. (1988) Gesichtsausdruck und Gefühl. 20 Jahre Forschung, S.149-179. Junfermann, Paderborn.

Ekman, P. (1988) Weltweite Gleichheit und kulturbedingte Unterschiede des Ausdrucks von Gefühlen im Gesicht. In: Salisch, M.v. (Ed) Gesichtsausdruck und Gefühl. 20 Jahre Forschung von Paul Ekman, S.15-80. Junfermann, Paderborn.

Ekman, P. (1993) Facial Expression and Emotion. Amer. Psychologist 48: 384-392.

Ekman, P. (1994) Strong Evidence for Universals in Facial Expressions: A Reply to Russell's Mistaken Critique. Psychol. Bull. 115: 268-287.

Ekman, P., Friesen, W. (1971) Constants Across Cultures in the Face and Emotion. J. Pers. Soc. Psychol. 17: 124-129.

Ekman, P., Friesen, W. (1978) The Facial Acting Coding System. Consul. Psychol. Press, Palo Alto.

Ekman, P., Friesen, W., Ellsworth, P. (1972) Emotion in the Human Face: Guidelines for Research and an Integration of Findings. Pergamon Press, New York.
Ekman, P., Levenson, R., Friesen, W. (1983) Autonomous Nervous System Activity Distinguishes Among Emotions. Sciene 221: 1208-1210.
Ekman, P., Sorenson, E.R., Friesen, W. (1969) Pan-Cultural Elements in the Facial Displays of Emotions. Science 164: 86-88.
Elias, N. (1939) Die Gesellschaft der Individuen. In: Elias, N. (1991) Die Gesellschaft der Individuen, S.15-98. Suhrkamp, Frankfurt/M.
Emde, R.N. (1980) Levels of Meaning for Infant Emotions: A Biosocial View. In: Collins, W.A. (Ed) Development of Cognition, Affect and Social Relations, Minnesota Symposia on Child Psychology, Vol. 13, S.1-37. Erlbaum, Hillsdale.
Emde, R.N., Gaensbauer, T.J., Harmon, R.J. (1976) Emotional Expression in Infancy: A Biobehavioral Study. Int. Univ. Press, New York.
Emde, R.N., Harmon, R. (1972) Endogenous and Exogenous Smiling Systems in Early Infancy. Am. Acad. Child Psychiat. 11: 177-200.
Emde, R.N., Koenig, K.L. (1969) Neonatal Smiling and Rapid Eye Movement States. Am. Acad. Child Psychiat. 8: 57-67.
Engel, B.T. (1960) Stimulus-Response and Individual-Response Specificity. Arch. Gen. Psychiat. 4: 305-313.
Engel, B.T., Bickford, A.F. (1961) Response-Specificity: Stimulus-Response and Individual-Response Specificity in Essential Hypertension. Arch. Gen. Psychiat. 5: 478-489.
Engel, G.L. (1962) Psychisches Verhalten in Gesundheit und Krankheit. Huber, Bern (1970).
Engels, F. (1859) Karl Marx, Zur Kritik der politischen Ökonomie. In: MEW 13, S.468-477.
Eppinger, H., Hess, L. (1910) Die Vagontonie. Hirschwald, Berlin.
Erdmann, G. (1983a) Vegetatives Nervensystem und Emotionen. In: Euler, H.A., Mandl, H. (Eds) Emotionspsychologie. Ein Handbuch in Schlüsselbegriffen, S.119-124. Urban u. Schwarzenberg, München.
Erdmann, G. (1983b) Zur Beeinflußbarkeit emotionaler Prozesse durch vegetative Variationen. Beltz, Weinheim.
Erdmann, G., van Lindern B. (1980) The Effect of Beta-Adrenergic Stimulation and Beta-Adrenergic Blockade on Emotional Reactions. Psychophysiol. 17: 332-338.
Fahrenberg, J. (1965) Zur Frage einer differentiellen Physiologie der Affekte. Psychol. Forsch. 28: 422-438.
Fahrenberg, J. (1968) Psychophysiological Individuality: A Pattern Analytic Approach to Personality Research and Psychosomatic Medicine. Adv. Beh. Res. Therap. 8: 43-100.
Fenichel, O. (1935) Zur Kritik des Todestriebes. Imago 21: 458-466.
Fenichel, O. (1946a) Psychoanalytische Neurosenlehre, Bd.I. Walter, Freiburg/Brsg.
Fenichel, O. (1946b) Psychoanalytische Neurosenlehre, Bd.II. Walter, Freiburg/Brsg.

Fenichel, O. (1946c) Psychoanalytische Neurosenlehre, Bd.III. Walter, Freiburg/Brsg.
Feyman, R. (1987) Sie belieben wohl zu scherzen, Mr. Feyman. Abenteuer eines neugierigen Physikers. Piper, München.
Fiedler, K. (1983) Antikognitivistische Tendenzen in der Psychologie, Sprache und Kognition 4: 215-227.
Field, T. (1985) Neonatal Perception of People: Maturational and Individual Differences. In: Field, T., Fox, N. (Eds) Social Perception in Infants, S.31-52. Ablex, Norwood.
Field, T., Walden, T. (1982) Perception and Production of Facial Expressions in Infancy and Early Childhood. In: Reese, H.W., Lipsitt, L.P. (Eds) Advances in Child Development and Behavior, Vol. 16, S.113-126. Acad. Press, New York.
Field, T., Woodson, R., Greenberg, R., Cohen, D. (1982) Discrimination and Imitation of Facial Expressions by Neonates. Science 218: 179-181.
Flanagan, G.L. (1974) Die ersten neun Monate des Lebens. Rowohlt, Reinbek.
Fogel, A., Nwokah, E., Dedo, J.Y., Messinger, D., Dickson, K.L., Matusov, E., Holt, S.A. (1992) Social Process Theory of Emotion: A Dynamic Systems Approach. Soc. Develop. 1: 123-150.
Fox, N., Calkins, S. (1993) Multiple-Measurement Approaches to the Study of Infant Emotion. In: Lewis, M., Haviland, J.M. (Eds) Handbook of Emotions, S.167-184. Guilford Press, New York.
Fox, N., Davidson, R. (1984) Hemispheric Substrates of Affect: A Developmental Model. In: Fox, N., Davidson, R. (Eds) The Psychobiology of Affective Development, S.353-381. Erlbaum, Hillsdale.
Fox, N., Davidson, R. (1986) Psychophysiological Measures of Emotion: New Directions in Developmental Research. In: Izard, C., Read, P. (Eds) Measuring Emotions in Infants and Children, Vol. II, S.13-47. Cambridge Univ. Press, Cambridge.
Fraiberg, S. (1971) Smiling and Stranger Reaction in Blind Infants. In: Hellmuth, J. (Ed) Exceptional Infant, Vol.I, S.110-127. Brunner, New York.
Fraiberg, S. (1977) Insights from the Blind: Comparative Study of Blind and Sighted Infants. Basic Books, New York.
Fraiberg, S. (1979) Blind Infants and Their Mothers: An Examination of the Sign System. In: Bullowa, M. (Ed) Before Speech, S.149-169. Cambridge Univ. Press, Cambridge.
Fraiberg, S., Adelson, E., Shapiro, V. (1975) Ghosts in Nursery. J. Am. Acad. Child. Psychiat. 14: 387-421.
Frankenhaeuser, M. (1971) Behavior and Circulating Catecholamines. Brain Res. 31: 241-262.
Frankenhaeuser, M. (1974) Sympathetic-Adrenomedullary Activity, Behavior, and the Psychosocial Environment. In: Venables, P.H., Christie, M.J. (Eds) Research in Psychophysiology, S.34-56. Wiley, New York.
Frankenhaeuser, M. (1975) Experimental Approaches to the Study of Catecholamines and Emotion. In: Levi, K. (Ed) Emotions: Their Parameters and Measurement, S.209-234. Raven Press, New York.

Frankenhaeuser, M., Järpe, G., Matell, G. (1961) Effects of Intravenous Infusion of Adrenalin and Noradrenalin on Certain Physiological and Psychologicial Functions. Acta Physiol. Scand. 51: 175-186.
Frankenhaeuser, M., Patkai, P. (1965) Interindividual Differences in Catecholamine Excretion During Stress. Scan. J. Psychol. 6: 117-123.
Frankenhaeuser, M., Fröberg, J., Mellis, I. (1965) Subjective and Physiological Reactions Induced by Electrical Shocks of Varying Intensity. Neuroendocrinol. 1: 105-112.
Freedman, D.G. (1964) Smiling in Blind Infants and the Issue of Innate versus Acquired. J. Child Psychol. Psychiat. 5: 171-184.
Freud, A. (1930) Vier Vorträge über Psychoanalyse für Lehrer und Eltern. In:: Die Schriften der Anna Freud, Bd. I, S.77-138. Kindler, München (1980).
Freud, A. (1936) Das Ich und die Abwehrmechanismen. In: Die Schriften der Anna Freud, Bd. I, S.193-355. Kindler, München (1980).
Freud, A. (1950) Beiträge der Psychoanalyse zur Entwicklungspsychologie. Psyche 11: 174-198 (1957/58).
Freud, S. (1891) Zur Auffassung der Aphasien. Deuticke, Leipzig (Nachdruck: Fischer, Frankfurt/M. 1992).
Freud, S. (1894) Die Abwehr-Neuropsychosen. In: GW I, S.57-74.
Freud, S. (1895) Entwurf einer Psychologie. In: Bonaparte, M., Freud, A., Kris, R. (Eds) Aus den Anfängen der Psychoanalyse 1887-1902. Fischer, Frankfurt/M. (1967).
Freud, S. (1896) Weitere Bemerkungen über die Abwehr-Neuropsychosen. In: GW I, 377-403.
Freud, S. (1900) Die Traumdeutung. In: GW II/III.
Freud, S. (1905a) Drei Abhandlungen zur Sexualtheorie. In: GW V, S.27-145.
Freud, S. (1905b) Bruchstück einer Hysterie-Analyse. In: GW V, S.161-286.
Freud, S. (1908a) Die »kulturelle« Sexualmoral und die moderne Nervosität. In: GW VII, S.141-167.
Freud, S. (1908b) Hysterische Phantasien und ihre Beziehung zur Bisexualität. In: GW VII, S.189-199.
Freud, S. (1909a) Analyse der Phobie eines fünfjährigen Knaben. In: GW VII, S.241-377.
Freud, S. (1909b) Bemerkungen über einen Fall von Zwangsneurose. In: GW VII, S.379-463.
Freud, S. (1910a) Die psychogene Sehstörung in psychoanalytischer Auffassung. In: GW VIII, S.93-102.
Freud, S. (1910b) Eine Kindheitserinnerung des Leonardo da Vinci. In: GW VIII, S.127-221.
Freud, S. (1911a) Formulierungen über zwei Prinzipien des psychischen Geschehens. In: GW VIII, S.229-238.
Freud, S. (1911b) Psychoanalytische Bemerkungen über einen autobiographisch beschriebenen Fall von Paranoia (Dementia paranoides). In: GW VIII, S.239-320.
Freud, S. (1913) Das Unbewußte. In: GW X, S.263-303.
Freud, S. (1914) Zur Einführung des Narzißmus. In: GW X, S.137-170.

Freud, S. (1915a) Triebe und Triebschicksale. In: GW X, S.209-232.
Freud, S (1915b) Die Verdrängung. In: GW X, S.247-262.
Freud, S. (1916) Metapsychologische Ergänzung zur Traumlehre. In: GW X, S.411-426.
Freud, S. (1916/17) Vorlesungen zur Einführung in die Psychoanalyse. In: GW XI.
Freud, S. (1920) Jenseits des Lustprinzips. In: GW XIII, S.1-69.
Freud, S. (1921) Massenpsychologie und Ich-Analyse. In: GW XIII, S.71-161.
Freud, S. (1922) Über einige neurotische Mechanismen bei Eifersucht, Paranoia und Homosexualität. In: GW XIII, S.193-207.
Freud, S. (1923a) »Psychoanalyse« und »Libidotheorie«. In: GW XIII, S.209-233.
Freud, S. (1923b) Das Ich und das Es. In: GW XIII, S.235-289.
Freud, S. (1924) Der Untergang des Ödipuskomplexes. In: GW XIII, S.393-402.
Freud, S. (1925a) Notiz über den »Wunderblock«. In: GW XIV, S.1-8.
Freud, S. (1925b) Die Verneinung. In: GW XIV, S.9-15.
Freud, S. (1926) Hemmung, Symptom und Angst. In: GW XIV, S.111-205.
Freud, S. (1927a) Fetischismus. In: GW XIV, S.309-317.
Freud, S. (1927b) Die Zukunft einer Illusion. In: GW XIV, S.323-380.
Freud, S. (1930) Das Unbehagen in der Kultur. In: GW XIV, S.419-506.
Freud, S. (1933) Neue Folge der Vorlesungen zur Einführung in die Psychoanalyse. In: GW XV.
Freud, S. (1934) Psycho-Analysis. In: GW XIV, S.297-307.
Freud, S. (1937a) Die endliche und die unendliche Analyse. In: GW XVI; S.57-99.
Freud, S. (1937b) Der Mann Moses und die monotheistische Religion. In: GW XVI, S.101-246.
Freud, S. (1938a) Die Ichspaltung im Abwehrvorgang. In: GW XVII, S.57-62
Freud, S. (1938b) Abriss der Psychoanalyse. In: GW XVII, S.63-128.
Fridlund, A.J. (1991) Evolution and Facial Action in Reflex, Social Motive, and Paralanguage. Biol. Psychol. 32: 3-100.
Fridlund, A.J., Ekman, P., Oster, H. (1987) Facial Expressions of Emotion: Review of the Literature 1970-1983. In: Siegman, A.W., Feldstein, S. (Eds) Nonverbal Behavior and Communication, S.143-224. Erlbaum, Hillsdale.
Fridlund, A.J., Schwartz, G.E., Fowler, S.C. (1984) Pattern Recognition of Self-Reported Emotional State from Multiple-Site Facial EMG Activity During Affective Imagery. Psychophysiol. 21: 622-637.
Friesen, W., Ekman, P. (1984) EMFACS-7. Emotional Facial Action Coding-System, Version 7 (unpublished).
Frijda, N. (1986) The Emotions. Cambridge Univ. Press, Cambridge.
Funke, O. (1936) On the Function of Naming. A Problem of General Semasiology. Engl. Stud. 18: 57-62.
Funkenstein, D.H. (1955) The Physiology of Fear and Anger. Sci. Am. 192: 74-84.

Fürstenau, P. (1967) »Sublimierung« in affirmativer und negativ-kritischer Anwendung. Jb. Psychoanal. IV: 43-62.
Gaensbauer, T.J. (1982) The Differentiation of Discrete Affects: A Case Report. Psychoanal. Stud. Child 37: 29-66.
Gardiner, A. (1960)[2] The Theory of Speech and Language. Clarendon Press, Oxford.
Gatschel, R., Hatch, J., Watson, P., Smith, D., Gaas, E. (1977) Comparative Effectiveness of Voluntary Heart Rate Control and Muscular Relaxation as Active Coping Skills for Reducing Speech Anxiety. J. Consult. Clin. Psychol. 45: 1093-1100.
Gay, J.R., Gellhorn, E. (1949) Cortical Projection of Proprioception in the Cat and Monkey. Proc. Soc. Exp. Biol. 70: 711-718.
Gellhorn, E. (1964) Motion and Emotion: The Role of Proprioception in the Physiology and Pathology of the Emotions. Psychol. Rev. 71: 457-472.
Gellhorn, E., Hyde, J. (1953) Influence of Proprioception on Map of Cortical Responses. J. Physiol. 122: 371-385.
Gerhardt, F. (1988) Emotionsausdruck und emotionales Erleben bei psychosomatisch Kranken. Westdt. Verl., Opladen.
Gidro-Frank, L., Bull, N. (1950) Emotions Induced and Studied in Hypnotic Subjects. J. Nerv. Ment. Dis. 111: 91-102.
Gill, M.M. (1967) (Ed) The Collected Papers of David Rapaport. Basic Books, New York.
Ginsburg, H., Opper, S. (1969) Piagets Theorie der geistigen Entwicklung. Klett-Cotta, Stuttgart (1978).
Glover, E. (1931) Sublimation, Substitution und Social Anxiety. Int. J. Psychoanal. 12: 263-294
Goldstein, H. (1971) Selected Papers. The Hague, Nijhoff.
Goldstein, D., Fink, D., Mettee, D.R. (1972) Cogniton of Arousal and Actual Arousal as Determinants of Emotion. J. Pers. Soc. Psychol. 21: 41-51.
Goller, H. (1992) Emotionspsychologie und das Leib-Seele-Problem. Kohlhammer, Stuttgart.
Goodenough, F.L. (1932) Expression of the Emotions in a Blind-Deaf Child. J. Abnorm. Soc. Psychol. 27: 338-333.
Gottschalk, L.A., Stone, W.N., Gleser, G.C. (1974) Peripheral Versus Central Mechanisms Accounting for Antianxiety Effects of Propanolol. Psychosom. Med. 36: 47-56.
Graham, J.L. (1980) A New System for Measuring Nonverbal Responses to Marketing Appeals. 1980 AMA Educator's Conf. Proc. 46: 340-343.
Granville-Grossman, K.L., Turner, P. (1966) The Effect of Propanolol on Anxiety. Lancet 1: 788-790.
Green, A. (1979) Psychoanalytische Theorien über den Affekt. Psyche 33: 681-732.
Greenwald, M., Cook, E., Lang, P. (1989) Affective Judgement and Psychophysiological Response. J. Psychophysiol. 3: 51-64.
Gruhle, H.W. (1956)[2] Verstehende Psychologie. Thieme, Stuttgart.
Grunberger, B. (1976) Vom Narzißmus zum Objekt. Suhrkamp, Frankfurt/M.

Haaf, R.A., Bell, R.O. (1967) A Facial Dimension in Visual Discrimination by Human Infants. Child Develop. 39: 893-906.
Habermas, J. (1983) Bemerkungen zu Alexander Mitscherlichs analytischer Sozialpsychologie. Psyche 37: 352-363.
Harding, C. (1982) Development of the Intention to Communicate. Human Develop. 25: 140-151.
Harris, P. (1987) The Development of Search. In: Salapatek, P.H., Cohen, L. (Eds) Handbook of Infant Perception, Vol. 2: From Perception to Cognition, S.155-207. Acad. Press, New York.
Harris, W.S., Schoenfeld, C.D., Gwynne, P.H., Weissler, A.M., Warren, J.V. (1964) Circulatory and Humeral Responses to Fear and Anger. J. Lab. Clin. Med. 64: 867.
Hartmann, H. (1955) Bemerkungen zur Theorie der Sublimierung. Psyche 10: 41-62 (1956).
Hartmann, H. (1964) Zur psychoanalytischen Theorie des Ichs. Klett, Stuttgart.
Haviland, J, Lelwica, M. (1987) The Induced Affect Response: 10-Week-Old Infants' Responses to Three Emotion Expressions. Develop. Psychol. 23: 97-104.
Hawkins, D.R., Monroe, J.T., Sandifer, M.G., Vernon, C.R. (1960) Psychological and Physiological Responses to Continuous Epinephrine Infusion: An Approach to the Study of the Affect Anxiety. Psychiat. Res. Rep. 12: 40-52.
Heimann, P. (1950) On Countertransference. Int. J. Psychoanal. 31: 81-84.
Heimann, P. (1960) Counter-Transference. Br. J. Med. Psychol. 33: 9-27 (Deutsch: Bemerkungen zur Gegenübertragung. Psyche 18: 483-493, 1964/65).
Heller, A. (1981) Theorie der Gefühle. VSA Hamburg.
Hendrick, C., Giesen, M., Borden, R. (1975) False Physiological Feedback and Fear Arousing Communications: Fear Arousal versus Fear Reduction in the Mediation of Persuasion. J. Person. 43: 196-214.
Hess, W.R. (1968) Psychologie in biologischer Sicht. Thieme, Stuttgart.
Hinde, R. (1976) On Describing Relationships. J. Child Psychol. Psychiat. 17: 1-19.
Hirschman, R. (1975) Cross-Modal Effects of Anticipatory Bogus Heart Rate Feedback in a Negative emotional Context. J. Pers. Soc. Psychol. 31: 13-19.
Hirschman, R., Clark, M. (1983) Bogus Physiological Feedback. In: Cacioppo, J.T., Petty, R. (Eds) Social Psychophysiology: A Sourcebook, S.177-214. Guilford, New York.
Hohmann, G.W. (1966) Some Effects of Spinal Cord Lesions on Experienced Emotional Feelings. Psychophysiol. 3: 143-156.
Holmes, D., Frost, R. (1976) Effect of False Autonomic Feedback on Self-Reported Anxiety, Pain Perception and Pulse Rate. Behav. Therap. 7: 330-334.
Holst, E.v., Mittelstaedt, H. (1950) Das Reafferenzprinzip. Naturwiss. 37: 464-476.

Holzkamp, K. (1970) Wissenschaftstheoretische Voraussetzungen kritisch-emanzipatorischer Psychologie. In: Holzkamp, K. (1972) Kritische Psychologie, S.75-146. Fischer, Frankfurt.
Holzkamp, K. (1973) Sinnliche Erkenntnis - Historischer Ursprung und ihre gesellschaftliche Funktion. Athenäum, Frankfurt/M.
Holzkamp, K. (1974) Die historische Methode des wissenschaftlichen Sozialismus und ihre Verkennung durch J. Bischoff. Argument 84: 1-75.
Inhelder, B. (1976) The Sensori-Motor Origins of Knowledge. In: Inhelder, B., Chipman, H.H. (Eds) Piaget and his School. Springer, Heidelberg (zit. n. Ciompi, L. (1982) Affektlogik. Klett-Cotta, Stuttgart).
Izard, C. (1971) The Face of Emotion. Appleton, New York.
Izard, C. (1977) Human Emotions. Plenum Press, New York (Deutsch: Die Emotionen des Menschen. Beltz, Weinhcim, 1981).
Izard, C. (1980) Cross-Cultural Perspectives on Emotion and Emotion Communication. In: Triandis, H., Lonner, W. (Eds) Handbook of Cross-Cultural Psychology: Basic Processes, Vol. 3, S.185-222. Allyn a. Bacon, Boston.
Izard, C. (1994) Innate and Universal Facial Expressions: Evidence from Developmental and Cross-Cultural Research. Psychol. Bull. 115: 288-299.
Izard, C., Büchler, S. (1979) Emotion Expressions and Personality Integration in Infancy. In: Izard, C. (Ed) Emotions in Personality and Psychopathology, S.445-472. New York.
Izard, C., Dougherty, L. (1982) Two Complementary Systems for Measuring Facial Expressions in Infants and Children. In: Izard, C. ((Ed) Measuring Emotions in Infants and Children, Vol. 1, S.97-126. Cambridge Univ. Press, Cambridge.
Izard, C., Hembree, E., Dougherty, L., Spizzirri, C. (1983) Changes in Facial Expressions of 2- to 19-Month-Old Infants Following Acute Pain. Develop. Psychol. 19: 418-426.
Izard, C., Hembree, E., Huebner, R. (1987) Infants' Emotion Expressions to Acute Pain: Developmental Change and Stability of Individual Differences. Develop. Psychol. 23: 105-113.
Jacobson, E. (1953) The Affects and Their Pleasure-Unpleasure Qualities in Relation to the Psychic Discharge Processes. In: Loewenstein, R.M. (Ed) Drives, Affects, Behavior, S.38-66. Int. Univ. Press, New York (Überarbeitete Fassung unter dem Titel »Zur psychoanalytischen Theorie der Affekte« in: Jacobson, E. (1977) Depression. Suhrkamp, Frankfurt/M.).
Jacobson, S. (1979) Matching Behavior in the Young Infant. Child. Develop. 50: 425-430.
Jaenig, W. (1959) Neuroanatomy and Function of Cardiovascular Afferents. In: Vaitl, D., Schandry, R. (Eds) From the Heart to the Brain. Lang, Frankfurt/M.
Jaffe, D. Naiman, J. (1978) Plenary Session on Affects and the Psychoanalytic Situation. Int. J. Psychoanal. 59: 7-18.
James, W. (1884a) What is an Emotion? Mind 9: 188-205.
James, W. (1884b) The Physical Basis of Emotion. Psychol. Rev. 1: 516-529.
James, W. (1909) Principles of Psychology. Holt, New York.

Jappe, G. (1971) Über Wort und Sprache in der Psychoanalyse. Fischer, Frankfurt/M.
Jasnos, T.M., Hakmiller, K.L. (1975) Some Effects of Lesion Level and Emotional Cues on Affective Expression in Spinal Cord Patients. Psychol. Rep. 37: 859-870.
Joffe, W.G., Sandler, J. (1967a) Über einige begriffliche Probleme im Zusammenhang mit dem Studium narzißtischer Störungen. Psyche 21: 152-167.
Joffe, W.G., Sandler, J. (1967b) Kommentare zur psychoanalytischen Anpassungspsychologie mit besonderem Bezug zur Rolle der Affekte und der Repräsentanzwelt. Psyche 21: 728-744.
Jones, E. (1919) Theorie der Symbolik. Int. Z. ärztl. Psychoanal. 5: 244-261.
Jones, E. (1950) [5] The Concept of a normal Mind. In: Jones, E. Papers on Psychoanalysis. London
Jones, E. (1957) Das Leben und Werk von Sigmund Freud Bd.III. Huber, Bern.
Jones, M. C. (1931) Conditioning of Children's Emotions. In: Murchison, C. (Ed) Handbook of Child Psychology, S.71-92. Hopkins, Worcester.
Kapp, R. (1931) Comments on Bernfeld's and Feitelberg's »The Principles of Entropy and Death Instinct«. Int. J. Psychoanal. 12: 82-86.
Kaye, K. (1982) The Mental and Social Live of Babies. How Parents Create Persons. Univ. Chicago Press, Chicago.
Keller, H., Meyer, H.J. (1982) Psychologie der frühesten Kindheit. Kohlhammer, Stuttgart.
Kernberg, O. (1975) Borderline-Störungen und pathologischer Narzißmus. Klett, Stuttgart (1978).
Kernberg, O. (1981) Objektbeziehungen und die Praxis der Psychoanalyse. Klett, Stuttgart.
Kerres, M. (1984) Objective and Subjective Arousal in Test Anxiety: Differential Accuracy of Internal Perception. In: Ploog, H.M., Schwarzer, R., Spielberger, D. (Eds) Advances in Test Anxiety Research, S.35-42. Swets a. Zeitlinger, Lisse.
Klaus, G. (1962) Semiotik und Erkenntnistheorie. Dt. Verl. Wiss., Berlin (1972).
Klaus, G. (1972) Kybernetik und Erkenntnistheorie. Dt. Verl. Wiss., Berlin.
Klein, M. (1946) Bemerkungen über einige schizoide Mechanismen. In: Klein, M.: Das Seelenleben des Kleinkindes, S.101-126. Klett, Stuttgart (1962).
Kleinginna, P. R. Kleinginna A.M. (1981) A Categorized List of Emotion Definitions, with Suggestion for a Consensual Definition. Motivation and Emotion 5: 345-379.
Knapp, P.H. (1987) Some Contemporary Contributions to the Study of Emotions. J. Am. Psychoanl. 35: 205-248.
Kohut, H. (1973) Narzißmus. Suhrkamp, Frankfurt/M.
Kohut, H. (1979) Die Heilung des Selbst. Suhrkamp, Frankfurt/M.
Krause, R. (1983) Zur Onto- und Phylogenese des Affektsystems und ihrer Beziehungen zu psychischen Störungen. Psyche 37: 1016-1043.

Krause, R. (1995) Ausdruckspsychologische Methoden. In: Pawlik, K., Amelang, M. (Eds) Enzyklopädie der Psychologie: Differentielle Psychologie und Persönlichkeitsforschung, Bd.I, Grundlagen und Methoden, S.577-608. Hogrefe, Göttingen.
Kröber, G. (1964) Identität. In: Klaus, G., Buhr, M. (Eds) Philosophisches Wörterbuch, S.501-504. Das europ. Buch, Berlin (1970).
Krott, H.M., Poremba, M.J., Rauch M.E. (1990) Neurophysiologische Grundlagen des emotionalen Verhaltens. In: Uexküll, Th.v. (Ed) Psychosomatische Medizin, S.169-179. Urban u. Schwarzenberg, München.
Kubie, L. S. (1962) The Fallacius Misuse of the Concept of Sublimation. Psa. Quart. XXXI: 73-86.
Lacey, J.I., Bateman, D.E. van Lehn, R. (1953) Autonomic Response Specifity. Psychosom. Med. 15: 8-21.
Lader, M., Tyrer, P. (1975) Vegetative System and Emotion. In: Levi, L. (Ed) Emotions - Their Parameters and Measurement, S.123-140. Raven Press, New York.
Laird, J.D. (1974) Self-Attribution of Emotion: The Effects of Expressive Behavior on the Quality of Emotional Experience. J. Pers. Soc. Psychol. 29: 475-486.
Landis, C. (1924) Studies of Emotional Reaction: II. General Behavior and Facial Expression. J. Comp. Psychol. 4: 447-509.
Landis, C. (1929) The Interpretation of Facial Expression in Emotion. J. Gen. Psychol. 13: 59-72.
Landis, C., Hunt, W.A. (1932) Adrenalin and Emotion. Psychol. Rev. 39: 467-485.
Lang, P.J., Rice, G., Sternbach, R.A. (1972) The Psychophysiology of Emotions. In: Greenfield, N.S., Sternbach, R.A. (Eds) Handbook of Psychophysiology, S.623-641. Holt, Rinehart a. Winston, New York.
Lange, C. (1887) Über Gemütsbewegungen. Theodor Thomas, Leipzig.
Langer, S.K. (1942) Philosophie auf neuem Wege. Fischer, Frankfurt/M. (1965).
Lanzetta, J.T., Kleck, R.E. (1970) Encoding and Decoding of Nonverbal Affect in Human. J. Pers. Soc. Psychol. 16: 12-19
Lanzetta, J.T., Cartwright-Smith, J., Kleck, R.A. (1976) Effects of Nonverbal Dissimulation on Emotional Experience and Autonomic Arousal. J. Pers. Soc. Psychol. 33: 354-370.
Lazarus, R.F. (1968) Emotions and Adaption: Conceptual and Empirical Relations. In: Arnold, W. (Ed) Nebraska Symposium on Motivation, Vol. 16, S.175-270. Univ. Nebraska Press, Lincoln.
Lazarus, R.F. (1975) A Cognitively Oriented Psychologist Looks at Feedback. Am. Psychologist 30: 553-561.
Lazarus, R.F. (1982) Thoughts on the Relation Between Emotion and Cognition. Am. Psychologist 37: 1019-1024.
Lazarus, R.F. (1984) On the Primacy of Cognition. Am. Psychologist 39: 124-129.
Lazarus, R.F., Averill, J.R., Opton, E.M. (1977) Ansatz zu einer kognitiven Gefühlstheorie. In: Birbaumer, N. (Ed) Psychophysiologie der Angst, S.182-207. Urban u. Schwarzenberg, München.

Lazarus, R.F., Speisman, J.C., Mordkoff, A.M., Davison, L.A. (1962) A Laboratory Study of Psychological Stress Produced by a Motion Picture Film. Psychol. Monogr. 76 (Nr.34).
Lebovici, S. (1983a) Der Säugling, die Mutter und der Psychoanalytiker. Klett-Cotta, Stuttgart (1990).
Lebovici, S. (1983b) Bemerkungen zum Begriff der phantasmatischen Interaktion. In: Lober, H. (Ed) Psychoanalyse heute. Festschrift zum 60. Geburtstag von Harald Leupold-Loewenthal, S.121-138. Orac, Wien (1986).
Leontjew, A.N. (1959) Probleme der Entwicklung des Psychischen. Volk u. Wissen, Berlin (1971).
Lester, E. (1982) New Directions in Affect Theory. J. Am. Psychoanal. Ass. 30: 197-211.
Levenson, R., Carstensen, L., Friesen, W., Ekman, P. (1991) Emotion, Physiology, and Expression in Old Age. Psychology and Aging 6: 28-35.
Levenson, R., Ekman, P., Heider, K., Friesen, W. (1992) Emotion and Autonomic Nervous System Activity in Minangkabau of West Sumatra. J. Pers. Soc. Psychol. 62: 972-988.
Leventhal, H. (1988) Emotion and the Autonomic Nervous System: A Prospectus for Research on Autonomic Specifity. In: Wagner, H. (Ed) Social Psychophysiology and Emotion. Theory and Clinical Applications, S.17-42. Wiley, Clichester.
Leventhal, H., Tomarken, A. (1986) Emotions: Today's Problems. Ann. Rev. Psychol. 37: 565-610.
Leventhal, H., Ekmann, P., Friesen, W. (1990) Voluntary Facial Action Generates Emotion-specific Nervous System Activity. Psychophysiol. 27: 363-384.
Levi, L. (1965) The Urinary Output of Adrenalin and Noradrenalin during Pleasant and Unpleasant Emotional States. Psychosom. Med. 27: 80-85.
Levi, L. (1972) Stress and Distress in Response to Psychosocial Stimuli. Acta Med. Scan. Supplement 528.
Levi, L. (1975) Emotions: Their Parameters and Measurement. Raven Press, New York.
Levy, R. (1973) Tahitians. Univ. Chicago Press, Chicago.
Lewin, B.D. (1965) Reflections on Affects. In: Schur, M. (Ed) Drives, Affects, and Behavior, Vol.2, S. 23-37. Hallmark Press, New York.
Lewis, M.M. (1970) Sprache, Denken und Persönlichkeit im Kindesalter. Schwann, Düsseldorf.
Lewis, M., Michalson, L. (1985) Faces as Signs and Symbols. In: Ziven, G. (Ed) The Development of Expressive Behavior. Biology Environment-Interaction, S.153-179. Acad. Press, Orlando.
Lewis, M., Sullivan, M., Michalson, L. (1984) The Cognitive-Emotional Fugue. In: Izard, C., Kagan, J., Zajonc, R. (Eds) Emotions, Cognition, and Behavior, S.244-287. Cambridge Univ. Press, Cambridge.
Lichtenberg, J. (1983) Psychoanalysis and Infant Research. Erlbaum, Hillsdale.
Lichtenstein, H. (1935) Zur Phänomenologie des Wiederholungszwangs und des Todestriebes. Imago 21: 466-480.

Liebhardt, E.H. (1977) Effects of False Heart Rate Feedback and Task Instructions on Information Search, Attributions, and Stimulus Ratings. Psychol. Res. 39: 185-202.
Liebhardt, E. H. (1979) Information Search and Attribution: Cognitive Processes Mediating the Effect of False Autonomic Feedback. Europ. J. Soc. Psychol. 9: 19-37.
Lindsley, D.B. (1951) Emotion. In: Stevens, S.S. (Ed) Handbook of Experimental Psychology, S.473-516. Wiley, New York.
Loch, W. (1971) Grundriß der psychoanalytischen Theorie (Metapsychologie). In: Loch, W. (Ed) Die Krankheitslehre der Psychoanalyse, S.1-58. Hirzel, Stuttgart.
Loch, W. (1972) Zur Theorie, Technik und Therapie der Psychoanalyse. Fischer, Frankfurt/M.
Löfgren, B. (1968) Psychoanalytic Theory of Affect. J. Am. Psychoanal. Ass. 16: 638-650.
Lorenzer, A. (1970a) Kritik des psychoanalytischen Symbolbegriffs. Suhrkamp, Frankfurt/M.
Lorenzer, A. (1970b) Sprachzerstörung und Rekonstruktion. Suhrkamp, Frankfurt/M.
Lorenzer, A. (1972) Zur Begründung einer materialistischen Sozialisationstheorie. Suhrkamp, Frankfurt/M.
Lorenzer, A. (1973) Über den Gegenstand der Psychoanalyse oder: Sprache und Interaktion. Suhrkamp, Frankfurt/M.
Lorenzer, A. (1974) Die Wahrheit der psychoanalytischen Erkenntnis. Suhrkamp, Frankfurt/M.
Lorenzer, A. (1977) Sprachspiel und Interaktionsformen. Suhrkamp Frankfurt/M.
Lorenzer, A. (1981) Das Konzil der Buchhalter. Europ. Verl. Anst., Frankfurt/M.
Lorenzer, A. (1983) Interaktion, Sprache und szenisches Verstehen. Psyche 37: 97-115.
Lyons, J. (1977) Semantik Bd.1. Beck, München (1980).
Machleidt, W., Gutjahr, L., Mügge, A. (1990) Grundgefühle - Phänomenologie, Psychodynamik, EEG-Spektralanalytik. Springer, Heidelberg.
Main, M. (1984) Predicting Rejection of Her Infant from Mother's Representation of Her Own Experience: Implications for the Abused-Abusing Integrational Cycle. Child Abuse Neglect 8: 203-217.
Malatesta, C. (1985) Developmental Course of Emotion Expression in the Human Infant. In: Zivin, G. (Ed) The Development of Expressive Behavior. Biology-Environment Interactions, S.183-219. Acad. Press, Orlando.
Malatesta, C., Haviland, J. (1982) Learning Display Rules: The Socialization of Emotion Expression in Infancy. Child Develop. 53: 991-1003.
Malatesta, C., Haviland, J. (1985) Signals, Symbols, and Socialisation: The Modification of Emotional Expression in Human Development. In: Lewis, M., Saarni, C. (Eds) The Socialisation of Emotions, S.89-116. Plenum Press, New York.
Malebranche, P. (1672) Recherche de la Verité. Payot, Paris (1913).
Mandler, G. (1975) Denken und Fühlen. Junfermann, Paderborn (1979).

Mandler, G., Kremen, I. (1958) Autonomic Feedback: A Correlational Study. J. Person. 26: 388-399.
Mandler, G., Mandler, J.M., Uviller, E.T. (1958) Autonomic Feedback: The Perception of Autonomic Activity. J. abnorm. soc. Psychol. 56: 367-374.
Mandler, G., Mandler, J.M., Kremen, I., Sholiton R. (1961) The Response to Threat: Relations among Verbal and Physiological Indices. Psychol. Monogr. 75 (9).
Manis, M. (1967) Context Effects in Communication. J. Pers. Soc. Psychol. 5: 326-334.
Marañon, G. (1924) Contribution à L'Étude de L'Action Emotive D'Adrènalin. Rev. franc. endocrinol. 2: 301-325.
Maratos, O. (1973) The Origin and Development of Imitation in the First Six Months of Life. PhD Dissertation, Univ. of Geneva.
Martin, I., Grosz, H.J. (1964) Hypnotically Induced Emotions. Arch. Gen. Psychiat. 11: 203-213.
Maslach, C. (1979) Negative Emotional Biasing of Unexplained Arousal. J. Pers. Soc. Psychol. 37: 970-988.
Massermann, J.H. (1941) Is the Hypothalamus a Center of Emotion? Psychosom. Med. 3: 3-25.
McCanne, T.R., Anderson, J.A. (1987) Emotional Responding Following Experimental Manipulation of Facial Electromyographic Activity. J. Pers. Soc. Psychol. 52: 759-768.
Melzack, R. (1973) The Puzzle of Pain. Basic Books, New York.
Meltzoff, A., Borton, R. (1979) Intermodal Matching by Human Neonates. Nature 282: 403-404.
Meltzoff, A., Moore, M. (1977) Imitation of Facial and Manual Gestures by Human Neonates. Science 189: 75-78.
Meltzoff, A., Moore, M. (1983a) Newborn Infants Imitate Adult Facial Gestures. Child. Develop. 54: 702-706.
Meltzoff, A., Moore, M. (1983b) The Origins of Imitation in Infancy. In: Lipsitt, L., Rovee-Collier, C. (Eds) Advances in Infancy Research, Vol.2, S.265-301. Ablex, Norwood.
Michaelis, D. (1995) »Heute gehen wir Baby-Gucken, und morgen . .«. Psychoanalyse auf der Höhe des Zeitgeistes. In: Zepf, S. (Ed) Diskrete Botschaften des Rationalen, S.144-175. Vandenhoeck u. Ruprecht, Göttigen.
Mill, J. S. (1843) A System of Logic. Longmans, London.
Miller, G.A. (1951) Language and Communication. McGraw Hill, New York.
Mineka, S. (1979) The Role of Fear in Theories of Avoidance Learning. Psychol. Bull.: 86: 985-1010.
Mistschenka, M.N. (1933) Über die mimische Gesichtsmotorik der Blinden. Folia Neuropath. 13: 24-43.
Morgan, C.L. (1894) Introduction to Comparative Psychology, S.1-383. Routledge/Thoemmes Press, London (1993).
Morris, Ch.W. (1946) Signs, Language and Behaviour. Engelwood Cliffs, New Jersey (1971).
Morris, Ch.W. (1964) Signification and Significance. M.I.T. Press, Cambridge.

Mountcastle, V.B., Covian, M.R., Harrison, C.R. (1952) The Central Representation of Some Forms of Deep Sensibility. Res. Publ. Ass. Nerv. Ment. Dis. 30: 339-370.
Myrtek, M. (1980) Psychophysiologische Konstitutionsforschung. Hogrefe, Göttingen.
Nahlosky, J.W. (1862) Das Gefühlsleben. Pernitzsch, Leipzig.
Newson, J. (1977) An Intersubjective Approach to the Systematic Description of Mother-Infant-Interaction. In: Schaffer, H. (Ed) Studies in Mother-Infant-Interaction, S.47-61. Acad. Press, London.
Newson, J. (1979) The Growth of Shared Understanting Between Infant and Caregiver. In: Bullowa, E. (Ed) Before Speech. The Beginning of Interpersonal Communication, S.207-222. Cambridge Univ. Press, Cambridge.
Notarius, C.I., Levenson, R.W. (1979) Expressive Tendencies and Physiological Response in Stress. J. Pers. Soc. Psychol. 39: 1135-1148.
Notarius, C.I., Wemple, C., Ingraham, L.J., Burns, T.J., Kollar, I. (1982) Multichannel Responses to an Interpersonal Stressor: Interrelationsships Among Facial Display, Heart Rate, Self-Report of Emotion, and Threat Appraisal. J. Pers. Soc. Psychol.: 43: 400-408.
Ogden, C.K., Richards, I.A. (1923) The Meaning of Meaning. Routledge a. Kegan, London (Deutsch: Die Bedeutung der Bedeutung, Suhrkamp, Frankfurt/M., 1974).
Orban, P. (1980) Disco. Kindheit 2:1-16.
Orr, L.R. (1977) Rebirthing in the New Age. Celestial Arte, Millbrae.
Ortega, J. E., Iglesias, J., Fernandez, J. M., Corraliza, J. A. (1983) La Expression Facial en los Ciegos Congenitos. Infancia y Aprendizaje 21: 83-96.
Oster, H., Daily, L., Goldenthal, P. (1989) Processing Facial Affect. In: Young, A.W., Ellis, H.D. (Eds) Handbook of Research on Face Processing, S.107-161. Elsevier, Amsterdam.
Otto, J. (1986) Interozeption. In: Bösel, R. (Ed) Biopsychologie der Emotionen, S.127-138. De Gruyter, Berlin.
Patkai, P. (1971) Catecholamine Excretion in Pleasant and Unpleasant Situations. Acta Psychol. 35: 352-363.
Peirce, C.S. (1940) The Philosophy of Peirce: Selected Writings (edited by Buchler, J.). London.
Peirce. C.S. (1931-58) Collected Papers, Vol 1-8 (edited by Hartshorne, C., Weiss, P.). Havard Univ. Press, Cambridge.
Pekrun, R. (1988) Emotion, Motivation und Persönlichkeit. Psychol. Verl. Union, München.
Pennebaker, J.W., Gonder-Frederick, L., Stewart, H., Elfman, L., Skelton, J.A. (1982) Physical Symptoms Associated with Blood Pressure. Psychophysiol. 19: 201-210.
Pennebaker, J.W., Epstein, D. (1983) Implicit Psychophysiology: Effects of Common Beliefs and Idiosyncratic Physiological Responses on Symptom Reporting. J. Person. 51: 465-496.
Penrose, L.S. (1931) Freud's Theory of Instinct and other Psycho-biological Theories. Int. J. Psychoanal. 12: 87-97

Peto, A. (1960/61) Über die vorübergehende desintegrative Wirkung von Deutungen. Psyche 14: 701-710.
Piaget, J. (1937) Der Aufbau der Wirklichkeit beim Kind. Klett-Cotta, Stuttgart (1975).
Pinter, E.J., Peterfy, G., Cleghorn, J.M., Pattee, C.J. (1967) Observation on the Adrenergic Mechanism of Hyper-Adipokinesis in Emotional Stress. Am. J. Med. Sc. 254: 634-651.
Plutchik, R. (1962) The Emotions: Facts, Theories and a New Model. Random House, New York.
Plutchik, R. (1980) Emotion: A Psychoevolutionary Synthesis. Harper a. Row, New York.
Pollin, W., Goldin, S. (1961) The Physiological and Psychological Effects of Intravenously Administered Epinephrine and its Metabolism in Normal and Shizophrenic Men. J. Psychiat. Res. 1: 50-66.
Pongratz, L. (1971) Lexikon der Psychologie, Bd.1. Herder, Basel.
Prideaux, E. (1920) The Psychogalvanic Reflex: A Review. Brain 43: 50-73.
Pulver, S.E. (1972) Narzißmus: Begriff und metapsychologische Konzeption. Psyche 26: 34-57.
Quine, W.V. (1940) Mathematical Logic. Havard Univ. Press, Cambridge.
Rajecki, D.W. (1983) Animal Aggression: Implications for Human Aggression. In: Green, R.J., Donnerstein, E.J. (Eds) Aggression: Theoretical and Empirical Reviews, Vol. 1, S.189-211. Acad. Press, New York.
Rapaport, D. (1953) On the Psychoanalytic Theory of Affects. Int. J. Psychoanal. 34: 177-198.
Rapaport, D. (1959) Die Struktur der psychoanalytischen Theorie. Klett, Stuttgart (1973)
Rapaport, D., Gill, M.M., Shafer, R. (1968) Diagnostic Psychological Testing (ed. by Holt, R.R.). Int. Univ. Press, New York.
Redican, W.K. (1982) An Evolutionary Perspective on Human Facial Displays. In: Ekman, P. (Ed) Emotion in the Human Face, S.212-280. Cambridge Univ. Press, New York.
Reich, A. (1951) On Countertransference. Int. J. Psychoanal. 32: 25-31.
Reich, W. (1933) Charakteranalyse. Kiepenheuer u. Witsch, Köln (1970)
Richter, D. (1940) The Action of Adrenalin in Anxiety. Proc. Roy. Soc. Med. 33: 615-618.
Rinn, W.E. (1984) The Neuropsychology of Facial Expression: A Review of the Neurological and Psychological Mechanisms for Producing Facial Expressions. Psychol. Bull. 95: 52-72.
Rosen, G.M., Rosen, E., Reid, J.B. (1972) Cognitive Desentization and Avoidance Behavior: A Reevaluation. J. Abnorm. Psychol. 80: 176-182.
Rosenthal, R. (1963) On the Social Psychology of the Psychological Experiment: The Experimenter's Hypothesis as Unintended Determinant of Experimental Results. Am. Scient. 51: 268-283.
Rubinstein, S.L. (1946) Grundlagen der allgemeinen Psychologie. Volk u. Wissen, Berlin (1968).
Rubinstein, S.L. (1957) Sein und Bewußtsein. Rotdruck, s'Gravenhage (1971).

Rubinstein, S.L. (1961) Das Wesen des Denkens und seine Komponenten. In: Graumann, C.F. (Ed) Denken, S.75-85. Kiepenheuer u. Witsch, Köln (1969).

Ruckmick, C.A. (1936) The Psychology of Feeling and Emotion. Wiley, New York.

Russell, J.A. (1991) The Contempt Expression and the Relativity of Items. Motivation and Emotion 15: 149-168.

Russell, J. A. (1993) Forced-Choice Response Format in the Study of Facial Expression. Motivation and Emotion 17: 41-51.

Russell, J.A. (1994) Is There Universal Recogniton of Emotion From Facial Expression? A Review of Cross-Cultural Studies. Psychol. Bull. 115: 102-141.

Russell, J.A. (1995) Facial Expressions of Emotions: What Lies Beyond Minimal Universality? Psychol. Bull. 118: 379-391.

Russell, J.A., Fehr, B. (1987) Relativity in the Perception of Emotion in Facial Expression. J. Exp. Psychol. Gen. 116: 223-237.

Sandler, J., Rosenblatt, B. (1962) Der Begriff der Vorstellungswelt. Psyche 38: 235-253 (1984).

Sandler, J., Sandler, A.M. (1978) On the Development of Object Relationships and Affects. Int. J. Psychoanal. 59: 285-296.

Schachter, J. (1957) Pain, Fear, and Anger in Hypertensives and Normotensives: A Psychophysiologic Study. Psychosom. Med. 19: 17-29.

Schachter, S. (1964) The Interaction of Cognitive and Physiological Determinants of Emotional State. Adv. Exp. Soc. Psychol. 1: 49-80.

Schachter, S., Singer, J.E. (1962) Cognitive, Social, and Psychological Determinants of Emotional State. Psychol. Rev. 69: 379-399.

Schaff, A. (1961) Die Bedeutung der »Bedeutung«. Dt. Z. Phil. 9: 611-634.

Scharfetter, C. (1976) Allgemeine Psychopathologie. Thieme, Stuttgart.

Scherer, K.R. (1977) Die Funktionen des nonverbalen Verhaltens im Gespräch. In: Wegner, D. (Ed) Gesprächsanalyse, S.273-295. Buske, Hamburg.

Scherer, K.R. (1988) On the Symbolic Functions of Vocal Affect Expressions. J. Lang. Soc. Psychol. 7: 79-110.

Scherer, K.R. (1990) Theorien und aktuelle Probleme der Emotionspsychologie. In: Scherer, K.R. (Ed) Psychologie der Emotionen, S.2-40. Enzyklopädie der Psychologie. Verl. f. Psychol., Hogrefe, Göttingen.

Scherer, K.R. Wallbott, H.G. (1990) Ausdruck von Emotionen. In: Scherer, K. (Ed) Psychologie der Emotionen, S.345-422. Hogrefe, Göttingen.

Schmale, A. jr. (1962) Needs, Gratification, and the Vicissitudes of Self-Representation. Psychoanal. Stud. Soc. 2: 9-42.

Schmidt, R.F. (1983) Der Aufbau des Nervensystems. In: Schmidt, R.F. (Ed) Grundriß der Neurophysiologie, S.1-19. Springer, Heidelberg.

Schmidt-Atzert, L. Kutscher, R., Reizammer, J. (1983) Körpersymptome bei semantisch ähnlichen Emotionen. Z. exp. angew. Psychol. 30: 458-473.

Schur, M. (1955) Zur Metapsychologie der Somatisierung. In: Brede, K. (Ed) Einführung in die Psychosomatische Medizin, S.335-395. Athenäum-Fischer, Frankfurt/M. (1974).

Schur, M. (1966) Das Es und die Regulationsprinzipien des psychischen Geschehens. Fischer, Frankfurt/M. (1973).
Schwartz, G. (1982) Psychophysiological Patterning and Emotion Revisited: A System Perspective. In: Izard, C. (Ed) Measuring Emotions in Infants and Children, Vol.I, S.67-93. Cambridge Univ. Press, Cambridge.
Schwartz, G., Fair, P.L., Salt, P., Mandel, M.R., Klerman, G.L. (1976) Facial Expressions: An Electromyographic Study. Psychosom. Med. 38: 337-347.
Schwartz, G., Brown, S., Ahern, G. (1980) Facial Muscle Patterning and Subjective Experience During Affective Imagery: Sex Differences. Psychophysiol. 17: 75-82.
Schwartz, G., Weinberger, D.A., Singer, J.A. (1981) Cardiovascular Differentiation of Happyness, Sadness, Anger and Fear Following Imagery and Exercise. Psychosom. Med. 43: 343-364.
Searle, J.R. (1969) Speech Acts. Cambridge Univ. Press, New York (Deutsch: Sprechakte. Ein sprachphilosophischer Essay. Suhrkamp, Frankfurt/M.,1971).
Segeth, W. (1964) Relation. In: Klaus, G., Buhr, M. (Ed) Das philosophische Wörterbuch, Bd. 2, S.933-935. Das Europ. Buch, Berlin (1970).
Sève, L. (1972) Marxistische Theorie der Persönlichkeit. Verl. marx. Bl., Frankfurt/M.
Sherman, M., Sherman, T. (1927) The Differentiation of Emotional Responses in Infants. J. Comp. Psychol. 7: 265-285.
Smith, C., McHugo, S., Lanzetta, J. (1986) The Facial Muscle Patterning of Posed and Imagery Induced Expression of Emotion by Expressive and Nonexpressive Posers. Motivation and Emotion 10: 133-157.
Solomon, R.L., Wynne, L.C. (1954) Traumatic Avoidance Learning. The Principle of Anxiety Conservation and Parital Irreversibility. Psychol. Rev. 61: 353-385.
Speisman, J.C., Lazarus, R.S., Davidson, L., Mordkoff, A.M. (1964) Experimental Analysis of a Film Using as a Threatening Stimulus. J. Consult. Psychol. 28: 23-33.
Sperling, M. (1949) The Role of the Mother in Psychosomatic Disorders in Children. Psychosom. Med. 11: 377-385.
Spitz, R.A. (1954) Die Entstehung der ersten Objektbeziehungen. Klett-Cotta, Stuttgart (1988).
Spitz, R.A. (1965) Vom Säugling zum Kleinkind. Naturgeschichte der Mutter-Kind-Beziehungen im ersten Lebensjahr. Klett, Stuttgart (1969).
Sroufe, A. (1979) Socioemotional Development. In: Osofsky, J. (Ed) Handbook of Infant Development, S.462-516. Wiley, New York.
Stemmler, G. (1984) Psychophysiologische Emotionsmuster: Ein empirischer und methodologischer Beitrag zur intra- und interindividuellen Begründbarkeit spezifischer Profile bei Angst, Ärger und Freude. Lang, Frankfurt/M.
Stemmler, G. (1996) Emotionen. In: Fiedler, P., Schmit, C. (Eds) Grundlagentexte Klinische Emotionsforschung, Bd.3, S.5-101. Graduiertenkolleg »Klinische Emotionsforschung«, Heidelberg

Stern, D. (1971) A Microanalysis of Mother-Infant Interaction. Behavior Regulating Social Conflict between a Mother and her Three and a Half Months old Twins. J. Am. Acad. Child Psychiat. 10: 501-517.
Stern, D. (1986): Die Lebenserfahrung des Säuglings. Klett-Cotta, Stuttgart.
Stern, D. (1990): Tagebuch eines Babys. Was ein Kind sieht, spürt, fühlt und denkt. Piper, München.
Stern, R.M., Higgins, J.D. (1969) Perceived Somatic Reactions to Stress: Sex, Age and Familial Occurence. J. Psychosom. Res. 13: 77-82.
Stern, R.M., Botto, R.W., Herrick, C.D. (1972) Behavioral and Physiological Effects of False Heart Rate Feedback: A Replication and Extension. Psychophysiol. 9: 21-29.
Sternberg, C., Campos, J., Emde, R. (1983) The Facial Expression of Anger in Seven-Month-Old Infants. Child Develop. 54: 178-184.
Stirnimann, F. (1973) Psychologie des neugeborenen Kindes. Kindler, Zürich.
Saussure, F., de (1916)^2 Cours de Linguistic Générale. Payot, Paris (Deutsch: Grundfragen der allgemeinen Sprachwissenschaft. De Gruyter, Berlin (1967).
Sullivan, M., Lewis, M. (1989) Emotion and Cognition in Infancy: Facial Expression During Contingency Learning. Int. J. Behav. Develop. 12: 221-237.
Suppes, P., Warren, H. (1975) On the Generation and Classification of Defence Mechanisms. Int. J. Psycho-Anal. 56: 405-414.
Swan, H.J. (1952) Noradrenalin, Adrenalin, and Human Circulation. Brit. Med. J. 1:1003-1006.
Taylor, S.E. (1975) On Interferring One's Attitudes from One's Behavior: Some Delimiting Conditions. J. Pes. Soc. Psychol. 31: 126-131.
Thayer, R.E. (1967) Measurement of Activation through Self-Report. Psychol. Rep. 20: 663-678.
Thayer, R.E. (1970) Activation States as Assessed by Verbal Report and Four Psychophysiological Variables. Psychophysiol. 7: 86-94.
Thayer, S. (1980a) The Effect of Expression Sequence and Expressor Identity on Judgements of the Intensity of Facial Expression. J. Nonverb. Behav. 5: 71-79.
Thayer, S. (1980b) The Effect of Facial Expression Sequence upon Judgments of Emotion. J. Soc. Psychol. 111: 305-306.
Thomas, W.I. (1937) Primitive Behavior. McGraw-Hill, New York.
Thompson, J. (1941) Development of Facial Expression of Emotion in Blind and Seeing Children. Arch. Psychol. 37: 1-47.
Tomkins, S.S. (1962, 1963) Affect, Imagery, Consciousness, Vol.I and II. Springer, New York.
Tomkins, S.S. (1980) Affect as Amplification: Some Modifications in Theory. In: Plutchik, R., Kellerman, H. (Eds) Emotion: Theory, Research, and Experience, Vol.1, S.141-187. Acad. Press, San Diego, Calif.
Tourangeau, R. Ellsworth, P.C.(1979) The Role of Facial Response in the Experience of Emotion. J. Pers. Soc. Psychol. 37: 1519-1531.
Traxel, W. (1960) Über die Möglichkeit einer objektiven Messung der Stärke von Gefühlen. Psychol. Forsch. 26: 75-90.

Traxel, W. (1983) Zur Geschichte der Emotionskonzepte. In: Euler, H.A., Mandl, H. (Eds) Emotionspsychologie. Ein Handbuch in Schlüsselbegriffen, S.11-18. Urban u. Schwarzenberg, München.
Trevarthen, C. (1978) Modes of Perceiving and Modes of Acting. In: Pick, H.L., Saltzman, E. (Eds) Modes of Perceiving and Processing Information, S.99-136. Erlbaum, Hillsdale.
Trevarthen, C. (1979) Communication and Cooperation in Early Infancy: A Description of Primary Intersubjectivity. In: Bullowa, E. (Ed) Before Speech. The Beginning of Interpersonal Communication, S.321-347. Cambridge Univ. Press, Cambridge.
Tyrer, P. (1976) The Role of Bodily Feelings in Anxiety. Oxford Univ. Press, Oxford.
Tyrer, P., Lader, M.H. (1973) Clinical and Physiological Effects of Beta-Adrenergic Blockade with Sotalol in Chronic Anxiety. Clin. Pharmacol. Therapeut. 14: 418-426.
Tyrer, P., Lader, M.H. (1975) Response to Propanolol and Diazepam in Somatic and Psychic Anxiety. Brit. Med. J. 2: 14-16.
Ulich, D. (1982) Das Gefühl. Eine Einführung in die Emotionspsycholgie. Urban u. Schwarzenberg, München.
Ullmann, S. (1957)[2] The Principles of Semantics. Jackson a. Oxford, Glasgow.
Urban, W. (1939) Language and Reality. Allen a. Unwin, London.
Uzgiris, I.C. (1972) Patterns of Vocal and Gestural Imitation in Infancy. In: Stone, J.L., Smith, H.T., Murphy, L.B. (Eds) The Competent Infant, S.599-604. Basic Books, New York (1973).
Vaitl, D. (1995) Interozeption: ein neues interdisziplinäres Forschungsfeld. Psychol. Rundschau 46: 171-185.
Valins, S. (1966) Cognitive Effects of False Heart-Rate Feedback. J. Pers. Soc. Psychol. 6: 400-408.
Valins, S., Ray, A.A. (1967) Effects of Cognitive Desentization on Avoidance Behavior. J. Pers. Soc. Psychol. 7: 345-350.
Vaugham, K.B., Lanzetta, J.T. (1980) Vicarius Instigation and Conditioning of Facial Expressive and Autonomic Response to a Model's Expressive Display of Pain. J. Pers. Soc. Psychol. 38: 909-923.
Venables, P.H. (1960) The Effect of Auditory and Visual Stimulation on the Skin Potential Response of Schizophrenics. Brain 83: 77-86.
Waelder, R. (1963) Die Grundlagen der Psychoanalyse. Klett, Stuttgart.
Weerts, T.C., Roberts, R. (1976) The Physiological Effects of Imaging Anger-Provoking and Fear-Provoking Scenes. Psychophysiol. 13: 74.
Werner, H., Kaplan, B. (1963) Symbol Formation. Wiley, New York (1967).
Werth, R. (1983) Bewußtsein - Psychologische, neurobiologische und wissenschaftstheoretische Aspekte. Springer, Heidelberg.
Wilkins, W. (1971) Perceptual Distortion to Account for Arousal. J. Abnorm. Psychol. 78: 252-257.
Willatts, P. (1979) Adjustment of Reaching to Change in Object Position by Young Infants. Child Develop. 50: 911-913.
Wilson, E.O. (1975) Sociobiology. The New Synthesis. Havard Univ. Press, Cambridge.

Winton, W.M., Putman, L.E., Krauss, R.M. (1984) Facial and Autonomic Mani-festations of the Dimensional Structure of Emotion. J. Exp. Soc. Psychol. 20: 195-216.
Wolf, S., Wolff, H.G. (1943) Human Gastric Function. Oxford Univ. Press, New York.
Wolff, P.H. (1959) Observations on Newborn Infants. Psychosom. Med. 21: 110-123.
Wolff, P.H. (1963) Observations on the Early Development of Smiling. In: Fox, B. (Ed) Determinants of Infant Behavior, Vol.II, S.113-138. Methuen, London.
Wolfgang, A., Cohen, M. (1988) Sensitivity of Canadians, Latin Americans, and Israelis to Interracial Facial Expressions of Emotion. Int. J. Intercult. Relation 12: 139-151.
Wollheim, R. (1972) Sigmund Freud. dtv, München.
Wozniak, R.H. (1993) Conwy Lloyd Morgan, Mental Evolution, and the Introduction to Comparative Psychology. In: C.L. Morgan (1993) An Introduction to Comparative Psychology, S.VIII-XIX. Routledge/Thoemmes Press, London.
Wright, G.F. v. (1971) Erklären und Verstehen. Fischer, Frankfurt/M.
Wundt, W. (1907) Grundriss der Psychologie. Engelmann, Leipzig.
Wynne, L.C., Solomon, R.L. (1955) Traumatic Avoidance Learning: Acquisition and Extinction in Dogs Deprived of Normal Peripheral Autonomic Function. Genet. Psychol. Monogr. 52: 241-284.
Zajonc, R.B. (1980) Feeling and Thinking. Preferences Need no Interferences. Am. Psychologist 35: 151-175.
Zajonc, R.B. (1984) The Integration of Affect and Cognition. In: Scherer, K.R., Ekman, P. (Eds) Approaches to Emotion, S.239-246. Hillsdale, New Jersey.
Zepf, S. (1976a) Grundlinien einer Theorie psychosomatischer Erkrankung. Campus, Frankfurt/M.
Zepf, S. (1976b) Die Sozialisation des psychosomatisch Kranken. Campus, Frankfurt/M.
Zepf, S. (1985a) Narzißmus, Trieb und die Produktion von Subjektivität. Springer, Heidelberg.
Zepf, S. (1985b) Klinik der psychosomatischen Erkrankungen. In: Kisker, K.P, Lauter, H., Meyer, J.E., Müller, C., Strömgren, E. (Eds) Psychiatrie der Gegenwart Bd. 1, S.63-102. Springer, Heidelberg.
Zepf, S. (1986) Die psychosomatische Erkrankung in der »Theorie der Interaktionsformen« (Lorenzer): Metatheorie statt Metasemantik. In: Zepf, S. (Ed) Tatort Körper - Spurensicherung. Eine Kritik der psychoanalytischen Psychosomatik, S.129-151. Springer, Heidelberg.
Zepf, S. (1993) Bemerkungen zur gesellschaftlichen Funktion zeichenregulierten Verhaltens. In: Zepf, S. (Ed) Die Erkundung des Irrationalen, S.71-113. Vandenhoeck u. Ruprecht, Göttingen.
Zepf, S. (1994a) Trieb, Sprache und Gesellschaft. Rhetorik 13: 82-102.
Zepf, S. (1994b) Pop-Konzerte - ein präsentatives Symbol unsagbarer Körpererfahrungen? In: Zepf, S. (Ed) Abgründige Wahrheiten im Alltäglichen, S.66-96. Vandenhoeck u. Ruprecht, Göttingen.

Zepf, S. (1994c) Die geheime Anthropologie in den empirischen Sozialwissenschaften - eine psychoanalytische Kritik. In: Zepf, S. (Ed) Abgründige Wahrheiten im Alltäglichen, S.171-229. Vandenhoeck u. Ruprecht, Göttingen.

Zepf, S. (1997a) Lust und Narzißmus. Vandenhoeck u. Ruprecht, Göttingen.

Zepf, S (1997b) Die »Funktionslust«, das »Lust-Unlust-Prinzip« nebst einigen Anmerkungen zur ödipalen Problematik und zur Sublimierung. Forum Psychoanal. 50 (im Druck)

Zepf, S., Hartmann, S. (1989) Psychoanalytische Praxis und Theoriebildung: Verstehen und Begreifen. Springer, Heidelberg.

Zepf, S., Hartmann, S. (1990) Zum Stellenwert der »Restneurose« in der psychoanalytischen Therapie. In: Zepf, S. (Ed) »Wer sich nicht bewegt, der spürt auch seine Fesseln nicht« - Anmerkungen zur gegenwärtigen Lage der Psychoanalyse, S.31-57. Nexus, Frankfurt/M.

Zuckerman, M., Klorman, R., Larrance, D.T., Spiegel, N.H. (1981) Facial, Autonomic and Subjective Components of Emotion: The Facial Feedback Hypothesis Versus the Externalizer-Internalizer Distinction. J. Pers. Soc. Psychol. 41: 929-944.

**BIBLIOTHEK
DER PSYCHOANALYSE**

Otto Fenichel:
Psychoanalytische Neurosenlehre
Band 1 – 3

ISBN 3-930096-78-1 · Neuausg. 1997
(Gesamtwerk, 3 Bde.),
138,– DM, sfr.122,–, öS 1.007,–
geb., ca. 350 S. je Bd.
einzeln je Bd. **58,– DM, sfr. 52,50, öS423,–**
ISBN 3-930096-79-x (Bd. 1)
ISBN 3-930096-80-3 (Bd. 2)
ISBN 3-930096-81-1 (Bd. 3)

Fenichels Neurosenlehre, die in einer hochgelobten Übersetzung von Klaus Laermann im Walter-Verlag und dann in einer Taschenbuch-Ausgabe im Ullstein-Verlag erschienen war, wird hiermit endlich wieder zugänglich gemacht, nachdem sie jahrelang vergriffen war.

Fenichels Hauptwerk, mit dem er seinen Ruf als „Enzyklopädist der Psychoanalyse" (Greenson, 1966) bestätigte, gilt noch 51 Jahre nach seinem Erscheinen in den USA als „einflußreiches Standardwerk für die psychoanalytische Lehre und Ausbildung" (Reichmayer, Mühlleitner, 1996). Es verbindet die Vorzüge einer gut lesbaren Einführung in die Psychoanalyse mit denen eines umfassenden Nachschlagewerks.

Als Zusammenfassung aller wesentlichen Beiträge der Schüler Freuds sowie Freuds eigener Auffassungen gehört diese Ausgabe auch heute noch zu den Standardwerken der Psychoanalyse.

Otto Fenichel, am 2. Dezember 1897 in Wien geboren. Medizinstudium und Ausbildung zum Psychoanalytiker. Neben Abraham und Ferenczi ist er der wichtigste Vertreter der Freud-Schule in der ersten Hälfte unseres Jahrhunderts. Lehr- und Vortragstätigkeit in ganz Europa und in Amerika. 1938 Emigration in die USA, wo er 1946 starb.

P🗝V
Psychosozial-Verlag · Friedrichstraße 35 · 35392 Gießen
Telefon: 06 41/ 7 78 19 · Telefax: 06 41/ 7 77 42

FORSCHUNG PSYCHOSOZIAL

Manfred Clemenz:
Psychoanalytische Sozialpsychologie
Theoretische und methodologische Grundlagen

Erscheinungstermin: Februar 1998
ca. 160 Seiten
34,– DM, sFr 31,50, öS 248,–
ISBN 3-932133-19-6

Manfred Clemenz
Psychoanalytische Sozialpsychologie
Theoretische und methodologische Grundlagen

Psychosozial Verlag

Das Buch entfaltet und reflektiert die Bedeutung und den erkenntnistheoretischen Hintergrund des szientistischen Paradigmas und des Sinnparadigmas in den Sozialwissenschaften. Die Kontroverse zwischen diesen beiden Paradigmen hat lange Zeit auch die Diskussion innerhalb der Sozialpsychologie bestimmt und die Spaltung zwischen einer quantitativ-experimentellen und einer qualitativ-hermeneutischen Sozialpsychologie bewirkt.

Obwohl die Vertreter beider Paradigmen methodisch-methodologisch einen unterschiedlichen Blick auf ihren Gegenstand besitzen und so in gewisser Weise in zwei verschiedenen »wissenschaftlichen Welten« (Kuhn) leben, ist der Dialog zwischen den beiden Positionen wissenschaftlich unabdingbar.

Die Explikation und Anwendung des Sinnparadigmas erfolgt vor allem am Beispiel der Freudschen Theorie, der szientistischen Kritik an der Psychoanalyse (Grünbaum) sowie der Entwicklungslinien strukturalistischen und poststrukturalistischen Denkens (Levi-Strauss, Lacan, Derrida, Laplanche). Im Mittelpunkt steht dabei jeweils die Kategorie des Unbewußten.

Das Buch wendet sich besonders an Sozialwissenschaftler, Therapeuten, Psychoanalytiker und Studenten.

P🔲V
Psychosozial-Verlag · Friedrichstraße 35 · 35392 Gießen
Telefon: 0641/7 78 19 · Telefax: 0641/7 77 42